Kurzlehrbücher
für das juristische Studium

Petersen
Deutsches und Europäisches Verfassungsrecht II

Deutsches und Europäisches Verfassungsrecht II

Grundrechte und Grundfreiheiten

Ein Studienbuch

von

Dr. Niels Petersen

o. Professor an der Universität Münster

2019

C.H.BECK

www.beck.de

ISBN 978 3 406 73707 7

Wilhelmstraße 9, 80801 München
Druck und Bindung: Druckhaus Nomos
In den Lissen 12, 76547 Sinzheim

Satz: Jung Crossmedia Publishing GmbH
Gewerbestraße 17, 35633 Lahnau

Umschlaggestaltung: Martina Busch, Grafikdesign, Homburg Saar

Gedruckt auf säurefreiem, alterungsbeständigem Papier
(hergestellt aus chlorfrei gebleichtem Zellstoff)

Vorwort

Dieses Lehrbuch geht auf eine innovative Änderung der Studienordnung der rechtswissenschaftlichen Fakultät der Universität Münster zurück. Traditionell werden die Vorlesungen im Verfassungsrecht und die Vorlesung Europarecht getrennt gelesen. Allerdings handelt es sich in der Praxis nicht um getrennte Rechtsmaterien. Vielmehr sind diese vielfach miteinander verzahnt. Dies spiegelt sich auch in der Prüfungspraxis wider. Rein europarechtliche Klausuren sind selten. Vielmehr haben verfassungs- oder verwaltungsrechtliche Klausuren oft auch eine europarechtliche Dimension. Um diese Verzahnung besser vermitteln zu können, haben wir in Münster das Europarecht in die beiden verfassungsrechtlichen Vorlesungen integriert. Für die Grundrechtsvorlesung bedeutet dies, dass neben den deutschen auch die europäischen Grundrechte sowie die europäischen Grundfreiheiten vermittelt werden.

Diese Konzeption spiegelt sich in diesem Lehrbuch wider. Die Grundrechte werden integriert dargestellt. Der Schwerpunkt liegt zwar nach wie vor auf den deutschen Grundrechten, da diese in der Prüfungspraxis immer noch am wichtigsten sind. Daneben werden aber auch detailliert die Parallelen und Unterschiede zu den europäischen Grundrechtsordnungen aufgezeigt. Zudem stellt ein Kapitel die europäischen Grundfreiheiten dar, während ein weiteres Kapitel auf das Verhältnis der unterschiedlichen Grundrechtsordnungen eingeht. Dieses Lehrbuch wird für das Organisationsrecht durch das Lehrbuch meiner beiden Kollegen Gernot Sydow und Fabian Wittreck, *Deutsches und Europäisches Verfassungsrecht I: Prinzipien, Institutionen, Verfahren,* dem dasselbe integrative Konzept zugrunde liegt, ergänzt.

Beide Lehrbücher richten sich nicht nur an Studierende, die eine Verfassungsrechtsvorlesung besuchen, in die das Europarecht bereits integriert ist. Wie eingangs angedeutet, ist das Europarecht gerade im Examen oft zusammen mit Rechtsproblemen des nationalen Rechts Gegenstand von Klausuren. Insofern erscheint es sinnvoll, zur Vorbereitung auf eine integrierte Darstellung zurückzugreifen.

Das vorliegende Buch behandelt neben den Grundrechten der EU auch die Grundrechte der EMRK. Zwar sind diese meines Wissens bisher in keinem Bundesland unmittelbar Prüfungsgegenstand. Allerdings ist die EMRK so eng mit den anderen beiden Grundrechtsordnungen verzahnt, dass mir eine Einbeziehung in dieses Lehrbuch geradezu notwendig erschien. Die EMRK ist Teil des europäischen Primärrechts und Auslegungsmaßstab für die EU-Grundrechtecharta. Der EuGH bezieht sich in seiner Grundrechtsrechtsprechung regelmäßig auf den EGMR. Aber selbst in Deutschland hat das BVerfG die Pflicht zur EMRK-konformen Auslegung des Grundgesetzes anerkannt.

Um den Umfang des Lehrbuchs angesichts des zusätzlichen Lehrstoffs nicht ausufern zu lassen, musste ich notwendigerweise eine Auswahl treffen und Schwerpunkte setzen. Das Lehrbuch konzentriert sich weitgehend darauf, die Grundzüge darzustellen, die zum Verständnis der Grundrechtsordnungen und der Grundrechtsprüfung notwendig sind. In meinen Augen eher zweitrangige Detailfragen habe ich entweder ausgespart oder nur sehr knapp behandelt. Es ist unmöglich, für die Klausur die Rechtsprechung des BVerfG und des EuGH sowie die Kritik der Literatur an dieser bis in jede einzelne Verästelung zu kennen. Durch die Konzentration auf die Grundzüge soll vielmehr die Fähigkeit vermittelt werden, in der Klausur auch mit unbekannten Problemkonstellationen umzugehen und diese einer vertretbaren Lösung zuzuführen.

Dieses Buch hätte in dieser Form nicht ohne die Hilfe meines Lehrstuhlteams entstehen können. Ich bin insbesondere für Kommentare und Kritik, aber auch für Recherchearbeiten und redaktionelle Korrekturen meinen Mitarbeiter*inne*n Henrike Boll, Ingo Borgdorf, Felix Fouchard, Eva Janke, Dilan Kilic, Marius Kühne, Luca Katharina Lichter, Annkathrin Lindert, Niklas Steinke und Lea Wiesmüller zu großem Dank verpflichtet. Erfahrungsgemäß lassen sich Fehler auch trotz intensiver Kontrolle nie ganz vermeiden. Ich bin daher über entsprechende Hinweise, aber auch allgemein über Kommentare und Kritik jederzeit dankbar.

Münster, im November 2018 *Niels Petersen*

Inhaltsverzeichnis

Literaturverzeichnis

Kommentare

Calliess/Ruffert (Hg.), EUV/AEUV, 5. Aufl. 2016 (zitiert: CR-EU)

Dörr/Grote/Marauhn (Hg.), EMRK/GG Konkordanzkommentar zum europäischen und deutschen Grundrechtsschutz, zwei Bände, 2. Aufl. 2013

Dreier (Hg.), Grundgesetz: Kommentar, Band I, 3. Aufl. 2013; Band III, 3. Aufl. 2018 (zitiert: DR-GG)

Epping/Hillgruber, Beck'scher Online-Kommentar Grundgesetz (Stand: 2018) (zitiert: BeckOK-GG)

Frowein/Peukert, Europäische MenschenRechtsKonvention: EMRK-Kommentar, 3. Aufl. 2009

v.d. Groeben/Schwarze/Hatje (Hg.), Europäisches Unionsrecht, Band 1, 7. Aufl. 2015 (zitiert: GSH-EU)

Jarass/Pieroth, Grundgesetz für die Bundesrepublik Deutschland: Kommentar, 15. Aufl. 2018

Kahl/Waldhoff/Walter (Hg.), Bonner Kommentar zum Grundgesetz, Loseblatt, 192. Lieferung 2018 (zitiert: BK-GG)

v. Mangoldt/Klein/Starck, Kommentar zum Grundgesetz: GG, Band 1, 7. Aufl. 2018 (zitiert: MKS-GG)

Maunz/Dürig, Grundgesetz, Loseblatt-Kommentar, 83. Lieferung 2018 (zitiert: MD-GG)

Meyer-Ladewig/Nettesheim/von Raumer (Hg.), EMRK: Europäische Menschenrechtskonvention, 4. Aufl. 2017 (zitiert: MLNR-EMRK)

v. Münch/Kunig (Hg.), Grundgesetz: Kommentar, Band 1, 6. Aufl. 2012 (zitiert: MK-GG)

Sachs (Hg.), Grundgesetz: Kommentar, 8. Aufl. 2018 (zitiert: SA-GG)

Sodan (Hg.), Grundgesetz: GG, 4. Aufl. 2018

Stern/Becker (Hg.), Grundrechte-Kommentar, 3. Aufl. 2019

Lehrbücher

Bumke/Voßkuhle, Casebook Verfassungsrecht, 7. Aufl. 2015

Classen, Staatsrecht II: Grundrechte, 2018

Craig/de Búrca, EU Law, 6. Aufl. 2015

Ehlers (Hg.), Europäische Grundrechte und Grundfreiheiten, 4. Aufl. 2014

Epping, Grundrechte, 7. Aufl. 2017

Grabenwarter/Pabel, Europäische Menschenrechtskonvention, 6. Aufl. 2016

Haltern, Europarecht: Dogmatik im Kontext, Band II: Rule of Law, Verbunddogmatik, Grundrechte, 3. Aufl. 2017

Hesse, Grundzüge des Verfassungsrechts, 20. Aufl. 1995

Hufen, Staatsrecht II: Grundrechte, 7. Aufl. 2018

Ipsen, Staatsrecht II: Grundrechte, 21. Aufl. 2018

Kingreen/Poscher, Grundrechte: Staatsrecht II, 34. Aufl. 2018

Manssen, Staatsrecht II: Grundrechte, 15. Aufl. 2018

Michael/Morlok, Grundrechte, 6. Aufl. 2017

Peters/Altwicker, Europäische Menschenrechtskonvention, 2. Aufl. 2012

Sachs, Verfassungsrecht II: Grundrechte, 3. Aufl. 2017

Stern, Das Staatsrecht der Bundesrepublik Deutschland, Band III: Allgemeine Lehren der Grundrechte, zwei Teilbände, 1988/1994

Ders., Das Staatsrecht der Bundesrepublik Deutschland, Band IV: Die einzelnen Grundrechte, zwei Teilbände, 2006/2011

Streinz, Europarecht, 10. Aufl. 2016

Sydow/Wittreck, Deutsches und Europäisches Verfassungsrecht I, 2018

Towfigh/Petersen, Ökonomische Methoden im Recht, 2. Aufl. 2017

Fallsammlungen und Klausurtraining

Augsberg/Augsberg/Schwabenbauer, Klausurtraining Verfassungsrecht, 3. Aufl. 2018
Degenhart, Klausurenkurs im Staatsrecht I, 4. Aufl. 2016; Klausurenkurs im Staatsrecht II, 8. Aufl. 2018
Höfling, Fälle zu den Grundrechten, 2. Aufl. 2014
Ludwigs/Schmidt-Preuß (Hg.), Klausurenkurs Europäische Grundrechte und Grundfreiheiten, 2016
Musil/Burchard, Klausurenkurs im Europarecht, 4. Aufl. 2016
Pieroth/Aubel (Hg.), Hausarbeit im Staatsrecht, 3. Aufl. 2015
Schwerdtfeger/Schwerdtfeger, Öffentliches Recht in der Fallbearbeitung, 15. Aufl. 2018

Abkürzungsverzeichnis

a. A.	anderer Ansicht
Abl.	Amtsblatt
Abs.	Absatz
AEUV	Vertrag über die Arbeitsweise der Europäischen Union
AöR	Archiv des öffentlichen Rechts
APSR	American Political Science Review
APuZ	Aus Politik und Zeitgeschichte
ARSP	Archiv für Rechts- und Sozialphilosophie
Art.	Artikel
AsylbLG	Asylbewerberleistungsgesetz
Aufl.	Auflage
AVR	Archiv des Völkerrechts
BayVerf	Verfassung des Freistaates Bayern
BeckOK-GG	Epping/Hillgruber, Beck'scher Online-Kommentar Grundgesetz (Stand: 2018)
BeckRS	Beck-online Rechtsprechung
BGH	Bundesgerichtshof
BGHZ	Entscheidungen des Bundesgerichtshofs in Zivilsachen
BK-GG	Kahl/Waldhoff/Walter (Hg.), Bonner Kommentar zum Grundgesetz, Loseblatt, 192. Lieferung 2018
bspw.	beispielsweise
BVerfG	Bundesverfassungsgericht
BVerfGE	Entscheidungen des Bundesverfassungsgerichts
BVerwG	Bundesverwaltungsgericht
BVerwGE	Entscheidungen des Bundesverwaltungsgerichts
CMLR	Common Market Law Review
Columbia JTL	Columbia Journal of Transnational Law
CR-EU	Calliess/Ruffert (Hg.), EUV/AEUV, 5. Aufl. 2016
DÖV	Die Öffentliche Verwaltung
DR-GG	Dreier, Grundrechte: Kommentar, 3. Aufl. 2013/2018
Dt.	Deutsch
DVBl.	Deutsches Verwaltungsblatt
ebd.	ebenda
ECLR	European Constitutional Law Review
EGMR	Europäischer Gerichtshof für Menschenrechte
EJIL	European Journal of International Law
EKMR	Europäische Kommission für Menschenrechte
ELJ	European Law Journal
ELR	European Law Review
EMRK	Konvention zum Schutze der Menschenrechte und Grundfreiheiten (Europäische Menschenrechtskonvention)
EPL	European Public Law
EU	Europäische Union
EuGH	Europäischer Gerichtshof
EuGRZ	Europäische Grundrechte Zeitschrift
EuR	Europarecht
EUV	Vertrag über die Europäische Union
EuZW	Europäische Zeitschrift für Wirtschaftsrecht
EWS	Europäisches Wirtschafts- und Steuerrecht

f./ff.	und die folgende/n
FamRZ	Zeitschrift für das gesamte Familienrecht
F.A.Z.	Frankfurter Allgemeine Zeitung
FS	Festschrift
GA	Goldtammer's Archiv für Strafrecht
GG	Grundgesetz
GK	Große Kammer
GLJ	German Law Journal
GRC	Charta der Grundrechte der Europäischen Union
GrundR	Grundrechte
GS	Gedächtnisschrift
GSH-EU	v.d. Groeben/Schwarze/Hatje (Hg.), Europäisches Unionsrecht, Band 1, 7. Aufl. 2015
Harv. ILJ	Harvard International Law Journal
Harv. LR	Harvard Law Review
Hdb	Handbuch
Hdb EuGR	Handbuch der Europäischen Grundrechte
Hdb GR	Handbuch der Grundrechte
Hdb StR	Handbuch des Staatsrechts
Hdb VerfR	Handbuch des Verfassungsrechts
HessVerf	Verfassung des Landes Hessen
hg.	herausgegeben
Hg.	Herausgeber
hM	herrschende Meinung
HRLR	Human Rights Law Review
ICLQ	International and Comparative Law Quarterly
I.CON	International Journal of Constitutional Law
IJHR	International Journal of Human Rights
IPbpR	Internationaler Pakt für bürgerliche und politische Rechte
IPwskR	Internationaler Pakt für wirtschaftliche, soziale und kulturelle Rechte
i.V.m.	in Verbindung mit
JA	Juristische Arbeitsblätter
JAPO BY	Bayerische Ausbildungs- und Prüfungsordnung für Juristen
JöR	Jahrbuch des öffentlichen Rechts
Jura	Juristische Ausbildung
JuS	Juristische Schulung
JZ	Juristenzeitung
Kap.	Kapitel
KJ	Kritische Justiz
KritV	Kritische Vierteljahresschrift für Gesetzgebung und Rechtswissenschaft
Lfg.	Lieferung
lit.	litera
MD-GG	Maunz/Dürig, Grundgesetz, Loseblatt-Kommentar, 83. Lieferung 2018
MK-GG	v. Münch/Kunig (Hg.), Grundgesetz: Kommentar, Band 1, 6. Aufl. 2012
MKS-GG	v. Mangoldt/Klein/Starck, Kommentar zum Grundgesetz: GG, Band 1, 7. Aufl. 2018
MLNR-EMRK	Meyer-Ladewig/Nettesheim/von Raumer (Hg.), EMRK: Europäische Menschenrechtskonvention, 4. Aufl. 2017
MLR	Modern Law Review
MPEPIL	Max Planck Encyclopedia of Public International Law

NJW . . . . Neue Juristische Wochenschrift
Nr. . . . . Nummer
NVwZ . . . . Neue Zeitschrift für Verwaltungsrecht
NVwZ-RR . . . . . Neue Zeitschrift für Verwaltungsrecht Rechtsprechungs-Report Verwaltungsrecht
N.Y. Times . . . . . The New York Times

OJLS . . . . Oxford Journal of Legal Studies

Rn. . . . . Randnummer
RTDH . . . . Revue trimestrielle des droits de l'homme

s. . . . . siehe
S. . . . . Satz
SA-GG . . . . Sachs (Hg.), Grundgesetz: Kommentar, 8. Aufl. 2018
Slg. . . . . Sammlung der Entscheidungen des Gerichtshofs und des Gerichts Erster Instanz
StaatsR . . . . Staatsrecht
Stanford LR . . . . . Stanford Law Review

u. a. . . . . und andere/unter anderem
UPenn JCL . . . . . University of Pennsylvania Journal of Constitutional Law
U.S. . . . . United States

Var. . . . . Variante
VerfGHG BW . . . Gesetz über den Verfassungsgerichtshof Baden-Württemberg
VerfProzessR . . . . Verfassungsprozessrecht
VerfR . . . . Verfassungsrecht
vgl. . . . . vergleiche
Vorb. . . . . Vorbemerkung
VVDStRL . . . . . . Veröffentlichungen der Vereinigung Deutscher Staatsrechtslehrer

Yale LJ . . . . Yale Law Journal

ZaöRV . . . . Zeitschrift für ausländisches öffentliches Recht und Völkerrecht
z. B. . . . . zum Beispiel
ZG . . . . Zeitschrift für Gesetzgebung
ZÖR . . . . Zeitschrift für Öffentliches Recht
ZP . . . . Zusatzprotokoll zur EMRK
ZRP . . . . Zeitschrift für Rechtspolitik

§ 1. Grundlagen

Grundrechte spielen im Verfassungsrecht eine **zentrale Rolle.** Die Rechtsprechung des Bundesverfassungsgerichts zum Grundgesetz ist wesentlich durch die Grundrechte geprägt worden – viele der paradigmatischen Urteile sind in Karlsruhe zur Grundrechtsdogmatik ergangen. Grundrechte werden allerdings nicht nur durch die Verfassung gewährleistet. Vielmehr finden sich Grundrechtsgewährleistungen auch auf internationaler Ebene, etwa im Rahmen der Europäischen Union oder in internationalen Menschenrechtsverträgen. Der für den deutschen Kontext wichtigste Menschenrechtsvertrag ist die Europäische Menschenrechtskonvention (EMRK). 1

Traditionell hat sich der universitäre Unterricht auf die Grundrechte des Grundgesetzes konzentriert. Das scheint allerdings nicht mehr zeitgemäß. Zum einen spielen in der Praxis sowohl die Grundrechte der EMRK als auch die Grundrechte der EU eine immer größere Rolle. Zum anderen **beeinflussen sich** die verschiedenen **Grundrechtsordnungen gegenseitig.** Das BVerfG ändert seine Rechtsprechung zu bestimmten Grundrechten aufgrund von Entscheidungen des EGMR oder des EuGH. Teilweise nimmt es bestimmte Grundrechtsinterpretationen vor, um damit die europäischen Gerichte zu beeinflussen. Daher erscheint es sinnvoll, die Grundrechte integriert zu unterrichten. Nur so bekommt man nicht nur ein gutes Verständnis der einzelnen Grundrechtsordnungen, sondern auch des Zusammenspiels dieser unterschiedlichen Ordnungen. 2

Insofern sollen die **Grundrechte** in diesem Lehrbuch **integriert dargestellt** werden. Bei der Darstellung jedes Grundrechts wird also nicht nur die deutsche Rechtslage dargestellt, sondern es werden auch Parallelen oder Unterschiede bei der EMRK und im Recht der EU diskutiert und vertieft. Der Schwerpunkt liegt bei den deutschen Grundrechten und der entsprechenden Rechtsprechung des BVerfG, da diese im Staatsexamen die wichtigste Rolle spielen. Die EU-Grundrechte sind in den Ausbildungsordnungen einiger Bundesländer bereits ausdrücklich Examensgegenstand.[1] Nach den derzeitigen Plänen der Justizministerkonferenz werden sie bald in allen Bundesländern Teil des Examensstoffs sein. Examensgegenstand wären damit mittelbar auch die Grundrechte der EMRK. Diese sind gem. Art. 6 Abs. 3 EUV Teil des Unionsrechts. Zudem sind die Grundrechte der EU-Grundrechtecharta gem. Art. 52 Abs. 3 GRC im Lichte der EMRK auszulegen. Anders als traditionelle Grundrechtslehrbücher behandelt dieses Lehrbuch auch die europäischen Grundfreiheiten. Zum einen verleihen diese dem Einzelnen ebenso subjektive Rechte wie die Grundrechte, und zum anderen ähneln sie den Grundrechten in ihrer Prüfungsstruktur stark (→ § 7). 3

In diesem ersten Kapitel sollen zunächst die **Grundlagen** dargestellt werden. In einem ersten Abschnitt werde ich auf die **Legitimität von Grundrechten** in der Demokratie eingehen. Auch wenn die Grundrechte heute essentieller Teil unserer Verfassung sind, war ihre Justiziabilität gerade in der Weimarer Zeit lange umstritten. Sie wurden als zu politisch angesehen, um ihre Interpretation Gerichten zu überlassen. Im ersten Abschnitt soll daher eine Rechtfertigung der Justiziabilität von Grundrechten unternommen werden. Der zweite Abschnitt geht dann auf unterschiedliche **Grundrechtsfunk-** 4

[1] S. etwa § 18 Abs. 2 Nr. 6 JAPO BY.

tionen ein und stellt diese kurz vor. Allerdings wird dieses Thema an späterer Stelle in diesem Buch noch vertieft (→ § 8).

5 Der dritte Abschnitt stellt dann die verschiedenen **Ebenen des Grundrechtsschutzes** dar und zeigt, wie eine potentielle Verletzung der jeweiligen Grundrechte gerichtlich geltend gemacht werden kann. Aber auch dieses Thema wird an späterer Stelle noch vertieft (→ §§ 9, 10). Der vierte Abschnitt beschäftigt sich mit der besonderen **Struktur der Grundrechtsprüfung,** die von der gängigen Struktur juristischen Argumentierens in gewisser Hinsicht abweicht. Er stellt dabei die Prinzipientheorie Robert Alexys vor, die als Beschreibung der Rechtsprechung des BVerfG sehr wirkmächtig war – auch wenn sie nicht unumstritten geblieben ist. Der letzte Abschnitt gibt schließlich einen kurzen Überblick über die Struktur dieses Lehrbuchs.

A. Die Legitimität der verfassungsgerichtlichen Grundrechtskontrolle in der Demokratie

Literatur: *Bickel,* The Least Dangerous Branch: The Supreme Court at the Bar of Politics, 1962; *Olson,* The Logic of Collective Action, 1965; *Esser,* Vorverständnis und Methodenwahl in der Rechtsfindung: Rationalitätsgrundlagen richterlicher Entscheidungspraxis, 1970; *Ely,* Democracy and Distrust, 1980; *Bryde,* Verfassungsentwicklung, 1982; *Segal/Cover,* Ideological Values and the Votes of U.S. Supreme Court Justices, APSR 83 (1989), 557; *Haltern,* Verfassungsgerichtsbarkeit, Demokratie und Mißtrauen, 1998; *Engel,* The Constitutional Court – Applying the Proportionality Principle – as a Subsidiary Authority for the Assessment of Political Outcomes, in: Engel/Héritier (Hg.), Linking Politics and Law, 2003, S. 285; *Böckenförde,* Demokratie als Verfassungsprinzip, Hdb StR II, 3. Aufl. 2004, § 24; *Waldron,* The Core of the Case Against Judicial Review, Yale LJ 115 (2006), 1346; *Bellamy,* Political Constitutionalism, 2007; *Robertson,* The Jugde as a Political Theorist, 2010; *Möllers,* Legalität, Legitimität und Legitimation des Bundesverfassungsgerichts, in: Jestaedt u. a., Das entgrenzte Gericht, 2011, S. 281; *M. Hailbronner,* Traditions and Transformations: The Rise of German Constitutionalism, 2015; *Petersen,* Verhältnismäßigkeit als Rationalitätskontrolle, 2015, Kap. 1; *Engst u. a.,* Zum Einfluss der Parteinähe auf das Abstimmungsverhalten der Bundesverfassungsrichter – eine quantitative Untersuchung, JZ 2017, 816.

6 Gem. Art. 1 Abs. 3 GG binden die Grundrechte nicht nur Rechtsprechung und Exekutive, sondern auch den Gesetzgeber. Das BVerfG hat also die Möglichkeit, Gesetze für verfassungswidrig zu erklären, wenn sie gegen Grundrechte verstoßen. Diese Kompetenz wird ihm durch Art. 93 Abs. 1, 100 Abs. 1 GG ausdrücklich zugestanden. Es steht also rechtlich außer Frage, dass das BVerfG den Gesetzgeber am Maßstab der Grundrechte messen, ihn kontrollieren und ggf. auch korrigieren darf. Allerdings ist die **Legitimität dieser verfassungsgerichtlichen Kontrollkompetenz** nicht unumstritten.[2] Warum sollten Verfassungsrichter, die nicht unmittelbar durch Wahlen legitimiert sind, den demokratischen Gesetzgeber kontrollieren können?

7 Auf diese Frage kann man zunächst eine **formale Antwort** finden: Wenn der Gesetzgeber an die Verfassung gebunden sein soll, brauchen wir einen Schiedsrichter, der kontrolliert, ob die Vorgaben der Verfassung tatsächlich eingehalten worden sind. Der Entscheidungsmodus der Verfassungsgerichtsbarkeit ist ein anderer: Der Gesetzgeber trifft politische Entscheidungen, während das Verfassungsgericht sich am Maßstab des Rechts orientiert. Die Legitimation der Verfassungsgerichtsbarkeit ergibt sich also aus ihrer **Bindung an die Verfassung.**[3]

[2] Die prägnanteste Kritik findet sich bei *Waldron,* Yale LJ 115 (2006), 1346.

[3] So grundlegend *Böckenförde,* Hdb StR II, 3. Aufl. 2004, § 24, Rn. 24.

Allerdings setzt dieses Argument voraus, dass man trennscharf zwischen **Recht und Politik** unterscheiden kann. In der Rechtsprechungspraxis ist eine solche **trennscharfe Unterscheidung** allerdings **nicht immer möglich.** Zum einen ist Sprache zu einem gewissen Grad indeterminiert: Insbesondere verfassungsrechtliche Konzepte wie Menschenwürde oder Gleichheit bedürfen der Auslegung, und diese Auslegung ist durch juristische Methodik nicht vollständig determinierbar.[4] Vielmehr eröffnen sich den Richtern **Entscheidungsspielräume.** Die empirische Forschung zeigt, dass bei der Ausfüllung dieser Entscheidungsspielräume der politische Hintergrund der Richter oft eine Rolle spielt.[5] 8

Zum anderen ergeben sich solche Entscheidungsspielräume gerade in der Grundrechtsrechtsprechung auch aus der Notwendigkeit, **konkurrierende Normen und Ziele** miteinander in Ausgleich zu bringen. Wir werden im Verlauf dieses Buches noch sehen, dass Grundrechte nicht absolut gewährleistet sind, sondern dass der Schutz der Grundrechte immer mit gegenläufigen Grundrechten oder staatlichen Zielen in Ausgleich zu bringen ist. Die dogmatische Figur, die dies leisten soll, ist das Verhältnismäßigkeitsprinzip (→ § 2 B). Aber auch die Verhältnismäßigkeit eröffnet Richtern Entscheidungsspielräume, die diese – zumindest in der Theorie – wiederum dazu nutzen können, politische Präferenzen in ihre Entscheidungsfindung einzubringen.[6] 9

Aus diesen Gründen ist gerade die verfassungsgerichtliche Grundrechtskontrolle oft als besonders problematisch angesehen worden.[7] Der bloße Verweis auf den Vorrang des Verfassungsrechts gegenüber dem Politischen reicht zur Rechtfertigung jedenfalls nicht aus, wenn die Verfassungsrechtsprechung selbst zu einem gewissen Grad politisch ist. Vielmehr muss auf **externe Rechtfertigungsstandards** zurückgegriffen werden. 10

Wie eine externe Rechtfertigung aussehen könnte, möchte ich an dieser Stelle nur andeuten.[8] Grundsätzlich gestehen wir dem Parlament in der Demokratie die größere **Legitimität für Kollektiventscheidungen** zu, weil das Parlament am ehesten das Gemeinwohl repräsentiert: Die im Parlament vertretenen Parteien möchten wiedergewählt werden und haben daher Anreize, im Interesse der Mehrheit der Bevölkerung zu handeln. Allerdings hat die Vermutung, dass das Parlament im Allgemeininteresse handelt, dort ihre Grenzen, wo die Struktur unseres politischen Systems den politischen Parteien systematische Anreize gibt, gerade nicht im Interesse des Gemeinwohls zu handeln. An dieser Stelle kommt die Verfassungsgerichtsbarkeit ins Spiel. Ihr kommt eine **Korrekturfunktion** zu, die dann eingreift, wenn der Gesetzgeber Anreize hat, nicht im Allgemeininteresse zu handeln. 11

Die wichtigste und in der Diskussion am stärksten bemühte Funktion der Grundrechte ist dabei der **Minderheitenschutz.** Die Legitimität von Demokratie beruht nicht allein darauf, dass die Staatsgewalt immer im Mehrheitsinteresse handelt. Dann könnte die Demokratie nicht begründen, warum die unterlegene Minderheit die 12

[4] *Esser,* Vorverständnis, 1970, S. 136; *Hesse,* Grundzüge des VerfR, Rn. 62f.

[5] S. nur *Segal/Cover,* APSR 83 (1989), 557 (für den U.S. Supreme Court); *Engst u. a.,* JZ 2017, 816 (für das BVerfG).

[6] So etwa die Kritik von *Haltern,* JöR 45 (1997), 31, 69; *Christensen/Lerch,* JZ 2007, 438, 440; *Leisner,* Abwägungsstaat, 1997, S. 170ff.

[7] S. *Kelsen,* Revue du droit public et de la science politique 44 (1928), 197.

[8] Ausführlich dazu *Petersen,* Verhältnismäßigkeit, 2015, S. 32ff.

Mehrheitsentscheidung akzeptieren sollte. Die Mehrheit muss bei ihren Entscheidungen also immer auch Rücksicht auf die Minderheit nehmen. Insbesondere in Zeiten, in denen populistische Positionen, deren Anziehungskraft gerade auf der Exklusion von Minderheiten beruht, immer stärkeren Zulauf erhalten, bedarf es eines Gegengewichts. Ein solches **Gegengewicht** bildet die **verfassungsgerichtliche Grundrechtskontrolle.**

13 Aber verfassungsgerichtliche Kontrolle schützt nicht nur Minderheiten. Ein anderes Problem, das wir in fast allen Demokratien – mal mehr, mal weniger ausgeprägt – finden, ist die **Klientelpolitik,** d. h. die Bevorzugung bestimmter Interessengruppen.[9] Klientelpolitik funktioniert, weil sich eine bestimmte Gruppe von politischem Lobbying starke Vorteile verspricht und somit Anreize zur politischen Einflussnahme hat. Den Vorteilen, die Interessengruppen gewährt werden – z. B. Subventionen oder günstige Regulierung – stehen, wenn man sie auf die gesamte Bevölkerung verteilt, nur geringe Nachteile für jeden einzelnen Bürger gegenüber. Daher liegen entsprechende politische Maßnahmen oft unterhalb der Wahrnehmungsschwelle der einzelnen Wähler. Sie beeinflussen in der Regel zumindest keine Wahlentscheidungen. Auch hier hat das **Verfassungsgericht** eine **Korrekturfunktion,** und es kann die Grundrechte zur Kontrolle des politischen Prozesses heranziehen.[10]

14 Es gibt **weitere Formen des Politikversagens,** bei denen Verfassungsgerichte eine wichtige Kontrollfunktion ausüben. Aber der Minderheitenschutz und der Schutz gegen Klientelpolitik sind die beiden wichtigsten Legitimationsgründe für eine verfassungsgerichtliche Grundrechtskontrolle. Es bleibt also festzuhalten, dass der Verfassungsgerichtsbarkeit – trotz der Gefahr eines gelegentlichen richterlichen Aktivismus *(judicial activism)* – eine wichtige Korrekturfunktion im demokratischen Prozess zukommt.

B. Die verschiedenen Grundrechtsfunktionen

Literatur: *Böckenförde,* Grundrechtstheorie und Grundrechtsinterpretation, NJW 1974, 1529; *Schlink,* Freiheit durch Eingriffsabwehr – Rekonstruktion der klassischen Grundrechtsfunktion, EuGRZ 1984, 457; *Lübbe-Wolff,* Die Grundrechte als Eingriffsabwehrrechte, 1988; *Alexy,* Grundrechte als subjektive Normen und als objektive Normen, Der Staat 29 (1990), 49; *Dreier,* Dimensionen der Grundrechte, 1993; *Jarass,* Bausteine einer umfassenden Grundrechtsdogmatik, AöR 120 (1995), 346; *Poscher,* Grundrechte als Abwehrrechte, 2003; *Mager,* Einrichtungsgarantien, 2003; *Dreier,* Subjektiv- und objektivrechtliche Grundrechtsgehalte, Jura 2004, 505; *Cornils,* Die Ausgestaltung der Grundrechte, 2005; *Jarass,* Funktionen und Dimensionen der Grundrechte, Hdb. GR II, 2006, § 38; *Bumke,* Die Ausgestaltung der Grundrechte, 2009; *Ladeur,* Die Beobachtung der kollektiven Dimension der Grundrechte durch eine liberale Grundrechtstheorie, Der Staat 50 (2011), 493; Vesting/Korioth/Augsberg (Hg.), Grundrechte als Phänomene kollektiver Ordnung, 2014.

15 In der theoretischen Diskussion um die Grundrechte werden verschiedene Grundrechtsfunktionen unterschieden. Dies ist zum einen ein Versuch, verschiedene Arten von Grundrechten zu klassifizieren, dient aber zum anderen auch dazu, verschiedene Dimensionen derselben Grundrechte zu beleuchten. Ein und dasselbe Grundrecht kann daher grundsätzlich verschiedene Funktionen haben. Traditionell sind Grund-

[9] Grundlegend dazu *Olson,* Logic of Collective Action, 1965.
[10] S. *Petersen,* I.CON 12 (2014), 650.

rechte **Abwehrrechte gegen den Staat.** Das bedeutet, dass der Einzelne ein Recht gegen den Staat hat, dass dieser nicht in seine Freiheitssphäre eingreift, also gewissermaßen ein Recht, vom Staat in gewissen Bereichen in Ruhe gelassen zu werden (→ §§ 2, 3). Die Meinungsfreiheit schützt vor Beschränkungen der freien Meinungsäußerung durch den Staat, die Eigentumsgarantie vor Eingriffen in das Eigentum und die Religionsfreiheit vor Behinderungen der freien Religionsausübung. Diese Grundrechtsfunktion ist nicht nur die ursprüngliche Grundrechtsfunktion, sie hat in der Rechtsprechung auch mit Abstand die größte Bedeutung.

Daneben haben Grundrechte aber auch eine **Leistungsdimension.** Das bedeutet, dass 16 die Grundrechte dem Einzelnen nicht das Recht geben, sich gegen den Staat abzuschirmen, sondern von diesem eine Leistung zu fordern. Innerhalb der Leistungsdimension kann man noch einmal verschiedene Grundrechtsfunktionen unterscheiden, die jeweils auf eine Leistung des Staates gerichtet sind. So ergeben sich teilweise aus den Grundrechten **staatliche Schutzpflichten.** Das heißt, dass der Staat verpflichtet ist, die durch die Grundrechte geschützten Rechtsgüter zu einem gewissen Umfang auch gegen Eingriffe Dritter oder gegen Naturereignisse zu schützen (→ § 8 A).

Zudem umfasst die Leistungsdimension der Grundrechte auch die **originären Leis-** 17 **tungsrechte,** die oft auch als **soziale Grundrechte** bezeichnet werden (→ § 8 E). Diese verlangen vom Staat ebenfalls eine Leistung, wobei der Anspruch sich entweder auf finanzielle Unterstützung oder die Schaffung von staatlichen Einrichtungen oder spezifischer Infrastruktur richtet. Beispiele sind etwa das Recht auf ein menschenwürdiges Existenzminium, das Recht auf Bildung oder auf Gesundheit.

Schließlich beinhaltet die Leistungsdimension den **Grundrechtsschutz durch Orga-** 18 **nisation und Verfahren.** Das bedeutet, dass der Staat verpflichtet wird, bestimmte Verfahren zu schaffen oder bereitzuhalten. Diese Grundrechte werden teilweise explizit in der Verfassung gewährleistet. Ein Beispiel sind die Justizgrundrechte, die sich in allen drei in diesem Buch diskutierten Grundrechtskatalogen finden (→ § 6). Teilweise werden sie aber auch durch die Rechtsprechung aus den Abwehrrechten hergeleitet (→ § 8 D). Diese Verfahrensgarantien dienen in erster Linie dazu, Grundrechtseingriffe verfahrenstechnisch abzusichern.

Eine dritte Dimension der Grundrechte ist die Gewährleistung von **Gleichheit.** Alle 19 Grundrechtskataloge enthalten in der Regel explizite Gleichheitsrechte oder Diskriminierungsverbote. Gleichheitsrechte zielen dabei nicht darauf, dass der Einzelne vom Staat eine bestimmte Handlung oder Unterlassung verlangen kann. Vielmehr kann er fordern, ebenso behandelt zu werden wie eine Gruppe, die sich in einer vergleichbaren Position befindet. Besteht eine Ungleichbehandlung, kann der Staat die Gleichbehandlung in zweierlei Weise erreichen. Er kann entweder der bevorzugten Gruppe das Privileg nehmen oder den Vorteil auf die bisher benachteiligte Gruppe ausdehnen. Man ist sich einig, dass Gleichheitsrechte nicht darauf zielen können, absolute Gleichheit zwischen allen Menschen herzustellen. Welche Funktion die Gleichheitsrechte allerdings im Einzelnen haben, ist in der rechtstheoretischen Literatur umstritten.[11] Diese Unsicherheit bei der Funktion wirkt sich auch auf die Dogmatik der Gleichheitsrechte aus, die deutlich weniger gefestigt ist als bei den Freiheitsrechten (→ § 5).

[11] S. nur *Hellman,* When is Discrimination Wrong?, 2008; *Khaitan,* Theory of Discrimination Law, 2015; *Fredman,* I.CON 14 (2016), 712; *Waldron,* One another's equals, 2017.

20 Viertens beinhalten Grundrechte **Einrichtungs- und Institutsgarantien.** Dem liegt die Erkenntnis zugrunde, dass bestimmte Institutionen, wie die Ehe oder das Eigentum, rechtliche Konstruktionen sind. Ohne das Recht gäbe es zwar den Besitz, aber nicht das Eigentum, gäbe es die Partnerschaft, aber nicht die Ehe. Einrichtungs- und Institutsgarantien haben daher eine Doppelfunktion. Auf der einen Seite stellen sie sicher, dass der Staat die entsprechenden Institute überhaupt rechtlich gewährleistet. Auf der anderen Seite handelt es sich aber auch um Abwehrrechte. Die Schwierigkeit liegt darin, dass diese Institutionen als rechtliche Konstrukte notwendigerweise auch rechtlich ausgestaltet sein müssen. Daher kann nicht jede Regelung, die Ehe oder Eigentum betrifft, einen Eingriff in diese Institutionen darstellen. Wie dogmatisch mit diesem Spannungsverhältnis umgegangen wird, werden wir bei der Diskussion der entsprechenden Institutsgarantien genauer betrachten (→ § 3 H und J II).

21 Schließlich gibt es **politische Teilhaberechte,** die allen Staatsbürgern das Recht geben, am politischen Prozess zu partizipieren. Hauptbeispiel ist das Wahlrecht in Art. 38 GG. Aufgrund des engen Zusammenhangs mit dem Organisationsrecht und insbesondere dem Demokratieprinzip wird hier auf eine nähere Darstellung verzichtet. Vielmehr sei auf die entsprechenden Darstellungen der deutschen und europäischen Institutionen verwiesen.[12]

C. Die verschiedenen Ebenen des Grundrechtsschutzes

22 Wie bereits in der Einleitung angedeutet existieren Grundrechte auf unterschiedlichen Ebenen. Neben dem Grundgesetz finden sich Grundrechte auch in internationalen Verträgen, der Europäischen Menschenrechtskonvention, dem EU-Recht und in den Landesverfassungen. Das Zusammenspiel dieser unterschiedlichen Grundrechtsordnungen ist recht komplex und soll an späterer Stelle ausführlich beleuchtet werden (→ § 10). Dieser Abschnitt gibt eine kurze Einführung in die verschiedenen Grundrechtsebenen. Dabei werden wir sehen, dass es auf den verschiedenen Ebenen nicht nur **unterschiedliche Grundrechtskataloge** gibt, sondern teilweise auch **eigene Institutionen,** die mit der Überwachung und Durchsetzung der entsprechenden Grundrechte betraut sind.

I. Völkerrechtlicher Schutz individueller Rechte

Literatur: *Buergenthal/Thürer,* Menschenrechte: Ideale, Instrumente, Institutionen, 2010; *Kälin/Künzli,* Universeller Menschenrechtsschutz, 3. Aufl. 2014; *Schilling,* Internationaler Menschenrechtsschutz, 3. Aufl. 2016; *v. Arnauld,* Völkerrecht, 3. Aufl. 2016, § 9; *Krajewski,* Völkerrecht, 2017, § 12.

23 Der einflussreichste Menschenrechtstext auf universeller Ebene ist die **Allgemeine Erklärung der Menschenrechte** (AEMR). Diese wurde im Dezember 1948 von der Generalversammlung der Vereinten Nationen verabschiedet (A/RES/217). Als Generalversammlungsresolution hat sie zwar keine unmittelbar rechtsverbindliche Wirkung. Dennoch hat sie in verschiedener Hinsicht enorme Bedeutung. Zum einen sind viele Garantien der AEMR heutzutage Teil des Völkergewohnheitsrechts. Als solche sind sie über Art. 25 GG auch Teil des Bundesrechts und stehen im Rang zwischen Verfassung

[12] S. *Sydow/Wittreck,* VerfR I, Kap. 9, Rn. 26ff.

und einfachem Recht. Zum anderen hatte die AEMR einen signifikanten Einfluss auf die Entwicklung nachfolgender Grundrechtstexte, seien dies internationale Menschenrechtsverträge oder nationale Verfassungen.[13]

In den 1960er Jahren versuchte man dann, die Menschenrechte in großen Menschen- 24
rechtsverträgen auch rechtlich zu kodifizieren. Das Ergebnis waren die beiden **Menschenrechtspakte von 1966,** der Internationale Pakt für bürgerliche und politische Rechte (IPbpR) und der Internationale Pakt für wirtschaftliche, soziale und kulturelle Rechte (IPwskR). Dass am Ende zwei Menschenrechtsverträge entstanden, lag in erster Linie an der Konfrontation des Kalten Krieges, bei der die Staaten der jeweiligen Blöcke die Bedeutung der unterschiedlichen Grundrechtsdimensionen verschieden einschätzten. Die Staaten des Westens legten größeres Gewicht auf die liberalen Freiheits- und politischen Teilhaberechte des IPbpR, die Staaten des Ostblocks bevorzugten die sozialen Rechte des IPwskR.

Deutschland hat mittlerweile beide Menschenrechtspakte ratifiziert. Als völkerrecht- 25
liche Verträge sind sie Teil des Bundesrechts und haben den Rang einfacher Bundesgesetze. Der IPbpR wird durch den **UN-Menschenrechtsausschuss** *(UN Human Rights Committee),* einem quasigerichtlichen Organ, überwacht. Deutschland hat das erste Zusatzprotokoll zum IPbpR ratifiziert, das Individuen das Recht gibt, **Individualbeschwerden** zum Menschenrechtsausschuss zu bringen, wenn sie glauben, durch staatliche Gewalt in ihren Menschenrechten aus dem IPbpR verletzt zu sein. Für den IPwskR gibt es ein ähnliches Zusatzprotokoll. Dieses gibt Individuen die Möglichkeit, Individualbeschwerden zum **Ausschuss für wirtschaftliche, soziale und kulturelle Rechte** zu bringen, der über die Einhaltung des IPwskR wacht. Allerdings hat Deutschland dieses Zusatzprotokoll bisher nicht ratifiziert, so dass Verletzungen des IPwskR durch die deutsche Staatsgewalt – zumindest bisher – nicht vor dem Ausschuss geltend gemacht werden können.

Neben den beiden Menschenrechtspakten hat Deutschland noch eine **Vielzahl wei-** 26
terer Menschenrechtsverträge ratifiziert, die sich jeweils mit spezifischen Menschenrechtsfragen beschäftigen. Beispiele sind die UN-Antifolterkonvention oder das Übereinkommen zur Beseitigung jeder Form von Rassendiskriminierung. Auch diese Verträge haben in der deutschen Rechtsordnung den Rang einfachen Bundesrechts.

Menschenrechtliche Garantien können sich schließlich auch aus bilateralen **Investi-** 27
tionsschutzverträgen ergeben. Diese Rechte sind allerdings in doppelter Hinsicht beschränkt. Personell schützen sie lediglich ausländische Investoren; materiell bezieht sich der Schutz allein auf wirtschaftliche Rechte, weshalb Investitionsschutzabkommen politisch nicht unumstritten sind. Die Verletzung von Rechten aus Investitionsschutzabkommen kann vor Schiedsgerichten geltend gemacht werden, wobei die Einzelheiten in Schiedsklauseln innerhalb dieser Abkommen geregelt sind.

II. Die Europäische Menschenrechtskonvention

Literatur: *Uerpmann-Wittzack,* Die Bedeutung der EMRK für den deutschen und unionalen Grundrechtsschutz, Jura 2014, 916; *v. Arnauld,* Völkerrecht, 3. Aufl. 2016, § 9; *Krajewski,* Völkerrecht, 2017, § 12.

[13] S. *Elkins/Ginsburg/Simmons,* Harv. ILJ 54 (2013), 61.

28 Auf regionaler Ebene ist der wichtigste Menschenrechtsvertrag die EMRK. Bei der EMRK handelt es sich ebenfalls um einen völkerrechtlichen Vertrag, dessen Vertragsstaaten die **Staaten des Europarats** sind. Der Europarat ist dabei nicht mit der Europäischen Union zu verwechseln. Vielmehr handelt es sich um eine eigenständige internationale Organisation. Der Kreis der Mitgliedstaaten ist weiter als der der EU. Insgesamt hat der Europarat 47 Mitgliedstaaten, zu denen auch alle EU-Staaten zählen. Darüber hinaus sind aber beispielsweise auch die Türkei, Russland, die Schweiz oder Norwegen als nicht-EU-Mitgliedstaaten Mitglieder des Europarats und damit auch Vertragsstaaten der EMRK.

29 Die EMRK wurde 1950 in Rom unterzeichnet und trat 1953 in Kraft. Wie alle völkerrechtlichen Verträge ist die EMRK **Teil des Bundesrechts.** Sie hat den Rang eines einfachen Bundesgesetzes, wird vom BVerfG aber auch als Auslegungshilfe für einfaches Gesetzesrecht und die Verfassung herangezogen (→ § 10 B II). Zudem können Verletzungen der EMRK vor dem **Europäischen Gerichtshof für Menschenrechte** geltend gemacht werden. Dabei steht grundsätzlich jedem Individuum die Möglichkeit einer **Individualbeschwerde** offen, wenn es glaubt, von der deutschen Staatsgewalt in seinen Konventionsrechten verletzt worden zu sein (→ § 9 B).

III. Die Grundrechte des EU-Rechts

Literatur: *Kingreen,* Die Unionsgrundrechte, Jura 2014, 295; *Britz,* Grundrechtsschutz durch das Bundesverfassungsgericht und den Europäischen Gerichtshof, EuGRZ 2015, 275.

30 Grund- und Menschenrechte werden nicht nur auf völkerrechtlicher Ebene, sondern auch auf Ebene des EU-Rechts gewährleistet. Der wichtigste Grundrechtstext ist dabei die **EU-Grundrechtecharta,** die im Jahr 2009 durch den Vertrag von Lissabon ausdrücklich Teil des europäischen Primärrechts wurde, Art. 6 Abs. 1 UA 1 EUV. Daneben sind Quelle der EU-Grundrechte gem. Art. 6 Abs. 3 EUV jedoch auch die EMRK und die Grundrechte, die „sich aus den gemeinsamen Verfassungsüberlieferungen der Mitgliedstaaten ergeben". Während die EMRK in der Anfangsphase der Grundrechtsrechtsprechung des EuGH eine zentrale Rolle spielte, dominiert heute in der Rechtsprechungspraxis der Rückgriff auf die Grundrechtecharta. Allerdings ist die EMRK bei der Interpretation der Grundrechtecharta weiterhin von Bedeutung. Gem. Art. 52 Abs. 3 GRC dürfen die Rechte der Charta in ihrer Tragweite nicht hinter dem Schutzniveau der Grundrechte der EMRK zurückbleiben.

31 Gegenüber den völkerrechtlichen Verträgen haben die Grundrechte der EU eine Besonderheit. Die völkerrechtlichen Menschenrechtsverträge einschließlich der EMRK binden die staatliche Gewalt der Mitgliedstaaten grundsätzlich in ihrer Gesamtheit. Jedes staatliche Handeln muss sich daher grundsätzlich an den internationalen Menschenrechten messen lassen. Dagegen gelten die Grundrechte der EU gem. Art. 51 Abs. 1 S. 1 GRC und entsprechend der Rechtsprechung des EuGH nur für das Handeln der Organe der Union und für die Mitgliedstaaten lediglich dann, wenn sie EU-Recht „durchführen". Die deutsche Staatsgewalt ist also nur dann an die EU-Grundrechte gebunden, wenn sie sich **im Anwendungsbereich des EU-Rechts** bewegt (→ § 10 C).

32 Eine zweite Besonderheit ist prozeduraler Art. Wir haben gesehen, dass bei Verletzungen des IPbpR oder der EMRK grundsätzlich die Möglichkeit einer Individual-

beschwerde zum UN-Menschenrechtsausschuss bzw. zum EGMR gegeben ist. Diese Möglichkeit besteht im EU-Recht nicht: Es gibt **keine Grundrechtsbeschwerde zum EuGH.** Das bedeutet aber nicht, dass der Einzelne schutzlos ist, wenn er sich – entweder durch die EU-Institutionen oder die nationale Staatsgewalt – in seinen EU-Grundrechten verletzt fühlt. Vielmehr kann er die entsprechende Maßnahme erst einmal vor nationalen Gerichten angreifen, dort die Verletzung der EU-Grundrechte geltend machen und ggf. eine Vorlage zum EuGH im Rahmen des **Vorabentscheidungsverfahrens** nach Art. 267 AEUV anregen (→ § 9 C).

IV. Die Grundrechte im Grundgesetz

Im deutschen Recht finden sich die Grundrechte auf Bundesebene im Grundgesetz. 33
Sie binden gem. Art. 1 Abs. 3 GG grundsätzlich die **gesamte staatliche Gewalt.** Diese Bindung bezieht sich nicht nur auf die Institutionen des Bundes, sondern umfasst auch die Länder und alle anderen staatlichen Körperschaften. Jede staatliche Handlung muss sich also an den Grundrechten messen lassen (→ § 2 A II 2). Über die Einhaltung der Grundrechte wacht das BVerfG. Fühlt sich ein Bürger in seinen Grundrechten verletzt, kann er dies im Rahmen einer Verfassungsbeschwerde vor dem BVerfG geltend machen (→ § 9 A).

V. Die Landesgrundrechte

Schließlich enthalten auch die meisten Landesverfassungen Grundrechte. Diese haben 34
in der Praxis nur eine **geringe Bedeutung.** Die Grundrechte der Landesverfassungen binden grundsätzlich die öffentliche Gewalt der entsprechenden Bundesländer und ihrer öffentlich-rechtlichen Körperschaften, wie etwa den Gemeinden. Bundesgesetze oder das Handeln der Bundesregierung oder der bundesunmittelbaren Verwaltung kann also nicht am Maßstab der Landesgrundrechte gemessen werden. Dagegen müssen Landesgesetze und das Handeln der Landesverwaltung sich sowohl an der Landesverfassung als auch am Grundgesetz messen lassen.

Die **prozessuale Geltendmachung** der Landesgrundrechte hängt von den jeweiligen 35
Landesverfassungen ab. Die Mehrzahl der Landesverfassungen sehen Verfassungsbeschwerden oder Grundrechtsklagen zum Verfassungs- oder Staatsgerichtshof des entsprechenden Bundeslandes vor.[14] Andere Bundesländer, wie Niedersachsen oder Hamburg, haben dagegen bisher keine Möglichkeit der Verfassungsbeschwerde eingeräumt. Allerdings besteht in diesen Ländern zumindest die Möglichkeit der konkreten Normenkontrolle, vgl. Art. 100 Abs. 1 S. 1 Var. 1 GG. Wenn also ein Gericht der Auffassung ist, dass ein Landesgesetz gegen die Landesverfassung verstößt, dann kann es diese Frage dem zuständigen Landesverfassungsgericht vorlegen.

D. Grundrechte als Prinzipien?

Literatur: *Alexy,* Theorie der Grundrechte, 2. Aufl. 1994; *Sieckmann,* Regelmodelle und Prinzipienmodelle des Rechtssystems, 1990; *Jansen,* Die Struktur der Gerechtigkeit, 1998; *Jakab,* Prinzipien, Rechstheorie 37 (2006), 49; Sieckmann (Hg.), Prinzipientheorie der Grundrechte, 2007; *ders.,* Recht als nor-

[14] S. etwa Art. 131 HessVerf; Art. 120 BayVerf; §§ 55 ff. VerfGHG BW.

matives System: Die Prinzipientheorie des Rechts, 2009; *Poscher,* Theorie eines Phantoms: Die erfolglose Suche der Prinzipientheorie nach ihrem Gegenstand, Rechtswissenschaft 1 (2010), 349; Klatt (Hg.), Institutionalized Reason: The Jurisprudence of Robert Alexy, 2010.

36 Grundrechte sind **nicht absolut gewährleistet.** Vielmehr enthalten die meisten Grundrechte des Grundgesetzes Eingriffsvorbehalte, nach denen Eingriffe auf Grund eines Gesetzes und teilweise zur Verwirklichung bestimmter Ziele zulässig sind (→ § 2 A III 1). Ähnlich sieht es in der EMRK aus. Die Grundrechtecharta enthält einen allgemeinen Eingriffsvorbehalt für alle Grundrechte in Art. 52 Abs. 1 GRC. Gleichzeitig ist es aber nicht so, dass jeder Eingriff auf Grundlage eines Gesetzes oder zugunsten der in den speziellen Eingriffsvorbehalten genannten Ziele automatisch gerechtfertigt ist. Wenn dem so wäre, würde der Grundrechtsschutz leerlaufen, zumindest soweit mit den Grundrechten auch eine Kontrolle des Gesetzgebers intendiert ist.

37 Vielmehr sind die Grundrechte mit gegenläufigen Eingriffszielen in Ausgleich zu bringen. Wie lässt sich dieser Prozess des In-Ausgleich-Bringens jedoch **theoretisch beschreiben und verstehen?** Den wirkmächtigsten Versuch der theoretischen Beschreibung findet sich in *Robert Alexys* Theorie der Grundrechte.[15] Alexy nimmt dabei eine kategoriale Unterscheidung unterschiedlicher Rechtsnormen vor. Er unterscheidet zwischen Regeln und Prinzipien. Sein Ansatz wird deswegen oft als **Prinzipientheorie** bezeichnet.

38 Die meisten juristischen Normen sind Regeln. Bei **Regeln** subsumiert man den tatsächlichen Sachverhalt unter die Tatbestandsmerkmale; wenn letztere erfüllt sind, wird eine bestimmte Rechtsfolge angeordnet. Wenn zwei Regeln miteinander in Konflikt kommen, wird dieser Konflikt nach den **allgemeinen Konfliktlösungsregeln** – etwa *lex superior, lex posterior* oder *lex specialis* – aufgelöst.[16] Die Regel, die in einem Konfliktverhältnis Vorrang hat, hat immer Vorrang – ungeachtet der Umstände. Nehmen wir ein Beispiel aus dem Zivilrecht. Gem. § 105 Abs. 1 BGB ist die Willenserklärung eines Geschäftsunfähigen nichtig. Allerdings gelten bestimmte Geschäfte des täglichen Lebens von volljährigen Geschäftsunfähigen gem. § 105a BGB als wirksam. Da § 105a BGB gegenüber § 105 BGB die speziellere Norm ist, hat § 105a BGB im Konfliktfall gegenüber § 105 Abs. 1 BGB immer Vorrang, wenn die Tatbestandsvoraussetzungen erfüllt sind.

39 Demgegenüber sind Prinzipien nach *Alexy* **Optimierungsgebote.**[17] Danach wird bei Prinzipien nicht eine bestimmte Rechtsfolge angeordnet, wenn die Tatbestandsvoraussetzungen erfüllt sind. Vielmehr wird der Schutz eines bestimmten Rechtsguts angeordnet. Dieser Schutz ist allerdings nicht absolut gewährleistet, sondern mit dem Schutz anderer Rechtsgüter in Ausgleich zu bringen. Der Charakter von Prinzipien und der Unterschied zu Regeln zeigt sich am besten im Kollisionsfall. Wenn zwei Prinzipien miteinander kollidieren, dann erfolgt die Auflösung dieser Kollision gerade **nicht nach den allgemeinen Kollisionsregeln:** Es wird kein absolutes Vorrangverhältnis zwischen den konkurrierenden Prinzipien etabliert. Vielmehr hängt das Verhältnis von den **Umständen des Einzelfalls** ab.[18] Auch hier ein Beispiel: Wenn die Regenbogenpresse über das Privatleben von Prominenten berichtet, kommt es zu

[15] *Alexy,* Theorie der GrundR, 1994.
[16] *Alexy,* Theorie der GrundR, 1994, S. 77f.
[17] *Alexy,* Theorie der GrundR, 1994, S. 75f.
[18] *Alexy,* Theorie der GrundR, 1994, S. 78ff.

einem Konflikt zwischen der Pressefreiheit auf der einen und dem Schutz des Privatlebens auf der anderen Seite. Keines dieser beiden Prinzipien kann einen absoluten Vorrang gegenüber dem anderen beanspruchen. Je nach den Umständen des Einzelfalls obsiegt vielmehr mal die Pressefreiheit und mal das Persönlichkeitsrecht.

Dogmatisch hat das zwei Auswirkungen, die wir im nächsten Kapitel näher betrachten 40 werden. Zum einen folgt die Prüfung von Grundrechten nicht dem simplen Schema des Prüfens von Tatbestandsmerkmalen und der Anordnung von Rechtsfolgen. Vielmehr erfolgt die **Prüfung in mehreren Schritten** (→ § 2 A): Ob ein Verhalten von einem Grundrecht geschützt ist, wird nur in einem ersten Schritt geprüft, determiniert aber noch nicht, ob der Schutz des Grundrechts auch im konkreten Fall eingreift. Der Schwerpunkt einer Grundrechtsprüfung liegt vielmehr zumeist auf dem letzten Schritt, der Frage, ob die staatliche Beschränkung eines grundrechtlich geschützten Verhaltens gerechtfertigt werden kann: Ist die Einschränkung der Pressefreiheit zum Schutz des Privatlebens Prominenter gerechtfertigt? Den Kern der Rechtfertigungsprüfung bildet dabei das **Verhältnismäßigkeitsprinzip,** das das dogmatische Instrument ist, um die widerstreitenden Interessen miteinander in Ausgleich zu bringen (→ § 2 B).

An der sogenannten Prinzipientheorie Alexys wird in der rechtswissenschaftlichen Li- 41 teratur oft **Kritik** geübt. Kern der Kritik ist, dass der Unterschied zwischen Regeln und Prinzipien kein dichotomer, sondern ein gradueller Unterschied sei, dass zwischen Regeln und Prinzipien also **nicht trennscharf unterschieden** werden könne.[19] Ob diese Kritik zutrifft, mag hier dahingestellt bleiben. Die Prinzipientheorie ist sicherlich nicht frei von Schwächen. Insbesondere verlangt die Verhältnismäßigkeit nicht zwingend einen „optimalen" Ausgleich konkurrierender Rechtsprinzipien.[20] Die Stärke der Prinzipientheorie liegt jedoch darin, dass sie Unterschiede im Umgang mit Normkollisionen aufzeigt und darlegt, dass sich aus diesem Grund die Argumentationsstruktur im Bereich der Grundrechte von der Argumentation in anderen Rechtsbereichen unterscheidet.

Wir werden im Laufe dieses Lehrbuchs sehen, dass Grundrechte zwar im Regelfall 42 Prinzipiencharakter haben, aber **nicht alle Grundrechte Prinzipien** sind. Vielmehr gibt es einige Grundrechte, die absolut gelten, also nicht eingeschränkt werden können. Dies ist in erster Linie die **Menschenwürdegarantie** in Art. 1 Abs. 1 GG (→ § 4). Daneben haben aber auch die **Prozessgrundrechte** oft Regelcharakter (→ § 6). Hier steht ebenfalls die Subsumption unter die Merkmale des Schutzbereichs im Vordergrund. Liegt ein Eingriff vor, kann dieser regelmäßig nicht gerechtfertigt werden.

E. Überblick über das Lehrbuch

Dieses Lehrbuch unterscheidet in seiner Gliederung nicht strikt zwischen allgemeinen 43 Grundrechtslehren und der Darstellung der einzelnen Grundrechte. Vielmehr finden sich Ausführungen zu den allgemeinen Grundrechtslehren aus didaktischen Gründen an unterschiedlichen Stellen in diesem Lehrbuch. Im folgenden Kapitel (→ § 2) wird

[19] S. etwa *Jakab,* Rechtstheorie 37 (2006), 49; *Poscher,* Rechtswissenschaft 1 (2010), 349.
[20] *Poscher,* Rechtswissenschaft 1 (2010), 349, 367.

zunächst die **Struktur der Grundrechtsprüfung** dargestellt. Dabei wird der dreistufige Aufbau der Grundrechtsprüfung vorgestellt und ausführlich auf das Verhältnismäßigkeitsprinzip eingegangen, das den dogmatischen Kern der Grundrechtsprüfung darstellt.

44 Danach werden die **Gewährleistungsgehalte der einzelnen Grundrechte** näher diskutiert. Wir beginnen mit den Freiheitsrechten (→ § 3). Die Darstellung geht dabei grundsätzlich von den Grundrechten des Grundgesetzes aus und zeigt dann jeweils die Parallelen und Unterschiede in der EU-Grundrechtecharta und der EMRK auf. In § 4 widmen wir uns dann den sogenannten Fundamentalgarantien, also der Menschenwürdegarantie im Grundgesetz und der Grundrechtecharta sowie dem Sklaverei- und Folterverbot in der EMRK. Die Gleichheitsrechte werden in § 5 näher vorgestellt. Dabei wird in der Darstellung zum einen zwischen Gleichheitsrechten und Diskriminierungsverboten und bei den Diskriminierungsverboten wiederum zwischen allgemeinen und besonderen Diskriminierungsverboten unterschieden. Schließlich wird in § 6 auf die Justizgrundrechte näher eingegangen.

45 Anschließend wenden wir uns den **europäischen Grundfreiheiten** zu (→ § 7). Wir werden die Dogmatik der Grundfreiheiten ausgehend von der Warenverkehrsfreiheit für alle Grundfreiheiten näher analysieren. Dabei werden wir sehen, dass die Struktur der Prüfung der Grundfreiheiten der der Grundrechte sehr ähnlich ist. In § 8 werden wir dann die **Leistungsdimension von Grundrechten** und Grundfreiheiten näher betrachten. Das vorletzte Kapitel widmet sich der **gerichtlichen Geltendmachung von Grundrechten und Grundfreiheiten** vor dem BVerfG, dem EGMR sowie dem EuGH (→ § 9). Im letzten Kapitel wird schließlich das **Verhältnis der unterschiedlichen Grundrechtsordnungen,** also von Grundgesetz, EMRK und EU-Grundrechten, diskutiert (→ § 10).

§ 2. Die Struktur der Grundrechtsprüfung

Die Grundrechte werden **nicht absolut gewährleistet.** Vielmehr erkennt das Grundgesetz an, dass der Staat zur Erreichung bestimmter Ziele die Grundrechte einschränken darf. So gewährleistet Art. 2 Abs. 2 S. 1 GG beispielsweise das Recht auf Leben und körperliche Unversehrtheit. Satz 3 stellt dann klar, dass diese Rechte nicht absolut gewährleistet werden: „In diese Rechte darf nur auf Grund eines Gesetzes eingegriffen werden." Das bedeutet umgekehrt aber nicht, dass jedes Gesetz bereits eine Einschränkung des Rechts auf Leben rechtfertigen kann. Vielmehr muss ein Ausgleich zwischen dem staatlichen Ziel und dem gewährleisteten Grundrecht getroffen werden. Das Bundesverfassungsgericht (BVerfG) hat daher eine Dogmatik entwickelt, um diesen Ausgleich zu formalisieren. 1

Im Folgenden werden wir uns die Struktur der Grundrechtsprüfung zunächst näher ansehen. Dann gehen wir in einem zweiten Schritt näher auf das Verhältnismäßigkeitsprinzip ein, das das zentrale Element einer jeden Grundrechtsprüfung ist. Drittens beschäftigen wir uns kurz mit Grundrechtskonkurrenzen, also der Frage, welche Grundrechte vorrangig zu prüfen sind, wenn eine staatliche Maßnahme mehrere Grundrechte betrifft. 2

A. Die drei Schritte der Grundrechtsprüfung

Literatur: *Häberle,* Die Wesensgehaltsgarantie des Art. 19 Abs. 2 Grundgesetz, 3. Aufl. 1983; *Höfling,* Die Grundrechtsbindung der Staatsgewalt, JA 1995, 431; *Jestaedt,* Grundrechtsentfaltung im Gesetz, 1999; *v. Arnauld,* Die Freiheitsrechte und ihre Schranken, 1999; *Schnapp/Kaltenborn,* Grundrechtsbindung nichtstaatlicher Institutionen, JuS 2000, 937; *Schoch,* Grundrechtsfähigkeit juristischer Personen, Jura 2001, 201; *Siehr,* Die Deutschengrundrechte des GG, 2001; *Schwarz,* Die Zitiergebote im Grundgesetz, 2002; *Böckenförde,* Schutzbereich, Eingriff, verfassungsimmanente Schranken, Der Staat 42 (2003), 165; *Kahl,* Vom weiten Schutzbereich zum engen Gewährleistungsgehalt, Der Staat 43 (2004), 167; *Huber,* Natürliche Personen als Grundrechtsträger, Hdb GR II, 2006, § 49; *Tettinger,* Juristische Personen des Privatrechts als Grundrechtsträger, Hdb GR II, 2006, § 51; *Fischinger,* Der Grundrechtsverzicht, JuS 2007, 808; *Krausnick,* Grundfälle zu Art. 19 III GG, JuS 2008, 869, 965; *Bethge,* Mittelbare Grundrechtsbeeinträchtigungen, Hdb GR III, 2009, § 58; *Payandeh,* Das Gebot der Folgerichtigkeit, AöR 136 (2011), 578; *Hillgruber,* Grundrechtlicher Schutzbereich, Grundrechtsausgestaltung und Grundrechtseingriff, Hdb StR IX, 3. Aufl. 2011, § 200; *Petersen,* Die Eingriffsdogmatik aus deutscher Perspektive: Der Grundrechtseingriff als Zurechnungskategorie, ZÖR 67 (2012), 459; *ders.,* Gesetzgeberische Inkonsistenz als Beweiszeichen, AöR 138 (2013), 108; *Goldhammer,* Grundrechtsberechtigung und -verpflichtung gemischtwirtschaftlicher Unternehmen, JuS 2014, 891; *Ehlers,* Allgemeine Lehren der Unionsgrundrechte, in: ders. (Hg.), Europäische Grundrechte und Grundfreiheiten, 4. Aufl. 2014, § 14; *Schaks,* Die Wesensgehaltsgarantie, Art. 19 II GG, JuS 2015, 407.

Die Prüfung von Freiheitsgrundrechten besteht aus **drei Schritten:** der Prüfung des Schutzbereichs, des Eingriffs und der Rechtfertigung. Beim **Schutzbereich** geht es im Wesentlichen darum zu bestimmen, welchen Lebensbereich das entsprechende Grundrecht schützt. Beim **Eingriff** wird geprüft, ob die Beeinträchtigung eines durch ein Grundrecht geschützten Lebensbereichs dem Staat zurechenbar ist. Bei der **Rechtfertigung** wird schließlich analysiert, ob dieser staatliche Eingriff gerechtfertigt werden kann. 3

Die Prüfung der **Grundrechte im EU-Recht** und in der **EMRK** weicht von diesem dreistufigen Aufbau leicht ab. Zum einen nehmen sowohl der EuGH als auch der 4

EGMR lediglich eine **zweistufige Grundrechtsprüfung** vor, die aus dem Schutzbereich und der Rechtfertigung besteht. Inhaltlich ändert sich dabei allerdings nicht viel: Vielmehr werden die Aspekte, die unter dem Grundgesetz im Eingriff geprüft werden – namentlich die Zurechnung –, im EU-Recht und der EMRK im Rahmen des Schutzbereichs geprüft.

> **Klausurhinweis:** Aus diesem Grund empfiehlt es sich in Klausuren, auch die europäischen Grundrechte in dem aus dem deutschen Verfassungsrecht bekannten Dreischritt Schutzbereich – Eingriff – Rechtfertigung zu prüfen. Dieses Schema ist deutschen Prüfern in der Regel vertrauter und wird daher auch oft in der Prüfungspraxis zugrunde gelegt. Daher orientieren sich die folgenden Ausführungen am dreistufigen Schema.

5 Im EU-Recht gibt es noch eine zweite Besonderheit. Anders als unter dem Grundgesetz und der EMRK betreffen die europäischen Grundrechte nicht alle Akte der öffentlichen Gewalt der Mitgliedstaaten. Vielmehr sind sie für die Mitgliedstaaten gem. Art. 51 Abs. 1 GRC nur verbindlich, soweit diese Unionsrecht durchführen. In einem ersten Schritt ist daher immer die **Anwendbarkeit der europäischen Grundrechtecharta** bzw. der europäischen Grundrechte zu prüfen. Hier soll dieser Hinweis genügen. Wir werden uns mit der Anwendbarkeit der EU-Grundrechte an anderer Stelle näher beschäftigen, wenn wir auf das Verhältnis der unterschiedlichen Grundrechtsordnungen näher eingehen (→ § 10 C).

I. Schutzbereich

6 Der erste Schritt einer jeden Grundrechtsprüfung ist die Prüfung des Schutzbereichs. In diesem wird bestimmt, **welchen Lebensbereich** ein Grundrecht schützt. Im Rahmen des Schutzbereichs werden zwei Bereiche unterschieden, die in der Regel getrennt geprüft werden – zum einen der persönliche, zum anderen der sachliche Schutzbereich.

1. Persönlicher Schutzbereich

7 Beim persönlichen Schutzbereich geht es um die Frage, wer sich auf ein Grundrecht berufen kann. Dabei sind **zwei Problemkreise** zu unterscheiden: Zum einen stellt sich die Frage, inwieweit Ausländer sich auf Grundrechte berufen können; zum anderen ist zu bestimmen, inwieweit juristische Personen grundrechtsberechtigt sind.

a) Grundrechtsberechtigung natürlicher Personen

8 Das Grundgesetz kennt zwei Arten von Grundrechten – Deutschengrundrechte und Jedermann-Grundrechte. **Jedermann-Grundrechte** sind beispielsweise Art. 2 Abs. 1 und 2, 4 Abs. 1 und 2, 5 Abs. 1, 6 Abs. 1, 10 Abs. 1, 13 Abs. 1 oder 14 Abs. 1 GG. Diese stehen allen Menschen offen, unabhängig davon, welche Staatsangehörigkeit sie besitzen und zu welchem Zweck sie sich in der Bundesrepublik Deutschland aufhalten. Demgegenüber ist der Schutz von **Deutschengrundrechten** grundsätzlich auf deutsche Staatsangehörige i. S. v. Art. 116 Abs. 1 GG beschränkt. Bei den Deutschengrundrechten aus Art. 8 Abs. 1, 9 Abs. 1, 11 Abs. 1, 12 Abs. 1 und 16 Abs. 1 GG wird ausdrücklich erwähnt, dass ihr Schutz sich nur auf Deutsche bezieht („Alle Deutschen haben das Recht").

9 Entgegen ihrem Wortlaut steht der Schutz von Deutschengrundrechten jedoch auch **EU-Ausländern** offen. Dies liegt in Art. 18 AEUV begründet, der innerhalb der EU

Diskriminierungen aufgrund der Staatsbürgerschaft verbietet. In der Literatur streitet man darüber, wie die Ausdehnung des persönlichen Schutzbereichs auf EU-Ausländer konstruktiv zu bewerkstelligen ist. Einige Autoren wollen die jeweiligen Grundrechte europarechtskonform auslegen oder zumindest analog anwenden, also auch EU-Ausländer in ihren Schutzbereich einbeziehen.[1] Überwiegend wird dagegen davon ausgegangen, dass einer solchen europarechtskonformen Auslegung der klare Wortlaut der Deutschengrundrechte entgegenstehe. Daher könnten sich die EU-Ausländer nur auf die allgemeine Handlungsfreiheit in Art. 2 Abs. 1 GG berufen. Diese sei jedoch im Lichte der spezielleren Deutschengrundrechte auszulegen, so dass der Gewährleistungsgehalt sich nicht von letzteren unterscheide.[2]

Eine kleine Einschränkung gibt es jedoch: Das Diskriminierungsverbot des Art. 18 AEUV ist nämlich nur dann anwendbar, wenn sich ein Sachverhalt **im Anwendungsbereich der EU-Verträge** befindet. Allerdings hat der Europäische Gerichtshof (EuGH) dieses Erfordernis weit ausgelegt.[3] Insbesondere ist der Anwendungsbereich der EU-Verträge bereits dann betroffen, wenn ein Unionsbürger von seinem Recht auf **Freizügigkeit aus Art. 21 AEUV** Gebrauch mache (→ § 5 B II 2).[4] Damit ist Art. 18 AEUV bereits immer dann anwendbar, wenn sich ein Unionsbürger rechtmäßig in der Bundesrepublik Deutschland aufhält. 10

Klausurhinweis: In der Klausur ist es hilfreich, kurz auszuführen, ob der Anwendungsbereich der EU-Verträge betroffen ist, wenn ein entsprechender Fall in der Klausur gestellt werden sollte. Wenn eine Grundfreiheit einschlägig sein sollte (etwa die Niederlassungsfreiheit, die Dienstleistungsfreiheit oder die Arbeitnehmerfreizügigkeit, → § 7), ist anstelle von Art. 18 AEUV auf diese als speziellere Normen abzustellen. In einem solchen Fall sind Ausführungen zum Anwendungsbereich der EU-Verträge nicht erforderlich, da die Grundfreiheiten diesen ja bereits selbst eröffnen.

Auch **Ausländer, die nicht Unionsbürger sind,** sind im Schutzbereich der Deutschengrundrechte nicht schutzlos. Vielmehr können sie sich auf die **allgemeine Handlungsfreiheit** aus Art. 2 Abs. 1 GG als Auffanggrundrecht (→ § 3 K) berufen.[5] Teilweise wird in der Literatur vertreten, dass Deutschengrundrechte eine Sperrwirkung haben sollen, so dass sich Ausländer in deren Schutzbereich nicht auf die allgemeine Handlungsfreiheit berufen können.[6] Allerdings führt diese Auffassung zu Wertungswidersprüchen: Warum soll bei Ausländern beispielsweise das Reiten im Walde im Rahmen von Art. 2 Abs. 1 GG grundrechtlich geschützt sein, die für die Lebensführung deutlich essentiellere berufliche Tätigkeit aber nicht? Vielmehr trägt die Auffanglösung über Art. 2 Abs. 1 GG dem besonderen Schutz der Deutschengrundrechte dadurch Rechnung, dass der Schutz über die allgemeine Handlungsfreiheit in der Regel schwächer ausgestaltet ist als der Schutz über die speziellen Grundrechte. 11

Im **EU-Recht** gibt es ebenfalls eine Zweiteilung der Grundrechte. Auf einige Grundrechte können sich lediglich **Unionsbürger** berufen, während andere Grundrechte allen Bürgern unabhängig von ihrer Staatsangehörigkeit offen stehen. In der **EMRK** gibt es dagegen bei natürlichen Personen grundsätzlich keine Beschränkung aufgrund der Staatsangehörigkeit. Vielmehr stehen alle Garantien der EMRK natürlichen Perso- 12

1 *Michael/Morlok,* GrundR, Rn. 448.
2 BVerfG NJW 2016, 1436, Rn. 12; *Dreier,* DR-GG, Vorb., Rn. 116; *Jarass*/Pieroth, GG, Art. 19, Rn. 12.
3 S. dazu *Kadelbach,* in Ehlers, GrundR und Grundfreiheiten, § 26 IV 4, Rn. 89.
4 EuGH, Slg. 1998, I-2708 – Martínez Sala; Slg. 1998, I-7650 – Bickel and Franz.
5 BVerfGE 104, 337 (346).
6 *Hillgruber,* Hdb StR IX, 3. Aufl. 2007, § 200, Rn. 43.

nen unabhängig von ihrer Staatsangehörigkeit offen. Allerdings erlaubt Art. 16 EMRK die Beschränkung der politischen Tätigkeit von Ausländern.

b) Grundrechtsberechtigung juristischer Personen

13 Die Grundrechtsberechtigung juristischer Personen ergibt sich im Grundgesetz aus Art. 19 Abs. 3 GG. Danach können sich auch inländische juristische Personen auf die Grundrechte berufen, soweit diese „ihrem Wesen nach" auf sie anwendbar sind. **Juristische Personen** sind dabei alle Personenmehrheiten oder Organisationen, die zumindest **teilrechtsfähig** sind. Der verfassungsrechtliche Begriff der juristischen Person ist damit weiter als der Begriff der juristischen Person im Privatrecht: Er umfasst beispielsweise auch nicht eingetragene Vereine und Gesellschaften bürgerlichen Rechts (GbR).

14 **Inländisch** ist nach der in Deutschland herrschenden **Sitztheorie** jede juristische Person, die in Deutschland ihren effektiven, tatsächlichen Sitz hat.[7] Ausländische juristische Personen können sich hingegen grundsätzlich nicht auf Grundrechte berufen. Von diesem Grundsatz gibt es allerdings wiederum zwei Ausnahmen. Zum einen können sich Unternehmen, die einem **anderen EU-Staat zugehörig** sind, genau wie natürliche Personen mit Unionsbürgerschaft ebenfalls auf die deutschen Grundrechte berufen. Das gebieten sowohl die Niederlassungs- als auch die Dienstleistungsfreiheit (→ § 7), so dass Art. 19 Abs. 3 GG entsprechend europarechtskonform auszulegen bzw. analog anzuwenden ist. Zum anderen hat das BVerfG die **Prozessgrundrechte** auch juristischen Personen zugebilligt, die außerhalb der EU ansässig sind.[8]

15 Schließlich müssen die Grundrechte gem. Art. 19 Abs. 3 GG auch „ihrem Wesen nach" auf die juristische Person anwendbar sein. Die Rechtsprechung des BVerfG stellt dabei traditionell auf die Idee des **personalen Substrats** ab.[9] Danach dient der Grundrechtsschutz den hinter einer juristischen Personen stehenden natürlichen Personen und soll demnach so weit reichen, wie letztere schutzbedürftig sind. Allerdings besteht der Zweck der Gründung einer juristischen Person gerade darin, rechtlich zwischen der juristischen Person und ihren Eigentümern zu trennen. Daher erscheint es überzeugender für die Bestimmung, ob ein Grundrecht seinem Wesen nach auf eine juristische Person anwendbar ist, darauf abzustellen, ob eine **grundrechtstypische Gefährdungslage** vorliegt.[10] In jüngeren Urteilen greift mittlerweile auch das BVerfG auf dieses Konzept zurück.[11] Eine grundrechtstypische Gefährdungslage liegt dann vor, wenn eine juristische Person der Gefahr einer Verletzung ihrer Selbstbestimmung in ähnlichem Maße ausgesetzt ist wie eine natürliche Person. Damit ist juristischen Personen die Berufung auf höchstpersönliche Grundrechte, wie etwa die Menschenwürdegarantie, das Recht auf Leben oder körperliche Unversehrtheit, die Gewissensfreiheit oder der Schutz von Ehe und Familie, verwehrt.

> **Klausurhinweis:** In den meisten Fällen wird – zumindest bei juristischen Personen des Privatrechts – die Frage, ob auf das personale Substrat oder die grundrechtstypische Gefährdungslage abzustellen ist, keinen Unterschied machen. In solchen Fällen ist die hier dargestellte Kontroverse in der Klausur nicht näher zu vertiefen.

[7] BVerfGE 21, 207 (209).
[8] BVerfGE 21, 362 (373); 64, 1 (11).
[9] BVerfGE 21, 362 (369 f.).
[10] *Dreier,* DR-GG, Art. 19 III, Rn. 34; *Michael/Morlok,* GrundR, Rn. 458.
[11] S. BVerfGE 45, 63 (79); 106, 28 (43 f.).

In der **EMRK** sind **juristische Personen ebenfalls grundrechtsfähig.** Dabei ist die Grundrechtsfähigkeit grundsätzlich weder inhaltlich noch hinsichtlich der Staatsangehörigkeit der juristischen Person beschränkt. Zur Begründung wird dabei zumeist auf Art. 34 EMRK verwiesen, der die Befugnis zur Erhebung einer Individualbeschwerde auch auf nichtstaatliche Organisationen und Personengruppen ausdehnt. Auch bei den **EU-Grundrechten** sind juristische Personen grundsätzlich grundrechtsfähig, soweit Wortlaut oder Art der Norm nicht eindeutig auf das Gegenteil schließen lassen. 16

In Literatur und Rechtsprechung umstritten ist die Frage, inwieweit **juristische Personen des öffentlichen Rechts** sich auf Grundrechte berufen können. Überwiegend wird davon ausgegangen, dass juristische Personen des öffentlichen Rechts sich grundsätzlich nicht auf Grundrechte berufen können. Letztere seien Abwehrrechte des Bürgers gegen den Staat. Öffentlich-rechtliche Körperschaften seien aber gerade Teil des Staates. Wenn sie sich daher auf Grundrechte berufen könnten, ginge es nicht um den Schutz von Individuen, sondern vielmehr um Kompetenzkonflikte zwischen verschiedenen staatlichen Ebenen. Eine Ausnahme ist jedoch bei solchen juristischen Personen des öffentlichen Rechts zu machen, deren Funktion gerade darin besteht, einen bestimmten, grundrechtlich geschützten Lebensbereich zu verwirklichen. Dies trifft insbesondere auf drei spezifische Anstalten bzw. Körperschaften des öffentlichen Rechts zu: öffentlich-rechtliche **Religionsgemeinschaften** in Bezug auf die Religionsfreiheit (Art. 4 Abs. 1 GG), öffentlich-rechtliche **Rundfunkanstalten** in Bezug auf die Rundfunkfreiheit (Art. 5 Abs. 1 S. 2 Var. 2 GG) und schließlich **Universitäten** im Hinblick auf die Wissenschaftsfreiheit (Art. 5 Abs. 3 GG). 17

Staatliche Körperschaften können sich auch dann nicht auf Grundrechte berufen, wenn sie **privatwirtschaftlich tätig** werden. Dies ist unabhängig davon, in welcher Rechtsform dies geschieht. So genießen selbst formal privatrechtliche Gesellschaften, die sich vollständig im Eigentum der öffentlichen Hand befinden, keinen Grundrechtsschutz.[12] Umstritten ist die Frage, wie mit sog. **gemischtwirtschaftlichen Unternehmen** zu verfahren ist, die sich teilweise im Eigentum von Privaten, teilweise in staatlichem Eigentum befinden. Hier wird zum Teil auf die Aufgabe des gemischtwirtschaftlichen Unternehmens abgestellt. Juristische Personen, die typischerweise staatliche Aufgaben wahrnehmen, sollen keinen Grundrechtsschutz genießen.[13] Die Gegenposition stellt darauf ab, ob das Unternehmen durch die öffentliche Hand beherrscht wird. Eine Beherrschung liegt in der Regel dann vor, wenn die öffentliche Hand mehr als 50% der Anteile mit Stimmrecht besitzt. Nur wenn dies der Fall sei, soll dem Unternehmen der Grundrechtsschutz verwehrt bleiben.[14] 18

In der **EMRK** ist die Frage, ob juristische Personen des öffentlichen Rechts grundrechtsberechtigt sind, indirekt geregelt. Gem. Art. 34 EMRK ist die Individualbeschwerde für juristische Personen ausdrücklich auf **„nichtstaatliche" Organisationen und Personengruppen** beschränkt. Selbst wenn juristische Personen des Öffentlichen Rechts daher grundrechtsberechtigt wären, könnten sie eine Verletzung ihrer Grundrechte nicht prozessual geltend machen. Allerdings ist die Rechtsform nur ein Indiz für die Staatsnähe. So können privatrechtliche juristische Personen als staat- 19

[12] BVerfG NVwZ 2018, 51, Rn. 270.
[13] BVerfGE 21, 362 (369f.).
[14] *Dreier,* DR-GG, Art. 19 III, Rn. 78.

liche Organisationen angesehen werden, wenn sie vom Staat kontrolliert werden. Demgegenüber können Körperschaften des öffentlichen Rechts sich dann auf die EMRK-Rechte berufen, wenn sie eine ausreichende Distanz zur Staatsgewalt haben.[15] Im Ergebnis ist die Rechtslage also sehr ähnlich wie in Deutschland.

2. Sachlicher Schutzbereich

20 Im sachlichen Schutzbereich ist der **Lebensbereich** zu bestimmen, der durch ein bestimmtes Grundrecht geschützt wird, und der Sachverhalt unter den so bestimmten Lebensbereich zu subsumieren. So ist bei der Versammlungsfreiheit in Art. 8 Abs. 1 GG zu definieren, was unter einer Versammlung zu verstehen ist und unter welchen Voraussetzungen diese friedlich und ohne Waffen abläuft. Der Schutzbereich der Berufsfreiheit ist eröffnet, wenn ein Beruf vorliegt. Wie die Schutzbereiche der verschiedenen Grundrechte im Einzelnen zu bestimmen sind, werden wir näher untersuchen, wenn wir uns mit den spezifischen Grundrechten beschäftigen (→ §§ 3, 4, 6).

21 Im **EU-Recht** sind bei der Bestimmung des Schutzbereichs **Art. 52 Abs. 3 und 4 GRC** zu beachten, wonach die Grundrechte der EU-Grundrechtecharta im Einklang mit den Grundrechten der EMRK und den Rechten aus der gemeinsamen Verfassungstradition der Mitgliedstaaten auszulegen sind. Die praktische Bedeutung dieser Vorschrift ist, dass der EuGH bei der Auslegung von Rechten der Grundrechtecharta grundsätzlich die **Rechtsprechung des EGMR** zu Parallelrechten in der EMRK zu berücksichtigen hat. Damit soll die Kohärenz der europäischen Grundrechtsrechtsprechung sichergestellt werden.

II. Eingriff

22 Der zweite Schritt in der Grundrechtsprüfung ist die Prüfung des Eingriffs: Hat der Staat in den soeben definierten Schutzbereich eingegriffen? Bei der Frage des Eingriffs geht es im Wesentlichen um die Frage, unter welchen Bedingungen eine **Grundrechtsbeeinträchtigung dem Staat zugerechnet** werden kann.[16]

1. Klassischer und moderner Eingriffsbegriff

23 In der Lehrbuchliteratur wird oft zwischen einem klassischen und einem modernen Eingriffsbegriff unterschieden. Der **klassische Eingriffsbegriff** hat **vier Elemente:** Ein Eingriff muss final und unmittelbar sein, rechtliche Wirkung erzeugen und mit Befehl oder Zwang durchgesetzt werden. Eine Maßnahme ist dann final, wenn sie eine Grundrechtsbeeinträchtigung gerade bezweckt und diese nicht lediglich Nebenfolge der staatlichen Maßnahme ist. Unmittelbar ist sie dann, wenn der Grundrechtseingriff durch die Maßnahme bewirkt wird, ohne dass noch weitere Erfordernisse (z. B. Handlungen Dritter) hinzutreten müssen.

24 Der **klassische Eingriffsbegriff** ist für ein modernes Grundrechtsverständnis aber eindeutig **zu eng.** Mittlerweile ist anerkannt, dass auch lediglich faktische Grundrechtsbeeinträchtigungen oder Beeinträchtigungen, bei denen der Staat keinen unmittelbaren Zwang ausübt, einen Eingriff darstellen können. Daher wird heute von einem **modernen Eingriffsbegriff** ausgegangen. Nach diesem stellt jedes staatliche Handeln,

[15] *Grabenwarter/Pabel,* EMRK, § 17, Rn. 5.

[16] *Michael/Morlok,* GrundR, Rn. 486; *Petersen,* ZÖR 2012, 459.

das dem Einzelnen eine Tätigkeit, die in den Schutzbereich eines Grundrechts fällt, unmöglich macht oder erschwert, einen Eingriff dar.

Das **Problem des modernen Eingriffsbegriffs** liegt darin, dass er zu weit ist. Nicht 25 jede Grundrechtsbeeinträchtigung, für die der Staat eine kausale Ursache gesetzt hat, ist gleichzeitig ein Grundrechtseingriff. Insbesondere bei **mittelbaren Grundrechtsbeeinträchtigungen** ist in Wissenschaft und Rechtsprechung bisher nicht geklärt, wo genau die Grenze zu ziehen ist. Eine Konstellation, an der sich das Problem verdeutlichen lässt, sind **staatliche Warnungen.** Nehmen wir an, der Staat warnt vor dem Verzehr von spanischen Gurken, weil er vermutet, dass diese möglicherweise einen gefährlichen Krankheitserreger enthalten könnten. Die Folge der Warnung ist, dass der Verkauf von aus Spanien importierten Gurken zurückgeht. Die Importeure fragen sich daher, ob es sich bei der Warnung um einen Eingriff in ihre Berufsfreiheit handelt.

Nach dem klassischen Eingriffsbegriff ist nur eines der Elemente des Eingriffsbegriffs 26 erfüllt, nämlich das der Finalität: Die Warnung zielt gerade darauf ab, dass Konsumenten weniger spanische Gurken kaufen. Die anderen Merkmale liegen dagegen nicht vor: Der Umsatzrückgang beruht unmittelbar auf der Entscheidung von Konsumenten und nur mittelbar auf staatlichem Handeln. Zudem handelt es sich um faktisches Staatshandeln, das lediglich eine Empfehlung ausspricht und bei dem daher kein Zwang ausgeübt wird. Das führt vorliegend jedoch nicht dazu, dass automatisch von der Qualifizierung der Maßnahme als Eingriff abgesehen werden kann.

Vielmehr scheint folgendes Vorgehen angebracht:[17] **Mittelbare Grundrechtsbeeinträchtigungen** sind dem Staat zumindest immer dann zuzurechnen, wenn sie von diesem beabsichtigt worden sind. Staatliche Warnungen wären daher immer als Grundrechtseingriffe zu qualifizieren, wenn sie den von ihnen intendierten Effekt erzielen. Schwieriger ist die Frage zu beantworten, wie es bei nicht beabsichtigten Nebenfolgen staatlichen Handelns aussieht. Ein Eingriff scheidet hier zumindest dann aus, wenn die Folge nicht vorhersehbar war. Bei vorhersehbaren Nebenfolgen wird man den Einzelfall beurteilen müssen. 27

Das **BVerfG** geht in seiner Rechtsprechung einen anderen Weg und wählt bei **staatlichem Informationshandeln** in der Regel eine Lösung auf Ebene des Schutzbereichs. 28 In seinen **Osho- und Glykol-Entscheidungen** entschied das Gericht, dass weder die Berufs- noch die Religionsfreiheit vor zutreffenden und sachlich gehaltenen staatlichen Informationen schützten, selbst wenn diese das Verhalten von Marktteilnehmern beeinflussten oder sich kritisch mit bestimmten Religionsgemeinschaften auseinandersetzten.[18] In unserem Beispiel der spanischen Gurken wäre also schon der sachliche Schutzbereich nicht eröffnet. Dagegen sollen diffamierende Äußerungen den Schutzbereich der entsprechenden Grundrechte betreffen.[19] Allerdings ist die Rechtsprechung des BVerfG nicht durchgehend kohärent. Vielmehr hat es in seiner jüngeren Rechtsprechung teilweise auch korrekte und sachlich gehaltene Informationen als Grundrechtseingriff gewertet. So sah es in Informationen über lebens- und futtermittelrechtliche Missstände einzelner Unternehmen einen Eingriff in die Berufsfreiheit.[20]

[17] S. dazu ausführlich *Petersen,* ZÖR 2012, 459, 467ff.
[18] BVerfGE 105, 252 (265); 105, 279 (294).
[19] BVerfGE 105, 279 (298ff.).
[20] BVerfG NJW 2018, 2109 Rn. 26ff.

> **Klausurhinweis:** In den allermeisten Fällen werden Sie es in der Klausur mit finalen und unmittelbaren Grundrechtsbeeinträchtigungen zu tun haben. In diesen Fällen ist es ratsam, auf Grundlage des modernen Eingriffsbegriffs von einem Eingriff auszugehen, ohne die Konturen des Eingriffsbegriffs näher zu problematisieren. Eine Problematisierung ist lediglich bei mittelbaren oder nichtfinalen Beeinträchtigungen erforderlich.

2. Grundrechtsbindung der öffentlichen Gewalt

29 Grundsätzlich binden die Grundrechte nur den Staat (Art. 1 Abs. 3 GG). Dagegen sind Private nicht unmittelbar an die Grundrechte gebunden (→ § 8 B). Insofern kann auch nur der Staat in Grundrechte eingreifen. Allerdings können sich hier Abgrenzungsschwierigkeiten stellen, wenn Private **im Auftrag des Staates** handeln oder der Staat in privatrechtlicher Rechtsform tätig wird. Handeln Private im Auftrag des Staates, ist zwischen sog. Beliehenen und einfachen Verwaltungshelfern zu unterscheiden. **Beliehene** werden mit hoheitlichen Aufgaben betraut und sind insoweit in ihrem Kompetenzbereich grundrechtsgebunden.[21] Das klassische Beispiel für einen Beliehenen ist der TÜV. Demgegenüber unterstehen **Verwaltungshelfer** den Weisungen der staatlichen Behörde, in deren Auftrag sie tätig werden. Ein Beispiel ist etwa ein privates Abschleppunternehmen, das einen Wagen im Auftrag des Staates abschleppt. Verwaltungshelfer sind nicht an Grundrechte gebunden; vielmehr trifft die Grundrechtsbindung weiterhin die auftraggebende Behörde.

30 Beim **Verwaltungshandeln in Privatrechtsform** sind drei Konstellationen zu unterscheiden: Die Wahrnehmung öffentlicher Aufgaben in Privatrechtsform, die Bedarfsdeckung der Verwaltung und die erwerbswirtschaftliche Betätigung der öffentlichen Hand. Die Wahrnehmung öffentlicher Aufgaben in Privatrechtsform betrifft in der Regel die staatliche Daseinsfürsorge. Hier ist mittlerweile so gut wie unbestritten, dass die öffentliche Hand in vollem Umfang an die Grundrechte gebunden ist. Wenn die Grundrechtsbindung von der Rechtsform abhinge, ließe man der öffentlichen Hand die Möglichkeit, sich bewusst ihrer Grundrechtsbindung zu entziehen **(„Flucht ins Privatrecht").**

31 Umstritten ist die Frage dagegen in den anderen beiden Konstellationen. Bei der **Bedarfsdeckung,** also beispielsweise dem Ankauf von Arbeitsmaterialien durch die Verwaltung, hat vor allem die frühere Rechtsprechung des BGH angenommen, dass die öffentliche Hand hier nicht an die Grundrechte gebunden sei.[22] Allerdings ist die Privatautonomie der Verwaltung gerade nicht geschützt. Die Vergabe öffentlicher Aufträge hat eine enorme wirtschaftliche Bedeutung. Daher kann der öffentlichen Hand nicht erlaubt werden, ohne sachlichen Grund zwischen verschiedenen Auftraggebern zu differenzieren. Insofern ist die Grundrechtsbindung eine zusätzliche Gewährleistung dafür, dass die Auswahlentscheidungen tatsächlich im öffentlichen Interesse und nicht zur Verfolgung bestimmter Partikularinteressen getroffen werden.

32 Die **erwerbswirtschaftliche Tätigkeit** der öffentlichen Hand betrifft schließlich Bereiche, in denen ein Unternehmen in öffentlicher Hand wirtschaftlich tätig wird und im Wettbewerb mit privaten Unternehmen steht. Für diese Konstellation wird teilweise vertreten, dass keine Grundrechtsbindung bestehen soll, um Wettbewerbsnachteile gegenüber privatwirtschaftlichen Unternehmen zu vermeiden.[23] Allerdings stärkt

---

[21] *Dreier,* DR-GG, Art. 1 III, Rn. 39.
[22] BGHZ 36, 91 (96); 97, 312 (316).
[23] *Bettermann,* FS E.E. Hirsch, 1968, S. 1 ff.

auch hier die Grundrechtsbindung die Verantwortlichkeit öffentlicher Unternehmen. Zudem haben öffentliche Unternehmen gegenüber privatwirtschaftlichen Unternehmen erhebliche Vorteile, soweit sie den Staat als Garantiegeber im Rücken haben – dies gleicht etwaige Nachteile durch die Grundrechtsbindung, falls solche überhaupt bestehen sollten, mehr als aus.

Ein Sonderproblem ergibt sich, wenn zwar die deutsche Staatsgewalt gehandelt hat, sie dabei aber lediglich **EU-Recht** ausführt (→ § 10 B I). Dies kann etwa der Fall sein, wenn der Gesetzgeber eine Richtlinie umsetzt, oder die Verwaltung eine Verordnung ausführt. Hier ist die deutsche Staatsgewalt nur insoweit an die deutschen Grundrechte gebunden, wie sie einen eigenen **Umsetzungs- und Entscheidungsspielraum** hatte.[24] Ist die Entscheidung des Gesetzgebers oder der Exekutive dagegen vollständig durch Europarecht determiniert, scheidet ein Eingriff in die deutschen Grundrechte aus. Vielmehr ist der Staat in solchen Fällen nur an die europäischen Grundrechte gebunden (→ § 10 C). 33

Im Rahmen der **EMRK** ist zu beachten, dass grundsätzlich **nur Konventionsstaaten an** die **Garantien der EMRK gebunden** sind. Die Maßnahme eines Staates, der die EMRK nicht ratifiziert hat, kann also keinen Eingriff darstellen. So kann etwa eine militärische Aktion der USA auf dem Gebiet eines Konventionsstaats grundsätzlich nicht als Eingriff angesehen werden, wenn er nicht zusätzlich noch einem Konventionsstaat zugerechnet werden kann. Besondere Relevanz hat die Frage der **Bindung der Europäischen Union** an die Grundrechte der EMRK. Solange die EU der Konvention nicht beitritt, ist sie nicht unmittelbar an die EMRK-Rechte gebunden. Gleichzeitig können sich die EU-Mitgliedstaaten aber ihren EMRK-Verpflichtungen nicht dadurch entziehen, dass sie Hoheitsgewalt auf die Europäische Union übertragen. Insofern bleiben die Mitgliedstaaten verantwortlich, wenn die EU Garantien aus der EMRK verletzt. 34

3. Extraterritoriale Geltung von Grundrechten

Äußerst komplex ist die Frage der **extraterritorialen Geltung von Grundrechten.** Grundsätzlich gelten die Grundrechte des Grundgesetzes auch außerhalb des deutschen Staatsgebiets. Art. 1 Abs. 3 GG macht insofern keine Einschränkung. Wenn deutsche Staatsgewalt im Ausland handelt, ist sie grundsätzlich an die Grundrechte gebunden. Einschränkungen sind hinsichtlich der grundrechtlichen Schutzpflichten zu machen. Der Schutzgewährleistungsanspruch, der sich aus den Grundrechten ergibt, beschränkt sich grundsätzlich zunächst auf das deutsche Staatsgebiet. Allerdings können deutschen Staatsbürgern gegenüber auch Schutzpflichten bestehen, wenn sich diese im Ausland befinden. 35

In der EMRK hat der EGMR zur Frage der **extraterritorialen Geltung der EMRK-Garantien** eine umfangreiche Rechtsprechung entwickelt. Die Frage stellt sich beispielsweise, wenn die Marine eines Konventionsstaats außerhalb der eigenen Küstengewässer ein Flüchtlingsboot in eine gefährliche Situation bringt. Der EGMR hat dabei grundsätzlich drei Fallgruppen entwickelt.[25] Innerhalb des Konventionsgebiets sind die Konventionsstaaten grundsätzlich vollumfänglich an die Konventionsgarantien – zumindest in ihrer Dimension als Abwehrrechte – gebunden, selbst wenn sie 36

[24] BVerfGE 113, 273 (300) – Europäischer Haftbefehl I.

[25] S. dazu *Grabenwarter/Pabel,* EMRK, § 17, Rn. 13ff.

außerhalb des eigenen Staatsgebiets handeln. Außerhalb des Konventionsgebiets erkennt der EGMR eine Grundrechtsbindung allerdings nur in zwei Fallkonstellationen an: wenn ein Mitgliedstaat ein Gebiet – z. B. als Besatzungsmacht – wirksam kontrolliert[26] oder wenn er Gewalt und Kontrolle über bestimmte Personen oder Personengruppen ausübt[27].

37 Im Rahmen der EU-Grundrechte stellt sich das Problem der extraterritorialen Grundrechtsbindung der Mitgliedstaaten dagegen nicht. Die **Begrenzung der Grundrechtsbindung** erfolgt hier nicht räumlich, sondern **funktional:** Die Mitgliedstaaten sind nur dann an die Grundrechte gebunden, wenn sie sich im Anwendungsbereich der EU-Verträge befinden (→ § 10 C).

4. Grundrechtsverzicht

38 Ein Grundrechtseingriff scheidet grundsätzlich auch dann aus, wenn der Betroffene auf die Ausübung seiner Grundrechte verzichtet hat. Ein solcher **Grundrechtsverzicht** ist unter drei Voraussetzungen möglich:[28] Erstens muss der Verzicht **freiwillig** erfolgen. Das setzt insbesondere voraus, dass der Grundrechtsträger eine reale Alternative hat. Wenn beispielsweise ein Verzicht auf bestimmte Grundrechte Voraussetzung für die Erlangung eines Visums ist, dann fehlt es an der Freiwilligkeit, obwohl der Betroffene natürlich nicht gezwungen wird, ein solches Visum zu beantragen. Zweitens muss der Grundrechtsträger eine **ausreichende Einsichtsfähigkeit** besitzen. Das bedeutet, dass ihm die negativen Folgen seines Verzichts im Zeitpunkt der Erklärung bewusst sein müssen. Und schließlich muss der Grundrechtsverzicht drittens auf den **Einzelfall** beschränkt bleiben. Man kann also nicht pauschal auf die Grundrechtsausübung verzichten.

39 In Literatur und Rechtsprechung wird diskutiert, inwieweit ein Grundrechtsverzicht möglicherweise **bei einigen Grundrechten ausgeschlossen** sei. Dies betrifft insbesondere das Lebensrecht und die Menschenwürde. Ein solcher Ausschluss des Grundrechtsverzichts darf allerdings nicht dazu führen, dass Menschen bestimmte partikulare Wertvorstellungen unter Berufung auf den Schutz der Menschenwürde aufgezwungen werden. So kann Menschen beispielsweise nicht unter Berufung auf die Menschenwürde verboten werden, sich an Lasertagspielen zu beteiligen.[29] Allerdings ist dies eher eine Frage der Bestimmung des Schutzbereichs von Art. 1 Abs. 1 GG als eine Frage des Grundrechtsverzichts.

III. Rechtfertigung

40 Die meisten Grundrechte sind nicht absolut gewährleistet, sondern enthalten Rechtfertigungsklauseln. Ein Grundrechtseingriff führt damit noch nicht automatisch zu einer Grundrechtsverletzung. Vielmehr kann der Grundrechtseingriff unter bestimmten Bedingungen gerechtfertigt werden. Diese Bedingungen ergeben sich aus verschiedenen Quellen. Im Grundgesetz gibt es zum einen die spezifischen Anforderungen der Rechtfertigungsklauseln. Daneben müssen staatliche Eingriffe noch weitere Vorausset-

[26] EGMR 23.3.1995, 15318/89, Rn. 62 – Loizidou (preliminary objections).

[27] EGMR 16.11.2004, 31821/96, Rn. 71 – Issa.

[28] *Michael/Morlok,* GrundR, Rn. 538.

[29] Unzutreffend insoweit BVerwGE 115, 189.

zungen erfüllen, um gerechtfertigt werden zu können. Diese Voraussetzungen werden unter dem Begriff der sog. **Schranken-Schranken** zusammengefasst. Teilweise sind diese Schranken-Schranken im Grundgesetz ausdrücklich vorgesehen, teilweise handelt es sich um ungeschriebene, durch die Rechtsprechung entwickelte Voraussetzungen. In der EMRK gibt es ebenfalls grundrechtsspezifische Rechtfertigungsklauseln. Im EU-Recht gibt es dagegen eine generelle Rechtfertigungsklausel, die für alle Grundrechte gleichermaßen gilt. Gem. Art. 52 Abs. 1 GRC bedürfen Grundrechtseingriffe einer gesetzlichen Grundlage, sie müssen verhältnismäßig sein und sie dürfen den Wesensgehalt des Grundrechts nicht antasten.

Trotz dieser Unterschiede in der Regelungstechnik ist die **Struktur der Rechtfertigungsprüfung** in allen drei Rechtsordnungen **ähnlich.** Ich werde daher die einzelnen Voraussetzungen der Rechtfertigungsprüfung im Folgenden grundsätzlich einheitlich darstellen und auf mögliche Divergenzen hinweisen. 41

1. Gesetzesvorbehalt

Die meisten Grundrechte des Grundgesetzes enthalten ausdrückliche Rechtfertigungsklauseln, sog. Gesetzesvorbehalte. Danach muss ein Eingriff in Grundrechte immer auf Grundlage eines Gesetzes erfolgen. Der Begriff des Gesetzes meint im deutschen Verfassungsrecht grundsätzlich ein **formales Parlamentsgesetz.** Der Eingriff muss allerdings nicht unmittelbar durch Gesetz erfolgen. Vielmehr kann auch die Verwaltung auf Grundlage eines förmlichen Gesetzes oder gar auf Grundlage einer Rechtsverordnung handeln, wenn letztere ihrerseits auf einer gesetzlichen Ermächtigung beruht. Nicht gerechtfertigt werden kann jedoch Verwaltungshandeln ohne gesetzliche Grundlage. 42

Im Rahmen der **EMRK** und **im EU-Recht** ist nicht unbedingt ein formales Parlamentsgesetz als gesetzliche Grundlage erforderlich. Vielmehr können auch **ungeschriebene Normen** Grundlage eines Grundrechtseingriffs sein, wenn sie allgemein zugänglich und hinreichend bestimmt sind.[30] Praktische Bedeutung hat dies vor allem im britischen *Common Law,* wo Grundrechtseingriffe auch auf anerkannte Grundsätze des Richterrechts gestützt werden können. 43

Im Grundgesetz ist zwischen drei Arten von Gesetzesvorbehalten zu unterscheiden. Zunächst gibt es sog. **einfache Gesetzesvorbehalte.** Diese fordern für Grundrechtseingriffe eine gesetzliche Grundlage, ohne an diese weitergehende Anforderungen zu stellen. Beispiele sind Art. 2 Abs. 2 S. 3, 8 Abs. 2, 10 Abs. 2 S. 1, 12 Abs. 1 S. 2 GG, die vorsehen, dass Eingriffe „durch Gesetz oder auf Grund eines Gesetzes“ vorgenommen werden können. 44

Allerdings ist dabei die sog. **Wesentlichkeitslehre** des BVerfG zu beachten. Danach müssen die wesentlichen Entscheidungen über die Art und Weise des Grundrechtseingriffs durch den Gesetzgeber selbst getroffen werden.[31] Die Wesentlichkeitslehre bezieht sich auf zwei Aspekte: Sie betrifft zum einen die Frage, ob eine gesetzliche Regelung erforderlich ist und zum anderen wie detailliert diese Regelung auszugestalten ist. Der Rechtsprechung des BVerfG lassen sich nur mit Mühe brauchbare abstrakte Kriterien für die Bestimmung entnehmen, wann eine Entscheidung wesentlich ist. Viel- 45

[30] EGMR 26.4.1979, 6538/74, Rn. 46ff. – Sunday Times (Nr. 1).
[31] BVerfGE 49, 89 (126f.).

mehr hängt dies von den Umständen des Einzelfalls ab. Als **Faustformel** kann man festhalten, dass die gesetzliche Regelung umso detaillierter ausgestaltet werden muss, je intensiver ihr Grundrechtsbezug ist.

46 Weiterhin gibt es **qualifizierte Gesetzesvorbehalte.** Neben einer gesetzlichen Grundlage stellen diese weitergehende Anforderungen an die Ziele, denen der Eingriff dienen muss, oder die Mittel, mit denen er vorgenommen werden kann. Beispiele sind etwa Art. 5 Abs. 2, 10 Abs. 2 S. 2, 11 Abs. 2 oder 13 Abs. 7 GG. Eingriffe sind nur dann gerechtfertigt, wenn sie eines der in den qualifizierten Gesetzesvorbehalten genannten Ziele verfolgen.

47 Schließlich gibt es im Grundgesetz Grundrechte, die keinen ausdrücklichen Gesetzesvorbehalt haben (sog. **vorbehaltlose Grundrechte**), wie etwa die Art. 4 Abs. 1 und 2, 5 Abs. 3 S. 1, 8 Abs. 1 GG. Mittlerweile ist aber anerkannt, dass auch diese Grundrechte grundsätzlich eingeschränkt werden können, soweit der Grundrechtseingriff dem Schutz **kollidierenden Verfassungsrechts** dient (dieses wird oft auch als **verfassungsimmanente Schranke** bezeichnet).[32] Die Idee hinter diesem Grundsatz ist, dass alle Normen des Verfassungsrechts grundsätzlich auf derselben normativen Stufe stehen. Ließe man bei vorbehaltlos gewährleisteten Grundrechten nicht einmal Eingriffe zum Schutz kollidierenden Verfassungsrechts zu, würden diese gegenüber anderen Verfassungsnormen privilegiert, was mit der Idee der Gleichrangigkeit nicht vereinbar wäre.

48 Umstritten ist allerdings, was unter kollidierendem Verfassungsrecht zu verstehen ist. Jedenfalls fallen darunter **kollidierende Grundrechte** Dritter, **Staatsstrukturprinzipien und Staatszielbestimmungen** sowie sonstige mit Verfassungsrang ausgestattete Rechtsgüter. Das BVerfG möchte zudem **Kompetenznormen** als Grundlage für Eingriffe in vorbehaltlos gewährleistete Grundrechte heranziehen.[33] Allerdings wird dieser Ansatz in der Literatur zu Recht überwiegend abgelehnt.[34] Die Kompetenznormen dienen der Kompetenzverteilung zwischen Bund und Ländern. Ihnen wohnen keine Wertentscheidungen inne. Sähe man dies anders, würde man Bundeskompetenzen höher bewerten als Länderkompetenzen, was durch das Grundgesetz aber nicht intendiert worden ist. Vielmehr ist es bei der Kompetenzverteilung gängige Regelungstechnik, dass die Kompetenzen einer Ebene ausdrücklich aufgezählt werden, während der anderen Ebene die Auffangkompetenz zugeschrieben wird.

49 Schließlich müssen auch Eingriffe, die dem Schutz kollidierender Verfassungsgüter dienen, **auf gesetzlicher Grundlage** erfolgen. Dieses Erfordernis ist Ausfluss der bereits erwähnten Wesentlichkeitslehre.

50 Nicht abschließend geklärt ist, ob **verfassungsimmanente Schranken** auch dann eine Eingriffsgrundlage sein können, wenn ein Grundrecht unter **qualifiziertem Gesetzesvorbehalt** steht. Einige Autoren sehen die in den qualifizierten Gesetzesvorbehalten vorgesehenen Ziele als abschließend an und wollen daneben keine Eingriffe aufgrund konkurrierenden Verfassungsrechts zulassen.[35] Dagegen ist nach überwiegender Auffassung in der Literatur und der Rechtsprechung ein Rückgriff auf konkurrierendes

[32] St. Rspr. seit BVerfGE 28, 243 (261).

[33] BVerfGE 53, 30 (56); 69, 1 (21 f.).

[34] *Michael/Morlok*, GrundR, Rn. 720.

[35] *Kingreen/Poscher*, GrundR, Rn. 384. Differenzierend *Michael/Morlok*, GrundR, Rn. 713 ff.

Verfassungsrecht auch neben qualifizierten Gesetzesvorbehalten zulässig, da ansonsten Grundrechte mit qualifiziertem Gesetzesvorbehalt stärker gewährleistet würden als vorbehaltlos gewährleistete Grundrechte.[36]

Im **EU-Recht** stehen grundsätzlich alle Grundrechte aufgrund der **allgemeinen Rechtfertigungsklausel** des Art. 52 Abs. 1 GRC unter einfachem Gesetzesvorbehalt. 51
Allerdings gibt es einige Grundrechte, die nach hM entgegen Art. 52 Abs. 1 GRC einer Rechtfertigung nicht zugänglich sind. Dazu gehören etwa die Menschenwürde oder das Folterverbot (→ § 4 C). In der **EMRK** stehen die meisten Grundrechte unter einem expliziten qualifizierten Gesetzesvorbehalt. Daneben greift der EGMR zur Rechtfertigung teilweise aber auch auf konkurrierende Grundrechtsgewährleistungen in der EMRK zurück. Ebenso wie im EU-Recht können Eingriffe bei einigen Grundrechten, namentlich dem Folterverbot in Art. 3 EMRK, dem Verbot der Sklaverei in Art. 4 EMRK und den Verfahrensgarantien der Art. 6 und 7 EMRK, nicht gerechtfertigt werden.

2. Schranken-Schranken

Neben diesen grundrechtsspezifischen Voraussetzungen müssen Grundrechtseingriffe auch weitere Voraussetzungen erfüllen, die Anforderungen der sog. **Schranken-Schranken.** Einige Schranken-Schranken sind explizit normiert, während andere durch die Rechtsprechung entwickelt worden sind. Die wichtigste Schranken-Schranke ist in allen drei Rechtsordnungen das Verhältnismäßigkeitsprinzip, das wir uns im folgenden Abschnitt noch näher ansehen werden (→ § 2 B). Hier soll auf die übrigen Schranken-Schranken eingegangen werden. Im Grundgesetz explizit genannt werden das Verbot des Einzelfallgesetzes (Art. 19 Abs. 1 S. 1 GG), das Zitiergebot (Art. 19 Abs. 1 S. 2 GG) und die Wesensgehaltsgarantie (Art. 19 Abs. 2 GG). Letztere wird auch in Art. 52 Abs. 1 GRC genannt. Daneben hat die deutsche Rechtsprechung außerdem das Bestimmtheitsgebot, das Rückwirkungsverbot und das Folgerichtigkeitserfordernis entwickelt. 52

> **Klausurhinweis:** Die einzige Schranken-Schranke, die in der Klausur im Rahmen der Rechtfertigungsprüfung immer anzusprechen ist, ist das Verhältnismäßigkeitsprinzip. Auf die anderen Punkte ist lediglich einzugehen, soweit diese problematisch sein sollten.

a) Verbot des Einzelfallgesetzes (Art. 19 Abs. 1 S. 1 GG)

Art. 19 Abs. 1 S. 1 GG verbietet zunächst **Einzelfallgesetze.** Allerdings hat das BVerfG 53
dieses Verbot einschränkend ausgelegt. So sollen Gesetze, die einen konkreten Sachverhalt betreffen, zulässig sein. Dies gilt auch dann, wenn ein spezifischer Einzelfall den Anlass für den Erlass eines Gesetzes gegeben hat. Verboten sind dagegen Gesetze, die sich nur an eine spezifische Person richten.

b) Zitiergebot (Art. 19 Abs. 1 S. 2 GG)

Grundsätzlich muss der Gesetzgeber auch das **Zitiergebot** beachten. Dieses fordert 54
vom Gesetzgeber, dass dieser grundsätzlich alle Grundrechte, in die eine gesetzliche Regelung eingreift, explizit nennen muss. Es hat eine Warn- und Besinnungsfunktion für den Gesetzgeber. Allerdings hat das BVerfG die Reichweite der Norm teleologisch reduziert und **zahlreiche Ausnahmen** anerkannt. So soll das Zitiergebot nicht gelten

[36] BVerfGE 66, 116 (136); 111, 147 (157); *Jarass*/Pieroth, GG, Vorb. vor Art. 1, Rn. 50.

bei vorkonstitutionellen Gesetzen, bei Gleichheitsrechten, bei vorbehaltlos gewährleisteten Grundrechten, bei den allgemeinen Gesetzen des Art. 5 Abs. 2 GG sowie bei Eingriffen in die Berufsfreiheit, die Eigentumsgarantie und die allgemeine Handlungsfreiheit.

55 **Praktische Bedeutung** hat das Zitiergebot vor allem beim Recht auf Leben und körperliche Unversehrtheit (Art. 2 Abs. 2 S. 1 GG), der Freiheit der Person (Art. 2 Abs. 2 S. 2, 104 GG), der Versammlungsfreiheit (Art. 8 GG), dem Brief-, Post- und Fernmeldegeheimnis (Art. 10 GG), der Freizügigkeit (Art. 11 GG), der Unverletzlichkeit der Wohnung (Art. 13 GG) und den Garantien des Art. 16 GG. Aber auch hier soll das Zitiergebot nur bei gezielten Eingriffen zur Anwendung kommen.[37] Zudem hat das BVerfG das Zitiergebot dann für entbehrlich gehalten, wenn Grundrechtseingriffe, etwa bei der Neufassung eines Gesetzes, wiederholt werden,[38] und bei Eingriffen, die offenkundig sind, etwa weil bereits bestehende Eingriffe nur ausgeweitet werden.[39]

c) Wesensgehaltsgarantie (Art. 19 Abs. 2 GG, Art. 52 Abs. 1 GRC)

56 Gem. Art. 19 Abs. 2 GG und Art. 52 Abs. 1 GRC darf der **Wesensgehalt** eines Grundrechts nicht angetastet werden. In Literatur und Rechtsprechung ist umstritten, wie der Wesensgehalt zu bestimmen ist. Einige Autoren schlagen eine **absolute Bestimmung** des Wesensgehalts vor, nach der ein bestimmter Grundrechtskern der Abwägung vollständig entzogen ist.[40] Dagegen wollen andere Autoren eine **relative Bestimmung** vornehmen, wonach der Wesensgehalt im Rahmen einer Verhältnismäßigkeitsprüfung unter Berücksichtigung der Umstände des Einzelfalls zu prüfen ist.[41] Der relative Ansatz hat das Problem, dass der Normgehalt der Wesensgehaltsgarantie nicht über den des Verhältnismäßigkeitsprinzips hinausgeht und Art. 19 Abs. 2 GG damit kein eigenständiger Gehalt mehr verbleibt. Diese Konsequenz vermeidet der absolute Ansatz. Allerdings hat dieser das Problem, bestimmen zu müssen, welches denn der abwägungsfeste Kern eines jeden Grundrechts ist.

57 Teilweise wird für die Bestimmung des Wesensgehalts auf die Menschenwürdegarantie abgestellt.[42] Abwägungsfester Kern sei der **Würdegehalt** eines Grundrechts. Jedoch nimmt dieser Ansatz der Wesensgehaltsgarantie gegenüber Art. 1 Abs. 1 GG jeden eigenständigen Gehalt. Auch im Übrigen gibt es bisher keine überzeugenden Ansätze für die Bestimmung des absoluten Wesensgehalts eines Grundrechts. Aus diesem Grund überrascht es nicht, dass die Wesensgehaltsgarantie in der Rechtsprechungspraxis des BVerfG bisher kaum eine Rolle gespielt hat. Auch im EU-Recht gibt es bisher keine Fälle, in denen ein Verstoß gegen den Wesensgehalt eines Grundrechts festgestellt worden wäre.

> **Klausurhinweis:** Auf diese Kontroverse ist in der Klausur nur einzugehen, wenn sich dafür im Sachverhalt deutliche Hinweise finden. Wenn dagegen keine Anhaltspunkte bestehen, dass der Wesensgehalt – wie auch immer definiert – berührt sein könnte, ist der Punkt in der Klausur nicht anzusprechen.

---

[37] *Jarass*/Pieroth, GG, Art. 19, Rn. 5.
[38] BVerfGE 5, 13 (16); 61, 82 (113).
[39] BVerfGE 35, 185 (189).
[40] *Krüger,* DÖV 1955, 597, 600f.; *Hillgruber,* Hdb StR IX, 3. Aufl. 2007, § 201, Rn. 100.
[41] *Häberle,* Wesensgehaltsgarantie, 3. Aufl. 1983.
[42] *Dürig,* AöR 1956, 117, 121, 136; *Huber,* MKS-GG, Art. 19, Rn. 152f.

d) Bestimmtheitsgebot

Neben dem speziellen Bestimmtheitsgebot für strafrechtliche Normen in Art. 103 Abs. 2 GG hat das BVerfG ein allgemeines Bestimmtheitsgebot als zusätzliche Grundrechtsschranke entwickelt. Mit diesem allgemeinen Bestimmtheitsgebot werden **zwei Ziele** verfolgt: Zum einen soll durch hinreichend bestimmte Gesetze eine größere Transparenz, **Vorhersehbarkeit** und Vergleichbarkeit von Verwaltungsentscheidungen gewährleistet werden. Zum anderen ist es Ausfluss der **Wesentlichkeitslehre:** Über die Voraussetzungen des Grundrechtseingriffs soll das Parlament selbst entscheiden und die Entscheidung nicht an die Exekutive delegieren. Das Bestimmtheitsgebot ist verletzt, wenn die Voraussetzungen für den Grundrechtseingriff nicht hinreichend genau gefasst sind. Wann dies der Fall ist, ist nicht immer einfach zu bestimmen: Eine gewisse Unbestimmtheit gesetzlicher Voraussetzungen ist notwendig, da der Gesetzgeber nicht immer alle zu regelnden Situationen im Einzelnen vorhersehen kann. Daher muss er der Verwaltung eine hinreichende Flexibilität geben, damit diese im Einzelfall zu angemessenen Entscheidungen kommen kann. 58

Klausurhinweis: Ursprünglich hat das Gericht das Bestimmtheitsgebot als eigenständige Schranken-Schranke aufgefasst, das aus dem Rechtsstaatsprinzip abgeleitet wurde. In der neueren Rechtsprechung sieht das Gericht das Bestimmtheitserfordernis aber zunehmend als Teil der Verhältnismäßigkeitsprüfung an. Danach ist ein Gesetz unverhältnismäßig, *weil* es zu unbestimmt ist. In der Klausur ist es aber vertretbar, die Bestimmtheit immer als eigenständigen Punkt anzusprechen. Auch dieser Punkt ist in der Klausur nur anzusprechen, wenn Parteien im Sachverhalt einen entsprechenden Vortrag machen.

e) Vertrauensschutz

Eine weitere Schranken-Schranke ist das Vertrauensschutzprinzip, das vom BVerfG zum Teil aus dem Rechtsstaatsprinzip und zum Teil direkt aus den Grundrechten hergeleitet wird. Danach darf der Gesetzgeber das **schutzwürdige Vertrauen der Betroffenen** nicht enttäuschen. Ein Ausfluss des Vertrauensschutzprinzips ist das **Rückwirkungsverbot,** wonach Gesetze grundsätzlich keine negative Wirkung für die Vergangenheit haben dürfen. Der erste Senat des BVerfG unterscheidet dabei zwischen echter und unechter Rückwirkung. Eine **echte Rückwirkung** liegt dann vor, wenn ein Gesetz nachträglich in bereits abgeschlossene Sachverhalte eingreift. Das Paradebeispiel sind rückwirkende Steuergesetze, die in bereits abgeschlossene Steuertatbestände eingreifen. Gesetze mit echter Rückwirkung sind nur ganz ausnahmsweise zulässig, wenn zwingende Gründe des Gemeinwohls sie erfordern oder das Vertrauen des Betroffenen nicht schutzwürdig war. Schutzwürdiges Vertrauen besteht beispielsweise dann nicht, wenn der Betroffene mit einer Neuregelung rechnen musste oder das bisher geltende Recht unklar oder verworren war. 59

Demgegenüber liegt eine **unechte Rückwirkung** vor, wenn das Gesetz selbst zwar nur Rechtsfolgen für die Zukunft setzt, diese jedoch negative Auswirkungen auf eine Disposition haben, die der Betroffene in der Vergangenheit getroffen hat. Bei solchen unechten Rückwirkungen nimmt das BVerfG regelmäßig eine Abwägung zwischen dem schutzwürdigen Vertrauen des Betroffenen und dem Interesse des Gesetzgebers an einer möglichst schnellen Umsetzung der Regelung vor. Verstößt ein Gesetz gegen das Rückwirkungsverbot, führt dies in der Regel nicht dazu, dass das ganze Gesetz für verfassungswidrig erklärt wird. Vielmehr verlangt das BVerfG in solchen Fällen vom Gesetzgeber Übergangs- oder Ausnahmeregelungen für die Personen, deren Vertrauen durch die Rückwirkung verletzt wurde. Im Unterschied zu Gesetzen mit echter Rück- 60 wirkung, die nur ausnahmsweise zulässig sind, besteht bei der unechten Rückwirkung eine Vermutung für die Zulässigkeit.

61 Der **zweite Senat** des BVerfG verwendet beim Rückwirkungsverbot teilweise eine etwas andere Terminologie: Er unterscheidet zwischen Rechtsfolgenrückbewirkung und tatbestandlicher Rückanknüpfung. Allerdings ist dieser Unterschied allein terminologischer Natur. In der Sache ergibt sich keine Differenz.

f) Folgerichtigkeitserfordernis

62 Schließlich verlangt das BVerfG vom Gesetzgeber teilweise, dass dieser bei Grundrechtseingriffen folgerichtig handelt. Das Folgerichtigkeitserfordernis wurde zunächst im Rahmen der Gleichheitsrechte entwickelt, ist mittlerweile aber auch Teil der freiheitsrechtlichen Dogmatik. Das Folgerichtigkeitserfordernis entspricht einem **Konsistenzgebot.** Wenn der Gesetzgeber einen Grundrechtseingriff vornimmt, um einer bestimmten Gefahr zu begegnen, so muss er sich konsistent verhalten. Er darf die Gefahr nicht in anderen Kontexten geringer einschätzen oder das Ziel der Gefahrbekämpfung gar konterkarieren.

63 Ein **Beispiel** ist die Entscheidung des BVerfG zum **staatlichen Sportwettenmonopol** in Bayern.[43] Dem bayerischen Gesetzgeber zufolge diente das Sportwettenmonopol der Bekämpfung der Spielsucht. Das BVerfG erkannte zwar an, dass es sich dabei um ein legitimes Ziel handelte. Allerdings rügte es die Vermarktung der staatlichen Sportwetten, die den Eindruck entstehen ließe, dass es sich bei diesen um eine grundsätzlich unbedenkliche Freizeitbeschäftigung handele.[44] Bekämpfung der Spielsucht auf der einen und extensive Vermarktung auf der anderen Seite deuteten auf gegenläufige Ziele hin, die miteinander nicht vereinbar seien.

Klausurhinweis: In der Literatur ist umstritten, ob es sich bei dem Folgerichtigkeitsgebot um eine eigenständige Schranken-Schranke handelt[45] oder ob es Teil des Verhältnismäßigkeitsprinzips[46] ist. In der Klausur ist es nicht notwendig, diese Frage zu diskutieren. Vielmehr können Sie es sowohl als eigenständige Schranken-Schranke in die Prüfung einbauen als auch im Rahmen der Verhältnismäßigkeit diskutieren.

64 Auch im EU-Recht hat der EuGH ein Kohärenzerfordernis entwickelt. Seit der Entscheidung Hartlauer argumentiert der EuGH, „dass eine nationale Regelung nur dann geeignet ist, die Verwirklichung des geltend gemachten Ziels zu gewährleisten, wenn sie tatsächlich dem Anliegen gerecht wird, es in kohärenter und systematischer Weise zu erreichen."[47] Die Konsistenzprüfung findet sich sowohl in der Rechtsprechung zu den Grundfreiheiten als auch teilweise in Grundrechtsfällen. Allerdings handelt es sich beim EuGH nicht um einen eigenen Prüfungspunkt, sondern vielmehr um einen Unterpunkt der Geeignetheit und Erforderlichkeit im Rahmen der Verhältnismäßigkeit. Wenn eine Maßnahme also inkonsistent ist, ist das ein Indiz, dass sie nicht geeignet oder nicht erforderlich ist.

---

[43] BVerfGE 115, 276.

[44] BVerfGE 115, 276 (315).

[45] So *Dann,* Der Staat 49 (2010), 630, 632, 635; *Lindner,* ZG 2007, 188, 200ff.

[46] So *Payandeh,* AöR 136 (2011), 578, 608; *Petersen,* AöR 138 (2013), 108, 128 (Fn. 97).

[47] EuGH, Slg. 2009, I-1721, Rn. 55 – Hartlauer. S. zu dieser Entwicklung auch *Petersen,* AöR 138 (2013), 108, 126f. m.w.N.

B. Verhältnismäßigkeitsprinzip und gesetzgeberischer Einschätzungsspielraum

Literatur: *Lerche,* Übermaß und Verfassungsrecht, 1961; *Philippi,* Tatsachenfeststellungen des Bundesverfassungsgerichts, 1971; *Schlink,* Abwägung im Verfassungsrecht, 1976; *Ossenbühl,* Die Kontrolle von Tatsachenfeststellungen durch das Bundesverfassungsgericht, FS 25 Jahre BVerfG, 1976, S. 458; *Aleinikoff,* Constitutional Law in the Age of Balancing, Yale LJ 96 (1987), 943; *Hillgruber,* Der Schutz des Menschen vor sich selbst, 1992; *Alexy,* Theorie der Grundrechte, 2. Aufl. 1994; *Brems,* The Margin of Appreciation Doctrine in the Case-Law of the European Court of Human Rights, ZaöRV 56 (1996), 240; Chang (Hg.), Incommensurability, Incomparability, and Practical Reason, 1997; *Meßerschmidt,* Gesetzgebungsermessen, 2000; *Alexy,* Die Gewichtsformel, GS Jürgen Sonnenschein, 2003, 771; *Letsas,* Two Concepts of the Margin of Appreciation, OJLS 26 (2006), 705; *Hofmann,* Abwägung im Recht, 2007; *Stone Sweet/Mathews,* Proportionality Balancing and Global Constitutionalism, Columbia JTL 47 (2008), 73; *Schneider,* Normativität und Risikoentscheidung, 2008; *Klatt/Schmidt,* Spielräume im öffentlichen Recht, 2010; *Hillgruber,* Grundrechtsschranken, Hdb StR IX, 3. Aufl. 2011, § 201 *Klatt/Meister,* Verhältnismäßigkeit als universelles Verfassungsprinzip, Der Staat 51 (2012), 545; *Engel,* Öffentliches Wirtschaftsrecht aus Sicht der ökonomischen Theorie, in: Ehlers/Fehling/Pünder (Hg.), Besonderes Verwaltungsrecht I, 3. Aufl. 2012; *Grzeszick,* Rationalitätsanforderungen an die parlamentarische Rechtssetzung im demokratischen Rechtsstaat, VVDStRL 71 (2012), 49; *Legg,* The Margin of Appreciation in International Human Rights Law, 2012; *Bickenbach,* Die Einschätzungsprärogative des Gesetzgebers, 2014; *v. Bernstorff,* Proportionality without Balancing, in: Lazarus/McCrudden/Bowles (Hg.), Reasoning Rights: Comparative Judicial Engagement, 2014, S. 63; *Petersen,* Verhältnismäßigkeit als Rationalitätskontrolle, 2015; Lepsius/Jestaedt (Hg.), Verhältnismäßigkeit, 2015; *Asche,* Die Margin of Appreciation: Entwurf einer Dogmatik monokausaler richterlicher Zurückhaltung für den europäischen Menschenrechtsschutz, 2018.

Der Verhältnismäßigkeitsgrundsatz ist in allen drei Grundrechtsordnungen die **zentrale dogmatische Figur der Rechtfertigungsprüfung.** Eine staatliche Maßnahme, die in ein Grundrecht eingreift, kann nur dann gerechtfertigt werden, wenn sie verhältnismäßig ist. Explizit genannt wird die Verhältnismäßigkeit lediglich in Art. 52 Abs. 1 GRC. In der EMRK hat der EGMR die Verhältnismäßigkeit aus dem Erfordernis „in einer demokratischen Gesellschaft notwendig" hergeleitet, das sich in den Rechtfertigungsklauseln der Art. 8-11 EMRK findet. Im Grundgesetz gibt es für die Verhältnismäßigkeit keinen textlichen Anknüpfungspunkt, weshalb die Herleitung umstritten ist. Allerdings ist anerkannt, dass die Rechtfertigungsprüfung eine Verhältnismäßigkeitsprüfung verlangt, weshalb im Rahmen einer Klausur auf die Herleitung nicht näher einzugehen ist. 65

I. Struktur der Verhältnismäßigkeitsprüfung

Die Verhältnismäßigkeitsprüfung besteht aus vier Schritten: Dem legitimen Ziel, der Geeignetheit, der Erforderlichkeit und der Angemessenheit, die teilweise auch als Verhältnismäßigkeit im engeren Sinne bezeichnet wird. 66

1. Legitimes Ziel

Zunächst muss der Grundrechtseingriff ein **legitimes Ziel** verfolgen. Wenn ein Grundrecht einen qualifizierten Gesetzesvorbehalt hat oder vorbehaltlos gewährleistet ist, wird das Erfordernis bereits mit dem Verfolgen des im qualifizierten Gesetzesvorbehalt genannten Ziels oder mit dem Schutz eines konkurrierenden Verfassungsguts erfüllt. Aber selbst wenn das Grundrecht lediglich einen einfachen Gesetzesvorbehalt hat, stellt das BVerfG nur in seltenen Ausnahmefällen das Fehlen eines legitimen Ziels fest. 67

68 Ziele können etwa dann illegitim sein, wenn sie bestimmten **normativen Festlegungen der Verfassung** entgegenstehen. Eine Maßnahme, die zum Ziel hat, dass Frauen eine stärker häusliche Rolle bekleiden, wäre beispielsweise als Verstoß gegen Art. 3 Abs. 2 GG illegitim. Der Gesetzgeber verfolgt weiterhin dann illegitime Ziele, wenn er keine plausible Rechtfertigung für eine Maßnahme geben kann. Umstritten ist, ob **paternalistische Maßnahmen,** die allein dem Schutz desjenigen dienen, in dessen Grundrechte eingegriffen wurde, legitime Ziele darstellen.[48] Allerdings wird man in den meisten Fällen bei paternalistischen Maßnahmen auch einen gesellschaftsbezogenen Zweck finden können. So ist eine Helmpflicht für Motorrad- oder Fahrradfahrer zunächst eine Maßnahme, die in erster Linie dem Schutz des Betroffenen dienen soll. Allerdings dient sie gleichzeitig auch dem Schutz der Sozialsysteme, denen nicht die Unfallkosten für nicht ausreichend geschützte Zweiradfahrer aufgebürdet werden sollen.

Klausurhinweis: Der Prüfungspunkt des legitimen Ziels dient in den meisten Fällen lediglich dazu, das vom Gesetzgeber verfolgte Ziel sauber zu bestimmen. Manche Maßnahmen verfolgen gleichzeitig mehrere Ziele. In solchen Fällen ist es ratsam, alle bereits an dieser Stelle zu benennen.

2. Geeignetheit

69 Zweitens muss der Grundrechtseingriff geeignet sein, um das identifizierte Ziel zu verfolgen. Geeignet ist jedes Mittel, das **das Ziel in irgendeiner Weise fördert.** Ähnlich wie das Erfordernis des legitimen Zwecks ist die Geeignetheit dabei keine besonders hohe Hürde. Bereits eine geringfügige Förderung des Zwecks reicht aus. Dass es möglicherweise effektivere Mittel gegeben hätte, ist an dieser Stelle unschädlich. Insofern kommt es in der Rechtsprechungspraxis selten vor, dass eine Maßnahme als ungeeignet qualifiziert wird.

3. Erforderlichkeit

70 Drittens muss der Grundrechtseingriff auch erforderlich sein, um das Ziel zu verfolgen. Erforderlich ist eine Maßnahme dann, wenn es **kein milderes Mittel** gibt, das **ebenso effektiv** ist wie die Maßnahme, die zum Grundrechtseingriff geführt hat. In der Prüfung der Erforderlichkeit ist also in zwei Schritten vorzugehen: In einem ersten Schritt sind alternative Maßnahmen zu identifizieren, die grundrechtsschonender („milder") sind als der Grundrechtseingriff. In einem zweiten Schritt ist dann zu diskutieren, ob diese Alternativmaßnahmen ebenso effektiv sind, das vom Gesetzgeber identifizierte Ziel zu erreichen, wie die tatsächlich ergriffene Maßnahme. Bei der Beurteilung der Effektivität steht dem Gesetzgeber ein **Einschätzungsspielraum** (→ § 2 B III) zu. Selbst wenn grundrechtsschonende Alternativmaßnahmen nur geringfügig weniger effektiv sind als die tatsächlich ergriffene Maßnahme, ist diese als erforderlich anzusehen. Allerdings ist die Frage dann im Rahmen der Angemessenheitsprüfung noch einmal aufzugreifen (→ § 2 B I 4).

71 Bei der Erforderlichkeit wird in der Regel allein das Verhältnis zwischen dem betroffenen Bürger, der eine Verletzung seiner Grundrechte geltend macht, und dem Staat in Betracht gezogen. Nun gibt es manchmal aber mildere und ebenso effektive Alternativmaßnahmen, die an anderer Stelle Kosten verursachen. So kann eine Alternativmaßnahme **andere Grundrechtsträger belasten** oder erhebliche **Kosten für den**

[48] S. etwa *Hillgruber,* Schutz des Menschen, 1992, S. 116ff., der den ausschließlichen Zweck, Menschen vor sich selbst zu schützen, als unzulässig ansieht.

Staatshaushalt verursachen. Verursachen Alternativmaßnahmen solche ‚externen Effekte', schließen sie ebenfalls die Erforderlichkeit des Grundrechtseingriffs nicht aus. Eine Alternativmaßnahme, die Dritte belastet, ist nicht milder, da sie die belastenden Effekte einfach auf Dritte verlagert. Belastet sie den Staatshaushalt in erheblich höherem Maße, ist sie nicht genauso effektiv. Allerdings können diese Fragen ebenfalls im Rahmen der Angemessenheit wieder aufzugreifen sein.

4. Angemessenheit

Der letzte und oftmals zentrale Schritt der Verhältnismäßigkeitsprüfung ist die Ange- 72
messenheitsprüfung (oft auch **Verhältnismäßigkeitsprüfung im engeren Sinne** genannt). Bei der Angemessenheitsprüfung ist eine **Abwägung** vorzunehmen zwischen dem Grundrecht, in das eingegriffen wurde und dem staatlichen Ziel, das mit dem Grundrechtseingriff verfolgt wurde. Allerdings erfolgt diese Abwägung nicht abstrakt. Zwar sind die Wichtigkeit des verfolgten Ziels und der Wert des betroffenen Grundrechts Faktoren, die in die Abwägung einzustellen sind. Allerdings sind es nicht die einzigen Gesichtspunkte. Vielmehr sind auch die **Intensität des Grundrechtseingriffs** und die **Effektivität,** mit der die staatliche Maßnahme das Eingriffsziel verfolgt, in der Abwägung zu berücksichtigen. Je intensiver der Grundrechtseingriff und je weniger effektiv die staatliche Maßnahme sind, desto mehr spricht dafür, dass die Maßnahme unangemessen und damit insgesamt unverhältnismäßig ist.

Bei der Abwägung können auch Faktoren eine Rolle spielen, die in den **vorherigen** 73
Prüfungsschritten bereits angesprochen worden sind. Gibt es etwa eine Alternativmaßnahme, die nur geringfügig weniger effektiv ist als der tatsächliche Grundrechtseingriff und die gleichzeitig deutlich grundrechtsschonender ist, führt dies – wie gesehen – noch nicht dazu, dass die Maßnahme nicht erforderlich ist. Allerdings wäre es ein starkes Indiz für die mangelnde Angemessenheit der staatlichen Maßnahme.

Bei der Angemessenheit ist zu berücksichtigen, dass es sich bei der Abwägung letztlich 74
um eine Wertentscheidung handelt. Dabei darf das Gericht nicht seine eigene Wertentscheidung einfach an die Stelle der Wertentscheidung des Gesetzgebers oder der Exekutive setzen. Vielmehr muss geprüft werden, ob die staatliche Entscheidung unter Abwägungsgesichtspunkten noch vertretbar ist. Der **Wertungsspielraum,** der der öffentlichen Hand dabei zugestanden wird, hängt davon ab, welcher Gewalt der handelnde Amtsträger zuzurechnen ist. Handeln die Verwaltung oder die Exekutive, legt das BVerfG in der Regel einen **engen Prüfungsmaßstab** an.

Dies gilt grundsätzlich auch bei der **Kontrolle gerichtlicher Entscheidungen.** Aller- 75
dings ist die Vorgehensweise des Gerichts hier nicht immer einheitlich. Teilweise überprüft es lediglich, ob das Instanzgericht alle notwendigen Faktoren in die Abwägung eingestellt hat.[49] Bei der überwiegenden Zahl der Entscheidungen nimmt das BVerfG jedoch eine eigene Abwägung vor.[50]

Bei der **Kontrolle des Gesetzgebers** ist das BVerfG in der Angemessenheitsprüfung 76
dagegen eher zurückhaltend. Diesem wird ein deutlich weiterer Wertungsspielraum zugestanden. Analysiert man die verfassungsgerichtliche Rechtsprechung, kann man **fünf Fallgruppen** oder Konstellationen identifizieren, in denen das Gericht ein Gesetz

[49] S. etwa BVerfGE 27, 72 (82ff.); 27, 344 (352f.).
[50] S. BVerfGE 7, 198 (215ff.); 12, 113 (124ff.); 17, 108 (118ff.); 35, 35 (39f.); 35, 202 (221ff.).

wegen mangelnder Angemessenheit für verfassungswidrig erklärt hat.[51] Allerdings lassen sich diese Fallgruppen nur für die Rechtsprechung des BVerfG identifizieren. Sie sind daher nicht ohne Weiteres auf die EMRK oder das EU-Recht übertragbar.

77 Erstens sieht das Gericht Gesetze oft als unangemessen an, wenn der Gesetzgeber eine **unzutreffende Kostenzuordnung** vorgenommen hat. Dies ist regelmäßig dann der Fall, wenn mit einer Maßnahme gesellschaftliche Ziele verfolgt werden, die **Kosten** für die Maßnahme jedoch Privaten aufgebürdet werden. Wenn beispielsweise dem Arbeitgeber aufgegeben wird, Arbeitnehmern Sonderurlaub für die Erfüllung von Aufgaben, die im öffentlichen Interesse liegen, zuzugestehen, wäre es unverhältnismäßig, den Arbeitgebern dann auch noch die Pflicht zur vollen Lohnfortzahlung aufzubürden.[52] Da der Sonderurlaub im öffentlichen Interesse liegt, sollte der Staat auch für die entsprechenden Kosten aufkommen.

78 Zweitens werden Gesetze als unangemessen qualifiziert, wenn **keine ausreichende Passgenauigkeit** zwischen Maßnahme und Ziel besteht. Dies ist etwa dann der Fall, wenn es eine geringfügig weniger effektive Alternativmaßnahme gibt, die deutlich grundrechtsschonender ist. Teilweise erklärt das BVerfG hier auch Maßnahmen für verfassungswidrig, deren Effektivität zweifelhaft ist, die aber die Stufe der Geeignetheit noch passiert haben.

79 Drittens qualifiziert das BVerfG zum Teil Maßnahmen als unangemessen, wenn diese **inkonsistent** sind. Diese Fallgruppe hat eine starke Parallelität zur Figur der Folgerichtigkeit (→ § 2 A III 2f). So gab es früher eine Regelung in der ZPO, die für die Entmündigung einer Person wegen Verschwendung oder Trunksucht eine öffentliche Bekanntmachung anordnete. Der Gesetzgeber hatte die Notwendigkeit der öffentlichen Bekanntmachung damit begründet, dass diese dem Schutz des Rechtsverkehrs diene. Das BVerfG hielt die Maßnahme jedoch für inkonsistent: Bei anderen Arten der Entmündigung habe der Gesetzgeber auf eine öffentliche Bekanntmachung verzichtet, obwohl der Rechtsverkehr hier in gleichem Maße schutzbedürftig wäre.[53] Das lege nahe, dass die Bekanntmachung in erster Linie eine Stigmatisierungswirkung haben solle und das Erfordernis daher unangemessen sei.[54]

80 Viertens sieht das BVerfG eine Regelung dann als unangemessen an, wenn sie einer bestimmten Gruppe eine **besondere Härte** auferlegt. Paradebeispiel ist die Pflichtexemplarentscheidung.[55] Der Gesetzgeber hatte hier verlangt, dass jeder Verleger eines in Hessen erschienenen Druckwerks ein Pflichtexemplar unentgeltlich der Landesbibliothek zur Verfügung stellen müsse. Das BVerfG entschied, dass diese Regelung bei teuren Druckwerken, die nur in kleiner Auflage erschienen, wie etwa Kunstkatalogen, für Verleger eine besondere Härte darstelle, da sie die Kosten für das Pflichtexemplar nicht so einfach auf die anderen Exemplare umlegen könnten wie etwa Verleger eines Taschenbuchromans. Aus diesem Grund qualifizierte es die hessische Regelung als unangemessen. Diese hätte zumindest eine Ausnahmevorschrift für besondere Härtefälle vorsehen müssen.

[51] S. dazu ausführlich *Petersen,* Verhältnismäßigkeit, 2015, S. 147ff.
[52] BVerfGE 77, 308 (337); 85, 226 (235ff.).
[53] BVerfGE 78, 77 (86f.).
[54] BVerfGE 78, 77 (85).
[55] BVerfGE 58, 137.

Eine fünfte Fallgruppe betrifft **strafprozessuale Normen.** Diese können etwa Überwachungsmaßnahmen oder die Speicherung von Daten betreffen.[56] Natürlich sind solche strafprozessualen Normen nicht per se unangemessen. Allerdings nimmt das BVerfG hier eine deutlich strengere Angemessenheitsprüfung vor als bei Normen außerhalb des Strafprozessrechts, so dass es teilweise auch Normen als unverhältnismäßig qualifiziert, die nicht in eine der vier anderen Fallgruppen fallen. 81

Klausurhinweis: Diese Fallgruppen dienen in erster Linie zu Ihrer Orientierung und Selbstkontrolle, da es sich nicht um Kategorien handelt, die vom BVerfG selbst entwickelt worden sind. Bei der Gesetzeskontrolle sollten Sie zurückhaltend sein, ein Gesetz als unangemessen zu qualifizieren, wenn es nicht in eine dieser fünf Fallgruppen fällt.

II. Kritik der Angemessenheitsprüfung

Die Angemessenheitsprüfung ist in der Literatur oft kritisiert worden. Insbesondere Bernhard Schlink hat in seiner Dissertation die These vertreten, dass die Angemessenheitsprüfung nicht rational sei, da sie einen **Vergleich nicht vergleichbarer Werte** voraussetze.[57] Ein solcher Vergleich setze jedoch immer eine subjektive Wertentscheidung voraus. Wenn man beispielsweise bei einer Maßnahme zur Bekämpfung des Terrorismus Freiheit und Sicherheit gegeneinander abwägen muss, oder beim Abtreibungsverbot das Recht der Selbstbestimmung der Frau und das Leben des ungeborenen Kindes, so gibt es keine einheitliche normative Währung, die uns einen Vergleich dieser gegenläufigen Rechtsgüter ermöglicht. Schlink schlägt daher eine verkürzte Verhältnismäßigkeitsprüfung vor. Diese besteht lediglich aus den ersten drei Schritten der Verhältnismäßigkeit, also dem legitimen Zweck, der Geeignetheit und der Erforderlichkeit. Demgegenüber soll der Angemessenheitsprüfung nur noch eine kontrollierende Funktion zukommen.[58] 82

Soweit die Kritik darauf abstellt, dass die Angemessenheitsprüfung einen Vergleich nicht vergleichbarer Güter beinhaltet, ist sie zutreffend. Allerdings führt mangelnde Vergleichbarkeit noch nicht automatisch dazu, dass eine Entscheidung deswegen irrational ist.[59] Vielmehr bedeutet sie lediglich, dass Abwägungsentscheidungen nicht vollständig determiniert sind. Dies ist aber keine Besonderheit in der juristischen Entscheidungsfindung. Vielmehr haben Juristen oft gewisse Entscheidungsspielräume, die sie ausfüllen müssen und die sich nicht allein auf Grundlage gesetzlicher Normen und juristischer Dogmatik überbrücken lassen. 83

Eine verkürzte Verhältnismäßigkeitsprüfung mag zwar Juristen von der Notwendigkeit entlasten, eine Abwägungsentscheidung über nicht vergleichbare Güter zu treffen. Allerdings würde sie die Verhältnismäßigkeitsprüfung auch zu einem stumpfen Schwert machen, da gesetzgeberische Maßnahmen selten an der Geeignetheit oder der Erforderlichkeit scheitern. Insofern ist die Angemessenheit ein notwendiges Element der Verhältnismäßigkeitsprüfung, das eine effektive Kontrolle des Gesetzgebers am Maßstab der Grundrechte erst ermöglicht. 84

[56] S. bspw. BVerfGE 100, 313 (384f.); 109, 279 (347ff.); 120, 274 (326ff.); 125, 260 (329f.); 133, 277 (348ff.).

[57] Grundlegend *Schlink,* Abwägung, 1976.

[58] Ebd., S. 192ff.

[59] S. dazu ausführlich *Petersen,* Verhältnismäßigkeit, S. 68ff.

Klausurhinweis: Diese Diskussion sollten Sie in einer Klausur nicht führen. Vielmehr sollten Sie die Verhältnismäßigkeitsprüfung in der vom BVerfG entwickelten und hier vorgestellten Form vornehmen. Selbst in der Hausarbeit ist die Diskussion nur dann anzusprechen, wenn der Sachverhalt darauf anspielt. Es ist dennoch hilfreich, sie zu kennen, da sie bspw. Gegenstand eines mündlichen Prüfungsgesprächs sein kann.

III. Der gesetzgeberische Einschätzungsspielraum

85 Der Gesetzgeber trifft seine Entscheidungen nicht auf der Grundlage sicheren Wissens. Vielmehr besteht oft **Unsicherheit** darüber, welche Folgen ein Gesetzesvorhaben tatsächlich haben wird: Führt eine angestrebte Arbeitsmarktreform tatsächlich zu mehr Arbeitsplätzen? Sorgt die Ausweitung polizeilicher Kontrollkompetenzen für mehr Sicherheit? Der Gesetzgeber muss also immer **Prognosen** vornehmen. Wenn der Gesetzgeber beispielsweise ein Rauchverbot in Gaststätten erlässt, um Passivraucher zu schützen, legt er dabei bestimmte Annahmen über die Auswirkung des Passivrauchens auf die Gesundheit zugrunde. Sicherlich gibt es zu dieser Frage medizinische Studien. Aber selten werden durch diese Studien alle Fragen geklärt sein, die sich in diesem Zusammenhang stellen. Wir wissen möglicherweise, dass Passivrauchen schädlich ist, können aber nicht genau beziffern, wie schädlich es ist. Weiterhin muss der Gesetzgeber eine Prognose über die Auswirkung eines Rauchverbots auf den Umsatz in der Gastronomie treffen, um die positiven und negativen Auswirkungen seiner Maßnahme bewerten zu können.

86 Bei der Grundrechtskontrolle stellt sich in diesem Zusammenhang die Frage, inwieweit Verfassungsgerichte eine **gesetzgeberische Prognose überprüfen** können. Auch das BVerfG hat schließlich meistens nicht mehr Informationen als der Gesetzgeber und in vielen Fällen auch keine entsprechende Expertise. Zudem hat das Gericht weniger Ressourcen zur Verfügung als der Gesetzgeber, um Unsicherheit aufzuklären. Schließlich ist das Parlament demokratisch stärker legitimiert als das Verfassungsgericht, um zu entscheiden, wie die Gesellschaft mit Risiken umgehen möchte. Aus diesen Gründen ist anerkannt, dass dem Gesetzgeber ein gewisser **Einschätzungs- und Prognosespielraum** zukommen muss.[60]

87 Allerdings kann dieser **Einschätzungsspielraum nicht unbegrenzt** sein, da der Gesetzgeber ansonsten eine effektive Grundrechtskontrolle durch abwegige Prognosen aushebeln könnte. Wenn der Gesetzgeber alle Menschen mit blauen Augen einer verstärkten staatlichen Überwachung unterziehen möchte, weil von diesen eine erhebliche Terrorgefahr ausgehe, wird das Gericht diese gesetzgeberische Prognose nicht unhinterfragt seiner Entscheidung zugrunde legen können, wenn es keine erhöhten Anzeichen für eine allgemeine Terrorgefahr durch Blauäugige gibt.

88 Die Frage, wie die Grenzen gesetzgeberischer Entscheidungsspielräume bestimmt werden, ist bis heute nicht abschließend geklärt. Das BVerfG geht davon aus, dass „je nach Eigenart des in Rede stehenden Sachbereichs" unterschiedliche Prüfungsmaßstäbe angelegt werden sollten. Diese reichten von einer bloßen Evidenzkontrolle über eine Vertretbarkeitskontrolle bis hin zu einer intensivierten inhaltlichen Kontrolle.[61] Allerdings ist die nachfolgende Rechtsprechung nicht immer kohärent. Oft stellt das

[60] BVerfGE 50, 290 (332).
[61] BVerfGE 50, 290 (332 f.).

Gericht auf Verfahrenskriterien ab und verlangt vom Gesetzgeber, dass er seine Einschätzung in einem sachgerechten Verfahren trifft und die ihm zugänglichen Erkenntnisquellen ausschöpft.[62]

Klausurhinweis: In der Klausur werden regelmäßig keine Ausführungen über die abstrakten Grenzen des Einschätzungsspielraums erwartet. Sie sollten die Figur des Einschätzungsspielraums allerdings kennen und können diese insbesondere in der Erforderlichkeits- und Angemessenheitsprüfung sowie teilweise auch im Rahmen der Geeignetheit als Argumentationshilfe anbringen.

Auch der EGMR gesteht den Mitgliedstaaten grundsätzlich einen Einschätzungsspielraum ***(margin of appreciation)*** zu.[63] Dieser dient dabei nicht in erster Linie dem Schutz des demokratischen Gesetzgebers, sondern soll vielmehr kulturellen Unterschieden und der oft größeren Sachnähe staatlicher Entscheidungsträger Rechnung tragen. Allerdings wird auch in der Rechtsprechung des EGMR nicht immer deutlich, nach welchen Kriterien die Kontrolldichte variiert wird.[64] Dies liegt vor allem darin begründet, dass sich die Grenzen des staatlichen Einschätzungsspielraums – wie im innerstaatlichen Bereich – abstrakt nur schwer bestimmen lassen. Daher ist die *margin of appreciation* auch im Rahmen der EMRK **eher eine rhetorische Figur** denn ein dogmatisches Instrument, das der Rechtsprechung als Leitfaden dient. 89

C. Grundrechtskonkurrenzen und Grundrechtskombinationen

Literatur: *Schwabe,* Grundrechtskonkurrenzen, JA 1979, 191; *Berg,* Grundrechtskonkurrenzen, Hdb GR III, 2009, § 71; *Bethge,* Grundrechtskollisionen, Hdb GR III, 2009, § 72; *Reßing,* Die Grundrechtskonkurrenz, 2016.

Staatliche Maßnahmen betreffen nicht immer nur ein einzelnes Grundrecht. Vielmehr können oft **mehrere Grundrechte** betroffen sein. Hat man es in der Grundrechtsprüfung mit mehreren Grundrechten zu tun, müssen zwei Dinge beachtet werden: erstens die Frage, ob und wie mehrere Grundrechte in Konkurrenz zueinander stehen, und zweitens die Reihenfolge, in der die Grundrechte geprüft werden. 90

Zunächst zur **Grundrechtskonkurrenz:** Grundrechte können in verschiedener Weise miteinander in Beziehung stehen. Zunächst können sie gleichberechtigt nebeneinander stehen. In diesem Fall sind beide Grundrechte nacheinander zu prüfen. Weiterhin können sie auch in einem Spezialitätsverhältnis zueinander stehen, bei dem das allgemeinere Grundrecht hinter das spezielle zurücktritt. Schließlich kann es dazu kommen, dass die Grundrechte sich gegenseitig verstärken („Schutzbereichsverstärkungen") oder dass sie miteinander kombiniert werden („Kombinationsgrundrechte"). 91

Ein Grundrecht wird man in der Prüfung überhaupt nicht ansprechen, wenn der Schutzbereich eines **spezielleren Grundrechts** eröffnet ist. Dies gilt insbesondere für die allgemeine Handlungsfreiheit aus Art. 2 Abs. 1 GG, die die Funktion eines Auffanggrundrechts hat (→ § 3 K). Ist der Schutzbereich eines speziellen Freiheitsrechts eröffnet, wird Art. 2 Abs. 1 GG nicht mehr geprüft. Ähnlich ist es im Bereich der Gleichheitsrechte. Stellen wir eine Differenzierung aufgrund eines privilegierten Differenzierungsmerkmals fest, erübrigt sich jeder Rückgriff auf das allgemeine Gleichheits- 92

[62] S. BVerfGE 50, 290 (334); 88, 203 (263); 125, 175 (224f., 239, 246).
[63] Grundlegend EGMR 7.12.1976, 5493/72, Rn. 47ff. – Handyside.
[64] Für einen Systematisierungsversuch s. *Grabenwarter/Pabel,* EMRK, § 18, Rn. 21.

recht des Art. 3 Abs. 1 GG. Konkurrenzen kann es jedoch auch zwischen verschiedenen speziellen Freiheitsrechten geben. So sind Versammlungen oder Kunstwerke oft auch darauf gerichtet, eine bestimmte Meinung zum Ausdruck zu bringen. Wenn sich die Meinungsäußerung aber in der Versammlung bzw. dem Kunstwerk erschöpft, tritt die Meinungsfreiheit aus Spezialitätsgründen hinter die Versammlungs- bzw. Kunstfreiheit zurück.

93 Bei der **Schutzbereichsverstärkung** geht es darum, dass eine Handlung gleichzeitig in den Schutzbereich mehrerer Grundrechte fällt und dass eine bloße Parallelprüfung dem Problem nicht gerecht würde. Ein Beispiel ist die Frage, ob ein Verbot des Schächtens die Grundrechte muslimischer Metzger verletzt.[65] Beim Schächten werden die Tiere beim Schlachten aus religiösen Gründen nicht betäubt, so dass das Verbot in erster Linie dem Tierschutz dient. Es betrifft gleichzeitig aber auch sowohl die Berufs- als auch die Religionsfreiheit des Metzgers. Dabei zieht man zunächst das Grundrecht heran, auf dem der Schwerpunkt liegt – in unserem Beispiel die Berufsfreiheit. Die Religionsfreiheit wird dann jedoch im Rahmen der Verhältnismäßigkeit mit berücksichtigt. Dies wird durch eine entsprechende Zitierung unter Rückgriff auf „i. V. m." zum Ausdruck gebracht. In unserem Beispiel hat das BVerfG Art. 12 Abs. 1 i. V. m. Art. 4 Abs. 1 GG geprüft. Die praktische Folge ist, dass einem kombinierten Grundrecht in der Abwägung regelmäßig ein stärkeres Gewicht zukommt als einem einfachen Grundrecht.

94 Eine in der Verfassungsrechtsprechung beliebte **Kombination** ist auch die Verbindung zwischen einem **Freiheitsrecht und einem Gleichheitsrecht,** die das Verfassungsgericht ebenfalls – je nach Schwerpunkt – durch die Zitierung als „Art. 3 Abs. 1 GG i. V. m." oder „i. V. m. Art. 3 Abs. 1 GG" zum Ausdruck bringt. Hier können im Rahmen der Prüfung eines Freiheitsrechts auch Gleichheitsaspekte zur Geltung gebracht werden. So betreffen etwa Zulassungsbeschränkungen für Universitäten zum einen die Berufsfreiheit in Art. 12 Abs. 1 GG, da ein Hochschulstudium notwendige Voraussetzung für viele Berufe ist. Zum anderen ist aber auch das allgemeine Gleichheitsrecht betroffen, da es um die Verteilung von Studienplätzen unter mehreren Bewerbern geht.

95 Schließlich zur Frage der **Reihenfolge:** Grundsätzlich werden **Freiheitsrechte vor Gleichheitsrechten** geprüft. Der Grund für diese Prüfungsreihenfolge liegt darin begründet, dass Freiheitsrechte regelmäßig die weitergehende Rechtsfolge haben: Verletzt der Staat ein Freiheitsrecht, muss er Abhilfe schaffen, indem er die Verletzung abstellt. Verletzt er dagegen ein Gleichheitsrecht, kann er grundsätzlich auch Abhilfe schaffen, indem er den bisher Privilegierten ihre Privilegien nimmt.

96 Innerhalb der Freiheits- und Gleichheitsrechte werden dann die **speziellen vor den allgemeinen Rechten** geprüft. Das allgemeine Freiheitsrecht der Allgemeinen Handlungsfreiheit aus Art. 2 Abs. 1 GG und das allgemeine Gleichheitsrecht aus Art. 3 Abs. 1 GG werden also innerhalb der Freiheits- und Gleichheitsrechte immer zuletzt geprüft – allerdings nur dann, wenn nicht der Schutzbereich eines spezielleren Grundrechts eröffnet ist. Der Grund dafür ist, dass der Rückgriff auf die allgemeinen Grundrechte nur notwendig ist, wenn kein spezielleres Grundrecht bereits einschlägig ist, da die spezielleren Grundrechte regelmäßig stärkeren Schutz gewähren. Sind schließlich

[65] S. BVerfGE 104, 337.

mehrere spezielle Freiheits- oder Gleichheitsrechte einschlägig, gibt es keine zwingenden Regeln über die Prüfungsreihenfolge. Es empfiehlt sich jedoch mit dem Grundrecht zu beginnen, auf dem der **Schwerpunkt** der Prüfung liegt.

Prüfungsschema Verletzung eines Freiheitsrechts

I. Schutzbereich
  1. Persönlicher Schutzbereich (*)
  2. Sachlicher Schutzbereich
II. Eingriff
III. Rechtfertigung
  1. Eingriffsermächtigung
  2. Gesetzliche Grundlage
    a. Formelle Verfassungsmäßigkeit
    b. Materielle Verfassungsmäßigkeit
      aa. Verhältnismäßigkeit
      bb. Bestimmtheitsgebot (*)
      cc. Verbot des Einzelfallgesetzes, Art. 19 I 1 GG (*)
      dd. Zitiergebot, Art. 19 I 2 GG (*)
      ee. Wesensgehaltsgarantie, Art. 19 II GG (*)
      ff. Folgerichtigkeitsgebot (*)
  3. Einzelakt
    a. Verhältnismäßigkeit
    b. Wesensgehaltsgarantie, Art. 19 II GG (*)

Die mit (*) gekennzeichneten Prüfungspunkte müssen nur angesprochen werden, wenn der Fall dazu Anlass gibt. Die Verfassungsmäßigkeit des Einzelaktes muss nicht geprüft werden, wenn direkt das Gesetz angegriffen wurde.

§ 3. Die Freiheitsrechte

1 Die Freiheitsrechte stellen **in allen Grundrechtskatalogen die zentralen Garantien** dar. Der Prüfungsaufbau bei den Freiheitsrechten orientiert sich an der Struktur, die im vorherigen Kapitel besprochen wurde. Im Folgenden sollen nacheinander die einzelnen Freiheitsrechte besprochen werden. Die Darstellung erfolgt dabei integriert, so dass die Grundrechte des Grundgesetzes und die von der EU und der EMRK parallel besprochen werden, soweit dies möglich ist. Ausgangspunkt ist immer die Darstellung der Situation in der deutschen Verfassungsordnung. Bei der Darstellung wird insbesondere auf den Schutzbereich und die Schrankensystematik in der Rechtfertigungsprüfung eingegangen. Der Eingriff wird nur ausnahmsweise angesprochen, wenn sich hier gegenüber den allgemeinen Regeln Besonderheiten ergeben.

A. Recht auf Leben und körperliche Unversehrtheit

Literatur: *Hermes,* Das Grundrecht auf Schutz von Leben und Gesundheit, 1987; *Rixen,* Lebensschutz am Lebensende, 1999; *Fink,* Der Schutz des menschlichen Lebens im Grundgesetz, Jura 2000, 210; Anderheiden, „Leben" im Grundgesetz, KritV 84 (2001), 353; *Dreier,* Stufungen des vorgeburtlichen Lebensschutzes, ZRP 2002, 377; *Schlink,* Aktuelle Fragen des pränatalen Lebensschutzes, 2002; *Mathieu,* The Right to Life, 2006; *Dreier,* Grenzen des Tötungsverbotes, JZ 2007, 261, 317; *Müller-Terpitz,* Recht auf Leben und körperliche Unversehrtheit, Hdb StR VII, 3. Aufl. 2009, § 147; *Chevalier-Watts,* Effective Investigations under Article 2 of the European Convention on Human Rights, EJIL 21 (2010), 701; *Augsberg,* Grundfälle zu Art. 2 II 1 GG, JuS 2011, 28, 128; Early u. a. (Hg.), The Right to Life under Article 2 o f the European Convention on Human Rights, 2016.

2 Das Recht auf Leben ist **eines der fundamentalen Grundrechte,** das in allen Grundrechtskatalogen enthalten ist. Im deutschen Grundgesetz wird die Garantie durch Art. 2 Abs. 2 S. 1 GG gewährleistet, der neben dem Leben auch die körperliche Unversehrtheit schützt. In der EMRK wird das Lebensrecht durch Art. 2 gechützt, während im EU-Recht Art. 2 GRC den Schutz des menschlichen Lebens garantiert.

I. Schutzbereich

3 Art. 2 Abs. 2 S. 1 Var. 1 GG, Art. 2 EMRK und Art. 2 GRC schützen das menschliche Leben. Probleme bereitet bei der Bestimmung des Schutzbereichs sowohl die Frage, wann das Leben beginnt, als auch, wann dieses endet. Hinsichtlich des **Beginns des menschlichen Lebens** ist man sich im deutschen Verfassungsrecht überwiegend einig, dass sich der Schutz des Lebensrechts auf das **Leben vor der Geburt** erstreckt.[1] Umstritten ist allerdings, ob der Schutz bereits mit der Befruchtung der Eizelle oder erst mit der Einnistung des befruchteten Eis in der Gebärmutter (Nidation) beginnt.[2] Dies hat vor allem Bedeutung für die Frage, ob Embryonenforschung einen Eingriff in das Lebensrecht darstellt oder nicht.

---

[1] BVerfGE 39, 1 (37) – Schwangerschaftsabbruch I; 88, 203 (251) – Schwangerschaftsabbruch II.

[2] S. *Schulze-Fielitz,* DR-GG, Art. 2 Abs. 2, Rn. 29; *Kunig,* MK-GG, Art. 2, Rn. 49; *Murswiek/Rixen,* SA-GG, Art. 2, Rn. 145 ff. (Schutz ab Befruchtung); *Jarass*/Pieroth, GG, Art. 2, Rn. 82 (Schutz ab Nidation).

In der **EMRK** wird der Schutzbereich des Lebensrechts enger gezogen. Anders als Art. 2 Abs. 2 S. 1 GG, der unter einfachem Gesetzesvorbehalt steht, hat Art. 2 EMRK einen qualifizierten Vorbehalt, der die Gründe für einen Grundrechtseingriff abschließend auflistet. Diese Gründe sind allein auf Menschen nach der Geburt bezogen. Daher spricht viel dafür, dass die Vertragsparteien beim Entwurf der EMRK das ungeborene Leben nicht in den Schutzbereich von Art. 2 EMRK einbeziehen wollten.[3] Im Fall *Vo* hat der EGMR die Frage offen gelassen.[4] Das Gericht entschied, dass Frankreich dadurch, dass es die fahrlässige Tötung von Embryonen nicht unter Strafe gestellt habe, das Lebensrecht nicht verletzt habe. Selbst wenn eine Schutzpflicht zum Schutz von Embryonen bestünde, reiche diese nicht so weit, dass selbst eine fahrlässige Tötung zwingend unter Strafe gestellt werden müsse. 4

Hinsichtlich des **Lebensendes** wird in der Literatur diskutiert, ob auf den Hirntod, den Herztod oder möglicherweise beide Faktoren abzustellen ist.[5] Die Frage ist für die Zulässigkeit von Organtransplantationen von Bedeutung. Das BVerfG hatte diese Frage bisher nicht zu entscheiden. Nicht vom Lebensrecht umfasst ist nach herrschender Auffassung das **Recht zu sterben.**[6] Der Einzelne hat damit aus Art. 2 Abs. 2 S. 1 Var. 1 GG keinen grundrechtlichen Anspruch auf aktive oder passive Sterbehilfe. Allerdings stellen Regelungen, die die Beihilfe zum Suizid unter Strafe stellen, einen Eingriff in die **allgemeine Handlungsfreiheit** dar (→ § 3 K). 5

Neben dem Lebensrecht gewährleisten Art. 2 Abs. 2 S. 1 GG und Art. 2 GRC auch das Recht auf **körperliche Unversehrtheit.** Für diese Garantie gibt es in der EMRK keine direkte Parallele. Allerdings werden Teilaspekte des Rechts von anderen Garantien umfasst. Die körperliche Unversehrtheit bezeichnet die Gesundheit sowohl im physiologischen als auch im psychologischen Sinn. Geschützt ist auch die Ablehnung einer Heilbehandlung, da diese selbst einen Eingriff in die körperliche Unversehrtheit darstellt.[7] Nicht geschützt ist dagegen das geistige und soziale Wohlbefinden. Die Abgrenzung kann im Einzelfall sicherlich Schwierigkeiten bereiten. Im Zweifelsfall ist dabei von einer Eröffnung des Schutzbereichs auszugehen. 6

Art. 3 GRC enthält in Abs. 2 noch konkrete Garantien, die über den expliziten Gewährleistungsgehalt von Art. 2 Abs. 2 S. 1 Var. 2 GG hinausgehen. So sind etwa das reproduktive Klonen von Menschen oder die Nutzung menschlicher Körperteile zur Gewinnerzielung verboten. 7

II. Eingriffe

Eingriffe in das Lebensrecht oder das Recht auf körperliche Unversehrtheit sind nicht nur in tatsächlichen Verletzungshandlungen zu sehen. Vielmehr ist bereits eine **Lebens- oder Gesundheitsgefährdung** ein Eingriff in Art. 2 Abs. 2 S. 1 GG. Ausgeschlossen ist ein Eingriff dagegen, wenn der Betroffene eingewilligt hat. Praktische Bedeutung hat dies vor allem bei der **Einwilligung in ärztliche Heilbehandlungen.** 8

[3] *Petersen,* ZaöRV 65 (2005), 447, 456.
[4] EGMR 8.7.2004, 53924/00 – Vo ./. Frankreich.
[5] S. *Grewel,* ZRP 1995, 217, 218; *Beckmann,* ZRP 1996, 219, 225 (Herztod); *Kunig,* MK-GG I, Art. 2, Rn 49; *Schulze-Fielitz,* DR-GG, Art 2 Abs. 2, Rn. 30 (Hirntod).
[6] *Schulze-Fielitz,* DR-GG, Art. 2 Abs. 2, Rn. 32.
[7] BVerfGE 128, 282 (300).

Das setzt allerdings voraus, dass die Einwilligung wirksam war, sie also freiwillig erfolgte und der Betroffene über die Risiken der Behandlung ausreichend aufgeklärt war (→ § 2 A II 4). Eine Einwilligung in eine staatliche Tötungshandlung ist nach herrschender Auffassung allerdings nicht möglich.[8]

9 In der Rechtsprechung des EGMR hat das Lebensrecht aus Art. 2 EMRK die größte Bedeutung nicht in seiner Funktion als Abwehrrecht erhalten, sondern vielmehr aufgrund der **Schutz- und Verfahrenspflichten,** die das Gericht aus dem Lebensrecht abgeleitet hat (→ § 8 A, D). So müssen die Mitgliedstaaten ihre Bürger vor Gefahren gegen Leib und Leben schützen. Dies beinhaltet die Implementierung von strafrechtlichen Sanktionen für Tötungshandlungen Dritter, die Pflicht zur Warnung vor Gefahren, von denen der Staat Kenntnis hat,[9] und zur Errichtung von Sicherheitsvorkehrungen für öffentliche Verkehrsmittel[10]. Weiterhin treffen die Mitgliedstaaten verschiedene Verfahrens-, Organisations- und Aufklärungspflichten zur Verhinderung von vermeidbaren Todesfällen sowie Untersuchungspflichten bei gewaltsamen Tötungen. Ein Eingriff liegt hier also regelmäßig in einem Unterlassen der Gewährleistung der entsprechenden Schutzpflichten.

III. Rechtfertigung

10 Das Recht auf Leben und körperliche Unversehrtheit steht gem. Art. 2 Abs. 2 S. 3 GG unter einem einfachen Gesetzesvorbehalt. Allerdings ist dabei der Verhältnismäßigkeitsgrundsatz zu beachten (→ § 2 B). Insbesondere bei Eingriffen in das Lebensrecht ist eine strenge Verhältnismäßigkeitsprüfung durchzuführen. Nicht vollständig geklärt ist, wie weit der **Wesensgehalt des Lebensrechts** reicht. Sicher ist, dass das menschliche Leben nicht absolut geschützt ist. Zumindest **Lebensgefährdungen** durch den Staat sind grundsätzlich zulässig. Das zeigt bereits die soziale Akzeptanz des Straßenverkehrs, obwohl dieser jedes Jahr allein in Deutschland zu mehreren tausend Verkehrstoten führt.

11 Fraglich ist in allen Grundrechtsordnungen, inwieweit **staatliche Tötungshandlungen** gerechtfertigt werden können. In seiner Entscheidung zum **Luftsicherheitsgesetz** hat das Bundesverfassungsgericht im Abschießen eines durch einen Terroristen gekaperten Verkehrsflugzeugs eine Verletzung des Lebensrechts aus Art. 2 Abs. 2 S. 1 GG i. V. m. der Menschenwürde in Art. 1 Abs. 1 GG gesehen, wenn durch den Abschuss auch unbeteiligte Passagiere des Flugzeugs getötet würden.[11] Dagegen soll ein Abschuss dann zulässig sein, wenn der mutmaßliche Terrorist der einzige Insasse des Flugzeugs ist.[12] Im Einklang mit der letzteren Feststellung des BVerfG wird überwiegend auch der **polizeiliche Todesschuss** bei Geiselnahmen für gerechtfertigt gehalten.[13] Danach darf der Geiselnehmer getötet werden, wenn dies notwendig ist, um eine gegenwärtige Gefahr für das Leben der Geiseln abzuwenden.

[8] *Kunig,* MK-GG, Art. 2, Rn. 51.
[9] EGMR 20.3.2008, 15339/02 u. a. – Budayeva.
[10] EGMR 15.12.2009, 4314/02 – Kalender.
[11] BVerfGE 115, 118 (151 ff.) – Luftsicherheitsgesetz.
[12] BVerfGE 115, 118 (160 ff.). Zur berechtigten Kritik an dieser Entscheidung s. *Lepsius,* Jura 2005, 433.
[13] *Di Fabio,* MD-GG, 43. Lfg. 2004, Art. 2 II 1, Rn. 40; *Epping,* GrundR, 7. Aufl. 2017, Rn. 120.

In der **EMRK** enthält Art. 2 Abs. 2 EMRK eine spezifische Rechtfertigungsklausel. Hierbei handelt es sich um einen **qualifizierten Eingriffsvorbehalt,** der die zulässigen Eingriffsgründe abschließend aufzählt. In der Sache dürfte sich allerdings aufgrund der strengen Anwendung des Verhältnismäßigkeitsgrundsatzes bei Art. 2 Abs. 2 S. 3 GG kaum ein Unterschied zu der Rechtslage in Deutschland ergeben. 12

Eine Schranken-Schranke des Lebensrechts findet sich in Art. 102 GG. Danach ist die **Todesstrafe** kein zulässiger Eingriff in das Lebensrecht. Dagegen sieht Art. 2 Abs. 1 EMRK die **Vollstreckung eines Todesurteils** grundsätzlich als Ausnahme vom Schutz des menschlichen Lebens an. Allerdings ist die Todesstrafe mittlerweile durch das von allen Mitgliedstaaten des Europarats ratifizierte 6. Zusatzprotokoll für Friedenszeiten und durch das 13. Zusatzprotokoll auch für Kriegszeiten verboten worden. 13

Selbst wenn es Art. 102 GG nicht gäbe, wäre die Todesstrafe wohl eine Verletzung von Art. 2 Abs. 2 S. 1 GG. In der empirischen Literatur konnte bisher nicht nachgewiesen werden, dass die Todesstrafe gegenüber der Gefängnisstrafe eine erhöhte Abschreckungswirkung für Straftäter hat.[14] Aus diesem Grund hat etwa das südafrikanische Verfassungsgericht die **Todesstrafe als unverhältnismäßigen Eingriff in das Lebensrecht** angesehen.[15] Es ist unwahrscheinlich, dass das BVerfG hier zu einem anderen Ergebnis käme. Zudem wird die Todesstrafe in der Literatur ganz überwiegend als Verstoß gegen die Menschenwürdegarantie (Art. 1 Abs. 1 GG) angesehen.[16] 14

Bisher offengelassen hat das BVerfG die Frage, ob eine **Auslieferung eines Ausländers,** dem im ersuchenden Staat im konkreten Fall die Todesstrafe droht, das Lebensrecht verletzen oder gegen Art. 102 GG verstoßen würde.[17] In der Praxis stellt sich die Frage derzeit nicht, da § 8 IRG eine Auslieferung bei drohender Todesstrafe einfachgesetzlich verbietet. Im EU-Recht enthält Art. 19 Abs. 2 GRC ein ausdrückliches Verbot, eine Person in einen Staat auszuweisen oder auszuliefern, in dem das ernsthafte Risiko der Todesstrafe besteht. Der EGMR misst eine Auslieferung in Staaten, in denen dem Betroffenen die Todesstrafe droht, in erster Linie am Verbot unmenschlicher Strafe in Art. 3 EMRK. Untersuchungen zeigen, dass zum Tode verurteilte Häftlinge oft unter starker psychischer Belastung leiden, dem sog. „Todeszellensyndrom“. Daher verletzt die Auslieferung in ein Land, in dem konkret die Todesstrafe droht, regelmäßig Art. 3 EMRK.[18] 15

B. Freiheit und Freizügigkeit

Literatur: *Hantel,* Das Grundrecht der Freiheit der Person nach Art. 2 II 2, 104 GG, JuS 1990, 865; *Murdoch,* Article 5 of the European Convention on Human Rights: The Protection of Liberty and Security of Person, 2002; *Schoch,* Das Grundrecht der Freizügigkeit (Art. 11 GG), Jura 2005, 34; *Wollenschläger,* Grundfreiheit ohne Markt: Die Herausbildung der Unionsbürgerschaft im unionsrechtlichen Freiheitsregime, 2007; *Höfler,* Die Unionsbürgerfreiheit, 2009; *Wittreck,* Freiheit der Person, Hdb StR VII, 3. Aufl. 2009, § 151; *K. Hailbronner,* Freizügigkeit, Hdb StR VII, 3. Aufl. 2009, § 152; *Kadelbach,* Unionsbürgerschaft, in: v. Bogdandy/Bast (Hg.), Europäisches Verfassungsrecht, 2. Aufl. 2009, S. 611; *K. Hailbronner,* Die Freizügigkeit von Unionsbürgern in der neueren Rechtsprechung, JZ 2010, 398; *Gusy,* Freiheit der Person, Hdb GR IV, 2011, § 93; *Merten,* Freizügigkeit, Hdb GR IV, 2011, § 94; *Kadel-*

14 S. *Donohue/Wolfers,* Stanford LR 58 (2005), 791 ff.
15 VerfG SA, 1995 (3) SA 391 – *Makwanyane.*
16 *Kingreen/Poscher,* GrundR, Rn. 480; *Epping,* GrundR, Rn. 121.
17 BVerfGE 60, 348 (354).
18 EGMR 7.7.1989, 14038/88 – Soering.

bach, Unionsbürgerrechte, in: Ehlers (Hg.), Europäische Grundrechte und Grundfreiheiten, 4. Aufl. 2014, § 26; *Winkler/Schadtle,* Ausreisefreiheit quo vadis?, JZ 2016, 764; *D. Steiger,* Freizügigkeit in der EU und Einschränkungen von Sozialleistungen für EU-Ausländer, EuR 53 (2018), 304.

16 Das Grundgesetz enthält Garantien zum Schutz der menschlichen Bewegungsfreiheit. Dabei sind **zwei Garantien** zu unterschieden: zum einen das Freiheitsrecht in Art. 2 Abs. 2 S. 2 GG und zum anderen die Freizügigkeit in Art. 11 GG. Zudem enthält Art. 16 Abs. 2 S. 1 GG ein Auslieferungsverbot für deutsche Staatsangehörige in Länder außerhalb der EU. In der EMRK wird die persönliche Freiheit durch Art. 5 EMRK garantiert. Die Freizügigkeit wird durch Art. 2 des IV. Zusatzprotokolls geschützt. Letzteres enthält zudem spezifische Ausweisungsverbote in Art. 3 und 4. Das EU-Recht garantiert ein Freiheitsrecht in Art. 6 GRC sowie weitgehende Freizügigkeitsrechte für Unionsbürger in Art. 45 Abs. 1 GRC sowie in Art. 21 Abs. 1 AEUV. Zudem findet sich in Art. 19 Abs. 1 GRC ein Verbot der Kollektivausweisung.

I. Schutz der körperlichen Bewegungsfreiheit

1. Schutzbereich

17 Der Schutz der körperlichen Bewegungsfreiheit ist eines der klassischen Freiheitsrechte. Sie wird durch Art. 2 Abs. 2 S. 2 GG sowie durch Art. 5 EMRK und Art. 6 GRC geschützt. Art. 2 Abs. 2 S. 2 GG schützt nicht nur vor Freiheitsentziehung, sondern bereits vor bloßen Freiheitsbeschränkungen. Eine **Freiheitsentziehung** liegt vor, wenn die Bewegungsfreiheit einer Person durch physischen Zwang auf einen eng begrenzten Raum beschränkt wird. Typische Beispiele sind die Haft oder der präventive Gewahrsam. Demgegenüber zeichnet sich eine **Freiheitsbeschränkung** dadurch aus, dass die Bewegungsfreiheit des Einzelnen durch die Anwendung oder Androhung **unmittelbaren Zwangs** beschränkt wird.

18 Wo die genauen **Grenzen der Freiheitsbeschränkung** liegen, ist allerdings nicht abschließend geklärt. Das BVerfG verfolgt hier einen eher restriktiven Ansatz. Da die Befugnis, sich überall aufzuhalten, von Art. 2 Abs. 2 S. 1 GG gerade nicht erfasst sei, hat das Gericht die Verpflichtung von Asylbewerbern gem. § 56 AsylG, den Bezirk der zuständigen Ausländerbehörde während des Asylverfahrens nicht zu verlassen, nicht als Freiheitsbeschränkung angesehen.[19] Im sog. **Flughafenverfahren** sah das Gericht zudem in der Beschränkung der Bewegungsfreiheit von Asylbewerbern auf den **Transitbereich eines Flughafens** keinen Eingriff in Art. 2 Abs. 2 S. 2 GG.[20] Eine Freiheitsbeschränkung liege nur dann vor, wenn der Betroffene daran gehindert werde, einen Raum aufzusuchen, der ihm an sich rechtlich zugänglich sei.[21] Ein Anspruch auf Überquerung einer Staatsgrenze bestehe aber gerade nicht. Diese Entscheidung ist in der Literatur zu Recht kritisiert worden, da das Gericht damit das einfache Gesetzesrecht zur Ausgestaltung des grundrechtlichen Schutzbereiches heranzieht.[22] Demgegenüber hat der EGMR im Fall *Amuur* im Festhalten von Flüchtlingen im Transitbereich eines Flughafens einen Eingriff in Art. 5 EMRK gesehen.[23]

[19] BVerfGE 96, 10 (21).
[20] BVerfGE 94, 166 (198 f.) – Flughafenverfahren.
[21] BVerfGE 94, 166 (198).
[22] S. bspw. *Michael/Morlok,* GrundR, Rn. 176.
[23] EGMR 25.6.1996, 19776/92 – Amuur.

Grundsätzlich greift der **EGMR** zur Unterscheidung zwischen einer durch Art. 5 EMRK geschützten Freiheitsbeschränkung und einer nicht in den Schutzbereich fallenden Freiheitsbeeinträchtigung auf **mehrere Kriterien** zurück: die räumliche Ausdehnung des Gebiets, die Intensität der Aufsicht, die Möglichkeit, soziale Kontakte zu pflegen und die Dauer der beschränkenden Maßnahme.[24] Im Fall *Guzzardi* entschied der EGMR, dass eine Maßnahme, bei der ein Beschuldigter auf einer Insel in einem 2,5 km^2 großen Bereich festgehalten wurde, sich zwei Mal täglich bei den Behörden melden musste und sein Haus zwischen 22 und 7 Uhr nicht verlassen durfte, einen Eingriff in Art. 5 EMRK darstelle.[25] 19

Der **EuGH** orientiert sich bei der Abgrenzung von Freiheit und Freizügigkeit ausdrücklich an der Rechtsprechung des EGMR.[26] In Abgrenzung zum Urteil des EGMR in *Guzzardi* sind allerdings nach Ansicht der Luxemburger Richter Maßnahmen, bei denen eine Person unter nächtlichen Hausarrest gestellt wird, mittels elektronischer Fußfesseln überwacht wird und sich mehrmals wöchentlich bei der Polizei melden muss, lediglich als Freiheitsbeeinträchtigung anzusehen, bei der der Schutzbereich von Art. 6 GRC nicht eröffnet ist.[27] 20

Bei Maßnahmen, die die Bewegungsfreiheit des einzelnen nur **kurzfristig beeinträchtigen,** ist im Einzelfall zu bestimmen, ob diese vom Schutzbereich der körperlichen Bewegungsfreiheit umfasst sind. Beispiele sind etwa Identitätsfeststellungen, die Entnahme von Blutproben oder Vernehmungen. Dabei erscheint es sinnvoll auf den Schwerpunkt der Maßnahme abzustellen: Ist eine kurzfristige Freiheitsbeschränkung lediglich Nebenfolge einer Maßnahme, die hauptsächlich einen anderen Zweck verfolgt, ist der Schutzbereich des Freiheitsrechts nicht berührt.[28] **Anordnungen, an einen bestimmten Ort zu kommen,** sind nur ein Eingriff in das Freiheitsrecht, wenn bei Zuwiderhandlung in zeitlich unmittelbarem Zusammenhang die Anwendung physischen Zwangs droht.[29] Die Einberufung zum Wehrdienst oder die Schulpflicht berühren daher den Schutzbereich von Art. 2 Abs. 2 GG nicht. 21

Art. 5 EMRK garantiert neben der Freiheit auch das **Recht auf Sicherheit.** Allerdings hat dieses in der Rechtsprechungspraxis des EGMR bisher nur eine geringe Bedeutung erlangt. Der EGMR hat zu seiner Konkretisierung zwei Fallgruppen entwickelt: Zum einen hat er aus dem Recht auf Sicherheit ein Gebot rechtsstaatlichen Vorgehens bei Freiheitsentziehungen abgeleitet.[30] Sicherheit wird in diesem Sinne also als Rechtssicherheit verstanden. Zum anderen nimmt der Gerichtshof einen Eingriff in das Recht auf Sicherheit an, wenn eine Person durch Organe eines Konventionsstaates auf dem Territorium eines fremden Staates ohne dessen Einverständnis festgenommen wird.[31] 22

---

[24] S. EGMR 6.11.1980, 7367/76, Rn. 92ff. – Guzzardi.

[25] Ebd., Rn. 95.

[26] EuGH 28.7.2016 – C-294/16 PPU, EU:C:2016:610, Rn. 48–51 – JZ.

[27] Ebd., Rn. 54.

[28] S. *Grabenwarter/Pabel,* EMRK, § 21, Rn. 6 (in Bezug auf Art. 5 EMRK).

[29] *Schulze-Fielitz,* DR-GG, Art. 2 II, Rn. 105; *Jarass*/Pieroth, GG, Art. 2, Rn. 115. A. A. *Kingreen/Poscher,* GrundR, Rn. 499.

[30] EGMR 13.1.2009, 37048/04, Rn. 52f. – Nikolaishvili.

[31] EGMR 12.5.2005 [GK], 46221/99, Rn. 85 – Öcalan.

2. Rechtfertigung

23 Einschränkung von Art. 2 Abs. 2 S. 2 GG unterliegen grundsätzlich einem einfachen Gesetzesvorbehalt. Allerdings stehen alle Eingriffe unter dem **strengen Vorbehalt der Verhältnismäßigkeit.** Dies gilt insbesondere für die Untersuchungshaft, da diese angeordnet wird, bevor die Schuld des Beschuldigten festgestellt ist. Sie darf daher nur dann angeordnet werden, wenn sie zur Abwehr einer Flucht- oder Verdunkelungsgefahr oder weiterer schwerer Straftaten notwendig ist. Außerdem folgt aus dem Verhältnismäßigkeitsgrundsatz ein **Beschleunigungsgebot** für das Ermittlungs- und Strafverfahren.[32] Für die **Sicherungsverwahrung** hat das BVerfG das sog. **Abstandsgebot** entwickelt, dass es aus Art. 7 EMRK herleitet.[33] Da die Sicherungsverwahrung allein der Gefahrenabwehr dient, muss ihr Vollzug sich deutlich vom Vollzug der Freiheitsstrafe unterschieden. Insbesondere muss die Sicherungsverwahrung durch Freiheitsorientierung und Therapiebezug gekennzeichnet sein.

24 Zudem stellt Art. 104 GG für Freiheitsentziehungen einige Qualifikationen auf. Zunächst muss die Freiheitsentziehung auf Basis eines **Parlamentsgesetzes** erfolgen. Eine Rechtsverordnung genügt nach der Wesentlichkeitsgarantie als Eingriffsgrundlage nur dann, wenn die wesentlichen Voraussetzungen der Freiheitsentziehung bereits durch Gesetz vorgegeben sind. Zudem ist der **Richtervorbehalt** in Art. 104 Abs. 2, 3 GG zu beachten. Danach ist spätestens am Tag nach der Festnahme eine richterliche Entscheidung über die Freiheitsentziehung einzuholen. Außerdem ist gem. Art. 104 Abs. 4 GG ein Angehöriger oder eine Vertrauensperson des Festgehaltenen über die Freiheitsentziehung zu unterrichten.

25 Anders als Beschränkungen von Art. 2 Abs. 2 S. 2 GG unterliegen Einschränkungen von Art. 5 EMRK einem qualifizierten Gesetzesvorbehalt. Dabei enthält Art. 5 Abs. 1 S. 2 EMRK zunächst eine abschließende Liste mit Gründen, aufgrund derer eine Freiheitsbeschränkung zulässig ist. Daneben unterliegen Einschränkungen auch einer Reihe von allgemeinen Voraussetzungen, die für alle in der Liste aufgeführten Rechtfertigungsgründe gelten. Danach muss eine Freiheitsentziehung zunächst auf **gesetzlicher Grundlage** beruhen. Das Gesetz muss hinreichend präzise sein, so dass der Betroffene die Folgen seines Handelns voraussehen kann. Zudem muss das Gesetz, das die Freiheitsentziehung vorsieht, Vorgaben zum Verfahren enthalten und eine zeitliche Beschränkung vorsehen. Weiterhin muss das in dem Gesetz vorgesehene **innerstaatliche Verfahren** eingehalten worden sein. Diese Einschätzung erfolgt in erster Linie durch nationale Gerichte. Der EGMR nimmt jedoch für sich in Anspruch, die Einhaltung des Verfahrens in Einzelfällen auch selbst zu überprüfen.[34]

26 Schließlich darf die Festnahme **nicht willkürlich** erfolgt sein. Der EGMR nimmt insbesondere dann Willkür an, wenn keine Informationen über Zeit, Ort und Datum der Festnahme vorliegen.[35] Neben der Verfolgung der in Art. 5 Abs. 1 S. 2 EMRK genannten Ziele prüft der EGMR bei einigen Haftgründen zudem die **Verhältnismäßigkeit.** Bei den Haftgründen b, d und f nimmt der Gerichtshof in der Regel eine volle Verhältnismäßigkeitsprüfung vor, die auch eine Prüfung der Angemessenheit beinhaltet.

[32] BVerfGE 19, 342 (347 f.); 53, 152 (158 f.).
[33] BVerfGE 128, 326 (374 ff.).
[34] EGMR 30.6.2005, 5379/02, Rn. 37 ff. – Nakach; 23.2.2012, 29226/03, Rn. 101 – Creangă.
[35] EGMR 2.10.2008, 1748/02, Rn. 72 – Belousov; 13.12.2013, 39630/09, Rn. 236 – El-Masri.

Bei der Freiheitsentziehung zur Verhinderung einer unerlaubten Einreise oder zur Durchsetzung eines Ausweisungs- oder Auslieferungsverfahrens (lit. f) überprüft der EGMR im Rahmen der Verhältnismäßigkeit, ob das Verfahren in einem zeitlich vertretbaren Rahmen abgewickelt wurde. Demgegenüber sieht der Gerichtshof bei der Strafhaft nach lit. a regelmäßig von einer Verhältnismäßigkeitsprüfung ab. Insbesondere die Angemessenheit der Dauer einer Haftstrafe ist allein Sache des innerstaatlichen Rechts.

Schließlich enthalten die Abs. 2–5 mehrere **Schranken-Schranken,** wie etwa einen Richtervorbehalt (Abs. 3) oder das Recht, dass dem Beschuldigten in einer ihm verständlichen Sprache die Gründe für die Festnahme mitgeteilt werden, sowie einen Schadensersatzanspruch bei Verletzung von Art. 5 EMRK. 27

Die Rechtfertigung von Eingriffen in **Art. 6 GRC** unterliegt zwar grundsätzlich den allgemeinen Voraussetzungen von Art. 52 Abs. 1 GRC und scheint daher auf den ersten Blick eher unter einfachem Gesetzesvorbehalt zu stehen. Allerdings liest der EuGH aufgrund von Art. 52 Abs. 3 GRC die ausdrücklichen sowie die vom EGMR entwickelten **Schranken von Art. 5 EMRK in die Grundrechtecharta** hinein.[36] Insofern sind auch unter der Grundrechtecharta lediglich die in Art. 5 Abs. 1 S. 2 EMRK genannten Ziele zur Rechtfertigung einer Freiheitsentziehung zulässig. 28

II. Freizügigkeit

1. Schutzbereich

Während die körperliche Bewegungsfreiheit in Art. 2 Abs. 2 S. 2 GG ein Jedermann-Grundrecht ist, ist der subjektive Gewährleistungsgehalt des **Freizügigkeitsrechts** in Art. 11 Abs. 1 GG auf deutsche Staatsbürger beschränkt. Freizügigkeit ist die Freiheit, sich an jedem Ort innerhalb des Bundesgebiets aufzuhalten oder dort Wohnsitz zu nehmen. Nach herrschender Auffassung sind auch die **Einreise** und die Einwanderung in das Bundesgebiet von Art. 11 Abs. 1 GG umfasst.[37] Es komme auf das Ziel und nicht den Ausgangspunkt der Reise an. Dagegen ist nach Auffassung des BVerfG die **Ausreise** nicht durch Art. 11 GG geschützt.[38] Sowohl der Wortlaut („im Bundesgebiet“) als auch die Schrankensystematik sprächen gegen einen Schutz der Ausreisefreiheit durch das Freizügigkeitsrecht. Das Freizügigkeitsrecht umfasst nicht nur das positive Recht, neuen Aufenthalt zu begründen, sondern auch die **negative Freiheit,** den Aufenthalt und Wohnsitz nicht zu verändern. Ohne letztere würde das positive Aufenthaltsbegründungsrecht leer laufen. Das bedeutet, dass Zwangsumsiedlungsmaßnahmen oder die Ausweisung von deutschen Staatsbürgern aus dem Bundesgebiet an Art. 11 Abs. 1 GG zu messen sind. 29

Wie weit das Freizügigkeitsrecht reicht, ist im Einzelnen nicht einfach zu bestimmen. Einigkeit besteht darin, dass die Einschränkung der physischen Bewegungsfreiheit allein für einen Eingriff in das Freizügigkeitsrecht nicht ausreicht. Vielmehr muss dem Aufenthalt eine gewisse, **über die Alltagsmobilität hinausgehende Bedeutung** zukommen. Dabei wird teilweise darauf abgestellt, dass das Verweilen am Zielort der 30

[36] EuGH 15.3.2017 – C-528/15, EU:C:2017:213, Rn. 37 – Al Chodor.
[37] *Wollenschläger,* DR-GG, Art. 11, Rn. 30 m. w. N.
[38] BVerfGE 6, 32 (34f.) – Elfes.

Fortbewegung von gewisser Dauer sein müsse.[39] Andere Autoren stellen dagegen auf die Bedeutung des Aufenthalts ab,[40] während eine dritte Gruppe von Autoren die Begründung eines eigenen Lebenskreises fordert.[41] Eine jüngere Kammerentscheidung des BVerfG forderte, dass die Fortbewegung eine über die „körperliche Bewegungsfreiheit hinausgehende Bedeutung für die räumlich gebundene Gestaltung des alltäglichen Lebenskreises haben" müsse.[42]

31 Anders als Art. 11 GG gilt das **Freizügigkeitsrecht der EMRK** in Art. 2 ZP IV nicht nur für Staatsbürger. Allerdings setzt es bei Ausländern voraus, dass diese sich rechtmäßig im Staatsgebiet aufhalten. Art. 2 ZP IV garantiert also kein Recht auf Einreise und schützt Ausländer ohne rechtmäßigen Aufenthaltstitel auch nicht vor Abschiebungen. Das Freizügigkeitsrecht der EMRK geht zudem in einem weiteren Punkt über die entsprechende Garantie des Grundgesetzes hinaus: Gem. Art. 2 Abs. 2 ZP IV garantiert es ausdrücklich auch das **Recht auf Ausreise.**

32 In der Europäischen Union garantiert Art. 21 Abs. 1 AEUV allen Unionsbürgern ein **Freizügigkeitsrecht im Hoheitsgebiet der Mitgliedstaaten.** Dieses Freizügigkeitsrecht ist grundsätzlich den Grundfreiheiten – insbesondere der Niederlassungsfreiheit und der Arbeitnehmerfreizügigkeit (→ § 7) – gegenüber subsidiär. Es kommt in der Praxis also vor allem dann zur Anwendung, wenn sich Unionsbürger aus nichtwirtschaftlichen Gründen in einem anderen Mitgliedstaat aufhalten. Es unterliegt primärrechtlich keiner zeitlichen Beschränkung.

33 Das Freizügigkeitsrecht findet grundsätzlich **keine Anwendung bei rein innerstaatlichen Sachverhalten.** Allerdings darf ein Mitgliedstaat **keine Ausreisebeschränkungen** erlassen, die seinen Staatsbürgern die Wahrnehmung des Freizügigkeitsrechts aus Art. 21 AEUV erschweren würde. In der Rechtssache ***Ruiz Zambrano*** hat der EuGH das Freizügigkeitsrecht ausnahmsweise auf einen innerstaatlichen Sachverhalt angewandt.[43] Der Kläger des Ausgangsverfahrens war kolumbianischer Staatsangehöriger, der in Belgien Asyl beantragt hatte. Der Antrag war abgelehnt worden. Allerdings wurde er nicht abgeschoben, da in Kolumbien zum fraglichen Zeitpunkt ein Bürgerkrieg herrschte. Seine beiden in Belgien geborenen Kinder erhielten die belgische Staatsbürgerschaft. Daraufhin beantragte Herr Ruiz Zambrano eine Regularisierung seines Aufenthalts als Angehöriger in gerader Linie von belgischen Staatsbürgern. Dieser Antrag wurde von den belgischen Behörden abgelehnt. Auf Vorlage des belgischen Gerichts entschied der EuGH, dass die Ablehnung einer Aufenthalts- und Arbeitserlaubnis für den Kläger gegen Art. 20 AEUV verstoße, da sie den Kindern des Klägers den Kernbestand der Rechte, die ihnen die Unionsbürgerschaft zuerkenne, verweigere.[44] Insbesondere die Freizügigkeit im Unionsgebiet sei den Kindern verwehrt, da sie das Unionsgebiet verlassen müssten, um ihre Eltern zu begleiten. Die Entscheidung stärkt zwar das Freizügigkeitsrecht der Unionsbürger, ist aber nicht unproblematisch, da sie einen rein innerstaatlichen Sachverhalt betrifft, auf den das Unions-

[39] *Jarass*/Pieroth, GG, Art. 11, Rn. 2; *Kingreen*/*Poscher*, GrundR, Rn. 916f.
[40] *Wollenschläger*, DR-GG, Art. 11, Rn. 27; *Kunig*, Jura 1990, 306, 308; *Epping*, GrundR, Rn. 743.
[41] *Randelzhofer*, BK-GG, 43. Lfg. 1981, Art. 11, Rn. 28f.; *Grabitz*, Hdb StR VI, 2. Aufl. 2001, § 130, Rn. 9.
[42] BVerfG 25.3.2008 – 1 BvR 1548/02.
[43] EuGH, Slg. 2011, I-1177 – Ruiz Zambrano.
[44] Ebd., Rn. 42ff.

recht eigentlich keine Anwendung findet. Allerdings spricht einiges dafür, dass die Entscheidung der Konstellation des Falles geschuldet ist und **keinen grundlegenden Paradigmenwechsel begründen** soll.

In der Rechtsprechungspraxis des EuGH hat Art. 21 AEUV im Übrigen vor allem **in Verbindung mit dem Diskriminierungsverbot** in Art. 18 AEUV Bedeutung erlangt. 34
Danach hat ein Unionsbürger, der sich in Ausübung seiner Freizügigkeit rechtmäßig in einem anderen Mitgliedstaat aufhält, grundsätzlich Anspruch auf die gleichen sozialen Leistungen wie ein Staatsbürger. Wir werden uns diese Rechtsprechung im Zusammenhang mit dem Diskriminierungsverbot aus Art. 18 AEUV noch näher ansehen (→ § 5 B II 2).

2. Rechtfertigung

Das Freizügigkeitsrecht steht unter dem qualifizierten Gesetzesvorbehalt des **Art. 11** 35
Abs. 2 GG. Die dort genannten Merkmale müssen eng ausgelegt werden. Daneben ist zur Rechtfertigung von Eingriffen jedoch auch ein Rückgriff auf konkurrierendes Verfassungsrecht möglich (→ § 2 A III 1).[45]

Art. 21 AEUV steht ausdrücklich unter dem Vorbehalt der **Konkretisierung durch** 36
das Sekundärrecht. Der europäische Gesetzgeber hat das Freizügigkeitsrecht durch **RL 2004/38/EG** näher konkretisiert. Dieser zufolge besteht ein Aufenthaltsrecht in einem anderen Mitgliedstaat bedingungslos nur für bis zu drei Monate (Art. 6 Abs. 1). Für längere Aufenthalte kann der Mitgliedstaat gem. Art. 7 Abs. 1 lit. b der Richtlinie verlangen, dass der Unionsbürger über ausreichende Existenzmittel verfügt. Damit möchte der europäische Gesetzgeber insbesondere dem Problem des Sozialleistungstourismus begegnen, dass Unionsbürger sich in anderen Mitgliedstaaten vor allem deswegen aufhalten, um dort Sozialleistungen beziehen zu können.

III. Auslieferungs- und Ausweisungsverbote

Art. 16 Abs. 2 S. 1 GG enthält ein **Auslieferungsverbot für deutsche Staatsbürger.** 37
Unter der Auslieferung ist die – notfalls zwangsweise – Entfernung aus dem Staatsgebiet zum Zweck der Überlieferung an einen anderen Staat zu verstehen. Von der Auslieferung zu unterscheiden ist die Ausweisung, bei der der Einzelne angewiesen wird, das Gebiet der Bundesrepublik Deutschland zu verlassen, ohne dass ein spezifisches Ausreiseziel vorgegeben wird. Satz 2 sieht von dem Auslieferungsverbot eine Ausnahme vor, wenn die Auslieferung an einen anderen Mitgliedstaat der EU oder den Internationalen Strafgerichtshof erfolgt, soweit dort rechtsstaatliche Grundsätze eingehalten werden. In seiner ersten Entscheidung zum **Europäischen Haftbefehl** hat das BVerfG diese Ausnahme jedoch dahingehend eingeschränkt, dass eine Auslieferung nicht erfolgen darf, wenn die dem Betroffenen vorgeworfene Straftat einen maßgeblichen Inlandsbezug hat.[46]

In der EMRK enthalten die Art. 3 und 4 ZP IV Garantien zum Schutz gegen eine 38
Ausweisung. Gem. Art. 3 ZP IV darf ein Staatsbürger nicht aus seinem eigenen Staat ausgewiesen, und ihm darf auch nicht die Einreise in diesen verweigert werden. Nicht ausgeschlossen ist allerdings eine Auslieferung in einen Drittstaat zum Zwecke der

[45] A. A. *Michael/Morlok,* GrundR, Rn. 672.
[46] BVerfGE 113, 273 (302f.) – Europäischer Haftbefehl I.

Strafverfolgung, so dass der Schutz von Art. 16 Abs. 2 GG in dieser Hinsicht weiter geht. Art. 4 ZP IV verbietet darüber hinaus, ebenso wie Art. 19 Abs. 1 GRC, die **Kollektivausweisung von Ausländern.** Diese dürfen also nicht allein aufgrund ihrer Zugehörigkeit zu einer bestimmten Gruppe ausgewiesen werden. Vielmehr muss eine Ausweisung immer aufgrund der Umstände des Einzelfalls erfolgen.[47]

C. Kommunikationsfreiheiten

Literatur: *Häntzschel,* Das Grundrecht der freien Meinungsäußerung und die Schranken der allgemeinen Gesetze des Artikels 118f. der Reichsverfassung, AöR 10 (1926), 228; *Smend,* Das Recht der freien Meinungsäußerung, VVDStRL 4 (1928), 44; *Engel,* Privater Rundfunk vor der Europäischen Menschenrechtskonvention, 1993; *Hoffmann-Riem,* Kommunikations- und Medienfreiheit, Hdb VerfR, 2. Aufl. 1994, § 7; *Grimm,* Die Meinungsfreiheit in der Rechtsprechung des Bundesverfassungsgerichts, NJW 1995, 1697; *Erichsen,* Das Grundrecht der Meinungsfreiheit, Jura 1996, 84; *Vesting,* Prozedurales Rundfunkrecht, 1997; *Calliess,* Zwischen staatlicher Souveränität und europäischer Effektivität: Zum Beurteilungsspielraum der Vertragsstaaten im Rahmen des Art. 10 EMRK, EuGRZ 1999, 293; *Hoffmann-Riem,* Kommunikationsfreiheiten, 2002; *Nolte/Tams,* Grundfälle zu Art. 5 I 1 GG, JuS 2004, 111; *Epping/Lenz,* Das Grundrecht der Meinungsfreiheit (Art. 5 I 1 GG), Jura 2007, 881; *Lenski,* Personenbezogene Massenkommunikation als verfassungsrechtliches Problem, 2007; *Schoch,* Das Grundrecht der Informationsfreiheit, Jura 2008, 25; *Schmidt-Jortzig,* Meinungs- und Informationsfreiheit, Hdb StR VII, 3. Aufl. 2009, § 162; *Bullinger,* Freiheit von Presse, Rundfunk, Film, Hdb StR VII, 3. Aufl. 2009, § 163; *Jestaedt,* Meinungsfreiheit, Hdb GR IV, 2011, § 102; *Trute,* Freiheit von Presse und Film, Hdb GR IV, 2011, § 104; *Degenhart,* Rundfunkfreiheit, Hdb GR IV, 2011, § 105; *Masing,* Meinungsfreiheit und Schutz der verfassungsrechtlichen Ordnung, JZ 2012, 585; *Pünder,* Kommunikationsgrundrechte, in: Ehlers (Hg.), Europäische Grundrechte und Grundfreiheiten, 4. Aufl. 2014, § 17; *Eifert,* Die Rundfunkfreiheit, Jura 2015, 356; *Hillgruber,* Die Meinungsfreiheit als Grundrecht der Demokratie, JZ 2016, 495; *Petersen,* Der Schutz von Minderheiten als Schranke der Meinungsäußerungsfreiheit, AVR 55 (2017), 98.

39 Die Kommunikationsfreiheiten stehen in einem engen Zusammenhang mit der **Gewährleistung von Demokratie.** Eine aufgeklärte Wahl zwischen verschiedenen politischen Handlungsoptionen ist nur möglich, wenn Kritik der Regierung und ein freier Meinungsaustausch über die Vor- und Nachteile von Politiken möglich sind. Es ist daher nicht überraschend, dass in autoritären Staaten gerade die Kommunikationsfreiheiten oft stark beschränkt werden. Allerdings sind die Kommunikationsfreiheiten nicht auf politische Kommunikation beschränkt.

40 In Deutschland wird Kommunikation in erster Linie durch Art. 5 Abs. 1 GG geschützt. Die Bestimmung enthält insgesamt fünf Garantien: die Meinungsfreiheit (S. 1 Hs. 1), die Informationsfreiheit (S. 1 Hs. 2), die Pressefreiheit (S. 2 Var. 1) sowie die Freiheit des Rundfunks (S. 2 Var. 2) und der Filmberichterstattung (S. 2 Var. 3). In der EMRK gewährt Art. 10 das Recht auf freie Meinungsäußerung. Gem. Art. 10 Abs. 1 S. 2 EMRK wird ausdrücklich auch die Informationsfreiheit umfasst. Die Pressefreiheit wird nicht eigenständig garantiert. Allerdings kann sich die Presse ebenfalls auf die Meinungsfreiheit berufen. In der EU-Grundrechtecharta wird das Recht auf freie Meinungsäußerung durch Art. 11 Abs. 1 gewährleistet, der die beiden ersten Sätze von Art. 10 Abs. 1 EMRK wortgleich übernimmt. Zudem garantiert Art. 11 Abs. 2 GRC die Medienfreiheit und verlangt die Achtung medialer Pluralität.

[47] EGMR 5.2.2002, 51564/99, Rn. 59 – Čonka.

I. Schutzbereich

Die Meinungsfreiheit ist mit Abstand die wichtigste Kommunikationsfreiheit. Sie hat in der Rechtsprechung des BVerfG eine zentrale Rolle gespielt. Allerdings liegt ihre hauptsächliche praktische Bedeutung weniger in ihrer Funktion als Abwehrrecht gegen staatliche Eingriffe, sondern vielmehr als **Maßstab für die Auslegung von privatrechtlichen Normen** (→ § 8 B). 41

Unter den durch Art. 5 Abs. 1 S. 1 Hs. 1 GG geschützten Meinungsäußerungen sind in erster Linie **Werturteile** zu verstehen. Der Inhalt der Werturteile ist unerheblich. Beleidigungen oder Verleumdungen fallen ebenfalls in den Schutzbereich der Meinungsfreiheit. Geschützt sind nicht nur private, öffentliche oder politische Äußerungen, sondern auch kommerzielle Werbung. Gerade im EU-Recht hat Art. 11 GRC in der Praxis des EuGH in erster Linie Bedeutung für **kommerzielle Meinungsäußerungen** erlangt. Allerdings kommt kommerziellen Äußerungen im Rahmen der Abwägung in der Rechtfertigungsprüfung regelmäßig ein geringeres Gewicht zu als politischen Meinungsbekundungen. So hat der EuGH etwa in der Rechtssache *Philip Morris* entschieden, dass Vorgaben zur Verpackung und Etikettierung von Tabakerzeugnissen zwar die Meinungsfreiheit der betroffenen Tabakunternehmen einschränke, dieser Eingriff aus Gründen des Gesundheitsschutzes aber gerechtfertigt sei.[48] 42

Umstritten ist, inwieweit **Tatsachenbehauptungen** in den Schutzbereich der Meinungsfreiheit fallen. Oft wird zwischen Werturteilen und Tatsachenbehauptungen ein qualitativer Unterschied gemacht. Tatsachenbehauptungen könnten danach beurteilt werden, ob sie wahr oder falsch sind.[49] In ständiger Rechtsprechung schließt das BVerfG daher **erwiesen unwahre Behauptungen** aus dem Schutzbereich von Art. 5 Abs. 1 GG aus.[50] In Zeiten, in denen versucht wird, mit sog. *fake news* Wahlkampf zu betreiben, ist diese Frage von eminenter Bedeutung. Praktisch relevant ist die Diskussion auch bei der Frage, ob die Bestrafung der Leugnung des Holocausts in § 130 Abs. 3 StGB einen Eingriff in die Meinungsfreiheit darstellt. 43

Auch wenn die Unterscheidung zwischen Werturteilen und Tatsachenbehauptungen auf den ersten Blick einleuchtend erscheint, stellen sich zwei Probleme: Zum einen ist es **schwierig zu bestimmen, ob eine Aussage erwiesen unwahr ist.** Der Sprecher, der eine solche Tatsachenbehauptung vornimmt, bestreitet damit ja gerade die Unwahrheit. Zudem ist es nicht ungewöhnlich, dass neue wissenschaftliche Erkenntnisse bisher allgemein akzeptierte Tatsachen in Frage stellen. So glaubte man bis zum Wirken von Nikolaus Kopernikus, dass die Erde im Zentrum des Universums stehe und von der Sonne umkreist werde. Revolutionäre, aber möglicherweise noch nicht als solche anerkannte wissenschaftliche Erkenntnisse aus der Meinungsfreiheit auszuschließen, erscheint schwer vertretbar. 44

Zum anderen kann man **Tatsachenbehauptungen und Werturteile oft schwer trennen.** Wenn sich Politiker im Wahlkampf falscher Tatsachenbehauptungen bedienen, nutzen sie dies ja zumeist, um damit eine bestimmte politische Forderung zu unter- 45

[48] EuGH 4.5.2016 – C-547/14, EU:C:2016:325, Rn. 147 ff. – Philipp Morris.

[49] *Kingreen/Poscher,* GrundR, Rn. 652.

[50] BVerfGE 54, 208 (219); 61, 1 (8); 85, 1 (15); 90, 241 (247).

streichen. Dies erkennt auch das BVerfG an: In seinem **Urteil zur Ausschwitzlüge** argumentierte das Gericht, dass dort, wo eine Trennung von tatsächlichen und wertenden Bestandteilen einer Äußerung nicht möglich sei, ohne die Äußerung zu verfälschen, diese „im Interesse eines wirksamen Grundrechtsschutzes" dem Schutzbereich von Art. 5 Abs. 1 S. 1 GG unterfalle.[51] Auch im Übrigen sind Tatsachenäußerungen nach Auffassung des BVerfG dann umfasst, „soweit sie Voraussetzung der Bildung von Meinung sind."[52]

46 Dagegen geht die Position des EGMR zu Art. 10 EMRK weiter als die des BVerfG. Der Straßburger Gerichtshof unterscheidet nicht zwischen **Tatsachenbehauptungen** und Werturteilen. Vielmehr unterfallen Tatsachenbehauptungen – unabhängig von ihrem Wahrheitsgehalt – dem Schutzbereich von Art. 10 EMRK. Geschützt wird also **jede Form der Kommunikation im zwischenmenschlichen Bereich.** Nicht immer konsequent ist der EGMR dagegen bei der Beurteilung von **rassistischen oder ausländerfeindlichen Äußerungen.** So hat der EGMR im Fall *Norwood* eine Beschwerde als unzulässig angesehen, nachdem der Beschwerdeführer wegen islamfeindlicher Äußerungen verurteilt worden war.[53] Er sah in der Beschwerde einen Missbrauch der Konvention. In anderen Fällen hat er dagegen den Schutzbereich als eröffnet angesehen und die Fälle dann auf Rechtfertigungsebene gelöst.[54]

47 Geschützt werden durch die Meinungsfreiheit nicht nur die Äußerung an sich, sondern auch die **Modalitäten der Bekanntgabe,** wie die Form, die Art und Weise, der Zeitpunkt und die Umstände der Bekanntgabe. Nicht mehr geschützt sind nach Auffassung des BVerfG Verhaltensweisen, die sich nicht auf geistige Argumente stützen, sondern wirtschaftlichen Druck ausüben.[55] So fiel nach Auffassung des Gerichts ein Boykottaufruf des Axel-Springer-Verlages gegen die Hamburger Wochenzeitung **Blinkfüer** aus dem Schutzbereich der Meinungsfreiheit heraus, weil der Verlag Zeitungshändlern bei Missachtung des Boykottaufrufs mit einer Aufkündigung der Geschäftsbeziehungen drohte.[56] Allerdings fallen Boykottaufrufe nicht generell aus dem Schutzbereich der Meinungsfreiheit. Sie können vielmehr legitimer Teil des Meinungskampfes sein, solange sie nicht mit expliziten oder impliziten Sanktionsandrohungen verbunden sind. So hat das Gericht in seiner **Lüth**-Entscheidung den Boykottaufruf gegen einen Film des Regisseurs Veit Harlan, der einen nationalsozialistischen Propagandafilm gedreht hatte, als Ausdruck der Meinungsfreiheit angesehen.[57]

48 Die **Pressefreiheit** in Art. 5 Abs. 1 S. 2 Var. 1 GG umfasst alle zur Verbreitung geeigneten und bestimmten Druckerzeugnisse.[58] Der Begriff der Presse umfasst dabei nicht nur periodisch erscheinende Druckwerke, sondern auch einmalige Publikationen, wie etwa Bücher. Geschützt sind neben allgemein zugänglichen auch interne Publikationen, wie etwa Werks- oder Schülerzeitungen. Neben Druckerzeugnissen im klassischen Sinne fallen nach herrschender Auffassung auch bild- und tonbasierte mo-

[51] BVerfGE 90, 241 (248) – Auschwitzlüge.
[52] BVerfGE 61, 1 (8).
[53] EGMR 16.11.2004, 23131/03 – Norwood.
[54] S. bspw. EGMR 1.2.2000, 32307/96 – Schimanek; 16.7.2009, 15615/07 – Féret.
[55] BVerfGE 25, 256 (264 f.) – Blinkfüer.
[56] BVerfGE 25, 256 (263 ff.).
[57] BVerfGE 7, 198 – Lüth.
[58] BVerfGE 95, 28 (35) – Werkszeitungen.

derne Speichermedien unter den Begriff der Presse.[59] Allerdings muss es sich um ein körperliches Speichermedium handeln. Das Internet wird daher nicht von der Pressefreiheit, sondern vielmehr von der Rundfunkfreiheit umfasst. Zudem schützt die Pressefreiheit nicht die Inhalte der Presseerzeugnisse, sondern lediglich deren „**institutionell-organisatorische Voraussetzungen** und Rahmenbedingungen" sowie die Institution der freien Presse an sich.[60] Demgegenüber werden die durch die Presse vertretenen Meinungsäußerungen nicht durch die Presse-, sondern die Meinungsfreiheit geschützt.

Die **Rundfunkfreiheit** schützt Hörfunk, Fernsehen und redaktionelle Tätigkeiten, 49
die auf das Internet bezogen sind. Zentrale Bedeutung hat die Rundfunkfreiheit in der Rechtsprechungspraxis des BVerfG jedoch in Bezug auf die staatliche Regulierung des Fernsehens erlangt. In mehreren grundlegenden Entscheidungen zum Rundfunkrecht hat das Gericht aus Art. 5 Abs. 1 S. 2 Var. 2 GG im Wesentlichen **drei Strukturprinzipien** abgeleitet. Erstens müssen die Grundentscheidungen über die Konzessionsvergabe an private Rundfunkanstalten **durch den Gesetzgeber** getroffen werden.[61] Insbesondere dürfe den jeweiligen Landesregierungen hier kein zu großer Ermessensspielraum zugestanden werden. Zweitens müsse der Landesgesetzgeber durch entsprechende Regelungen eine ausreichend **pluralistische Zusammensetzung** des privaten Rundfunks gewährleisten.[62]

Drittens muss der Rundfunk ausreichend staatsfern ausgestaltet sein. Insbesondere 50
darf die Zuteilung von Rundfunkkonzessionen den Landesbehörden keine vorausschauende Programmkontrolle ermöglichen.[63] Weiterhin führt das **Gebot der Staatsferne** nach Auffassung des Bundesverfassungsgerichts dazu, dass die Politik keinen übermäßigen Einfluss auf die **Festsetzung der Rundfunkgebühr** haben dürfe, da sie sonst über die Festlegung der Gebührenhöhe einen zu starken Einfluss auf die Programmgestaltung habe.[64] Vielmehr müssten die Gebühren durch eine rundfunk- und politikfrei zusammengesetzte Prüfungskommission erfolgen,[65] von deren Empfehlungen die Politik nur in begründeten Ausnahmefällen abweichen dürfe.[66]

Die **Kritik an dieser Rechtsprechung** liegt auf der Hand: Dadurch, dass die Rund- 51
funkanstalten ihren Budgetbedarf selbst anmelden und eine inhaltliche Kontrolle nur sehr eingeschränkt möglich ist, beobachten wir ein ausgeprägtes *rent-seeking*:[67] Die öffentlich-rechtlichen Rundfunkanstalten suchen sich immer neue Aufgaben, um ein möglichst hohes Budget rechtfertigen zu können. Zugleich ist eine Kontrolle, ob sie damit ihrem Grundversorgungsauftrag gerecht werden, der ja gerade die Existenzberechtigung der staatlichen Subventionen ist, aufgrund des Prinzips der Staatsferne gerade ausgeschlossen.

[59] *Epping,* GrundR, Rn. 229; *Michael/Morlok,* GrundR, Rn. 222.
[60] BVerfGE 85, 1 (12f.).
[61] BVerfGE 57, 295 (328f.); 73, 118 (182ff.); 83, 238 (322ff.).
[62] BVerfGE 57, 295 (330ff.); 73, 118 (173ff.); 114, 371 (392ff.).
[63] BVerfGE 73, 118 (184ff.).
[64] BVerfGE 90, 60 (92).
[65] BVerfGE 90, 60 (103).
[66] BVerfGE 119, 181 (220ff.).
[67] S. zu diesem Konzept *Towfigh/Petersen,* Ökonomische Methoden, Rn. 360ff.

52 Art. 5 Abs. 1 S. 2 Var. 3 GG garantiert die **Filmfreiheit.** Diese schützt jede Form der filmischen Meinungsäußerung. Ihre Bedeutung in der Rechtsprechungspraxis hält sich jedoch in engen Grenzen.

53 In der Grundrechtecharta schützt Art. 11 Abs. 2 GRC **Freiheit und Pluralität der Medien.** Medien sind dabei Institutionen, die Inhalte an eine unbestimmte Personenmehrheit vermitteln, wobei die Übertragungsform unerheblich ist. Umfasst sind also sowohl die Printmedien als auch Fernsehen und elektronische Medien. In der Rechtsprechung des EuGH hat die Medienfreiheit bisher keine signifikante Bedeutung erlangt.

54 Schließlich wird in allen drei Grundrechtskatalogen die **Informationsfreiheit** geschützt. Sie wird sowohl in Art. 5 Abs. 1 S. 1 Hs. 2 GG als auch in Art. 10 Abs. 1 S. 2 EMRK und Art. 11 Abs. 1 S. 2 GRC ausdrücklich gewährleistet. Sie gewährt das Recht, sich aus allgemein zugänglichen Quellen zu unterrichten. Als allgemein zugänglich wird eine Quelle angesehen, wenn sie „geeignet und bestimmt ist, [...] einem individuell nicht bestimmbaren Personenkreis Informationen zu verschaffen".[68] Dem EGMR zufolge schließt die Informationsfreiheit grundsätzlich ein **Recht gegen den Staat auf Auskunftserteilung** mit ein.[69] Allerdings ist dieses Recht auf Auskunftserteilung nicht absolut. Vielmehr hängt die Reichweite von den Umständen des einzelnen Falls ab.[70]

II. Rechtfertigung

55 Art. 5 GG enthält in Abs. 2 einen **qualifizierten Gesetzesvorbehalt,** der sich auf alle in Abs. 1 enthaltenen Garantien bezieht. Wichtigste Schranke ist dabei das Merkmal der **allgemeinen Gesetze.** Dabei gibt es einen auf die Auslegung der Vorgängervorschrift in der Weimarer Reichsverfassung zurückgehenden Streit, was unter allgemeinen Gesetzen zu verstehen ist. Die beiden wesentlichen dabei vertretenen Auffassungen waren die Abwägungs- und die Sonderrechtslehre.

56 Nach der **Abwägungslehre** ist ein Gesetz als allgemein anzusehen, wenn es ein Rechtsgut schützt, das im Einzelfall als höherwertig anzusehen ist als der Schutz der Meinungsfreiheit.[71] Unter der gegenwärtigen Dogmatik des Grundgesetzes ist diese Auffassung allerdings nicht unproblematisch, da sie keine höheren Anforderungen stellt als der Verhältnismäßigkeitsgrundsatz und Art. 5 Abs. 2 GG somit zu einem einfachen Gesetzesvorbehalt machen würde. Nach der **Sonderrechtslehre** ist ein Gesetz dann als allgemein anzusehen, wenn es sich nicht gegen eine bestimmte Meinung als solche richtet, es also ‚meinungsneutral' ist.[72]

57 Nach **Auffassung des BVerfG** sind Gesetze als allgemein anzusehen, „die nicht eine Meinung als solche verbieten, die sich **nicht gegen die Äußerung der Meinung als solche richten,** sondern dem Schutz eines schlechthin ohne Rücksicht auf eine bestimmte Meinung zu schützenden Rechtsguts dienen."[73] Problematisch ist dieser An-

[68] BVerfGE 27, 71 (83); 90, 27 (32); 103, 44 (60).
[69] EGMR 8.11.2016 [GK], 18030/11, Rn. 149ff. – Magyar Helsinki Bizottság.
[70] Ebd., Rn. 157ff.
[71] *Smend,* VVDStRL 4 (1928), 44, 52.
[72] *Häntzschel,* AöR 10 (1926), 228, 232; *Anschütz,* VVDStRL 4 (1928), 74, 75 (Diskussionsbeitrag).
[73] BVerfGE 124, 300 (321 f.) – Rudolf-Heß-Gedenkfeier.

satz in der Praxis insbesondere dann, wenn ein Konflikt zwischen dem Verbot einer bestimmten Meinung und dem Schutz eines wichtigen Rechtsguts besteht.

Mit einem solchen Konflikt hatte sich das BVerfG im sog. **Wunsiedel-Beschluss** aus- 58
einanderzusetzen, in dem es zu entscheiden hatte, ob § 130 Abs. 4 StGB, der die Billigung, Verherrlichung oder Rechtfertigung der nationalsozialistischen Willkürherrschaft unter Strafe stellt, mit der Meinungsfreiheit vereinbar ist. Das Gericht entschied, dass § 130 Abs. 4 StGB kein allgemeines Gesetz sei, da die Norm sich gerade gegen die nationalsozialistische Weltanschauung und damit gegen eine bestimmte Meinung richte.[74] Allerdings nahm das Gericht einen **ungeschriebenen Rechtfertigungsgrund** an: Aufgrund des Schreckens, den die nationalsozialistische Herrschaft über Europa und die Welt gebracht habe, sei der Meinungsfreiheit „eine Ausnahme vom Verbot des Sonderrechts für meinungsbezogene Gesetze immanent."[75] Jedoch handelt es sich hierbei wohl um einen Einzelfall, der der besonderen historischen Verantwortung der Bundesrepublik Deutschland gegenüber der nationalsozialistischen Willkürherrschaft geschuldet ist, so dass eine Verallgemeinerung über den nationalsozialistischen Kontext hinaus nur schwer vorstellbar erscheint.

Weitere Schranken findet die Meinungsfreiheit im **Recht der persönlichen Ehre** und 59
Gesetzen, die dem **Jugendschutz** dienen. Aber auch hier ist der Verhältnismäßigkeitsgrundsatz zu beachten. Dabei hat das BVerfG im Rahmen der Meinungsfreiheit einige Besonderheiten entwickelt. Zunächst sind mehrdeutige Äußerungen im Zweifel so auszulegen, dass kein Konflikt mit einem anderen Rechtsgut entsteht.[76] So hat das Gericht entschieden, dass die generelle Bezeichnung von **Soldaten als „Mörder"** nicht allein deswegen automatisch die Ehre aller Soldaten der Bundeswehr verletze, weil diese auch Soldaten seien. Vielmehr könne die Aussage auch so interpretiert werden, dass sie sich gegen das Kriegshandwerk schlechthin richte.[77]

Weiterhin nimmt das Gericht im Rahmen der Abwägung verschiedene Differenzie- 60
rungen vor. So sind Äußerungen, die auf die **Erörterung öffentlicher Angelegenheiten** bezogen sind, ein höheres Gewicht beizumessen als Äußerungen, die lediglich private Sachverhalte zum Gegenstand haben.[78] Bei Beiträgen, in denen keine Auseinandersetzung mit der Sache erkennbar ist, sondern die lediglich der **Schmähkritik** dienen, soll der Ehrschutz Vorrang gegenüber der Meinungsfreiheit haben.[79] Allerdings gilt auch hier, dass eine mehrdeutige Äußerung im Zweifel nicht als bloße Schmähkritik anzusehen ist.

Eine weitere Schranke der Meinungsfreiheit findet sich in Art. 17a Abs. 1 GG für die 61
Angehörigen der Streitkräfte. Zudem enthält Art. 5 Abs. 1 S. 3 GG eine Schranken-Schranke in Form eines **Zensurverbotes.** Als Zensur ist dabei lediglich ein präventives Verfahren zu verstehen, das Texte vor deren Veröffentlichung kontrolliert. Kontrollen nach Veröffentlichung können unter den Voraussetzungen des Art. 5 Abs. 2 GG dagegen gerechtfertigt sein.

[74] BVerfGE 124, 300 (325 f.).
[75] BVerfGE 124, 300 (327 f.).
[76] BVerfGE 93, 266 (295 f.) – „Soldaten sind Mörder".
[77] BVerfGE 93, 266 (298).
[78] BVerfGE 93, 266 (286).
[79] BVerfGE 93, 266 (303).

62 Im Rahmen der **EMRK** enthält Art. 10 Abs. 2 EMRK einen **qualifizierten Gesetzesvorbehalt.** Eingriffe in die Meinungsäußerungsfreiheit können grundsätzlich nur aufgrund der in Art. 10 Abs. 2 EMRK aufgeführten Gründe gerechtfertigt werden. Allerdings hat der EGMR die einzelnen Merkmale dabei weit ausgelegt. Der Schwerpunkt der Rechtfertigungsprüfung liegt dabei regelmäßig auf der Verhältnismäßigkeitsprüfung, die der Gerichtshof aus dem Merkmal „in einer demokratischen Gesellschaft notwendig" herleitet.

D. Versammlungs-, Vereinigungs- und Koalitionsfreiheit

Literatur: *Tettinger,* Grundlinien der Koalitionsfreiheit nach Art. 9 Abs. 3 GG, Jura 1981, 1; *v. Mutius,* Die Vereinigungsfreiheit gem. Art. 9 Abs. 1 GG, Jura 1984, 193; *Nolte/Planker,* Vereinigungsfreiheit und Vereinsbetätigung, Jura 1993, 635; *Kunig,* Vereinsverbot, Parteiverbot, Jura 1995, 384; *Pieroth,* Koalitionsfreiheit, Tarifautonomie und Mitbestimmung, in: FS 50 Jahre BVerfG II, S. 293; *Brüning,* Das Grundrecht der Versammlungsfreiheit in der streitbaren Demokratie, Der Staat 41 (2002), 213; *Gröpl,* Grundstrukturen des Versammlungsrechts, Jura 2002, 18; *Enders,* Der Schutz der Versammlungsfreiheit, Jura 2003, 34; *Pabel,* Parteiverbote auf dem Prüfstand, ZaöRV 63 (2003), 921; *Hoffmann-Riem,* Demonstrationsfreiheit auch für Rechtsextremisten? – Grundsatzüberlegungen zum Gebot rechtsstaatlicher Toleranz, NJW 2004, 2777; *Lembke,* Grundfälle zu Art. 8 GG, JuS 2005, 984, 1081; *Merten,* Vereinsfreiheit, Hdb StR VII, 3. Aufl. 2009, § 165; *Hong,* Die Versammlungsfreiheit in der Rechtsprechung des Bundesverfassungsgerichts, in: Rensen/Brink (Hg.), Linien der Rechtsprechung des Bundesverfassungsgerichts, 2009, S. 155; *Hoffmann-Riem,* Versammlungsfreiheit, Hdb GR IV, 2011, § 106; *Ziekow,* Vereinigungsfreiheit, Hdb GR IV, 2011, § 107; *Ripke,* Europäische Versammlungsfreiheit, 2012; *Höfling/Krohne,* Versammlungsrecht in Bewegung, JA 2012, 734; *Golubovic,* Freedom of association in the case law of the European Court of Human Rights, IJHR 17 (2013), 758; *Trurnit,* Grundfälle zum Versammlungsrecht, Jura 2014, 486.

63 Ähnlich wie die Kommunikationsfreiheiten ist auch die Versammlungsfreiheit ein Recht, das zur Gewährleistung von Demokratie essentiell ist. Die Vereinigungsfreiheit ist nicht notwendigerweise ein politisches Grundrecht, kann aber auch eine politische Dimension haben. Im Grundgesetz wird die Versammlungsfreiheit durch Art. 8 GG und die Vereinigungsfreiheit durch Art. 9 GG geschützt. Für politische Parteien stellt Art. 21 GG *lex specialis* dar. In der EMRK werden Versammlungs-, Vereinigungs- und Koalitionsfreiheit durch Art. 11 EMRK geschützt. Im EU-Recht ist Art. 12 GRC die entscheidende Vorschrift. Im Gegensatz zum Grundgesetz unterfallen in Art. 11 EMRK und Art. 12 GRC auch politische Parteien dem Schutzbereich der Vereinigungsfreiheit.

I. Versammlungsfreiheit

1. Schutzbereich

64 Art. 8 Abs. 1 GG schützt die Versammlungsfreiheit. Anders als die Kommunikationsfreiheiten ist die Versammlungsfreiheit ein **Deutschengrundrecht,** auf das sich nur deutsche Staatsbürger berufen können. Eine **Versammlung** ist eine örtliche Zusammenkunft von mindestens zwei Personen zur Verfolgung eines gemeinsamen Zwecks. Nicht geschützt sind daher bloße Ansammlungen von Menschen oder Menschenmengen, die zwar denselben aber keinen *gemeinsamen* Zweck verfolgen. So bilden etwa die Zuhörer eines Konzerts oder die Zuschauer eines Fußballspiels keine Versammlung, da es an der Verfolgung eines gemeinsamen Zwecks fehlt.

Umstritten ist, ob an die **Zweckverfolgung** qualifizierte Anforderungen zu stellen sind. Teilweise wird vertreten, dass jede Zweckverfolgung bereits ausreichen soll.[80] Überwiegend wird jedoch davon ausgegangen, dass Versammlungen nur dann den Schutz von Art. 8 GG genießen, wenn sie der Teilhabe an der öffentlichen Meinungsbildung dienen.[81] So hat das BVerfG die Veranstaltungen der „Love Parade" und der „Fuckparade" nicht als Versammlungen i. S. v. Art. 8 GG angesehen.[82] 65

Diese **enge Auslegung des Versammlungsbegriffs** überzeugt. Zum einen diente die Versammlungsfreiheit historisch in erster Linie dem **Schutz politischer Versammlungen,** die für staatliche Eingriffe besonders anfällig sind.[83] Zum anderen deutet insbesondere die Ausgestaltung der Versammlungsfreiheit als Deutschengrundrecht auf deren notwendigen politischen Bezug hin. Die politische Teilhabe ist ein Bürger- und kein Menschenrecht, so dass es adäquat erscheint, Grundrechte, die gerade auf den Schutz politischer Teilhabe abzielen, als Deutschengrundrechte auszugestalten. Würde man jede Zweckerreichung ausreichen lassen, wären auch die Teilnehmer einer Studentenparty durch die Versammlungsfreiheit geschützt. Dann ließe sich aber nicht mehr rechtfertigen, warum deutsche Studenten hier einen größeren Schutz genießen sollten als ihre ausländischen Kommilitonen. 66

Die Versammlungsfreiheit schützt neben der eigentlichen Versammlung auch die Bestimmung der Zeit und des Ortes, die Wahl der bei der Veranstaltung auftretenden Redner, die Vorbereitung und die Organisation sowie die Anreise zum und die Abreise vom Versammlungsort. Die Wahl des Versammlungsortes schließt aber nicht das Recht ein, sich an Orten zu versammeln, die der Öffentlichkeit **nicht allgemein zugänglich** sind.[84] Dagegen ist die Wahl von Orten, die dem allgemeinen Publikumsverkehr geöffnet sind, wie etwa Flughäfen oder Einkaufszentren, grundsätzlich von der Versammlungsfreiheit umfasst.[85] **Staatliche Überwachungsmaßnahmen** berühren nach Auffassung des BVerfG zumindest dann den Schutzbereich der Versammlungsfreiheit, wenn diese einen Abschreckungseffekt haben.[86] 67

Art. 8 Abs. 1 GG enthält schließlich zwei Schutzbereichsbegrenzungen: Versammlungen fallen nur dann in den Schutzbereich des Grundrechts, wenn sie **friedlich und ohne Waffen** erfolgen. Waffen sind alle objektiv gefährlichen Gegenstände, die keine sinnvolle, gewaltfreie Verwendung im Rahmen einer Versammlung erwarten lassen. Eine Versammlung ist nicht bereits dann unfriedlich, wenn gegen das Strafrecht oder andere Normen der Rechtsordnung verstoßen wird.[87] Vielmehr ist eine Versammlung im Einklang mit §§ 5 Nr. 3, 13 Abs. 1 Nr. 2 VersG dann nicht mehr als friedlich anzusehen, wenn sie einen „gewalttätigen oder aufrührerischen" Verlauf erwarten lässt. Die Wahrscheinlichkeit von gewalttätigen Gegendemonstrationen führt nicht dazu, dass eine Versammlung ihres Schutzes durch die Versammlungsfreiheit beraubt wird. 68

80 *Kingreen/Poscher,* GrundR, Rn. 811; ähnlich auch *Michael/Morlok,* GrundR, Rn. 269ff.
81 BVerfGE 104, 92 (104); BVerfG NJW 2001, 2459 (2460).
82 BVerfG NJW 2001, 2459 (2460f.).
83 *Epping,* GrundR, Rn. 34.
84 BVerfGE 128, 226 (251) – Fraport.
85 BVerfGE 128, 226 (251f.).
86 Vgl. BVerfGE 65, 1 (43) – Volkszählung.
87 S. BVerfGE 104, 92 (106) – Sitzblockaden III.

69 Umstritten ist, ob auch **Sitzblockaden** als Gewalt anzusehen sind. Nach der neueren Rechtsprechung des BVerfG schließt eine Sitzblockade die Friedlichkeit einer Versammlung nicht aus, da es zwar zu einer Behinderung Dritter komme, mangels aktiver aggressiver Handlungen aber keine Gefährdung von Personen oder Sachen bestehe.[88] Zudem führen **gewalttätige Handlungen Einzelner** nicht zum Ausschluss der Friedlichkeit der Versammlung insgesamt, soweit die Gewalt nicht von der Gesamtgruppe getragen wird.[89] Die Gewalttätigen können sich selbst aber nicht auf Art. 8 Abs. 1 GG berufen.

70 Die Versammlungsfreiheit in Art. 11 EMRK ist grundsätzlich nicht lediglich auf Staatsbürger beschränkt. Allerdings gibt Art. 16 EMRK den Vertragsparteien die Möglichkeit, die politische Betätigung von Ausländern zu beschränken. Die **Definition der Versammlung** unter Art. 11 EMRK entspricht im Wesentlichen der Definition unter dem Grundgesetz: Als Versammlung wird eine Zusammenkunft von mindestens zwei Personen zur Verfolgung eines gemeinsamen Zwecks verstanden. Geschützt sind dabei sowohl private als auch öffentliche Versammlungen. Was den verfolgten **Zweck** angeht, ist der EGMR großzügiger als das BVerfG: Ein politischer Zweck ist für die Eröffnung des Schutzbereichs der Versammlungsfreiheit nicht erforderlich.[90]

71 Wie bei Art. 8 GG muss eine Versammlung auch im Rahmen von Art. 11 EMRK **friedlich** sein, um in den Schutzbereich zu fallen. Die Friedlichkeit ist dabei ähnlich wie im Grundgesetz zu bestimmen. Allein ein provozierender oder verstörender Zweck reicht nicht aus, um die Friedlichkeit der Versammlung auszuschließen. **Sitzblockaden** sind als friedliche Versammlungen anzusehen, solange die Teilnehmer nicht aktiv gewaltsam auf Personen oder Sachen einwirken.[91]

72 Die **Rechtsprechung des EuGH** zur Versammlungsfreiheit in Art. 12 GRC ist nicht sonderlich reichhaltig. Im Wesentlichen kann man davon ausgehen, dass sich die Auslegung des Grundrechts an der Interpretation von Art. 11 EMRK durch den EGMR orientiert.

2. Rechtfertigung

73 Art. 8 Abs. 2 GG enthält einen einfachen Gesetzesvorbehalt für Versammlungen unter freiem Himmel. Dagegen ist der Schutz von Versammlungen, die nicht unter freiem Himmel stattfinden, vorbehaltlos gewährleistet, kann aber zum Schutz konkurrierenden Verfassungsrechts eingeschränkt werden. Anders als der Wortlaut vermuten lässt, kommt es für die Frage, ob eine Versammlung **unter freiem Himmel** stattfindet, nicht in erster Linie darauf an, ob die Versammlungsteilnehmer ein Dach über dem Kopf haben. Vielmehr ist auf das Konfliktpotential der Versammlung abzustellen. Insofern können Versammlungen in Räumen, die der Öffentlichkeit frei zugänglich sind – wie etwa Flughäfen oder Einkaufszentren –, ebenfalls als Versammlungen unter freiem Himmel angesehen werden, so dass Einschränkungen lediglich einem einfachen Gesetzesvorbehalt unterliegen.[92] Umgekehrt finden Versammlungen dann nicht unter freiem Himmel statt, wenn sie ausreichend von der Öffentlichkeit abgeschirmt sind.

[88] BVerfGE 104, 92 (106).
[89] BVerfGE 69, 315 (361) – Brokdorf.
[90] *Grabenwarter/Pabel,* EMRK, § 23, Rn. 68.
[91] EKMR 6.3.1989, 13079/87, Rn. 263 – M.C.
[92] BVerfGE 128, 226 (255 f.) – Fraport.

Versammlungen können nicht allein deswegen verboten werden, weil in ihnen **unliebsame Meinungen** geäußert werden. Vielmehr gelten bei Versammlungsverboten nach Auffassung des BVerfG zusätzlich die Schranken des Art. 5 Abs. 2 GG und damit insbesondere das Erfordernis, dass das Verbot meinungsneutral sein muss.[93] So können rechts- oder linksextreme Versammlungen nicht allein aufgrund ihres politischen Charakters untersagt werden. Auch der potentiell gewaltsame Konflikt mit **Gegendemonstrationen** ist noch kein Grund für ein Versammlungsverbot.[94] Vielmehr muss der Staat zunächst im Rahmen seiner Möglichkeiten versuchen, die Demonstranten voneinander zu trennen und Konflikte zwischen diesen zu verhindern. Selbstverständlich kann eine (Gegen-)Demonstration aber dann verboten werden, wenn ihr Ziel gerade darin besteht, einen gewaltsamen Konflikt zu provozieren. 74

In jüngster Zeit kontrovers diskutiert wird die Frage, ob das Verbot von **Wahlkampfauftritten für ausländische Politiker** gegen die Versammlungsfreiheit verstößt. Sicher ist, dass die ausländischen Politiker sich nicht selbst auf die Versammlungsfreiheit berufen können, da es sich um ein Deutschengrundrecht handelt. Dagegen ist der Schutzbereich der Veranstalter dieser Wahlkampfveranstaltungen eröffnet, soweit diese die deutsche Staatsbürgerschaft besitzen. Im Ergebnis ist man sich überwiegend einig, dass in Auftritts- oder Einreiseverboten für ausländische Politiker keine Verletzung der Versammlungsfreiheit liegt.[95] Allerdings variiert die Begründung. Je nachdem, wie die Begründung ausfällt, können sich für das Verbot unterschiedliche Zuständigkeiten für die Bundesregierung (über die außenpolitische Richtlinienkompetenz der Bundesregierung, Art. 32 GG), die Polizei (§ 15 VersG, soweit eine Gefahr vorliegt) oder die Ausländerbehörde (§ 47 AufenthG, wobei jedoch die Einschränkung des § 1 Abs. 2 Nr. 2 AufenthG zu beachten ist) ergeben. 75

Das **Verbot der Anmelde- und Erlaubnispflicht** in Art. 8 Abs. 1 GG ist eine Schranken-Schranke. Trotz dieses ausdrücklichen Verbots verstößt die strafbewehrte Anmeldepflicht des § 14 Abs. 1 VersG für Versammlungen unter freiem Himmel nach herrschender Auffassung nicht gegen Art. 8 Abs. 1 GG, da sie notwendig ist, um einen störungsfreien Verlauf der Veranstaltung zu gewährleisten und Maßnahmen zum Schutz von Dritten oder der Gesamtheit getroffen werden können.[96] Allerdings ist die Vorschrift verfassungskonform auszulegen. So gilt die Anmeldepflicht nach Auffassung des BVerfG nicht bei Spontanversammlungen.[97] Zudem soll bei Eilversammlungen zwar keine Befreiung von der Anmeldepflicht stattfinden, allerdings soll eine Anmeldung auch weniger als 48 Stunden vor der Veranstaltung möglich sein.[98] Schließlich berechtigt die fehlende Anmeldung einer Versammlung noch nicht zwingend zu ihrer Auflösung. Vielmehr muss die Polizei das ihr gem. § 15 Abs. 3 VersG zustehende Ermessen so ausüben, dass eine Versammlung so lange stattfinden darf, wie sie die öffentliche Sicherheit nicht gefährdet.[99] 76

93 BVerfGE 111, 147 (154f.).
94 BVerfG NVwZ-RR 2007, 641.
95 S. BVerfG 30.7.2016 – 1 BvQ 29/16.
96 BVerfGE 85, 69 (74) – Eilversammlungen.
97 BVerfGE 69, 315 (350) – Brokdorf; 85, 69 (74f.).
98 BVerfGE 85, 69 (75).
99 BVerfGE 69, 315 (351).

77 In der **EMRK** unterliegt die Rechtfertigung den Voraussetzungen von Art. 11 Abs. 2. Der EGMR legt die Rechtfertigungsgründe weit aus. Eine Rechtfertigung erfordert nicht nur, dass die staatliche Maßnahme eines der in den Rechtfertigungsgründen genannten Ziele verfolgt. Vielmehr muss sie auch verhältnismäßig sein. **Anmelde- und Anzeigepflichten** für Versammlungen werden vom EGMR grundsätzlich als gerechtfertigt angesehen, soweit sie dazu dienen, den Behörden die Sicherstellung des ordnungsmäßen Ablaufs der Versammlung zu ermöglichen.[100] Art. 11 Abs. 2 S. 2 EMRK erlaubt weitergehende Einschränkungen für **Beamte, Polizisten und Soldaten.**

II. Vereinigungsfreiheit

1. Schutzbereich

78 Die Vereinigungsfreiheit wird im Grundgesetz durch Art. 9 Abs. 1 GG geschützt. Eine Vereinigung besteht dabei aus drei definitorischen Elementen. Erstens muss der Zusammenschluss **freiwillig** sein. Zwangszusammenschlüsse oder Zusammenschlüsse in öffentlich-rechtlicher Rechtsform werden nicht geschützt. Zweitens muss der Zusammenschluss der **Verfolgung eines gemeinsamen Zwecks** dienen. Drittens schließlich wird eine gewisse **zeitliche und organisatorische Stabilität** vorausgesetzt. Die Vereinigungsfreiheit ist sowohl ein Individual- als auch ein Kollektivgrundrecht. In ersterer Funktion schützt sie den Zusammenschluss zu Vereinigungen ebenso wie den Beitritt zu einem Verein und den Verbleib in diesem. Als Kollektivgrundrecht schützt die Vereinigungsfreiheit die Existenz und Funktionsfähigkeit einer Vereinigung. Der Zusammenschluss zu politischen Parteien wird nicht durch Art. 9 Abs. 1 GG geschützt. Vielmehr ist hier Art. 21 GG *lex specialis.*

79 Ganz überwiegend wird davon ausgegangen, dass die Vereinigungsfreiheit nicht nur eine positive, sondern auch eine **negative Dimension** hat und das Recht umfasst, Vereinigungen fernzubleiben oder aus diesen auszutreten.[101]In Literatur und Rechtsprechung ist umstritten, ob Art. 9 Abs. 1 GG auch gegen die **Zwangsmitgliedschaft in einer öffentlich-rechtlichen Körperschaft** schützt. Das BVerfG geht davon aus, dass die Zwangsmitgliedschaft in öffentlich-rechtlichen Körperschaften nicht in den Schutzbereich von Art. 9 Abs. 1 GG falle.[102] Da das Grundrecht nicht positiv die Gründung einer öffentlich-rechtlichen Körperschaft schütze, könne es auch nicht negativ gegen die Einbeziehung in eine solche schützen. Daher unterfalle der Austrittswunsch aus einer öffentlich-rechtlichen Körperschaft lediglich der allgemeinen Handlungsfreiheit des Art. 2 Abs. 1 GG.

80 In der **Literatur** wird diese Rechtsprechung zu Recht **überwiegend abgelehnt.**[103] Zwar ist es zutreffend, dass die Bildung öffentlich-rechtlicher Körperschaften nicht positiv durch die Vereinigungsfreiheit geschützt wird. Allerdings liegt dies allein daran, dass Privaten öffentlich-rechtliche Gestaltungsformen grundsätzlich nicht zur Verfügung stehen.[104] Zudem war die Vereinigungsfreiheit **historisch in erster Linie ein**

[100] EGMR 10.7.2012, 34202/06, Rn. 41 – Berladir.

[101] *Kingreen/Poscher,* GrundR, Rn. 847; *Michael/Morlok,* GrundR, Rn. 297. A. A. aber *Epping,* GrundR, Rn. 883.

[102] Zuletzt BVerfG NJW 2017, 2744. S. auch BVerfGE 10, 89 (102) – Erftverband; BVerfG NVwZ 2002, 335, 336.

[103] S. *Kingreen/Poscher,* GrundR, Rn. 850; *Michael/Morlok,* GrundR, Rn. 298f.

[104] *Kingreen/Poscher,* GrundR, Rn. 850.

Abwehrrecht gegen Zwangszusammenschlüsse wie etwa Zünfte.[105] Der Grund für die Rechtsprechung des BVerfG ist wohl ein pragmatischer und liegt in der Schrankensystematik begründet.[106] Art. 9 Abs. 2 GG hat nur einen sehr engen qualifizierten Gesetzesvorbehalt, so dass Zwangszusammenschlüsse allein durch konkurrierendes Verfassungsrecht gerechtfertigt werden könnten. Allerdings wird man diese Konsequenz ziehen müssen, wenn man die Vereinigungsfreiheit ernst nimmt.

Im Rahmen von Art. 11 EMRK wird eine Vereinigung als auf Dauer angelegter, organisatorisch verfestigter Zusammenschluss verstanden. **Öffentlich-rechtliche Vereinigungen,** die Hoheitsgewalt ausüben, sollen – wie auch bei der deutschen Vereinigungsfreiheit – nicht unter Art. 11 EMRK fallen. Anders als das BVerfG sieht der EGMR Art. 11 EMRK aber als Abwehrrecht gegen Zwangsmitgliedschaften in öffentlich-rechtlichen Körperschaften an und bezieht diese grundsätzlich in den Schutzbereich der Vereinigungsfreiheit ein.[107] 81

Politische Parteien fallen in den Schutzbereich von Art. 11 EMRK. In der EU-Grundrechtecharta wird die Tätigkeit von politischen Parteien durch Art. 12 Abs. 2 GRC ausdrücklich geschützt. Einen systematischen Unterschied zwischen dem Grundgesetz und den europäischen Grundrechtskatalogen gibt es auch beim Schutz des **Zusammenschlusses zu Gewerkschaften.** In Art. 9 Abs. 3 GG wird die Koalitionsfreiheit als spezielles Grundrecht garantiert, die dabei nicht nur die Gründung von Gewerkschaften, sondern auch den Zusammenschluss zu Arbeitgeberverbänden umfasst (→ § 3 D III). Dagegen unterfällt der gewerkschaftliche Zusammenschluss und die Freiheit, Gewerkschaften beizutreten oder fernzubleiben, im Rahmen der EMRK und der GRC der Vereinigungsfreiheit, wobei die gewerkschaftliche Tätigkeit jeweils explizit erwähnt wird. Der Zusammenschluss zu Arbeitgeberverbänden findet zwar keine ausdrückliche Erwähnung, ist aber ebenfalls von Art. 11 EMRK und Art. 12 GRC umfasst. 82

2. Rechtfertigung

Zur Rechtfertigung von Eingriffen enthält Art. 9 Abs. 2 GG einen **qualifizierten Gesetzesvorbehalt.**[108] Danach sind Vereinigungen, deren Tätigkeit Strafgesetzen zuwiderläuft oder die sich gegen die verfassungsmäßige Ordnung oder den Gedanken der Völkerverständigung richten, verboten. Die **verfassungsmäßige Ordnung** ist dabei im Sinne der freiheitlichen demokratischen Grundordnung gem. Art. 21 Abs. 2 GG zu verstehen.[109] Anders als der Wortlaut vermuten lässt, erfolgt das Verbot aber nicht automatisch. Vielmehr muss das Verbot durch die zuständige Behörde ausgesprochen werden, und diesem kommt konstitutive Wirkung zu. Entsprechend regelt § 3 Abs. 1 S. 1 VereinsG, dass ein Verein erst nach Feststellung der Behörde als verboten behandelt werden darf. Im Übrigen sind Eingriffe in Art. 9 Abs. 1 GG nur zum **Schutz kollidierenden Verfassungsrechts** zulässig. 83

---

[105] Ebd.

[106] *Michael/Morlok,* GrundR, Rn. 299.

[107] EGMR 29.4.1999, 25088/94 u. a., Rn. 103 – Chassagnou.

[108] So die hM: S. nur *Höfling,* SA-GG, Art. 9, Rn. 40f.; *Ziekow,* Hdb GR IV, 3. Aufl. 2011, § 107, Rn. 57ff.

[109] S. dazu *Sydow/Wittreck,* VerfR I, Kap. 13, Rn. 22ff.

84 In der **EMRK** enthält Art. 11 Abs. 2 EMRK ebenfalls einen qualifizierten Gesetzesvorbehalt. Besondere Bedeutung hat die **Rechtsprechung des EGMR zu Parteiverboten** erlangt. Der Gerichtshof stellt im Rahmen der Verhältnismäßigkeitsprüfung grundsätzlich höhere Anforderungen an das Verbot einer Partei als an das Verbot sonstiger Vereinigungen. Ein Parteiverbot sei nur aufgrund von „überzeugenden und zwingenden Gründen" zulässig.[110] Dabei stehe den Staaten nur ein beschränkter Einschätzungsspielraum zu.[111] Ein Parteiverbot ist nicht allein deswegen gerechtfertigt, weil sich eine Partei gegen geltende Gesetzes- oder Verfassungsbestimmungen wendet. Allerdings muss sie ihre Ziele mit demokratischen Mitteln verfolgen und darf nicht zur Durchsetzung ihrer Ziele zu Gewalt aufrufen.

III. Koalitionsfreiheit

85 Art. 9 Abs. 3 GG schützt schließlich die **Koalitionsfreiheit.** Wie dargestellt kennen weder die EMRK noch die GRC eine explizite Koalitionsfreiheit. Vielmehr unterfällt die Tätigkeit von Arbeitnehmer- und Arbeitgeberverbänden der Vereinigungsfreiheit. Im Rahmen von Art. 9 Abs. 3 GG sind Vereinigungen, die den Zweck der „Wahrung und Förderung der Arbeits- und Wirtschaftsbedingungen" haben, geschützt, wobei diese Zwecke kumulativ verfolgt werden müssen. Neben den explizit genannten Kriterien müssen Gewerkschaften oder Verbände nach allgemeiner Meinung noch drei weitere, ungeschriebene Voraussetzungen erfüllen, um vom Schutzbereich des Art. 9 Abs. 3 GG umfasst zu sein: Sie dürfen ausschließlich entweder Arbeitnehmer oder Arbeitgeber als Mitglieder haben **(Gegnerfreiheit),** müssen wirtschaftlich von der Gegenseite unabhängig sein **(Gegnerunabhängigkeit)** und schließlich überbetrieblich organisiert sein **(Überbetrieblichkeit).**[112]

86 Die Koalitionsfreiheit umfasst nicht nur die Freiheit der Koalitionsbildung, sondern auch alle Maßnahmen, zu deren Zweck Koalitionen regelmäßig gebildet werden. Dies ist insbesondere die Aushandlung von Tarifverträgen, in denen das Arbeitsentgelt und andere materielle Arbeitsbedingungen geregelt sind. Zu den Maßnahmen der Tarifverhandlung gehören auch Arbeitskampfmaßnahmen, so dass das **Streikrecht** durch Art. 9 Abs. 3 GG umfasst ist, zumindest soweit der Streik auf die Aushandlung eines Tarifvertrages gerichtet sind.[113] Dagegen sind Streiks, die politische Zwecke verfolgen, sowie Solidaritäts- oder Sympathiestreiks nach hM nicht von Art. 9 Abs. 3 GG geschützt.[114]

87 Zur Rechtfertigung von Eingriffen kann jedenfalls auf den **Schutz konkurrierenden Verfassungsrechts** zurückgegriffen werden. So leitet etwa das BVerfG aus den hergebrachten Grundsätzen des Berufsbeamtentums in Art. 33 Abs. 5 GG ab, dass Beamten kein Streikrecht zustehe.[115] Daneben ist umstritten, ob Art. 9 Abs. 2 GG als Schranke zu Art. 9 Abs. 3 GG herangezogen werden kann. In der Literatur wird vielfach davon ausgegangen, dass Art. 9 Abs. 2 GG auch die Koalitionsfreiheit be-

110 EGMR 30.1.1998 [GK], 19392/92, Rn. 46 – Vereinigte Kommunistische Partei der Türkei.
111 Ebd., Rn. 46f.
112 BVerfGE 4, 96 (106); 58, 233 (247).
113 BVerfGE 84, 212 (224f.).
114 *Kemper,* MKS-GG, Art. 9 Abs. 3, Rn. 168f.; *Scholz,* MD-GG, Art. 9, Rn. 316.
115 BVerfG NJW 2018, 2695.

schränkt.[116] Allerdings sprechen systematische Gründe dagegen, die Schranke des Abs. 2 auf Abs. 3 auszudehnen.[117]

E. Religions-, Gewissens- und Weltanschauungsfreiheit

Literatur: *Böckenförde,* Das Grundrecht der Gewissensfreiheit, VVDStRL 28 (1970), 33; *Edge,* The European Court of Human Rights and Religious Rights, ICLQ 47 (1998), 680; *Evans,* Freedom of Religion under the European Convention of Human Rights, 2001; *Pieroth/Görisch,* Was ist eine „Religionsgemeinschaft"?, JuS 2002, 937; *Pabel,* Grundrechtsschutz für das Schächten, EuGRZ 2002, 220; *Magen,* Körperschaftsstatus und Religionsfreiheit, 2004; *Krüper,* Die grundrechtlichen Grenzen staatlicher Neutralität, JöR 53 (2005), 79; *Borowski,* Die Glaubens- und Gewissensfreiheit des Grundgesetzes, 2006; *Towfigh,* Die rechtliche Verfassung von Religionsgemeinschaften, 2006; *Walter,* Religionsverfassungsrecht, 2006; *Neureither,* Grundfälle zu Art. 4 I, II GG, JuS 2006, 1067 und JuS 2007, 20; *v. Ungern-Sternberg,* Religionsfreiheit in Europa, 2008; *v. Campenhausen,* Religionsfreiheit, Hdb StR VII, 3. Aufl. 2009, § 157; *Bethge,* Gewissensfreiheit, Hdb StR VII, 3. Aufl. 2009, § 158; *Sacksofsky,* Religiöse Freiheit als Gefahr?, VVDStRL 68 (2009), 7; *Möllers,* Religiöse Freiheit als Gefahr?, VVDStRL 68 (2009), 49; *Voßkuhle,* Religionsfreiheit und Religionskritik: Zur Verrechtlichung religiöser Konflikte, EuGRZ 2010, 537; *Herdegen,* Gewissensfreiheit, Hdb GR IV, 2011, § 98; *P. Hoffmann,* Die Weltanschauungsfreiheit, 2012; *Barczak,* Die Glaubens- und Gewissensfreiheit des Grundgesetzes, Jura 2015, 463; *Volkmann,* Dimensionen des Kopftuchstreits, Jura 2015, 1083; *Holterhus/Aghazadeh,* Die Grundzüge des Religionsverfassungsrechts, JuS 2016, 19, 117.

Die Religionsfreiheit wird im Grundgesetz gemeinsam mit der Gewissensfreiheit und 88
der Freiheit des weltanschaulichen Bekenntnisses durch Art. 4 Abs. 1 GG gewährleistet. In der EMRK garantiert Art. 9 die Gedanken-, Gewissens- und Religionsfreiheit. Im EU-Recht wird diese durch Art. 10 GRC geschützt.

I. Schutzbereich

Art. 4 Abs. 1 GG schützt neben der Religions- auch die Gewissens- und Weltanschau- 89
ungsfreiheit. Die **Religionsfreiheit** zeichnet sich insbesondere durch ihren **Gottesbezug** aus. Der Schutz bezieht sich dabei nicht nur auf die großen Weltreligionen. Vielmehr gibt es auf der Welt eine Vielzahl von religiösen Gruppierungen, die grundsätzlich den Schutz von Art. 4 Abs. 1 GG genießen. Auf die Größe oder soziale Relevanz einer Religion kommt es nicht an.[118] Allerdings hat das BVerfG betont, dass allein das Selbstverständnis einer Gemeinschaft für die Eröffnung des Schutzbereiches nicht ausreiche.[119] Vielmehr müsse es sich auch „nach geistigem Gehalt und äußerem Erscheinungsbild, um eine Religion und Religionsgemeinschaft handeln."[120]

Die **Weltanschauung** zeichnet sich in Abgrenzung von der Religion gerade dadurch 90
aus, dass ihr ein Gottesbezug fehlt. Allerdings ist damit nicht jedes Fehlen eines religiösen Glaubens bereits eine Weltanschauung. Vielmehr bezeichnet Weltanschauung ein holistisches Wertesystem, das dem Leben Sinnstiftung und moralische Orientierung gibt.[121] Die **Gewissensfreiheit** bezieht sich schließlich auf moralische Wertentschei-

[116] *Löwer,* MK-GG, Art. 9, Rn. 110; *Bauer,* DR-GG, Art. 9, Rn. 93.
[117] *Epping,* GrundR, Rn. 907.
[118] BVerfGE 32, 98 (106) – Gesundbeter.
[119] BVerfGE 83, 341 (353) – Bahai.
[120] BVerfGE 83, 341 (353).
[121] BVerwGE 89, 368 Rn. 20f.

dungen nach den Kategorien von „Gut und Böse".[122] Im Gegensatz zur Weltanschauung sind Gewissensentscheidungen punktuell, müssen also kein holistisches Wertesystem ergeben.

91 Geschützt wird durch Art. 4 Abs. 1 GG nicht nur der innere Glaube, sondern auch das **äußere Handeln nach den Geboten des Glaubens,** der Weltanschauung und des Gewissens.[123] Dabei sind nicht nur traditionelle religiöse Riten und Praktiken geschützt. Vielmehr kann der Gläubige oder der Anhänger einer Weltanschauung sein ganzes Leben an den Lehren seines Glaubens oder seiner Weltanschauung ausrichten. Während bei der Gewissensfreiheit davon ausgegangen wird, dass nur solche Entscheidungen geschützt sind, die der Betroffene als alternativlos empfindet, die ihm also durch sein Gewissen zwingend vorgegeben sind, hat das BVerfG betont, dass die Glaubensfreiheit **nicht lediglich imperative Glaubenssätze** schützt.[124] Vielmehr sind auch solche Verhaltenssätze geschützt, die dem Einzelnen Orientierung zur Bewältigung einer Lebenslage geben.[125] Allerdings müssen die Betroffenen plausibel machen, dass ihr Verhalten sich an einem religiösen oder weltanschaulichen Gebot orientiert. Schließlich schützt die Religionsfreiheit neben dem positiven Glauben auch die **negative Religionsfreiheit,** also das Recht, nicht zu glauben, glaubensgeleitete Handlungen zu unterlassen, und nach Auffassung des BVerfG auch das Recht, religiösen Symbolen nicht ohne Ausweichmöglichkeiten ausgesetzt zu sein.[126]

92 Neben der individuellen Religionsfreiheit wird auch die **kollektive Religionsfreiheit** geschützt. Dies ergibt sich aus einem Normbestand der Weimarer Reichsverfassung, der durch Art. 140 GG Teil des Grundgesetzes geworden ist. Konkret schützt Art. 140 GG i. V. m. Art. 137 Abs. 2 WRV ausdrücklich den Schutz der Religionsgemeinschaften. Dieser Schutz umfasst gem. Art. 137 Abs. 3 WRV auch das Recht der Selbstbestimmung in inneren Angelegenheiten. Art. 137 Abs. 5 S. 2 WRV gibt Religionsgemeinschaften schließlich das Recht, auf Antrag öffentlich-rechtlichen Körperschaftsstatus zu erhalten, soweit ihre Verfassung und die Zahl ihrer Mitglieder Gewähr für einen dauerhaften Bestand bieten.

93 Der Schutzbereich von **Art. 9 EMRK** ist dem von Art. 4 Abs. 1 GG sehr ähnlich. Religion zeichnet sich – wie unter dem Grundgesetz – durch ihren Gottesbezug aus. Die Religionsfreiheit schützt nicht nur den inneren Glauben, sondern auch die **Religionsausübung.** Wie in Art. 4 Abs. 1 GG bezieht sich diese nicht allein auf religiöse Riten und Bräuche, sondern auch auf Alltagshandlungen, wie das Tragen bestimmter Kleidung, die Haar- oder Barttracht sowie die Befolgung spezifischer Speisegebote. Zudem ist auch die negative Freiheit, nicht zu glauben, umfasst. Ausdrücklich geschützt ist schließlich das **Recht, den eigenen Glauben zu wechseln.** Art. 9 EMRK schützt zudem die **kollektive Dimension** der Religionsfreiheit, auf die sich Religionsgemeinschaften berufen können. Sie schützt deren Recht auf Gründung, Erlangung der Rechtsfähigkeit sowie auf interne Selbstverwaltung.

94 Neben der Religionsfreiheit umfasst Art. 9 EMRK auch die Gedanken-, die Gewissens- und die Weltanschauungsfreiheit. Die **Gedankenfreiheit** schützt die Freiheit

[122] BVerfGE 12, 45 (55).
[123] BVerfGE 24, 236 (245).
[124] BVerfGE 108, 282 (297) – Kopftuch I; 138, 296 (329) – Kopftuch II.
[125] BVerfGE 108, 282 (297).
[126] BVerfGE 93, 1 (16) – Kruzifix.

des Denkens insbesondere in Bezug auf politische oder weltanschauliche Fragen. Die **Gewissensfreiheit** schützt vor staatlichem Zwang, gegen seine eigenen Überzeugungen handeln zu müssen. **Weltanschauung** bezieht sich schließlich auf eine kohärente Sichtweise grundsätzlicher Lebensfragen, die sich von der Religion gerade durch das Fehlen eines Gottesbezugs unterscheidet.

Der Wortlaut von Art. 10 GRC ist dem Wortlaut von Art. 9 EMRK sehr ähnlich. 95
Auch hier ist bei der Interpretation der Vorschrift grundsätzlich auf die Rechtsprechung des EGMR zurückzugreifen. In der Rechtsprechungspraxis des EuGH wurde die Religionsfreiheit bisher in erster Linie zur **Auslegung von Richtlinien** herangezogen. So hat das Gericht in zwei jüngeren Entscheidungen zum Arbeitsrecht auf die Religionsfreiheit zurückgegriffen. Zentrale Frage war dabei, ob die Kündigung von Arbeitnehmerinnen, die darauf beruhte, dass diese im Kundenverkehr ein Kopftuch trugen, eine Diskriminierung aufgrund der Religion i. S. v. Richtlinie 2000/78/EG darstellte. Der EuGH griff in seinen Entscheidungen auf die Religionsfreiheit zurück, um Richtlinie 2000/78/EG zu konkretisieren und Kündigungen aufgrund des Tragens religiöser Symbole an strenge Voraussetzungen zu knüpfen.[127]

II. Rechtfertigung

Art. 4 Abs. 1 GG enthält keinen Gesetzesvorbehalt. Allerdings leiten das BVerwG und 96
Teile der Literatur einen **einfachen Gesetzesvorbehalt aus Art. 140 GG i.V. m. Art. 136 Abs. 1 WRV** her.[128] Demgegenüber geht das BVerfG zu Recht davon aus, dass Art. 136 Abs. 1 WRV von Art. 4 GG überlagert wird.[129] Für diese Interpretation sprechen insbesondere historische und systematische Gründe: Während in der Weimarer Reichsverfassung die Religionsfreiheit des Art. 135 WRV unter einem einfachen Gesetzesvorbehalt stand, ist diese Norm gerade nicht ins Grundgesetz übernommen worden.[130] Zudem besteht bei allen anderen Grundrechten eine unmittelbare Verknüpfung von Grundrecht und Gesetzesvorbehalt, die bei Art. 4 Abs. 1 GG gerade fehlt. Schließlich spricht Art. 136 Abs. 1 WRV nur von der Religionsfreiheit. Es ist aber nicht ersichtlich, warum die Weltanschauungs- und die Gewissensfreiheit stärker geschützt sein sollten als die Religionsfreiheit. Daher ist davon auszugehen, dass der Verfassungsgeber durch die Übernahme von Art. 136 Abs. 1 WRV nicht intendiert hat, die Religionsfreiheit unter einen einfachen Gesetzesvorbehalt zu stellen. Insofern kommt als Rechtfertigung für Beschränkungen der Religionsfreiheit lediglich **konkurrierendes Verfassungsrecht** in Betracht.

Art. 9 Abs. 2 EMRK enthält zur Rechtfertigung von Eingriffen in die Religionsfreiheit 97
einen **qualifizierten Gesetzesvorbehalt.** Die Liste der zulässigen Eingriffsziele ist zwar abschließend, reicht aber sehr weit. Insbesondere der Schutz der Rechte und Freiheiten anderer ermöglicht ein weites Spektrum an möglichen Einschränkungen. Allerdings müssen diese Einschränkungen verhältnismäßig sein („in einer demokratischen Gesellschaft notwendig").

---

127 EuGH 14.3.2017 – C-157/15, EU:C:2017:203, Rn. 27ff. – Achbita; 14.3.2017 – C-188/15, EU:C:2017:204, Rn. 28ff. – Bougnaoui.

128 BVerwGE 112, 227 (231f.); *Schoch,* FS Hollerbach, 2001, S. 149, 163ff.; *Ehlers,* SA-GG, Art. 140, Rn. 4.

129 BVerfGE 33, 23 (30f.); 108, 282 (299); 138, 296 (333).

130 BVerfGE 33, 23 (31).

98 Im Rahmen der Religionsfreiheit haben insbesondere **religiöse Symbole** für erheblichen Konfliktstoff gesorgt. Zum einen hat das BVerfG im sog. **Kruzifix-Beschluss** entschieden, dass das Anbringen von Kruzifixen in Klassenzimmern staatlicher Schulen ein unverhältnismäßiger und damit nicht gerechtfertigter Eingriff in die negative Religionsfreiheit von Nicht- und Andersgläubigen sei.[131]

99 In mehreren Entscheidungen hat sich das Gericht zum anderen mit der Frage auseinandergesetzt, ob es gegen die Religionsfreiheit von muslimischen Lehrerinnen verstößt, wenn ihnen das **Tragen eines Hidschābs** im Unterricht untersagt wird. Der zweite Senat hatte dabei zunächst entschieden, dass das Tragen religiöser Symbole untersagt werden könne, das Verbot jedoch auf gesetzlicher Grundlage beruhen müsse.[132] Demgegenüber hat der erste Senat in einer Entscheidung vom Januar 2015 bekräftigt, dass allein das Tragen eines Kopftuchs noch keine Verletzung des staatlichen Neutralitätsgebotes und der negativen Religionsfreiheit der Schüler darstelle.[133] Das Neutralitätsgebot sei erst dann verletzt, wenn die Lehrkräfte die Schüler über das Tragen eines Kopftuchs hinaus zu beeinflussen versuchten.[134]

100 Es war zunächst nicht ganz klar, ob der erste Senat damit die frühere Entscheidung des zweiten Senats präzisiert hat oder bewusst von dieser abgewichen ist. Eine Kammerentscheidung des zweiten Senats vom Juni 2017 deutet auf einen Konflikt zwischen beiden Senaten hin. In einem Verfahren um den Erlass einer einstweiligen Anordnung entschieden drei Richter des zweiten Senats, dass das Verbot, im **juristischen Referendardienst** bei Tätigkeiten, bei denen die Referendarin als Repräsentantin des Staates wahrgenommen werde, ein Kopftuch zu tragen, die Referendarin nicht in ihrer Religionsfreiheit verletze.[135]

101 Allerdings ist dem ersten Senat zuzustimmen, dass nicht erkennbar ist, dass allein das Tragen religiöser Symbole bereits das staatliche Neutralitätsgebot oder gar die negative Religionsfreiheit der Bürgerinnen und Bürger, die mit Bildungseinrichtungen oder Justiz in Kontakt kommen, verletzt. **Neutralität** bedeutet gerade nicht die Vermeidung jeglicher religiöser Symbolik, sondern nur die **Gleichbehandlung von religiösen Symbolen.**[136] Zudem ist das Tragen von religiösen Symbolen durch Amtsträger ausschließlich persönlich motiviert und als solches auch erkennbar. Trägt eine Lehrerin einen Hidschāb, ist unzweifelhaft, dass das ihre persönliche Entscheidung ist und nicht mit ihrer Stellung als Amtsträgerin in Zusammenhang steht. Wenn also eindeutig erkennbar ist, dass ein religiöses Symbol nicht auf eine staatliche Entscheidung zurückgeht, kommt keine Verletzung des staatlichen Neutralitätsgebots in Betracht.

102 Auch der **EGMR** hat sich in seiner Rechtsprechung mehrmals mit **religiösen Symbolen** beschäftigen müssen. In *Leyla Şahin ./. Türkei* entschied der Gerichtshof, dass ein an eine Studentin gerichtetes Verbot, auf dem Universitätscampus einen Hidschāb zu tragen, ein gerechtfertigter Eingriff in die Religionsfreiheit sei.[137] In *Lautsi ./. Italien*

---

[131] BVerfGE 93, 1 – Kruzifix.
[132] BVerfGE 108, 282 – Kopftuch I.
[133] BVerfGE 138, 296 (336 f.) – Kopftuch II.
[134] BVerfGE 138, 296 (337).
[135] BVerfG NJW 2017, 2333.
[136] S. nur das Plädoyer von *Joseph Weiler* vor dem EGMR im Fall *Lautsi:* https://www.youtube.com/watch?v=ioyIyxM-gnM.
[137] EGMR 10.11.2005 [GK], 44774/98 – Leyla Şahin.

ging es – wie im deutschen Kruzifix-Beschluss – um die Frage, ob das Anbringen von Kruzifixen in Klassenzimmern gegen die negative Religionsfreiheit von nicht- oder andersgläubigen Schülern verstoße.[138] Anders als das BVerfG verneinte der Gerichtshof die Frage allerdings: Das Kruzifix sei lediglich ein passives Symbol und verletze die negative Religionsfreiheit der Antragsteller daher nicht, soweit keine darüber hinausgehende Beeinflussung festzustellen sei.[139]

F. Kunst- und Wissenschaftsfreiheit

Literatur: *F. Müller,* Freiheit der Kunst als Problem der Grundrechtsdogmatik, 1969; *Häberle,* Die Freiheit der Kunst im Verfassungsstaat, AöR 110 (1985), 577; *Schmidt-Aßmann,* Die Wissenschaftsfreiheit nach Art. 5 Abs. 3 GG als Organisationsgrundrecht, in: FS Werner Thieme, 1993, S. 697; *Nettesheim,* Grund und Grenzen der Wissenschaftsfreiheit, DVBl 2005, 1072; *Ruffert,* Grund und Grenzen der Wissenschaftsfreiheit, VVDStRL 65 (2006), 146; *Kaufhold,* Die Lehrfreiheit – ein verlorenes Grundrecht?, 2006; *Kobor,* Grundfälle zu Art. 5 III GG, JuS 2006, 593, 695; *Mager,* Freiheit von Forschung und Lehre, Hdb StR VII, 3. Aufl. 2009, § 166; *v. Arnauld,* Freiheit der Kunst, Hdb StR VII, 3. Aufl. 2009, § 167; *Wittreck,* Esra, Mephisto und Salomo: Konflikte zwischen Persönlichkeitsschutz und Kunstfreiheit nach der „Esra"-Entscheidung des BVerfG (BVerfGE 119, 1), Jura 2009, 128; *Löwer,* Freiheit wissenschaftlicher Forschung und Lehre, Hdb GR IV, 2011, § 99; *Hufen,* Kunstfreiheit, Hdb GR IV, 2011, § 101; *Rox,* Schutz religiöser Gefühle im freiheitlichen Verfassungsstaat?, 2012; *Bülow,* Persönlichkeitsrechtsverletzungen durch künstlerische Werke, 2013; *Bünnigmann,* Die „Esra"-Entscheidung als Ausgleich zwischen Persönlichkeitsschutz und Kunstfreiheit, 2013; *Pünder,* Kunst- und Wissenschaftsfreiheit, Recht auf Bildung, in: Ehlers (Hg.), Europäische Grundrechte und Grundfreiheiten, 4. Aufl. 2014, § 18; *Lenski,* Die Kunstfreiheit des Grundgesetzes, Jura 2016, 35.

Die Kunst- und die Wissenschaftsfreiheit gehören nicht zu den klassischen Freiheits- **103** rechten. Aufgrund der Erfahrung des dritten Reiches haben beide Freiheiten im Grundgesetz allerdings eine starke Stellung bekommen. Sie werden durch Art. 5 Abs. 3 GG vorbehaltlos gewährleistet. Demgegenüber enthält die EMRK keinen spezifischen Schutz von Kunst und Wissenschaft. Vielmehr werden künstlerische und wissenschaftliche Meinungsäußerungen über die allgemeine Meinungsäußerungsfreiheit des Art. 10 EMRK geschützt (→ § 3 C I). Im EU-Recht schützt Art. 13 GRC die Freiheit von Kunst und Wissenschaft.

I. Schutzbereich

Art. 5 Abs. 3 GG schützt sowohl die Kunstfreiheit als auch die Wissenschaftsfreiheit. **104** Ähnlich wie die Meinungsfreiheit kommt die **Kunstfreiheit** hauptsächlich **in horizontalen Grundrechtskonflikten,** also in Streitigkeiten zwischen Privaten, zur Geltung. Bei der Bestimmung dessen, was Kunst ist, sieht sich das BVerfG einem Spannungsfeld gegenüber: Zum einen soll gerade vermieden werden, dass der Staat vorgibt, was unter Kunst zu verstehen ist. Auch kann das Gericht keine Mindestvorgaben an die Qualität von Kunst machen, da eine entsprechende Einschätzung je nach Betrachter stark variieren kann.[140] Zum anderen kann das Gericht aber – angesichts des hohen Schutzniveaus der Kunstfreiheit – auch nicht allein auf die Selbsteinschätzung der Urheber eines Werkes vertrauen. Das Gericht verwendet daher zur

[138] EGMR 18.3.2011 [GK], 30814/06 – Lautsi.
[139] Ebd., Rn. 72 ff.
[140] S. BVerfGE 75, 369 (377).

Bestimmung von Kunst insgesamt **drei Kunstbegriffe.** Diese Begriffe stehen nicht im Gegensatz zueinander, sondern werden vom Gericht durchaus nebeneinander angewandt. Ein Kunstwerk fällt bereits dann in den Schutzbereich, wenn es einen der Kunstbegriffe erfüllt.

105 Am einfachsten zu handhaben ist der sog. **formale Kunstbegriff.** Danach fällt ein Werk in den Schutzbereich der Kunstfreiheit, wenn es einem der klassischen Werktypen der Kunst zugeordnet werden kann.[141] Neben der Malerei sind dies u. a. auch die Bildhauerei, die Dichtung oder das Theater. Wenn also ein Werk eindeutig einem dieser klassischen Werktypen zugeordnet werden kann, ist der Schutzbereich der Kunstfreiheit eröffnet. Zweitens verwendet das BVerfG den sog. **materiellen Kunstbegriff,** den es in seiner Mephisto-Entscheidung entwickelt hat: „Das Wesentliche der künstlerischen Betätigung ist die freie schöpferische Gestaltung, in der Eindrücke, Erfahrungen, Erlebnisse des Künstlers durch das Medium einer bestimmten Formensprache zu unmittelbarer Anschauung gebracht werden."[142]

106 Schließlich hat das Gericht diesen beiden Definitionen noch den sog. **offenen Kunstbegriff** zur Seite gestellt. Danach ist „das kennzeichnende Merkmal einer künstlerischen Äußerung darin [zu sehen], daß es wegen der Mannigfaltigkeit ihres Aussagegehalts möglich ist, der Darstellung im Wege einer fortgesetzten Interpretation immer weiterreichende Bedeutungen zu entnehmen, so daß sich eine praktisch unerschöpfliche, vielstufige Informationsvermittlung ergibt."[143]

> **Klausurhinweis:** Sowohl der materielle als auch der offene Kunstbegriff geben in der Fallbearbeitung nur wenig Hilfestellung für die konkrete Subsumtion. In den meisten Fällen wird ein Kunstwerk bereits dem formalen Kunstbegriff zuzuordnen sein. Ist dies der Fall, braucht auf die anderen beiden Kunstbegriffe nicht mehr eingegangen zu werden. Diese werden lediglich bei neuen, innovativen Kunstformaten relevant.

107 Soweit ein Werk als Kunst einzuordnen ist, fallen grundsätzlich sowohl die Produktion als auch die Verbreitung des Kunstwerks (der sog. **Werk- und Wirkbereich**) in den Schutzbereich der Kunstfreiheit. Umstritten ist, ob auch **strafrechtlich sanktioniertes Verhalten** vom Schutz des Art. 5 Abs. 3 GG umfasst ist. Der Streit entzündete sich an der Frage, ob die Verzierung von fremden Hauswänden mit Graffiti Kunst darstellen könne. Das BVerfG sah in seiner Entscheidung zum „Sprayer von Zürich" im Eigentumsrecht eine Begrenzung des Schutzbereichs.[144] Das Problem dieses Ansatzes ist, dass er nicht begründen kann, wann ein konkurrierendes Grundrecht bereits eine Schutzbereichsbegrenzung darstellt und wann lediglich einen Rechtfertigungsgrund. Daher erscheint es dogmatisch vorzugswürdig, auch Verhalten, das in Rechte Dritter eingreift, grundsätzlich in den Schutzbereich von Art. 5 Abs. 3 GG einzubeziehen und den Konflikt mit konkurrierenden Verfassungsgütern dann auf Rechtfertigungsebene zu lösen.[145]

108 Die **Wissenschaftsfreiheit** schützt sowohl die Forschung als auch die Lehre. Wissenschaft bezeichnet dabei jede Tätigkeit, die „nach Inhalt und Form als ernsthafter planmäßiger Versuch zur Ermittlung der Wahrheit anzusehen ist."[146] Lehre ist demgegen-

[141] BVerfGE 67, 213 (226 f.) – Anachronistischer Zug.
[142] BVerfGE 30, 173 (188 f.) – Mephisto.
[143] BVerfGE 67, 213 (227).
[144] BVerfG NJW 1984, 1293 – Sprayer von Zürich.
[145] Ebenso *Wittreck,* DR-GG, Art. 5 III (Kunst), Rn. 49; *Michael/Morlok,* GrundR, Rn. 242.
[146] BVerfGE 35, 79 (112).

über die „wissenschaftlich [fundierte] Übermittlung der durch die Forschung gewonnenen Erkenntnisse."[147] Neben Hochschullehrern können sich auch wissenschaftliche Mitarbeiter und Studenten auf die Wissenschaftsfreiheit berufen, allerdings nur, soweit sie tatsächlich wissenschaftlich tätig werden. Zudem hat die Wissenschaftsfreiheit nicht nur eine individuelle, sondern auch eine kollektive Dimension, so dass sich auch Universitäten auf Art. 5 Abs. 3 Var. 2 GG berufen können.

In der Rechtsprechungspraxis hat das BVerfG in erster Linie **prozedurale Strukturprinzipien** aus der Wissenschaftsfreiheit abgeleitet, die sich auf die Entscheidungsfindung in Hochschulgremien und damit die universitäre Binnendemokratie beziehen. So müssen Hochschullehrer in Gremien ein stärkeres Stimmgewicht haben als andere Gruppen, weil sie von den Entscheidungen auch am stärksten betroffen seien.[148] Im Vergleich zum Dekan müssen Hochschullehrern zudem ausreichende Kontroll- und Mitspracherechte verbleiben.[149] 109

Im **EU-Recht** gibt es bisher keine einzige Entscheidung des EuGH zur Auslegung von Art. 13 GRC. Es ist davon auszugehen, dass Konstellationen, in denen die Kunst- oder Wissenschaftsfreiheit des EU-Rechts eine Rolle spielen, eine eher seltene Ausnahme sind. 110

II. Rechtfertigung

Die in Art. 5 Abs. 3 GG gewährten Rechte sind **vorbehaltlos gewährleistet.** Anders als früher teilweise vertreten wurde, kann die Schranke des Art. 5 Abs. 2 GG aufgrund von Wortlaut und Systematik nicht auf Art. 5 Abs. 3 GG übertragen werden. Zu **Konflikten** kommt es insbesondere zwischen der **Kunstfreiheit und dem allgemeinen Persönlichkeitsrecht.** Zuletzt hat das BVerfG in seiner *Esra*-Entscheidung versucht, die Grenzen zwischen beiden Garantien näher zu bestimmen.[150] In der Entscheidung ging es um einen autobiographischen Liebesroman, in dem der Autor über Erlebnisse aus seiner Beziehung mit einer türkischstämmigen Schauspielerin berichtet. Das BVerfG entschied, dass die Vermengung von Realität und Fiktion für wirklichkeitsbezogene Literatur geradezu kennzeichnend sei und selbst dann zulässig sein müsse, wenn die Schilderungen für die betroffene Person nicht schmeichelhaft seien.[151] Allerdings sei die Grenze dort erreicht, wo die Romanfigur klar identifizierbar sei und die Schilderungen ihre Intimsphäre beträfen.[152] 111

G. Berufsfreiheit

Literatur: *Bryde,* Artikel 12 Grundgesetz: Freiheit des Berufs und Grundrecht der Arbeit, NJW 1984, 2177; *Bäcker,* Wettbewerbsfreiheit als normgeprägtes Grundrecht, 2007; *Kaiser,* Das Apothekenurteil des BVerfG nach 50 Jahren, Jura 2008, 844; *Breuer,* Freiheit des Berufs, Hdb StR VIII, 3. Aufl. 2010, § 170; *Schneider,* Berufsfreiheit, Hdb GR V, 2013, § 113; *Mann/Worthmann,* Berufsfreiheit (Art. 12 GG) – Strukturen und Problemkonstellationen, JuS 2013, 385; *Ruffert,* Berufsfreiheit und unternehmerische Freiheit, in: Ehlers (Hg.), Europäische Grundrechte und Grundfreiheiten, 4. Aufl. 2014, § 17.

[147] Ebd.
[148] BVerfGE 35, 79 (131 f.).
[149] BVerfGE 127, 87 (127 ff.).
[150] BVerfGE 119, 1 – Esra.
[151] BVerfGE 119, 1 (33).
[152] BVerfGE 119, 1 (34 f.).

112 Die Berufsfreiheit gehört zu den wirtschaftlichen Grundrechten. Sie wird in der deutschen Verfassung durch Art. 12 Abs. 1 GG gewährleistet und nimmt in der Rechtsprechung des BVerfG eine zentrale Rolle ein. Demgegenüber wird die Berufsfreiheit durch die EMRK nicht gewährleistet. Art. 2 des ersten Zusatzprotokolls gewährt lediglich ein Recht auf Bildung. Im EU-Recht wird die Berufsfreiheit durch Art. 15 GRC garantiert. Daneben gewährleisten Art. 16 GRC die unternehmerische Freiheit und Art. 14 GRC ein Recht auf Bildung.

I. Schutzbereich

113 Der persönliche Schutzbereich der Berufsfreiheit erstreckt sich auf deutsche Staatsbürger i. S. v. Art. 116 GG. Sachlich scheint Art. 12 GG auf den ersten Blick mehrere Schutzgehalte zu beinhalten. Nach der Rechtsprechung des BVerfG hat das Grundrecht jedoch einen **einheitlichen Schutzbereich** – den Schutz des Berufs.[153] Dieser umfasst sowohl die Berufsausübung als auch die Wahl des Berufs und der Ausbildungsstätte. Als **Beruf** wird dabei jede auf eine gewisse Dauer angelegte Tätigkeit angesehen, die zur Schaffung und Erhaltung der Lebensgrundlage dient. Sowohl an das Merkmal der **Dauer** als auch an die **Erhaltung der Lebensgrundlage** sind keine zu hohen Anforderungen zu stellen. Auch zeitlich befristete Anstellungen, Gelegenheits- und Ferienjobs oder Teilzeitarbeit fallen unter den Berufsbegriff. Sähe man dies anders, beraubte man gerade die Arbeitnehmer, die am stärksten schutzbedürftig sind, des Grundrechtsschutzes.

114 Teilweise wird vertreten, dass nur **erlaubte Tätigkeiten** in den Schutzbereich des Grundrechts fallen sollen.[154] Allerdings ist dieses Kriterium problematisch, da es den Schutzbereich der Berufsfreiheit zur Disposition des einfachen Gesetzgebers stellt. Demgegenüber stellt das BVerfG in seiner jüngeren Rechtsprechung darauf ab, ob eine Tätigkeit „aufgrund ihrer Sozial- und Gemeinschaftsschädlichkeit schlechthin nicht am Schutz durch das Grundrecht der Berufsfreiheit teilhaben" könne.[155] Allerdings erscheint es vorzugswürdig, den Konflikt auf Rechtfertigungsebene zu lösen.

115 Grundsätzlich berühren staatliche Maßnahmen nur dann den Schutzbereich von Art. 12 Abs. 1 GG, wenn sie in engem Zusammenhang mit der Ausübung eines Berufs stehen und eine **objektiv berufsregelnde Tendenz** haben.[156] Damit sollen insbesondere solche Maßnahmen aus dem Schutzbereich der Berufsfreiheit ausgeschieden werden, die Berufstätige in gleicher Weise treffen wie die Allgemeinheit. Ein Anwalt, der aufgrund einer Geschwindigkeitsbegrenzung mehr Zeit für die Fahrt zum Gerichts- oder Mandantentermin einplanen muss, ist durch diese Regelung nicht in seiner Berufsfreiheit betroffen. Die Regelung bezieht sich vielmehr auf die Allgemeinheit und hat daher gerade keine berufsregelnde Tendenz.

116 Art. 12 Abs. 1 GG gibt dem Einzelnen kein Recht auf **Zugang zu öffentlichen Ämtern.** Vielmehr ist Art. 33 GG in dieser Hinsicht *lex specialis.* Allerdings ist die Frage, ob die Erfüllung einer bestimmten Aufgabe ausschließlich dem Staat vorbehalten sein

---

[153] BVerfGE 7, 377 (400ff.)– Apothekenurteil.
[154] *Poscher/Kingreen,* GrundR, Rn. 937 unter Berufung auf BVerfGE 7, 377 (397).
[155] BVerfGE 115, 276 (301) – Sportwetten.
[156] BVerfGE 95, 267 (302).

sollte oder ob daneben nicht auch eine privatwirtschaftliche Betätigung möglich sein sollte, an Art. 12 Abs. 1 GG zu messen.

Konkurrenz durch staatliche Wirtschaftstätigkeit berührt den Schutzbereich von Art. 12 Abs. 1 GG dagegen nicht automatisch. Sie stellt lediglich dann, wenn sie den Wettbewerb verzerrt, einen Eingriff in die Berufsfreiheit dar. Sonstige **Eingriffe des Staates in den freien Wettbewerb,** etwa durch Subventionen oder die Vergabe öffentlicher Aufträge, sollen nach Auffassung des BVerwG nur dann in den Schutzbereich der Berufsfreiheit fallen, wenn die Position von Mitbewerbern erheblich verschlechtert wird.[157] 117

Die Berufsfreiheit umfasst grundsätzlich auch das **Studium** und die **Ausbildung.** Zwar lässt sich aus ihr **kein Leistungsrecht** gegenüber dem Staat herleiten, eine ausreichende Anzahl von Studienplätzen zu schaffen. Allerdings ergibt sich nach der Rechtsprechung des BVerfG aus Art. 12 Abs. 1 i. V. m. 3 Abs. 1 GG ein Anspruch darauf, dass die Studienplätze im Rahmen der bestehenden Kapazitäten bis zu deren Ausschöpfung unter Berücksichtigung des Kriteriums der **Chancengleichheit** vergeben werden.[158] 118

Neben der Berufsfreiheit in Abs. 1 enthalten Art. 12 Abs. 2 und 3 GG zudem Schutz gegen **Arbeitszwang und Zwangsarbeit.** Anders als bei der Berufsfreiheit handelt es sich hierbei um Jedermann-Grundrechte, auf die sich auch Ausländer berufen können. Allerdings hat die Rechtsprechung diese Vorschriften eng ausgelegt. In der Praxis spielen sie daher kaum eine Rolle. 119

Im EU-Recht wird die **Berufsfreiheit** durch Art. 15 GRC geschützt. Als Beruf ist jede entgeltliche, auf eine gewisse Dauer angelegte Tätigkeit anzusehen. Dabei sind – wie bei Art. 12 Abs. 1 GG – weder an die Dauer noch an die Höhe des Entgelts hohe Anforderungen zu stellen. Art. 15 Abs. 2 GRC gewährleistet allen Unionsbürgern das Recht, in jedem Mitgliedstaat zu arbeiten, sich niederzulassen oder Dienstleistungen zu erbringen. Allerdings geht die Vorschrift in ihrem Gewährleistungsgehalt nicht über die Grundfreiheiten der Arbeitnehmerfreizügigkeit, der Niederlassungs- und der Dienstleistungsfreiheit hinaus (→ § 7). Art. 15 Abs. 3 GRC beinhaltet schließlich ein auf die Arbeitsbedingungen bezogenes Diskriminierungsverbot von Bürgern aus Nicht-EU-Staaten. 120

Neben der Berufsfreiheit schützt die Grundrechtecharta in Art. 16 die **unternehmerische Freiheit.** Während die Berufsfreiheit in erster Linie unselbständige Tätigkeiten schützt, garantiert die unternehmerische Freiheit die Wirtschafts- und Geschäftstätigkeit von Selbständigen. Diese umfasst dabei auch die Vertragsfreiheit und die Freiheit des Wettbewerbs.[159] Insbesondere soll der Unternehmer „in den Grenzen seiner Verantwortlichkeit […] frei über seine wirtschaftlichen, technischen und finanziellen Ressourcen verfügen […] können."[160] In der Rechtsprechung des EuGH hat vor allem die **Vertragsfreiheit** als Ausfluss der unternehmerischen Freiheit eine signifikante Rolle gespielt. Diese umfasst sowohl die Wahl des Geschäftspartners als auch die freie Bestimmung der *essentialia negotii* eines Geschäfts.[161] Beschränkungen der unternehme- 121

[157] BVerwGE 65, 167 (174).
[158] BVerfGE 33, 303 (331 f.) – numerus clausus I.
[159] EuGH 22.1.2013 – C-283/11, EU:C:2013:28, Rn. 42 – Sky Österreich.
[160] EuGH 27.3.2014 – C-314/12, EU:C:2014:192, Rn. 49 – UPC Telekabel Wien.
[161] Ebd., Rn. 43.

rischen Freiheit können sich daher insbesondere aus Kontrahierungszwängen ergeben. Im Rahmen von Tarifverhandlungen gewährleistet die Vertragsfreiheit dem Unternehmer zudem das Recht, seine Interessen wirksam geltend machen zu können.[162]

122 Auf Ebene des Europarats wird die Berufsfreiheit weder durch die EMRK noch eines ihrer Zusatzprotokolle gewährt. Allerdings garantiert Art. 2 ZP I ein **Recht auf Bildung.** Dem EGMR zufolge verpflichtet Art. 2 ZP I die Mitgliedstaaten nicht, Bildungseinrichtungen zur Verfügung zu stellen oder diese zu finanzieren.[163] Allerdings gewährleiste das Recht grundsätzlich **Zugang zu bestehenden Bildungseinrichtungen.**[164] Beschränkungen dieses Rechts müssten auf gesetzlicher Grundlage und unter Beachtung des Grundsatzes der Verhältnismäßigkeit erfolgen.[165] Eine wichtige Rolle spielt Art. 2 ZP I auch als ‚Türöffner' für das Diskriminierungsverbot in Art. 14 EMRK (→ § 5 B I). Danach muss der Zugang zu Bildungseinrichtungen **frei von Diskriminierungen** erfolgen.

123 Art. 14 GRC garantiert ebenfalls ein **Recht auf Bildung.** Die Vorschrift lehnt sich dabei an Art. 2 ZP I an, geht aber über diesen hinaus, indem es auch das Recht auf Zugang zur beruflichen Aus- und Weiterbildung umfasst. Darüber hinaus garantiert Art. 14 Abs. 2 GRC das Recht auf unentgeltliche Teilnahme am Pflichtschulunterricht. Diese Garantie steht kostenpflichtigen privaten Bildungsangeboten allerdings nicht entgegen. Schließlich gewährleistet Art. 14 Abs. 3 GRC die Freiheit zur Gründung von Lehranstalten, stellt diese aber unter den Vorbehalt der Achtung demokratischer Grundsätze.

II. Rechtfertigung

124 Nach ständiger Rechtsprechung des BVerfG steht die Berufsfreiheit gem. Art. 12 Abs. 1 S. 2 GG – anders als der Wortlaut zunächst vermuten lässt – unter einem einheitlichen einfachen Gesetzesvorbehalt.[166] Das Gericht hat diesen Gesetzesvorbehalt zunächst im Apothekenurteil durch die sog. **Dreistufenlehre** konkretisiert.[167] Danach müsse bei der Rechtfertigungsprüfung nach der Intensität des Eingriffs differenziert werden. Am wenigsten intensiv greifen **bloße Berufsausübungsregelungen** in die Berufsfreiheit ein. Diese können durch die Verfolgung jedes legitimen Zwecks („Gesichtspunkt der Zweckmäßigkeit") gerechtfertigt werden.[168] Auf der zweiten Stufe stehen **subjektive Berufszulassungsregelungen.** Damit sind Zulassungsbeschränkungen gemeint, die an die Fähigkeiten und Qualifikationen der Betroffenen anknüpfen. Diese sind gerechtfertigt, wenn die Berufsausübung ohne sie „unmöglich oder unsachgemäß" wäre.

125 Den intensivsten Eingriff stellen schließlich **objektive Berufszulassungsregelungen** dar. Diese beschränken den Zugang zum Beruf unabhängig davon, ob der Bewerber die notwendigen Qualifikationen vorweisen kann oder nicht. Objektive Berufszulas-

[162] EuGH 18.7.2013 – C-426/11, EU:C:2013:521, Rn. 33 – Alemo-Herron.
[163] EGMR 27.5.2014, 16032/07, Rn. 31 – Velyo Velev.
[164] Ebd.
[165] Ebd., Rn. 32.
[166] BVerfGE 7, 377 (400 ff.) – Apothekenurteil.
[167] BVerfGE 7, 377 (405 ff.).
[168] BVerfGE 7, 377 (405 f.).

sungsregelungen sind insbesondere Höchstquoten, die unabhängig davon bestehen, wie viele qualifizierte Kandidaten tatsächlich zur Verfügung stehen. Nach Auffassung des BVerfG sei hier die Gefahr des Eindringens sachfremder Motive besonders groß, weshalb sie nur zur „Abwehr nachweisbarer oder höchstwahrscheinlicher schwerer Gefahren für ein **überragend wichtiges Gemeinschaftsgut**" zulässig seien.[169]

Allerdings ist an der Dreistufenlehre schon früh **Kritik** geübt worden.[170] Oft ist die 126
Abgrenzung zwischen Berufsausübungsregelungen und Berufszulassungsregeln nicht eindeutig. Zudem war das BVerfG bei der Beurteilung, ob ein bestimmtes Ziel dem Schutz von überragend wichtigen Gemeinschaftsgütern dient, sehr großzügig.[171] Nicht ein einziges Mal ist ein Gesetz für verfassungswidrig erklärt worden, weil das verfolgte Ziel nicht wichtig genug war. Insofern überrascht es nicht, dass die Dreistufenlehre in der Rechtsprechungspraxis des BVerfG mittlerweile **keine Rolle mehr spielt.** Vielmehr prüft das Gericht, ob der Eingriff auf gesetzlicher Grundlage erfolgt und den Grundsatz der Verhältnismäßigkeit beachtet.[172]

Klausurhinweis: Auch wenn die Dreistufenlehre in der Rechtsprechungspraxis keine Rolle mehr spielt, ist sie in der Ausbildungs- und Prüfungspraxis nach wie vor sehr prominent. Daher empfiehlt es sich in der Fallbearbeitung, nach wie vor zumindest teilweise auf die Dreistufenlehre zurückzugreifen. Fortgeschrittene Kandidaten können einen Mittelweg wählen, bei dem die Berufsfreiheit als Grundrecht mit einfachem Gesetzesvorbehalt geprüft wird, man jedoch insbesondere im Rahmen der Angemessenheitsprüfung auf die Terminologie der Dreistufenlehre zurückgreift, um dem Korrektor anzudeuten, dass man diese kennt. So könnte man etwa die Eingriffsintensität bei der Abwägung anhand der Klassifizierung nach der Dreistufentheorie bestimmen. Im Prüfungsaufbau ist die Dreistufenlehre, wenn überhaupt, auf Rechtfertigungsebene anzusprechen. Falsch wäre es, sie bereits im Rahmen des Eingriffs zu erwähnen, da die Unterscheidung hier keine Rolle spielt: Ein Eingriff liegt unabhängig davon vor, ob es sich um eine Berufsausübungsregelung oder um eine Berufszulassungsschranke handelt.

H. Eigentumsgarantie

Literatur: *Ehlers,* Eigentumsschutz, Sozialbindung und Enteignung bei der Nutzung von Boden und Umwelt, VVDStRL 51 (1992), 211; *Gelinsky,* Der Schutz des Eigentums gemäß Art. 1 des Ersten Zusatzprotokolls zur Europäischen Menschenrechtskonvention, 1996; *Hartwig,* Der Eigentumsschutz nach Art. 1 des 1. Zusatzprotokolls zur EMKR, RabelsZ 63 (1999), 561; *Lepsius,* Besitz und Sachherrschaft im Öffentlichen Recht, 2002; *Engel,* Die soziale Funktion des Eigentums, in: v. Danwitz/Depenheuer/Engel (Hg.), Bericht zur Lage des Eigentums, 2002, S. 9; *Kischel,* Wann ist die Inhaltsbestimmung ausgleichspflichtig? Schwellenkriterien vs. Verhältnismäßigkeit, JZ 2003, 604; *Berg,* Entwicklung und Grundstrukturen der Eigentumsgarantie, JuS 2005, 961; *Jochum/Durner,* Grundfälle zu Art. 14 GG, JuS 2005, 220, 320; *Jarass,* Der grundrechtliche Eigentumsschutz im EU-Recht, NVwZ 2006, 1089; *Lege,* Das Eigentumsgrundrecht aus Art. 14 GG, Jura 2011, 507, 826; *Calliess,* Eigentumsgrundrecht, in: Ehlers (Hg.), Europäische Grundrechte und Grundfreiheiten, 4. Aufl. 2014, § 20; *Kingreen,* Die Eigentumsgarantie, Jura 2016, 390.

Neben der Berufsfreiheit ist das Eigentumsrecht eine weitere zentrale Wirtschaftsfreiheit. 127
In der deutschen Verfassung gewährleistet Art. 14 Abs. 1 GG das Eigentum und das Erbrecht. In der EMRK war eine Eigentumsgarantie ursprünglich nicht enthalten. Allerdings wurde diese Lücke bereits durch das erste Zusatzprotokoll gefüllt. Mittlerweile schützt Art. 1 ZP I das Eigentum. Im EU-Recht wird das Eigentum durch Art. 17 GRC garantiert.

169 BVerfGE 7, 377 (408).
170 S. *Ruffert,* BeckOK-GG, Art. 12, Rn. 102 ff.; *Manssen,* MKS-GG, Art. 12 Abs. 1, Rn. 141 ff.
171 S. die Beispiele bei *Kingreen/Poscher,* GrundR, Rn. 986.
172 S. bspw. BVerfGE 135, 90 Rn. 63.

I. Schutzbereich

128 Die Eigentumsgarantie ist ein **normgeprägtes Grundrecht.** Eigentum setzt – anders als der faktische Besitz – zwingend rechtliche Regeln voraus, die definieren, welche Rechte das Eigentum an einer Sache dem Eigentümer zugesteht. Diese Regeln ermöglichen und beschränken gleichzeitig. Das führt bei der Definition des Schutzbereichs zu einem Spannungsverhältnis: Zum einen setzt der Schutz des Eigentums voraus, dass der Gesetzgeber definiert, was Eigentum ist. Zum anderen soll die Eigentumsgarantie den Eigentümer aber gerade vor Eingriffen durch den Gesetzgeber schützen. Ist daher jede Regel, die der Ausgestaltung des Eigentums dient, gleichzeitig auch ein Eingriff in das Eigentumsgrundrecht?

129 In der grundrechtlichen Dogmatik versucht man, dieses Spannungsverhältnis durch eine Zweiteilung des Gewährleistungsinhalts der Eigentumsgarantie zu lösen. Zunächst ist die Gewährleistung des Eigentums eine **Institutsgarantie,** die das Institut des Eigentums als solche schützt. Eigentum muss rechtlich gewährleistet werden, ohne dass es auf die konkrete Ausgestaltung im Einzelnen ankommt. Darüber hinaus enthält Art. 14 Abs. 1 GG aber auch eine **Bestandsgarantie,** die den bisherigen Bestand an Gütern und Rechten schützt. Jede Neuregelung, die zu einer Verschlechterung der Rechtsposition des Eigentümers führt, ist ein Eingriff in die Bestandsgarantie und bedarf daher der Rechtfertigung.

130 Unter das Eigentum fallen grundsätzlich alle **privatrechtlichen vermögenswerten Rechte.**[173] Dabei müssen diese Rechte sich nicht auf körperliche Gegenstände beziehen. Vielmehr sind **auch immaterielle Rechte,** wie etwa das geistige Eigentum, oder schuldrechtliche Ansprüche, wie privatrechtliche Forderungen oder Aktien, geschützt. **Nicht geschützt** sind nach überwiegender Auffassung dagegen das **Vermögen** oder der Erwerb.

131 Ob **Steuern** den Schutzbereich der Eigentumsgarantie berühren, ist zwischen den beiden Senaten des BVerfG umstritten. Der erste Senat sieht in staatlichen Geldleistungspflichten grundsätzlich lediglich eine Beeinträchtigung des Vermögens. Die Eröffnung des Schutzbereichs von Art. 14 Abs. 1 GG komme lediglich dann in Betracht, „wenn die Geldleistungspflichten den Betroffenen übermäßig belasten und seine Vermögensverhältnisse so grundlegend beeinträchtigen, daß sie eine erdrosselnde Wirkung haben".[174] Demgegenüber nimmt der zweite Senat einen Eingriff in den Schutzbereich von Art. 14 Abs. 1 GG an. Steuern knüpften an den Erwerb von Eigentum (an Geld) an, auch wenn dem Betroffenen die Wahl bleibe, wie er seine Steuerpflichten letztlich erfülle.[175] Letztlich dürfte dieser Streit jedoch ohne praktische Folgen bleiben. Nach der Konzeption des ersten Senats erfolgt immer noch eine Verhältnismäßigkeitsprüfung im Rahmen der allgemeinen Handlungsfreiheit (→ § 3 K) und auch der zweite Senat wird Steuern lediglich dann als nicht gerechtfertigt ansehen, wenn sie den Betroffenen übermäßig belasten.[176]

---

[173] BVerfGE 78, 58 (71); 115, 97 (110) – Halbteilungsgrundsatz.
[174] BVerfGE 95, 267 (300).
[175] BVerfGE 115, 97 (112f.).
[176] Vgl. BVerfGE 115, 97 (113).

Nicht vollständig geklärt ist bisher, ob Art. 14 Abs. 1 GG auch das **Recht am eingerichteten und ausgeübten Gewerbebetrieb** schützt. Damit sind vermögenswerte Vorteile eines Betriebes gemeint, die über konkrete privatrechtliche Rechtspositionen hinausgehen. Das kann etwa der Wert einer Marke oder die günstige Lage eines Geschäftsbetriebs sein. Der BGH ist bisher vereinzelt davon ausgegangen, dass das Recht am eingerichteten und ausgeübten Gewerbebetrieb durch Art. 14 Abs. 1 GG geschützt ist.[177] Das BVerfG hat das Recht am eingerichteten und ausgeübten Gewerbebetrieb bisher nicht explizit anerkannt, um die Grenze zwischen Eigentum und Vermögen nicht verschwimmen zu lassen. Vielmehr hat das Gericht die Fälle über die Berufsfreiheit gem. Art. 12 Abs. 1 GG gelöst. 132

Vermögenswerte subjektive öffentliche Rechte fallen nach Auffassung des BVerfG nur dann in den Schutzbereich von Art. 14 Abs. 1 GG, wenn sie auf nicht unerheblichen Eigenleistungen beruhen.[178] Dies ist regelmäßig bei **sozialversicherungsrechtlichen Ansprüchen** der Fall. Ansprüche aus der Renten- und Krankenversicherung beruhen zumindest zum Teil auf entsprechenden Versicherungsbeiträgen des Anspruchsinhabers, so dass sie unter Art. 14 Abs. 1 GG fallen.[179] Der Schutz erstreckt sich dabei auf den gesamten Anspruch, also auch den Arbeitgeberbeitrag und etwaige staatliche Zuschüsse, solange letztere nicht deutlich überwiegen. Ebenso wird der Anspruch auf Rückerstattung zu viel gezahlter Steuern durch die Eigentumsgarantie geschützt.[180] Dagegen fallen **steuerfinanzierte Sozialleistungen,** wie etwa das Kindergeld oder die Sozialhilfe, oder staatliche Subventionen, nicht in den Schutzbereich von Art. 14 Abs. 1 GG. 133

Schließlich bezieht das BVerfG auch das **Besitzrecht des Wohnraummieters** in den Schutzbereich von Art. 14 Abs. 1 GG ein.[181] Zwar hat der Mieter privatrechtlich kein Eigentum an der Wohnung. Allerdings ist die Wohnraummiete ein wesentlicher Bestandteil privater Freiheitsentfaltung, weshalb das BVerfG ihr einen besonderen grundrechtlichen Schutz zugesteht. Dies kann im Einzelfall zu einem Konflikt zwischen der Grundrechtsposition des Wohnungseigentümers und der des Mieters führen. 134

Der Schutzumfang der Eigentumsgarantie bezieht sich zunächst auf den **Bestand** des Eigentums und schützt daher Eingriffe in dessen Substanz oder in die Rechtsposition des Eigentümers. Grundsätzlich fällt darüber hinaus auch die **Nutzung** des Eigentums in den Schutzbereich von Art. 14 Abs. 1 GG. Die Reichweite der Nutzungsbefugnis ist dabei jedoch unklar. Einigkeit besteht lediglich, dass nicht jede Nutzung eines Gegenstands in den Schutzbereich der Eigentumsgarantie fällt, selbst wenn sie gerade den Zweck dieses Gegenstands erfüllt. So ist das Lesen eines Buches oder das Spielen eines Instruments nicht durch Art. 14 Abs. 1 GG geschützt. Demgegenüber wird gerade bei Grundstücken auch die Nutzung weitgehend in den Schutzbereich einbezogen. Allerdings kann man keine scharfe Trennlinie zwischen Mobiliar- und Immobilieneigentum ziehen. So hat das BVerfG etwa das Verbot der Züchtung von Kampfhunden als Eingriff in die Eigentumsgarantie eingestuft.[182] 135

[177] BGHZ 111, 349 (356).
[178] BVerfGE 69, 272 (300).
[179] BVerfGE 69, 272 (305); 53, 257 (289ff.).
[180] BVerfGE 70, 278 (285).
[181] BVerfGE 89, 1 (6ff.).
[182] BVerfGE 110, 141 (173) – Kampfhunde.

136 Schließlich schützt Art. 14 Abs. 1 GG auch das **Erbrecht,** also das Recht des Erblassers, über die Erbfolge seines Vermögens frei zu bestimmen. Ebenso wie die Eigentumsgarantie ist auch das Erbrecht ein normgeprägtes Recht, da es nicht unabhängig von den rechtlichen Regelungen existieren kann, die es ausgestalten.

137 Im Europarat wurde die Eigentumsgarantie durch das erste Zusatzprotokoll in die Garantien der EMRK einbezogen. Art. 1 ZP I schützt das Recht auf Achtung des Eigentums. Der Ansatz des EGMR bei der Bestimmung des Eigentums ist dabei dem des BVerfG unter Art. 14 GG sehr ähnlich. Unter dem Begriff des Eigentums versteht der EGMR dabei alle **erworbenen Rechte mit Vermögenswert.** Dazu zählen neben dem Eigentum im privatrechtlichen Sinne auch Aktien, Forderungen oder Ansprüche auf vermögenswerte Leistungen, soweit der Forderungsinhaber legitimerweise auf die Durchsetzung der Forderung vertrauen konnte.[183]

138 Weiterhin schützt Art. 1 ZP I auch das **geistige Eigentum** oder den erworbenen Kundenstamm[184]. Bloße zukünftige Gewinnerwartungen werden dagegen nicht von Art. 1 ZP I umfasst.[185] Bei **Ansprüchen auf Sozialleistungen** ist der EGMR großzügiger als das BVerfG. Zwar verpflichtet die EMRK die Mitgliedstaaten grundsätzlich nicht, Sozialleistungen zu gewähren. Wenn sie aber ein Sozialversicherungssystem einrichten, ist der Anspruch auf entsprechende Sozialleistungen durch Art. 1 ZP I geschützt. Dies gilt unabhängig davon, ob die Leistung auf Zahlung eigener Beiträge beruht oder allgemein aus Steuermitteln finanziert wird.[186]

139 Im EU-Recht wird die Eigentumsgarantie durch Art. 17 GRC geschützt. Die Ausgestaltung des Schutzbereichs überschneidet sich stark mit dem Schutzbereich von Art. 1 ZP I. Geschützt werden grundsätzlich **alle vermögenswerten Rechte,** aus denen sich eine gesicherte Rechtsposition ergibt.[187] Neben dem Sacheigentum werden auch Forderungen und gem. Art. 17 Abs. 2 GRC explizit das geistige Eigentum geschützt. Nicht geschützt ist dagegen das Vermögen oder bloße Gewinnerwartungen.[188] So greifen nach Auffassung des EuGH **öffentlich-rechtliche Abgaben** nicht in das Eigentumsrecht ein.[189] Auch die wirtschaftliche Verwertung von Referenzmengen, wie z. B. Milchquoten, ist nicht durch die Eigentumsgarantie geschützt.[190]

II. Rechtfertigung

140 Bei Eingriffen in das Eigentum wird grundsätzlich zwischen zwei Arten von Eingriffen unterschieden: zum einen **Enteignungen** und zum anderen **Nutzungsbeschränkungen** oder – in der Terminologie des deutschen Verfassungsrechts – Inhalts- und Schrankenbestimmungen. Diese Unterscheidung wird in den Grundrechtskatalogen explizit zum Ausdruck gebracht. So regeln Art. 14 Abs. 3 GG, Art. 1 Abs. 2 ZP I und Art. 17 Abs. 1 S. 2 GRC die Voraussetzungen für die Rechtfertigung einer Enteig-

[183] S. EGMR 27.9.2001, 40862/98 – Lenz.
[184] EGMR 13.3.2012, 23780/08, Rn. 89 – Malik.
[185] Ebd., Rn. 93.
[186] EGMR 15.9.2009, 10373/05, Rn. 38 – Moskal; 16.10.2012, 49646/10, Rn. 25 – Lessing und Reichelt.
[187] EuGH 22.1.2013 – C-283/11, EU:C:2013:28, Rn. 34 – Sky Österreich.
[188] Ebd.
[189] EuGH, Slg. 1991, I-534, Rn. 74 – Zuckerfabrik Süderdithmarschen.
[190] EuGH, Slg. 1991, I-5148, Rn. 27 – Deetzen; Slg. 1992, I-976, Rn. 19 – Bostock.

nung. Einfache Nutzungsbeschränkungen sowie Inhalts- und Schrankenbestimmungen können unter den Voraussetzungen von Art. 14 Abs. 1 S. 2 GG, Art. 1 Abs. 1 S. 2 ZP I und Art. 52 Abs. 1 GRC gerechtfertigt werden. Daneben enthält Art. 15 GG einen Eingriffsvorbehalt für Sozialisierungen, dessen praktische Bedeutung allerdings sehr beschränkt ist.

In der Fallprüfung ist im Rahmen der Rechtfertigung zunächst zu prüfen, ob es sich 141
bei einem Eingriff um eine Enteignung handelt. Wenn dies der Fall ist, müssen die spezifischen Voraussetzungen für Enteignungen geprüft werden. Handelt es sich nicht um eine Enteignung, ist zu prüfen, ob der Eingriff als Inhalts- und Schrankenbestimmung bzw. Nutzungsbeschränkung gerechtfertigt werden kann.

1. Enteignungen

Eine **Enteignung** zeichnet sich nach der Rechtsprechung des BVerfG seit der sog. 142
Nassauskiesungsentscheidung[191] durch **drei Merkmale** aus:[192] Erstens handelt es sich um eine **konkret-individuelle Maßnahme,** die eine konkrete Eigentumsposition eines individuell bestimmbaren Personenkreises entzieht. Auch wenn eine Enteignung regelmäßig durch Verwaltungsakt erfolgt, kann sie grundsätzlich als Legalenteignung auch durch Gesetz vorgenommen werden.[193] Zweitens muss die **Eigentumsposition ganz oder teilweise entzogen** werden. Eine teilweise Entziehung des Eigentums liegt regelmäßig dann vor, wenn dem Staat eine dingliche Rechtsposition, etwa ein Nießbrauchsrecht oder eine Grunddienstbarkeit, zugestanden wird. Im Gegenzug muss der Entzug der Rechtsposition gleichzeitig mit einem Rechtszuwachs für die öffentliche Hand oder eines ansonsten Enteignungsbegünstigten einhergehen.[194] Eine bloße Nutzungseinschränkung reicht dagegen nicht aus. Dies gilt selbst dann, wenn sie die Nutzung des Eigentums nahezu oder vollständig entwertet.[195] Drittens verlangt das BVerfG schließlich, dass die Entziehung der Rechtsposition **zur Erfüllung öffentlicher Aufgaben** erfolgt. Dabei kommt es im Rahmen der Definition nur auf die Zielrichtung an. Ob die Enteignung tatsächlich gemeinnützig ist, ist eine Frage der Rechtfertigung.

Liegt eine Enteignung vor, ist diese nur gerechtfertigt, wenn sie die in Art. 14 Abs. 3 143
GG explizit genannten Voraussetzungen erfüllt. Erstens muss die Enteignung durch ein Gesetz oder **aufgrund eines Gesetzes** erfolgen. Zweitens muss das Gesetz Art und Ausmaß der Entschädigung festlegen (sog. **Junktimklausel**). Fehlt eine solche Entschädigungsklausel, ist das zur Enteignung ermächtigende Gesetz automatisch verfassungswidrig. Allerdings gilt diese Einschränkung nicht für vorkonstitutionelle Gesetze.[196] Weiterhin ist nach Auffassung des BVerfG der Verweis auf ein allgemeines Enteignungsgesetz zur Erfüllung des Erfordernisses der Junktimklausel ausreichend.[197]

Drittens muss die Enteignung dem **Wohl der Allgemeinheit** dienen. Das schließt 144
nicht aus, dass eine Enteignung zugunsten von Privaten erfolgt. Eine solche ist zumin-

191 BVerfGE 58, 300 (330ff.) – Nassauskiesung.
192 BVerfGE 100, 226 (239f.) – Denkmalschutz; 102, 1 (15f.) – Altlasten; 104, 1 (9f.).
193 S. BVerfGE 100, 226 (239f.); 102, 1 (15f.).
194 BVerfG NJW 2017, 217, Rn. 246ff.
195 Ebd., Rn. 245.
196 BVerfGE 4, 219 (236f.) – Junktimklausel.
197 S. BVerfGE 56, 249 (264f.).

dest dann zulässig, wenn der Private unmittelbar öffentliche Aufgaben wahrnimmt.[198] Dient eine Enteignung zugunsten eines Privaten lediglich mittelbar Gemeinwohlzielen, muss der Gesetzgeber sicherstellen, dass der begünstigte Private tatsächlich Gemeinwohlziele verfolgt und dass die entsprechende gemeinwohlbezogene Verwendung dauerhaft erfolgt.[199] Weiterhin muss die Enteignung auch im Übrigen dem Grundsatz der **Verhältnismäßigkeit** entsprechen. Schließlich sieht Art. 14 Abs. 3 S. 3 GG vor, dass die **Höhe der Entschädigung** unter gerechter Abwägung der Interessen der Beteiligten bestimmt werden muss. Die Entschädigung darf dabei nicht lediglich nominell sein, muss aber andererseits auch nicht in jedem Fall dem vollen Verkehrswert entsprechen.[200] Für Streitigkeiten über die Höhe der Entschädigung enthält Art. 14 Abs. 3 S. 4 GG eine spezielle Rechtsweggarantie.

145 Der EGMR fasst den **Enteignungsbegriff** grundsätzlich weiter als das BVerfG. Darunter fallen zum einen **förmliche Enteignungen,** bei denen dem Eigentümer die Eigentumsposition entzogen und diese auf den Staat oder andere Private übertragen wird. Daneben erkennt der Gerichtshof aber auch sog. ***de facto*-Enteignungen** als Eigentumsentziehungen i. S. v. Art. 1 Abs. 1 S. 2 ZP I an. Darunter sind Maßnahmen zu verstehen, die aufgrund ihrer schwerwiegenden Auswirkungen einer förmlichen Enteignung gleichkommen.[201] Dies ist insbesondere dann der Fall, wenn ein Grundstück aufgrund einer staatlichen Maßnahme nahezu jeglichen wirtschaftlichen Wert für den Eigentümer verliert.

146 Eine Enteignung ist unter **drei Voraussetzungen** zulässig. Erstens muss sie auf gesetzlicher Grundlage erfolgen. Dabei ist – wie üblich unter der EMRK – kein förmliches Parlamentsgesetz erforderlich. Allerdings muss der Eingriffstatbestand hinreichend bestimmt sein. Zweitens muss die Enteignung im öffentlichen Interesse erfolgen. Dabei hat der EGMR den Mitgliedstaaten einen großen Einschätzungsspielraum zugestanden. Das öffentliche Interesse wurde zumeist dann abgelehnt, wenn die Enteignung offensichtlich ohne vernünftige Begründung durchgeführt wurde. Schließlich muss die Maßnahme drittens verhältnismäßig sein. Das setzt insbesondere voraus, dass die Staaten den Betroffenen eine angemessene Entschädigung zahlen. Zwar haben sie bei der Bemessung der Höhe der Entschädigung einen gewissen Einschätzungsspielraum. Allerdings ist die Entschädigung unangemessen, wenn sie deutlich unter dem Verkehrswert bleibt.

147 Im EU-Recht dient die Rechtsprechung des EGMR bei der **Bestimmung des Enteignungsbegriffs** als Orientierungshilfe, so dass auch unter der Grundrechtecharta grundsätzlich sowohl förmliche als auch *de facto*-Enteignungen dem Begriff unterfallen. Eine Enteignung ist gem. Art. 17 Abs. 1 S. 2 GRC gerechtfertigt, wenn sie gesetzlich vorgesehen war, im öffentlichen Interesse erfolgte und eine rechtzeitige und angemessene Entschädigung gezahlt wurde.

2. Inhalts- und Schrankenbestimmungen sowie Nutzungsbeschränkungen

148 Im Gegensatz zu Enteignungen sind Inhalts- und Schrankenbestimmungen in der Regel abstrakt-generell. Allerdings kann der unmittelbare Eingriff in das Eigentum auch

[198] BVerfGE 66, 248 (257); 74, 264 (284ff.).
[199] BVerfGE 74, 264 (284ff.); 134, 242 (295).
[200] BVerfGE 24, 367 (421).
[201] EGMR 23.1.2001 [GK], 28342/95, Rn. 76f. – Brumarescu.

durch Verwaltungshandeln erfolgen, soweit dieses auf **gesetzlicher Grundlage** beruht. Inhalts- und Schrankenbestimmungen müssen insbesondere dem Grundsatz der **Verhältnismäßigkeit** genügen. Die in Art. 14 Abs. 2 GG erwähnte Sozialbindung des Eigentums kann dabei ein Faktor im Rahmen der Verhältnismäßigkeitsprüfung sein.

Das BVerfG hat eine Verletzung des Verhältnismäßigkeitsgrundsatzes insbesondere dann angenommen, wenn die Inhalts- und Schrankenbestimmung für bestimmte betroffene Individuen einen **unzumutbaren Härtefall** darstellt. In einem solchen Fall ist regelmäßig nicht das gesamte Gesetz verfassungswidrig, der Gesetzgeber aber verpflichtet, für die in besonderem Maße betroffenen Gruppen in Form einer **Härteklausel** eine Ausnahme zu schaffen. Ein Beispiel ist die **Pflichtexemplarentscheidung** des BVerfG, in dem das Gericht über eine hessische Regelung zu entscheiden hatte, nach der jeder Verleger eines in Hessen erschienenen Druckwerks ein Exemplar an die hessische Landesregierung abzuliefern hatte.[202] Diese Maßnahme ist den Verlegern regelmäßig zumutbar, wenn die Herstellungskosten des einzelnen Werks im Verhältnis zur Gesamtauflage kaum ins Gewicht fallen.[203] Im vorliegenden Fall klagte jedoch der Verleger eines teuren Kunstbandes, der nur in sehr geringer Auflage erschien. Hier sah das Gericht in der unentgeltlichen Abgabepflicht eine unzumutbare Belastung.[204] 149

Weiterhin leitet das BVerfG aus der Eigentumsgarantie ein **Vertrauensschutzprinzip** ab (→ § 2 A III 2e). So ist in der Abwägung im Rahmen der Verhältnismäßigkeitsprüfung auch zu untersuchen, ob der Gesetzgeber mit einer belastenden Inhalts- und Schrankenregelung schutzwürdiges Vertrauen der Betroffenen verletzt hat. Dies ist insbesondere dann der Fall, wenn im berechtigten Vertrauen auf die Rechtslage Investitionen getätigt wurden, die durch die Rechtsänderung entwertet wurden.[205] Auch in einem solchen Fall ist allerdings nicht die Rechtsänderung an sich unzulässig. Vielmehr muss der Gesetzgeber eine **Übergangsregelung** vorsehen. 150

Grundsätzlich sind Inhalts- und Schrankenbestimmungen – anders als Enteignungen – **entschädigungslos hinzunehmen.** Allerdings kann teilweise geboten sein, dass den Betroffenen zum Ausgleich unzumutbarer Härten oder zum Schutz bestehenden Vertrauens eine **Entschädigung** gezahlt wird. So entschied das BVerfG etwa in seiner Pflichtexemplarentscheidung, dass eine Abgabepflicht auch bei teuren Kunstbänden grundsätzlich zulässig sei. Allerdings müsse das Gesetz eine Entschädigungsregelung für diejenigen Betroffenen vorsehen, für die die Pflicht eine unzumutbare Härte darstelle.[206] 151

Allerdings spricht das BVerfG in diesen Fällen nicht automatisch Entschädigung zu. Vielmehr ist das Gesetz, das Inhalt und Schranken des Eigentums bestimmt, mangels Entschädigungsregelung verfassungswidrig. Dies dient dem **Schutz des demokratischen Gesetzgebers,** der entscheiden kann, ob er eine Entschädigungsregelung vorsehen und die entsprechenden finanziellen Konsequenzen tragen oder lieber eine Ausnahme von der Abgabepflicht statuieren möchte. 152

202 BVerfGE 58, 137 – Pflichtexemplar.
203 BVerfGE 58, 137 (149).
204 BVerfGE 58, 137 (150).
205 BVerfGE 143, 246 (383f.).
206 BVerfGE 58, 137 (150).

153 Im Rahmen der EMRK spricht man anstelle von Inhalts- und Schrankenbestimmungen von **Nutzungsregelungen.** Solche Nutzungsregelungen i. S. v. Art. 1 Abs. 2 ZP I sind alle Regelungen, die die Nutzung des Eigentums beeinträchtigen. Beispiele sind Bauverbote oder staatliche Genehmigungsvorbehalte für Bauvorhaben, Zulassungserfordernisse für Kraftfahrzeuge oder die Beschlagnahme eines Flugzeugs. Nutzungsregelungen sind gerechtfertigt, wenn sie auf gesetzlicher Grundlage erfolgen, im Allgemeininteresse vorgenommen werden und verhältnismäßig sind.

154 Im **EU-Recht** sind **Nutzungsbeschränkungen** gerechtfertigt, soweit sie ein gemeinnütziges Ziel verfolgen und verhältnismäßig sind. Allerdings hat der EuGH dem Unionsgesetzgeber in seiner Rechtsprechung bisher einen großen Einschätzungsspielraum eingeräumt und nur in Ausnahmefällen eine Verletzung des Eigentumsrechts angenommen.[207]

3. Sonstige Eingriffe

155 Sowohl der EGMR als auch das BVerfG haben anerkannt, dass es auch noch **sonstige Eingriffe** gibt, die weder Enteignungen noch Inhalts- und Schrankenbestimmungen bzw. Nutzungsbeschränkungen sind.[208] Dabei handelt es sich in der Regel um **Realakte,** die das Eigentum beeinträchtigen. Diese können unter denselben Voraussetzungen gerechtfertigt werden wie Inhalts- und Schrankenbestimmungen: Sie bedürfen also einer gesetzlichen Grundlage, müssen einem legitimen Zweck dienen und den Grundsatz der Verhältnismäßigkeit beachten.

Klausurhinweis: Oft finden sich in Erläuterungen zu Art. 14 GG auch Ausführungen zum enteignenden und enteignungsgleichen Eingriff. Dabei handelt es sich um Ansprüche aus dem Staatshaftungsrecht, die aus Art. 14 GG hergeleitet werden. So kann ein Realakt, der in Art. 14 GG eingreift, einen Entschädigungsanspruch aus enteignendem oder enteignungsgleichen Eingriff nach sich ziehen. Für die Grundrechtsprüfung selbst ist das aber nicht weiter relevant.

J. Schutz der Privatsphäre

Literatur: *Hubmann,* Das Persönlichkeitsrecht, 2. Aufl. 1967; *Schlink,* Das Recht der informationellen Selbstbestimmung, Der Staat 25 (1986), 233; *Ennuschat,* Behördliche Nachschau in Geschäftsräume und die Unverletzlichkeit der Wohnung gem. Art. 13 GG, AöR 127 (2002), 252; *Lepsius,* Die Unverletzlichkeit der Wohnung bei Gefahr im Verzug, Jura 2002, 259; *Thym,* Menschenrecht auf Legalisierung des Aufenthalts?, EuGRZ 2006, 541; *Larralde,* L'article 8 de la Convention européenne des droits de l'homme et la protection de l'identité sexuelle, RTDH 17 (2006), 35; *Britz,* Freie Entfaltung durch Selbstdarstellung, 2007; *Lenski,* Personenbezogene Massenkommunikation als verfassungsrechtliches Problem, 2007; *Wißmann,* Grundfälle zu Art. 13 GG, JuS 2007, 324, 426; *Franz/Günther,* Grundfälle zu Art. 6 GG, JuS 2007, 626, 716; *Kahl/Ohlendorf,* Grundfälle zu Art. 2 I iVm 1 I GG, JuS 2008, 682; *Schoch,* Das Recht auf informationelle Selbstbestimmung, Jura 2008, 352; *Funke/Lüdemann,* Grundfälle zu Art. 10 GG, JuS 2008, 780; *Coester-Waltjen,* Art. 6 I GG und der Schutz der Ehe, Jura 2008, 108; *dies.,* Art. 6 I GG und der Schutz der Familie, Jura 2008, 349; *Kube,* Persönlichkeitsrecht, Hdb StR VII, 3. Aufl. 2009, § 148; *Horn,* Schutz der Privatsphäre, Hdb StR VII, 3. Aufl. 2009, § 149; *Ipsen,* Ehe und Familie, Hdb StR VII, 3. Aufl. 2009, § 154; *Wild,* Die strafprozessuale Durchsuchung von Wohnungen und Art. 13 GG: Auferstehung eines unauffälligen Grundrechts in der Senats- und Kammerrechtsprechung der letzten Jahre, in: Rensen/Brink (Hg.), Linien der Rechtsprechung des Bundesverfassungsgerichts, 2009, S. 273; *Germann,* Das Allgemeine Persönlichkeitsrecht, Jura 2010, 734; *Schoch,* Die Unverletzlichkeit der Woh-

[207] *Calliess,* CR-EU, Art. 17 GRC, Rn. 34 m.w.N.

[208] EGMR 23.9.1982, 7151/75, Rn. 61 ff. – Sporrong and Lönnroth; BVerfG NJW 1985, 1481; NJW 1987, 2885.

nung nach Art. 13 GG, Jura 2010, 22; *Enders,* Schutz der Persönlichkeit und der Privatsphäre, Hdb GR IV, 2011, § 89; *Rudolf,* Schutz der informationellen Selbstbestimmung, Hdb GR IV, 2011, § 90; *Papier,* Schutz der Wohnung, Hdb GR IV, 2011, § 91; *Stettner,* Schutz des Brief-, Post- und Fernmeldegeheimnisses, Hdb GR IV, 2011, § 92; *Steiner,* Schutz von Ehe und Familie, Hdb GR IV, 2011, § 108; *Bull,* Informationelle Selbstbestimmung: Vision oder Illusion?, 2. Aufl. 2011; *Dammann,* Der Kernbereich der privaten Lebensgestaltung, 2011; *Schoch,* Der verfassungsrechtliche Schutz des Fernmeldegeheimnisses (Art. 10 GG), Jura 2011, 194; *Brosius-Gersdorf,* Demografischer Wandel und Familienförderung, 2011; *Spiecker gen. Döhmann/Eisenbarth,* Kommt das „Volkszählungsurteil nun durch den EuGH?, JZ 2011, 169; *Schwabenbauer,* Kommunikationsschutz durch Art. 10 GG im digitalen Zeitalter, AöR 137 (2012), 1; *Böhm,* Dynamische Grundrechtsdogmatik von Ehe und Familie?, VVDStRL 73 (2013), 211; *Germann,* Dynamische Grundrechtsdogmatik von Ehe und Familie?, VVDStRL 73 (2013), 257; *Schwabenbauer,* Heimliche Grundrechtseingriffe, 2013; *Uerpmann-Wittzack,* Ehe und Familie, in: Grabenwarter (Hg.), Europäischer Grundrechtsschutz, 2014, § 10; *Eifert,* Das allgemeine Persönlichkeitsrecht des Art. 2 Abs. 1 GG, Jura 2015, 1181; *Herzmann,* Der Schutz von Ehe und Familie nach Art. 6 I GG, Jura 2015, 248; *Gröpl/Georg,* Die Begriffe „Eltern" und „Familie" in der neueren Rechtsprechung des Bundesverfassungsgerichts aus methodischer und verfassungstheoretischer Sicht, AöR 139 (2014), 125; *Boehme-Neßler,* Das Recht auf Vergessenwerden: Ein neues Internet-Grundrecht im Europäischen Recht, NVwZ 2014, 825; *Uerpmann-Wittzack,* Die Rechtsprechung des Europäischen Gerichtshofs für Menschenrechte zum Familienrecht seit 2014, FamRZ 2016, 1897; *Czech,* Das Recht auf Familienzusammenführung nach Art. 8 EMRK in der Rechtsprechung des EGMR, EuGRZ 2017, 229.

Eine Reihe von Grundrechten dient dem Schutz der Privatsphäre. Der Zuschnitt dieser Grundrechte unterscheidet sich nicht unerheblich zwischen verschiedenen Menschenrechtskatalogen. Im **Grundgesetz** ist das wichtigste Recht zum Schutz der Privatsphäre das Allgemeine Persönlichkeitsrecht, das vom BVerfG aus Art. 2 Abs. 1 i. V. m. Art. 1 Abs. 1 GG hergeleitet wird. Daneben gibt es verschiedene Rechte, die spezielle Bereiche der Privatsphäre schützen, etwa das Recht auf Unverletzlichkeit der Wohnung in Art. 13 GG und das Brief-, Post- und Fernmeldegeheimnis in Art. 10 GG. Schließlich schützt Art. 6 Abs. 1 GG Ehe und Familie. 156

In der **EMRK** ist das Recht auf Achtung des Privat- und Familienlebens, das durch Art. 8 EMRK garantiert wird, das zentrale Grundrecht. Daneben garantiert Art. 12 EMRK das Recht auf Eheschließung. Im **EU-Recht** wird das Recht auf Privat- und Familienleben durch Art. 7 GRC garantiert. Außerdem enthält Art. 8 GRC ein Recht auf Schutz der personenbezogenen Daten, und Art. 9 GRC gewährleistet das Recht, eine Ehe einzugehen und eine Familie zu gründen. 157

I. Allgemeines Persönlichkeitsrecht

1. Schutzbereich

Wenn man – wie das BVerfG – Art. 2 Abs. 1 GG als allgemeine Handlungsfreiheit interpretiert (→ § 3 K), dann enthält der Text des Grundgesetzes kein Grundrecht, das allgemein die Privatsphäre schützt. Um diese Lücke zu schließen, hat das BVerfG bereits früh in seiner Rechtsprechung das **Allgemeine Persönlichkeitsrecht** (APR) entwickelt, das es aus **Art. 2 Abs. 1 i. V. m. 1 Abs. 1 GG herleitet.**[209] Die Bestimmung des Schutzbereichs ist sehr stark durch die Kasuistik des BVerfG geprägt. Das Gericht hat dem Recht verschiedene Ausprägungen gegeben. 158

Zunächst schützt das APR das **Recht auf Selbstbestimmung** und damit insbesondere das Recht des Einzelnen, seine Identität selbst zu bestimmen. Diese betrifft die freie 159

[209] BVerfGE 35, 202 (219 ff.) – Lebach.

Entscheidung über den eigenen Intim- und Sexualbereich,[210] die sexuelle Orientierung,[211] die Bestimmung des eigenen Geschlechts[212] und auch die Selbstbestimmung über die eigene Fortpflanzung[213]. Darüber hinaus schützt das Recht auf Selbstbestimmung auch die Kenntnis der eigenen Abstammung[214] und das Recht auf Eintritt in die Volljährigkeit ohne erhebliche Schulden[215].

160 Weiterhin ist das **Recht auf informationelle Selbstbestimmung** geschützt.[216] Dieses dient dem Schutz personenbezogener Daten und gibt dem Einzelnen ein Recht auf Abwehr staatlicher Datenerhebung und Datenverarbeitung. Dieses Abwehrrecht bezieht sich auf alle Formen der personenbezogenen Daten, unabhängig davon, ob sie elektronisch verfügbar sind oder nicht, also z. B. Telekommunikationsdaten, Daten über den Gesundheitszustand oder über Vermögensverhältnisse. Dabei wird nicht zwischen wichtigen und unwichtigen Daten unterschieden.[217]

161 Eng mit dem Recht auf informationelle Selbstbestimmung verbunden ist das **Recht auf Gewährleistung der Vertraulichkeit und Integrität informationstechnischer Systeme,** das das BVerfG in seinem Urteil zur Zulässigkeit von Online-Durchsuchungen aus dem APR hergeleitet hat.[218] Dieses Recht schützt die auf einem Computer gespeicherten Daten dagegen, von staatlichen Stellen ausgelesen zu werden. Zwar wären diese grundsätzlich auch durch das Recht auf informationelle Selbstbestimmung geschützt. Allerdings stellt das BVerfG erhöhte Anforderungen an die Rechtfertigung solcher Eingriffe. Die eigentliche Funktion dieser Neuentwicklung liegt also nicht in einer Erweiterung des Schutzbereichs des APR, sondern in einer Ausdifferenzierung der Anforderungen an die Rechtfertigung.

162 Darüber hinaus schützt das APR auch die **Privatsphäre,** also das Recht, sich zurückzuziehen, sich gegen Beobachtung abzuschirmen und allein zu bleiben.[219] Dieses Recht können **Prominente** gegen Presseberichterstattungen über ihr Privatleben geltend machen. Es schützt daneben aber auch Informationen, die Ärzten, Pfarrern oder Anwälten anvertraut wurden oder die Vertraulichkeit des eigenen Tagebuchs.

163 Schließlich schützt das APR das **Recht auf Selbstdarstellung.** Damit gibt es dem Grundrechtsträger ein Abwehrrecht gegen herabsetzende oder verfälschende öffentliche Darstellungen. Geschützt sind u. a. die persönliche Ehre,[220] das Recht am eigenen Namen[221] und am eigenen Bild,[222] sowie das Recht, nicht heimlich abgehört oder aufgenommen zu werden.[223] Weiterhin fallen unter diesem Aspekt auch die Vi-

[210] BVerfGE 47, 46 (73); 121, 175 (190); 128, 109 (124).
[211] BVerfGE 121, 175 (190); 128, 109 (124).
[212] BVerfGE 128, 109 (124); BVerfG NJW 2017, 3643.
[213] BVerfGE 88, 203 (254) – Schwangerschaftsabbruch II.
[214] BVerfGE 79, 256 (268 f.) – Kenntnis der eigenen Abstammung. Vgl. auch BVerfGE 117, 202 (225 ff.) zum Recht auf Kenntnis über die Abstammung der eigenen Kinder.
[215] BVerfGE 72, 155 (173).
[216] BVerfGE 65, 1 – Volkszählung.
[217] BVerfGE 65, 1 (45).
[218] BVerfGE 120, 274 – Online-Durchsuchungen.
[219] BVerfGE 101, 361 (382 ff.) – Caroline von Monaco II.
[220] BVerfGE 54, 208 (217) – Böll.
[221] BVerfGE 104, 383 (387).
[222] BVerfGE 35, 202 (220); 101, 361 (380).
[223] BVerfGE 34, 238 (246); 106, 28 (39 f.).

deoüberwachung öffentlicher Orte,[224] das Recht auf Gegendarstellung[225] und Berichtigung[226] sowie das Recht, sich in Strafprozessen nicht selbst bezichtigen zu müssen, in den Schutzbereich des APR.

2. Rechtfertigung

Bei der Rechtfertigungsprüfung des APR ist nach der Intensität des Eingriffs zu differenzieren. Eingriffe, die den **Kernbereich des Allgemeinen Persönlichkeitsrechts** betreffen, berühren den Menschenwürdekern des APR. Da Eingriffe in die Menschenwürde **nicht gerechtfertigt** werden können (→ § 4 C), ist auch ein Eingriff in den Kernbereich des APR keiner Rechtfertigung zugänglich. Fallen Eingriffe dagegen nicht in den Kernbereich, so gilt grundsätzlich die Schrankendogmatik von Art. 2 Abs. 1 GG (→ § 3 K II), so dass Eingriffe einem **einfachen Gesetzesvorbehalt** unterliegen. Ob ein Eingriff in den Kernbereich vorliegt, ist dabei nach den Umständen des Einzelfalls zu bestimmen. 164

Für verschiedene Bereiche und Konfliktfälle hat das BVerfG zudem Sonderdogmatiken entwickelt. Ein Thema, das die Gerichte in besonderem Maße beschäftigt hat, ist der **Konflikt** zwischen dem **Allgemeinen Persönlichkeitsrecht** von Prominenten und der **Pressefreiheit.** Dabei muss im Rahmen der Verhältnismäßigkeit sowohl beim APR als auch bei der Pressefreiheit anhand der Intensität des Eingriffs differenziert werden. 165

Für das APR hat das BVerfG **drei Sphären** unterschieden und jeweils unterschiedliche Anforderungen an die Rechtfertigung gestellt.[227] Wenn Presseberichterstattung oder entsprechende Fotos die Intimsphäre von Prominenten betreffen, handelt es sich um einen Eingriff in den Kernbereich des APR, der nicht gerechtfertigt werden kann. Außerhalb der Intimsphäre ist eine Rechtfertigung unter Beachtung des Grundsatzes der Verhältnismäßigkeit dagegen möglich. Dabei kommt dem APR ein deutlich höheres Gewicht zu, wenn die Privatsphäre betroffen ist, als bei Berichterstattung oder Fotos, die sich auf Ereignisse in der öffentlichen Sphäre beziehen. 166

Bei der Pressefreiheit muss insbesondere berücksichtigt werden, welchen **Informationswert** eine Nachricht **für die Öffentlichkeit** hat.[228] Je größer der Informationswert einer Nachricht, desto stärker ist der Schutz der Pressefreiheit und desto eher ist ein Eingriff in das APR gerechtfertigt. Soweit kein Informationsinteresse der Öffentlichkeit besteht, kann sogar die Berichterstattung über Ereignisse, die der öffentlichen Sphäre zuzuordnen sind, unzulässig sein. Allerdings sind hier jeweils die Umstände des Einzelfalls zu berücksichtigen. 167

Schließlich hat das BVerfG für Eingriffe in das **Recht auf Gewährleistung der Vertraulichkeit und Integrität informationstechnischer Systeme** im Rahmen der Angemessenheitsprüfung besondere Anforderungen an die Rechtfertigung gestellt.[229] Ein Eingriff in dieses Recht ist nur angemessen, wenn er zum einen der Abwehr von 168

224 BVerfG NVwZ 2007, 688 (690).
225 BVerfGE 63, 131 (142f.).
226 BVerfGE 56, 37 (41ff.).
227 BVerfGE 101, 361 (383ff.) – Caroline von Monaco II; modifiziert durch BVerfGE 120, 180 (207f.) – Caroline von Monaco III.
228 BVerfGE 120, 180 (205ff.) – Caroline von Monaco III.
229 BVerfGE 120, 274 (326ff.) – Online-Durchsuchungen.

Gefahren für ein überragend wichtiges Gemeinschaftsgut dient und zum anderen durch einen Richter angeordnet wird.

II. Achtung des Privat- und Familienlebens

1. Schutzbereich

169 Das Grundrecht, das dem allgemeinen Persönlichkeitsrecht in EMRK und Grundrechtecharta am ähnlichsten ist, ist das Recht auf **Schutz des Privat- und Familienlebens,** das durch Art. 8 EMRK und Art. 7 GRC geschützt wird. Art. 8 EMRK umfasst den Schutz des Privat- und Familienlebens, der Wohnung und der Korrespondenz. Der Schutzbereich erstreckt sich also auf verschiedene Lebensbereiche, die im deutschen Grundgesetz dem Schutz unterschiedlicher Grundrechte unterfallen. Die Übergänge zwischen den einzelnen Schutzgehalten sind dabei fließend und werden vom EGMR nicht immer trennscharf voneinander unterschieden.

170 In der Praxis die größte Rolle spielt die Garantie zum **Schutz des Privatlebens.** Diese hat der EGMR zu einem allgemeinen Recht auf freie Entfaltung der Persönlichkeit entwickelt. Dabei hat er drei Fallgruppen zur Konkretisierung dieser Garantie entwickelt: die Selbstbestimmung über den eigenen Körper, die Privatsphäre, sowie die freie Entfaltung der persönlichen Lebensführung. Das Recht auf **Selbstbestimmung über den eigenen Körper** umfasst dabei den Schutz der körperlichen Unversehrtheit,[230] die Achtung der sexuellen Selbstbestimmung[231] und das Recht der Frau zur Entscheidung über Abtreibung oder *In Vitro*-Fertilisation.[232] Der **Schutz der Privatsphäre** umfasst die Erhebung, Verarbeitung und Speicherung von personenbezogenen Daten,[233] den Schutz individueller Kommunikation[234] sowie den Schutz des guten Rufes, der Selbstdarstellung und des Rechts am eigenen Bild.[235]

171 Die **freie Gestaltung der Lebensführung** schützt schließlich die wesentlichen Ausdrucksmöglichkeiten der menschlichen Persönlichkeit. Geschützt sind nach Auffassung des EGMR die Wahl der eigenen Kleidung und Frisur[236], nicht dagegen das Halten eines Hundes[237] oder die Möglichkeit der Fuchsjagd[238]. Geschützt sind weiterhin die Lebensstile von Minderheiten und die Achtung von zwischenmenschlichen Beziehungen. Nach Auffassung des EGMR ergibt sich aus Art. 8 EMRK sogar eine staatliche Verpflichtung zum Umweltschutz, soweit sich Umweltschäden auf die private Lebensführung auswirken.[239]

---

[230] EGMR 26.3.1985, 8978/80, Rn. 22 – X und Y.

[231] EGMR 12.6.2003, 35968/97, Rn. 69 – van Kück; 6.2.2001, 44599/98, Rn. 47 – Bensaid; 22.10.1981, 7525/76, Rn. 41 – Dudgeon; 19.2.1997, 21974/93, Rn. 36 – Laskey, Joggard, B.

[232] EGMR 5.9.2002, 50490/99, Rn. 2 – Boso; 20.3.2007, 5410/03, Rn. 103ff – Tysiac; 10.4.2007 [GK], 6339/05, Rn. 71 – Evans.

[233] EGMR 17.2.2011, 12884/03, Rn. 74 – Wasmuth.

[234] EGMR 6.9.1978, 5029/71, Rn. 41 – Klass u. a.

[235] EGMR 15.11.2007, 12556/03, Rn. 35 – Pfeifer; 29.4.2002, 2346/02, Rn. 61 – Pretty; 28.1.2003, 44647/98, Rn. 60f. – Peck.

[236] EKMR 15.5.1980, 8317/78 – McFeeley; EKMR 6.3.1982, 8231/78 – X ./. Vereinigtes Königreich; EGMR 22.2.1984, 8209/78 – Sutter; EGMR 1.7.2014 [GK], 43835/11 – S.A.S.

[237] EKMR 18.5.1976, 6825/74 – X ./. Island.

[238] EGMR 24.11.2009, 16072/06 u. a. – Friend.

[239] EGMR 21.2.1990, 9310/81, Rn. 40 – Powell und Rayner; 9.12.1994, 16798/90, Rn. 51 – López Ostra; 19.2.1998, 14967/89 u. a. – Guerra; 8.7.2003 [GK], 36022/97 u. a. – Hatton; 9.6.2005,

Der **Schutz des Familienlebens** umfasst sowohl das partnerschaftliche Zusammenleben als auch die Beziehung zwischen Eltern und Kindern. Der Schutz einer Partnerschaft ist dabei unabhängig vom ehelichen Status oder vom Geschlecht der Partner. Vielmehr stellt der EGMR bei der Frage, ob eine Partnerschaft in den Schutzbereich von Art. 8 EMRK fällt, auf verschiedene Faktoren ab.[240] Diese sind etwa das Bestehen einer gemeinsamen Wohnung, die Art und Länge der Beziehung, die Bindung und das Interesse der Partner aneinander oder die Existenz gemeinsamer Kinder. Die Garantie zum Schutz des Familienlebens ist in der Praxis insbesondere in Sorgerechtsfällen, für das Aufenthaltsrecht ausländischer Ehepartner (→ § 3 J V 1) und bei gleichgeschlechtlichen Partnerschaften von besonderer Bedeutung. 172

In Bezug auf **gleichgeschlechtliche Partnerschaften** nimmt der EGMR an, dass in der Verweigerung der Ehe für gleichgeschlechtliche Paare keine Konventionsverletzung liege.[241] Allerdings folge aus Art. 8 EMRK eine Pflicht der Mitgliedstaaten, für gleichgeschlechtliche Paare einen rechtlichen Rahmen zu schaffen, um ihrer Familiengemeinschaft auch formal Ausdruck geben zu können.[242] 173

Der **Schutz der Wohnung** umfasst neben den Wohnräumen im engeren Sinne auch die wohnungsnahen Gebäude und Gebäudeteile, wie etwa Garagen, Keller und Dachböden. Der EGMR bezieht auch Büro- und Geschäftsräume in den Wohnungsbegriff mit ein.[243] Der **Schutz der Korrespondenz** umfasst schließlich jegliche Formen der nicht-öffentlichen Korrespondenz. Dazu zählen neben schriftlichen Mitteilungen auch Telefongespräche, E-Mails oder Chatnachrichten. Das Umfeld der Kommunikation ist dabei unerheblich: Mitteilungen sind selbst dann geschützt, wenn sie im Arbeitskontext getätigt werden.[244] Nicht geschützt ist dagegen öffentliche Korrespondenz auf Homepages oder in öffentlich zugänglichen Newsgroups. 174

Das in Art. 7 GRC geschützte Recht auf Privat- und Familienleben hat einen ähnlich weiten Schutzbereich wie Art. 8 EMRK und wird von der Rechtsprechung des EuGH auch sehr ähnlich ausgestaltet. Insgesamt hat die Garantie vier Gewährleistungsgehalte: Geschützt sind das Privatleben, das Familienleben, die Wohnung und die Kommunikation. Das **Privatleben** umfasst den Schutz der Privatsphäre, die Selbstbestimmung über den eigenen Körper sowie die freie Entfaltung der persönlichen Lebensführung. Das **Familienleben** bezieht sich auf das Verhältnis einer Partnerschaft, wobei unerheblich ist, ob diese gleich- oder verschiedengeschlechtlich ist, sowie zu den Kindern. Daneben ist auch die Beziehung zu Großeltern und Geschwistern geschützt. Vom Schutzbereich umfasst ist insbesondere die Möglichkeit, als Familie zusammenzuleben. 175

Der Begriff der **Wohnung** wird vom EuGH in der jüngeren Rechtsprechung weit ausgelegt. Umfasst sind insbesondere auch Betriebs- und Geschäftsräume.[245] Praktische Bedeutung hat dies in erster Linie bei der Durchsuchung von Geschäftsräumen in 176

55723/00, Rn. 79 – Fadeyeva; 2.11.2006, 59909/00 – Giacomelli; 14.2.2012, 31965/07, Rn. 188 – Hardy und Maile.

240 EGMR 13.6.1979, 6833/74, Rn. 31 – Marckx.

241 EGMR 17.10.1986, 9532/81 – Rees; 24.6.2010, 30141/04 – Schalk und Kopf.

242 EGMR 21.7.2015, 18766/11 u. a. – Oliari.

243 EGMR 16.12.1992, 13710/88 – Niemitz.

244 EGMR 5.9.2017, 61496/08, Rn. 69ff. – Barbulescu.

245 EuGH, Slg. 2002, I-9011, Rn. 29 – Roquette Frères.

Kartellverfahren. Das Recht auf Kommunikation schützt – wie Art. 8 EMRK – nur die private Kommunikation und ähnelt daher dem Brief-, Post- und Fernmeldegeheimnis des Grundgesetzes. Demgegenüber ist die an die Öffentlichkeit gerichtete Kommunikation nicht geschützt.

2. Rechtfertigung

177 Eingriffe in Art. 8 EMRK stehen unter dem **qualifizierten Gesetzesvorbehalt** des Art. 8 Abs. 2 EMRK. Die in dieser Schranke enthaltenen Merkmale legt der Gerichtshof regelmäßig weit aus. In einigen Fällen stellt der EGMR jedoch erhöhte Anforderungen an die Bestimmtheit der gesetzlichen Grundlage.[246] Dies gilt insbesondere für geheime staatliche Maßnahmen, wie etwa die der Überwachung des Briefverkehrs oder der individuellen Kommunikation. In diesen Fällen müssen die Eingriffsvoraussetzungen genau bestimmt sein. Zudem muss die Ermächtigungsgrundlage Regelungen über die Aufbewahrung und Weitergabe von Daten haben, die durch die staatliche Überwachung erlangt werden. Eingriffe in Art. 7 GRC unterliegen den allgemeinen Voraussetzungen des Art. 52 Abs. 1 GRC.

III. Unverletzlichkeit der Wohnung

1. Schutzbereich

178 Art. 13 GG schützt die **Unverletzlichkeit der Wohnung.** Das Grundrecht dient dem räumlichen Schutz der Privatsphäre. Daneben schützt es allerdings auch die räumliche Informationshoheit über die im Rückzugsraum der Wohnung verfügbaren Informationen. Das Grundrecht schützt neben den Wohnräumen im engeren Sinn auch sonstige Räumlichkeiten, die lediglich privat zugänglich sind und erkennbar gegen die Öffentlichkeit abgeschirmt werden. Dazu zählen auch Keller, Garage und Innenhof sowie mobile private Räumlichkeiten, wie Campingwagen, Zelte und Yachten.

179 Umstritten ist, ob auch **Betriebs- und Geschäftsräume** vom Schutzbereich umfasst sind. Bei dieser Frage wird man zwischen unterschiedlichen Arten von Betriebs- und Geschäftsräumen differenzieren müssen. Wenn diese, etwa bei Selbständigen ohne Arbeitnehmer, in die Wohnung selbst integriert sind, dann genießen sie denselben Schutz wie die Wohnung selbst. Sind sie dagegen für die Öffentlichkeit allgemein zugänglich, wie etwa Verkaufsräume in einem Supermarkt oder Kaufhaus, fallen sie aus dem Schutzbereich von Art. 13 GG heraus. Am schwierigsten ist die Bewertung bei Büroräumen oder sonstigen Geschäftsräumen, die zwar rein geschäftlich genutzt werden, der Öffentlichkeit aber nicht zugänglich sind. Diese werden vom BVerfG in den Schutzbereich miteinbezogen.[247] Das kann man zum einen damit begründen, dass die Privatsphäre sich angesichts der Bedeutung des Berufs für die Persönlichkeitsentfal-

[246] EGMR 2.8.1984, 8691/79, Rn. 67 – Malone; 24.9.1992, 10533/83, Rn. 91 – Herczegfalvy; 15.11.1996, 15211/89, Rn. 32 – Calogero Diana; 25.6.1997, 20605/92 Rn. 49 – Halford; 25.3.1998, 23224/94, Rn. 64, 72f. – Kopp; 23.9.1998, 27273/95, Rn. 37 – Petra; 16.2.2000 [GK], 27798/95, Rn. 56 – Amann; 4.5.2000 [GK], 28341/95, Rn. 55 – Rotaru; 12.5.2000, 35394/97, Rn. 26 – Khan; 4.7.2000, 27915/95, Rn. 81f. – Niedbala; 28.9.2000, 25498/94, Rn. 82f. – Messina II; 26.7.2001, 39920/98, Rn. 26 – di Giovine; 9.6.2009, 72094/01, Rn. 79 – Kvasnica; 3.7.2012, 34806/04, Rn. 220ff. – X ./. Finnland; 4.6.2013, 7841/08 u. a., Rn. 35 – Peruzzo und Martens.

[247] BVerfGE 76, 83 (88).

tung auch auf die Räumlichkeiten bezieht, in denen beruflichen Tätigkeiten nachgegangen wird. Zum anderen wird dadurch die Informationshoheit der Unternehmen geschützt.

Obwohl das BVerfG Betriebs- und Geschäftsräume grundsätzlich in den Schutz- 180
bereich von Art. 13 GG einbezieht, sollen **Betretungs- und Besichtigungsbefugnisse** dann keinen Eingriff in das Grundrecht darstellen, wenn sie auf gesetzlicher Grundlage erfolgen und verhältnismäßig sind.[248] Damit möchte das Gericht die strikten Rechtfertigungsanforderungen des qualifizierten Gesetzesvorbehalts in Art. 13 Abs. 7 GG für solche Eingriffe vermeiden. Durchsuchungen von Geschäftsräumen sollen dagegen Eingriffe darstellen und an den Schranken des Art. 13 Abs. 2 GG zu messen sein. Allerdings ist die Rechtsprechung dogmatisch inkonsequent.[249] Wenn das Gericht Betriebs- und Geschäftsräume in den Schutzbereich einbezieht, müssen für diese auch die Schranken dieses Grundrechts gelten. Konsequenter ist hier die Rechtsprechung des EGMR, der die Einschränkungen für Büro- und Geschäftsräume immer an den Schranken von Art. 8 Abs. 2 EMRK misst (→ § 3 J II 1).

2. Rechtfertigung

Das Grundrecht des Art. 13 GG hat eine relativ **differenzierte Schrankensystematik.** 181
Durchsuchungen werden von Art. 13 Abs. 2 GG erfasst. Der Einsatz von technischen Mitteln zur akustischen Wohnraumüberwachung unterliegt den Voraussetzungen der Art. 13 Abs. 3–6 GG. Sonstige Eingriffe, die weder Durchsuchungen noch Wohnraumüberwachung darstellen, fallen unter den qualifizierten Gesetzesvorbehalt des Art. 13 Abs. 7 GG.

Unter einer **Durchsuchung** wird das „ziel- und zweckgerichtete Suchen staatlicher 182
Organe nach Personen oder Sachen oder zur Ermittlung eines Sachverhalts, um etwas aufzuspüren, was der Inhaber der Wohnung von sich aus nicht offen legen oder herausgeben will",[250] verstanden. Voraussetzung einer Durchsuchung ist weiterhin das physische Betreten der Wohnung, da der Einsatz technischer Mittel durch die Abs. 3–6 speziell geregelt wird. Durchsuchungen stehen gem. Art. 13 Abs. 2 GG unter einem Richtervorbehalt. Lediglich bei Gefahr in Verzug kann ausnahmsweise von einer vorherigen richterlichen Entscheidung abgesehen werden. Weitergehende materielle Voraussetzungen sieht Art. 13 Abs. 2 GG dagegen nicht vor. Allerdings ist – wie bei der Rechtfertigungsprüfung generell – eine Verhältnismäßigkeitsprüfung vorzunehmen.

Beim **Verdacht einer schweren Straftat** ermächtigt Art. 13 Abs. 3 GG zu einem sog. 183
Lauschangriff, also einer **akustischen Wohnraumüberwachung.** Die Maßnahme muss durch einen mit drei Richtern besetzten Spruchkörper angeordnet werden, unterliegt einer zeitlichen Befristung und strengen Verhältnismäßigkeitsanforderungen. Daneben hat das BVerfG aus **Art. 1 Abs. 1 GG** einige zusätzliche, ungeschriebene Voraussetzungen für die akustische Wohnraumüberwachung abgeleitet.[251] Danach muss eine Abhörmaßnahme unterbleiben, wenn durch sie Informationen erlangt werden, die der Intimsphäre des Betroffenen zuzurechnen sind. Werden solche Informationen

[248] BVerfGE 32, 54 (75ff.).
[249] *Kingreen/Poscher*, GrundR, Rn. 1025.
[250] BVerfGE 76, 83 (89).
[251] BVerfGE 109, 279 (316ff.) – Großer Lauschangriff.

versehentlich erlangt, ist die Abhörmaßnahme abzubrechen, und die Informationen müssen gelöscht und dürfen nicht anderweitig verwendet werden.

184 Unter den Voraussetzungen der Art. 13 Abs. 4 und 5 GG kann eine akustische Wohnraumüberwachung auch zur **Gefahrenabwehr** eingesetzt werden. Gem. Art. 13 Abs. 4 GG kann sie zur Abwehr dringender Gefahren für die öffentliche Sicherheit angeordnet werden. Prozedural ist eine vorherige richterliche Anordnung erforderlich. Art. 13 Abs. 5 GG erlaubt schließlich eine Wohnraumüberwachung zum Schutz von Personen im Einsatz, z. B. von V-Leuten. In einem solchen Fall ist eine richterliche Anordnung entbehrlich.

185 **Sonstige Eingriffe** sind schließlich Eingriffe, die weder Durchsuchungen noch Wohnraumüberwachung mit technischen Mitteln sind. Solche Eingriffe sind nur unter den Voraussetzungen des Art. 13 Abs. 7 GG zulässig. Danach erfordert ein Eingriff die Abwehr einer gemeinen Gefahr oder einer Lebensgefahr für einzelne Personen oder die Verhütung dringender Gefahren für die öffentliche Sicherheit und Ordnung. Eine gemeine Gefahr bezieht sich auf eine Mehrzahl von Personen und muss in ihrer Bedeutung einer Lebensgefahr nahekommen. Beim Begriff der dringenden Gefahr ist umstritten, ob dieser auch eine zeitliche Komponente enthält. Nach überwiegender Ansicht setzt er lediglich eine Gefahr für ein Rechtsgut von besonderem Gewicht voraus.

IV. Brief-, Post- und Fernmeldegeheimnis

1. Schutzbereich

186 Das durch Art. 10 GG garantierte Brief-, Post- und Fernmeldegeheimnis ist darauf zurückzuführen, dass der Staat ursprünglich ein **Monopol für Telekommunikationsdienstleistungen** hatte. Durch die Privatisierung dieser Dienstleistungen in den 1990er Jahren ist das Grundrecht jedoch nicht bedeutungslos geworden, da es immer noch vor staatlichen Eingriffen in die entsprechenden Telekommunikationsvorgänge schützt und dem Staat teilweise **Schutzpflichten** auferlegt.

187 Das **Briefgeheimnis** schützt Postsendungen, die individuelle schriftliche Mitteilungen befördern. Geschützt sind also etwa Briefe, Postkarten, Telegramme und Pakete. Der Schutzumfang erstreckt sich nicht nur auf den Inhalt dieser Sendungen, sondern auch auf die Information über Absender und Empfänger. Das **Postgeheimnis** ist weiter als das Briefgeheimnis, da es sich auf alle postalisch geförderten Sendungen bezieht. Da die Deutsche Post AG sich nicht mehr mehrheitlich in Staatsbesitz befindet, ist sie nicht direkt an Art. 10 GG gebunden (→ § 2 A II 2). Allerdings trifft die staatliche Aufsichtsbehörde eine Schutzpflicht, die Einhaltung des Postgeheimnisses durch die entsprechenden privaten Dienstleistungsunternehmen zu garantieren.

188 Das **Fernmeldegeheimnis** schützt schließlich alle individuellen Kommunikationsvorgänge über das Medium drahtloser oder drahtgebundener Wellen. Der Schutz umfasst dabei nicht nur den Telefonverkehr über das Festnetz, sondern auch die Kommunikation über Mobilfunk und Internet. Geschützt sind neben dem Inhalt der Kommunikation auch die Umstände, wie beispielsweise die Kommunikationsteilnehmer. Nach Auffassung des BVerfG sind dagegen Informationen, die sich nach Abschluss eines Kommunikationsvorgangs auf dem Rechner eines Nutzers befinden, nicht durch

Art. 10 GG geschützt.[252] Vielmehr greift hier der Schutz des Allgemeinen Persönlichkeitsrechts nach Art. 2 Abs. 1 i. V. m. Art. 1 Abs. 1 GG. Schließlich ist der Standort einer Person nicht vor Bestimmung mittels Ortung des Kommunikationsgeräts durch Art. 10 GG geschützt.[253]

2. Rechtfertigung

Eingriffe in den Schutzbereich von Art. 10 GG unterliegen gem. Art. 10 Abs. 2 S. 1 GG einem **einfachen Gesetzesvorbehalt.** Bei besonders intensiven Eingriffen leitet das BVerfG aus dem Verhältnismäßigkeitsgrundsatz zudem einen Richtervorbehalt her.[254] Art. 10 Abs. 2 S. 2 GG sieht schließlich eine Besonderheit für Eingriffe vor, die dem Schutz der freiheitlich demokratischen Grundordnung oder Sicherung des Bundes oder eines Landes dienen. Bei diesen müssen Überwachungs- oder Abhörmaßnahmen den Betroffenen nicht mitgeteilt werden. Die Kontrolle entsprechender Maßnahmen erfolgt – mangels Möglichkeit von Rechtsmitteln – durch Kommissionen des Bundestages. Im Umkehrschluss bedeutet dies aber auch, dass der Betroffene, wenn die Voraussetzungen des Art. 10 Abs. 2 S. 2 GG nicht vorliegen oder weggefallen sind, nachträglich informiert werden muss, um ihm die Möglichkeit zu eröffnen, Rechtsmittel zu ergreifen. Teilweise in der Literatur geäußerte verfassungsrechtliche Bedenken gegen Art. 10 Abs. 2 S. 2 GG werden vom BVerfG nicht geteilt.[255] 189

V. Schutz von Ehe und Familie

1. Schutzbereich

Art. 6 GG enthält mehrere Gewährleistungen zum **Schutz von Ehe und Familie.** 190
Art. 6 Abs. 1 GG stellt zunächst Ehe und Familie allgemein unter den Schutz der staatlichen Ordnung. Diese Gewährleistung enthält erstens eine **Institutsgarantie:** Anders als eine Paarbeziehung ist die Ehe ohne rechtliche Normen nicht denkbar. Art. 6 Abs. 1 GG schützt insofern den rechtlichen Bestand des Instituts der Ehe. Zweitens enthält die Norm ein **Abwehrrecht** gegen staatliche Eingriffe, die das Ehe- oder Familienleben beeinträchtigen. Drittens enthält Art. 6 Abs. 1 GG schließlich ein **Diskriminierungsverbot:** Die Ehe darf nicht schlechter behandelt werden als alternative Formen des sozialen Zusammenlebens, wie etwa die nichteheliche Lebensgemeinschaft. Art. 6 Abs. 2 S. 1 GG schützt das **elterliche Erziehungsrecht** gegen staatliche Eingriffe. Art. 6 Abs. 4 GG statuiert eine staatliche Schutzpflicht gegenüber Müttern und etabliert gleichzeitig ein entsprechendes Diskriminierungsverbot. Art. 6 Abs. 5 GG enthält schließlich ein spezielles **Diskriminierungsverbot für nichteheliche Kinder.**

Der Ehebegriff setzt sich grundsätzlich aus drei Elementen zusammen. Zunächst ist 191
die Ehe eine **freiwillige Partnerschaft.** Eine Zwangsehe fällt also nicht in den Schutzbereich des Grundrechts. Nach Auffassung des BVerfG umfasst der grundgesetzliche Ehebegriff zudem nur verschiedengeschlechtliche Partnerschaften.[256] Das bedeutet gleichzeitig aber nicht, dass der einfache Gesetzgeber gehindert ist, das Institut der

[252] BVerfGE 120, 274 (302 ff, 307 f.) – Online-Durchsuchungen.
[253] BVerfG NJW 2007, 351.
[254] BVerfGE 125, 260 (337 ff.) – Vorratsdatenspeicherung.
[255] BVerfGE 30, 1 – Abhörurteil.
[256] BVerfGE 105, 313 (351) – Lebenspartnerschaftsgesetz.

Ehe in der einfachgesetzlichen Ausgestaltung auch für **gleichgeschlechtliche Partner** zu öffnen. Der Schutz der heterosexuellen Ehe wird durch die Anerkennung einer gleichgeschlechtlichen Ehe nämlich in keiner Weise eingeschränkt. Das BVerfG hat zu dieser Frage bisher noch nicht Stellung bezogen. Aber es hat in Bezug auf das Lebenspartnerschaftsgesetz bereits entschieden, dass die Garantie der Ehe die einfachgesetzliche Anerkennung von gleichgeschlechtlichen Partnerschaften nicht ausschließe.[257] Zudem ist nur die Partnerschaft von zwei Partnern geschützt.[258] Dagegen unterfällt die **polygame Ehe** nicht dem Schutz von Art. 6 Abs. 1 GG.

192 Zweitens muss die Ehe **auf Dauer angelegt** sein. Das bedeutet nicht, dass die Partnerschaft unauflöslich sein muss. Allerdings sollte die Auflösung eher die Ausnahme als die Regel sein. Eine Lebenspartnerschaft, die also von der gesetzlichen Regelung her von vornherein nur auf Zeit angelegt ist, unterfällt nicht dem grundgesetzlichen Ehebegriff. Drittens muss die Ehe schließlich durch **staatliche Mitwirkung** geschlossen werden. Das setzt nicht unbedingt voraus, dass eine Ehe durch einen staatlichen Standesbeamten geschlossen werden muss. Vielmehr unterfällt auch eine durch eine religiöse Instanz geschlossene Ehe dem Schutz von Art. 6 Abs. 1 GG, soweit ein solcher Eheschluss staatlicherseits entsprechend anerkannt ist.

193 In der Praxis gibt es in Bezug auf das Ehegrundrecht als Abwehrrecht grundsätzlich zwei Problemkreise, die in beiden Fällen Ehen mit Auslandsbezug betreffen. Erstens ist umstritten, inwieweit sich ein Ausländer zur Begründung eines **Aufenthaltsrechts in Deutschland** auf Art. 6 Abs. 1 GG berufen kann, wenn der Ehepartner entweder Deutscher ist oder ein Aufenthaltsrecht in Deutschland besitzt. Das BVerfG sieht in diesen Fällen den Schutzbereich zwar als eröffnet an, verneint aber den Eingriff, wenn die Maßnahme verhältnismäßig ist.[259] Diese Rechtsprechung ist inkonsequent. Der Schutzbereich des Ehegrundrechts schützt nicht nur den formalen Zusammenschluss, sondern auch das eheliche Zusammenleben. Das setzt jedoch voraus, dass die Ehepartner an einem Ort zusammenleben können. Manchmal ist es den Partnern nicht möglich oder zumutbar, im Herkunftsland des ausländischen Partners zu leben. Insofern sollte das Aufenthaltsrecht des ausländischen Ehepartners grundsätzlich vom Schutzbereich des Art. 6 Abs. 1 GG umfasst sein und auch einen Eingriff in diesen darstellen.

194 Im Ergebnis unterscheidet sich die Rechtsprechung des BVerfG aber nicht stark von der des **EGMR.** Obwohl letzterer bei **ausländerrechtlichen Maßnahmen** einen **Eingriff in Art. 8 EMRK** annimmt, liegt der Schwerpunkt letztlich auf der Verhältnismäßigkeitsprüfung. Dabei ist insbesondere zu berücksichtigen, inwieweit der Familie des Ausländers das Nachfolgen in dessen Heimatstaat zumutbar ist, ob Interessen von Kindern zu berücksichtigen sind, ob der Ausländer strafrechtlich verurteilt worden ist und wie schwer die Straftat war sowie in welchem Umfang er noch bestehende Bindungen zu seinem Heimatstaat hat.[260]

195 Der zweite Problemkreis betrifft die **Anerkennung von im Ausland geschlossenen Ehen.** Diese unterfallen grundsätzlich dem Schutzbereich von Art. 6 Abs. 1 GG, soweit sie dem oben diskutierten Ehebegriff unterfallen. Insofern ist auch eine allein

[257] BVerfGE 105, 313.
[258] BVerfGE 105, 313 (343).
[259] BVerfGE 76, 1 (46ff.) – Familiennachzug.
[260] S. EGMR 3.10.2014, 12738/10, Rn. 106ff. – Jeunesse.

durch eine religiöse Instanz geschlossene Ehe durch Art. 6 Abs. 1 GG geschützt, wenn dies in dem Staat, in dem die Ehe geschlossen wurde, eine staatlich anerkannte Form der Eheschließung ist.[261] Dagegen fallen Vielehen selbst dann nicht in den Schutzbereich von Art. 6 Abs. 1 GG, wenn sie in dem Staat, in dem die Ehe geschlossen wurde, anerkannt sind. Art. 13 Abs. 3 EGBGB sieht schließlich Einschränkungen für die Anerkennung von ausländischen Ehen vor, bei denen ein Ehepartner bei Eheschluss das 16. bzw. das 18. Lebensjahr noch nicht vollendet hatte. Diese Einschränkung ist grundsätzlich gerechtfertigt, weil in diesen Fällen oft Zweifel an der Freiwilligkeit des minderjährigen Ehepartners bestehen. Die Gefahr, dass es sich tatsächlich um eine Zwangsehe handelt, ist also groß.

Die **Familie** bezeichnet die Beziehung zwischen Eltern und Kindern. Geschützt sind 196
alle Formen von Familien. Es ist also unerheblich, ob die Eltern verheiratet sind, ob sie in einer hetero- oder homosexuellen Partnerschaft leben, ob die Kinder aus einer Ein- oder einer Mehrehe entstammen oder ob die Familie in einer Hausgemeinschaft lebt. Wenn der biologische und der rechtliche Vater eines Kindes nicht identisch sind, schützt Art. 6 Abs. 1 GG nach Auffassung des BVerfG sowohl die Verbindung des biologischen als auch die des rechtlichen Vaters zu dem Kind.[262]

Das **Erziehungsrecht** in Art. 6 Abs. 2 GG begründet gleichzeitig ein Grundrecht und 197
eine Grundpflicht. Das Erziehungsrecht steht dabei auch Vätern von nichtehelichen Kindern zu.[263]

2. Rechtfertigung

Art. 6 Abs. 1 GG ist sowohl Abwehrrecht als auch Institutsgarantie. Als Abwehrrecht 198
ist das Grundrecht **grundsätzlich vorbehaltlos gewährleistet.** Eingriffe bedürfen zu ihrer Rechtfertigung also konkurrierenden Verfassungsrechts. Als Institutsgarantie sind Ehe und Familie auf eine **einfachgesetzliche Ausgestaltung der Institute** angewiesen. Insofern ist zwischen definierenden und einschränkenden Regelungen zu unterscheiden. Während einschränkende Regelungen dem Schutz konkurrierenden Verfassungsrechts dienen müssen, bedürfen definierende Regelungen lediglich einer gesetzlichen Grundlage und müssen dem Verhältnismäßigkeitsprinzip entsprechen.

Eine **definierende Regelung** liegt immer dann vor, wenn die Ausgestaltung der Ehe 199
oder des familiären Zusammenlebens an sich geregelt wird, also in erster Linie die Normen des Ehe- und Familienrechts. **Einschränkende Regelungen** sind dagegen Regelungen, die sich auf das eheliche oder familiäre Zusammenleben auswirken, ohne dieses allgemein regeln zu wollen. So sind beispielsweise Regelungen über die Aufenthaltsberechtigung ausländischer Ehepartner nach der hier vertretenen Auffassung als einschränkende Regelungen anzusehen.

Da das **Erziehungsrecht der Eltern** nicht nur Grundrecht, sondern auch Grundpflicht 200
ist, sind Eingriffe, die zum Wohl des Kindes vorgenommen werden, grundsätzlich gerechtfertigt. Art. 6 Abs. 2 S. 2 GG ermächtigt daneben auch zu staatlicher Überwachung der Wahrnehmung dieser Grundpflicht. Im Extremfall dürfen die Kinder unter den Voraussetzungen von Art. 6 Abs. 3 GG auch von der Familie getrennt werden.

261 BVerfGE 32, 323.
262 BVerfGE 108, 82 – Biologischer Vater.
263 BVerfGE 92, 158 (177).

VI. Recht auf Eheschließung

201 Art. 12 EMRK schützt das Recht, eine Ehe einzugehen sowie eine Familie zu gründen. Die praktische Bedeutung dieser Garantie ist neben Art. 8 EMRK sehr beschränkt. Das **Recht, eine Ehe einzugehen,** bezieht sich nach Auffassung des EGMR nur auf heterosexuelle Paare.[264] Aus Art. 12 EMRK lässt sich also keine Verpflichtung der Mitgliedstaaten des Europarats auf Öffnung der Ehe für gleichgeschlechtliche Paare ableiten. Das Recht, eine Familie zu gründen gibt Paaren das Recht, Kinder zu bekommen. Regelungen, die eine Geburtenkontrolle, eine Beschränkung der Kinderzahl oder eine Zwangssterilisierung vorsähen, wären also als Eingriffe in Art. 12 EMRK zu qualifizieren. Dagegen wird das eheliche oder familiäre Zusammenleben nicht durch Art. 12 EMRK, sondern durch Art. 8 EMRK geschützt.

202 Art. 12 EMRK sieht eine **doppelte Einschränkungsmöglichkeit** des Rechts auf Eheschließung und Familiengründung vor. Zum einen werden die Staaten explizit ermächtigt, ein Mindestalter für das Eingehen einer Ehe festzulegen. Zum anderen untersteht das Recht „den innerstaatlichen Gesetzen, welche die Ausübung dieses Rechts regeln". Danach können Staaten etwa Formvorschriften, Ehevoraussetzungen oder Ehehindernisse vorsehen.

203 Auch die EU-Grundrechtecharta enthält in **Art. 9 GRC** das Recht, eine Ehe einzugehen. In der Rechtsprechung des EuGH hat dieses bisher keine Rolle gespielt. Konstellationen, in denen es im EU-Kontext relevant werden könnte, sind nur schwer vorstellbar. Im Zweifel sollte sich die Interpretation an Art. 12 EMRK orientieren.

VII. Schutz der personenbezogenen Daten

204 Während der Schutz personenbezogener Daten im Grundgesetz und der EMRK dem allgemeinen Persönlichkeitsschutz unterfällt, ist in der EU-Grundrechtecharta in Art. 8 GRC ein eigenes Grundrecht geschaffen worden. Der **Begriff der personenbezogenen Daten** ist weit zu verstehen. Ihm unterfallen **alle Informationen** über eine bestimmte oder zumindest bestimmbare natürliche Person. Nach der Rechtsprechung des EuGH sind **nur natürliche Personen** durch Art. 8 GRC geschützt.[265] Eine Verarbeitung personenbezogener Daten ist gem. Abs. 2 S. 1 nur zulässig, wenn der Betroffene dieser Verarbeitung entweder zustimmt oder wenn sie auf einer „gesetzlich geregelten legitimen Grundlage" erfolgt. Während Abs. 1 i. V. m. Abs. 2 S. 1 ein Abwehrrecht gegen staatliche Eingriffe konstituiert, hat Abs. 3 eine **Schutzfunktion,** indem er die Staaten verpflichtet, die Einhaltung der Grundsätze von Art. 8 GRC durch eine unabhängige Stelle zu überwachen. Zudem gibt Abs. 2 S. 2 dem Einzelnen einen Auskunftsanspruch hinsichtlich der gespeicherten personenbezogenen Daten und einen Berichtigungsanspruch, wenn diese unzutreffend sind.

205 Das Grundrecht wird inzwischen durch die **Datenschutz-Grundverordnung** VO 2016/679 vom 27. April 2016 näher konkretisiert. Die Datenschutz-Grundverordnung etabliert ein ausführliches Regelungswerk über den Umgang mit persönlichen Daten und hat die zuvor geltende Datenschutzrichtlinie RL 95/46/EG abgelöst. Der EuGH zieht Art. 8 GRC oft zur Auslegung der entsprechenden Datenschutzregel-

---

[264] EGMR 17. 10. 1986, 9532/81 – Rees.

[265] EuGH 17. 12. 2015 – C-419/14, EU:C:2015:832, Rn. 79 – WebMindLicenses.

werke oder anderer datenbezogener Regelungen in Richtlinien oder Verordnungen heran.

In der **Rechtsprechungspraxis** hat die Vorschrift durchaus eine signifikante Bedeutung erlangt. So hat der Gerichtshof in seiner *Google Spain*-Entscheidung aus der Datenschutzrichtlinie, die im Lichte von Art. 8 GRC ausgelegt wurde, einen Anspruch auf Löschung personenbezogener Daten gegenüber einem privaten Suchmaschinenbetreiber hergeleitet.[266] In der Entscheidung *Schrems* erklärte der Gerichtshof eine Entscheidung der Kommission für ungültig, die eine Übermittlung personenbezogener Daten in die USA erlaubte, ohne vorher eine Prüfung des Datenschutzniveaus in den Vereinigten Staaten vorzunehmen.[267] Schließlich hat er eine europäische Richtlinie zur Vorratsdatenspeicherung wegen eines Verstoßes gegen Art. 8 GRC für ungültig erklärt.[268] **206**

K. Allgemeine Handlungsfreiheit

Literatur: *Höfling,* Vertragsfreiheit: eine grundrechtsdogmatische Studie, 1991; *Kahl,* Die Schutzergänzungsfunktion von Art. 2 Abs. 1 Grundgesetz, 2000; *Lege,* Die allgemeine Handlungsfreiheit gem. Art. 2 I GG, Jura 2002, 753; *Kube,* Die Elfes-Konstruktion, JuS 2003, 111; *Kahl,* Grundfälle zu Art. 2 I GG, JuS 2008, 499, 595; *Cornils,* Die Allgemeine Handlungsfreiheit, Hdb StR VII, 3. Aufl. 2011, § 168.

Art. 2 Abs. 1 GG wird vom BVerfG als umfassende allgemeine Handlungsfreiheit interpretiert und schützt damit jegliche menschliche Handlungen gegen staatliche Eingriffe. Das so verstandene Konzept der allgemeinen Handlungsfreiheit ist eine deutsche Besonderheit und findet keine Parallele in der EMRK oder im EU-Recht. **207**

I. Schutzbereich

Dem Wortlaut nach schützt Art. 2 Abs. 1 GG die freie Entfaltung der Persönlichkeit. **208** Das BVerfG hat die Norm aber bereits in seiner *Elfes*-Entscheidung im Jahr 1957 als **allgemeine Handlungsfreiheit** interpretiert.[269] Diese Interpretation leitet das Gericht aus der Entstehungsgeschichte ab. Ursprünglich sei geplant gewesen, die Garantie, dass „[j]eder tun und lassen [kann], was er will", im Grundgesetz zu verankern.[270] Davon sei lediglich aus sprachlichen Gründen abgesehen worden.[271] Damit stellt jede, einen Einzelnen belastende staatliche Maßnahme grundsätzlich einen Eingriff in Art. 2 Abs. 1 GG dar. Die allgemeine Handlungsfreiheit ist folglich ein **Auffanggrundrecht,** das immer dann eingreift, wenn kein spezielles Freiheitsrecht einschlägig ist. Dies gilt nicht nur für Fälle, in denen der sachliche Schutzbereich nicht einschlägig ist, sondern auch dann, wenn Ausländer sich aufgrund von Beschränkungen des persönlichen Schutzbereichs auf deutsche Staatsbürger nicht auf die speziellen Grundrechte der Berufs-, Versammlungs- oder Vereinigungsfreiheit berufen können (→ § 2 A I 1 a).

[266] EuGH 13.5.2014 – C-131/12, EU:C:2014:317 – Google Spain.
[267] EuGH 6.10.2015 – C-362/14, EU:C:2015:650 – Schrems.
[268] EuGH 8.4.2014 – C-293/12 u. a., EU:C:2014:238 – Digital Rights Ireland.
[269] BVerfGE 6, 32 (36f.) – Elfes.
[270] Ebd.
[271] Ebd.

209 Die **weite Interpretation** von Art. 2 Abs. 1 GG als allgemeine Handlungsfreiheit ist **oft kritisiert** worden. Teilweise wird in der Literatur ein Friedlichkeitsvorbehalt vorgeschlagen,[272] teilweise gefordert, dass Verhalten, das durch das Kernstrafrecht verboten sei, aus dem Schutzbereich herausfallen solle.[273] Dieter Grimm hat schließlich in seinem Sondervotum im Beschluss des BVerfG zum grundrechtlichen Schutz von **Reiten im Walde** argumentiert, dass nur solches Verhalten durch Art. 2 Abs. 1 GG geschützt sei, das „eine gesteigerte, dem Schutzgut der übrigen Grundrechte vergleichbare Relevanz für die Persönlichkeitsentfaltung [besitze].“[274] Allerdings haben sich diese Ansätze bisher nicht durchsetzen können. Vielmehr kann den geäußerten Bedenken auf Rechtfertigungsebene Rechnung getragen werden. Daher gehen sowohl das BVerfG als auch die überwiegende Auffassung in der Literatur nach wie vor davon aus, dass Art. 2 Abs. 1 GG die allgemeine Handlungsfreiheit umfassend schützt.[275]

Klausurhinweis: Diese Diskussion ist in der Klausur nur dann anzusprechen, wenn der Sachverhalt eindeutig darauf anspielt. In der Regel ist einfach von der Interpretation als allgemeine Handlungsfreiheit auszugehen, ohne dass diese problematisiert werden sollte.

210 Die Interpretation von Art. 2 Abs. 1 GG als allgemeine Handlungsfreiheit hat **drei praktische Konsequenzen:**[276] Erstens müssen belastende staatliche Maßnahmen aufgrund des Vorbehalts des Gesetzes immer auf gesetzlicher Grundlage beruhen; zweitens müssen sie den Anforderungen des Verhältnismäßigkeitsgrundsatzes gerecht werden; drittens ist gegen jedes belastende staatliche Handeln die Möglichkeit des Rechtsschutzes und letztlich auch einer Verfassungsbeschwerde gegeben.

II. Rechtfertigung

211 Die allgemeine Handlungsfreiheit steht unter einem **einfachen Gesetzesvorbehalt.** Zwar ergibt sich dies nicht unmittelbar aus dem Wortlaut von Art. 2 Abs. 1 GG, der eine Schrankentrias der verfassungsmäßigen Ordnung, der Rechte anderer sowie des Sittengesetzes vorsieht. Allerdings hat das BVerfG das **Merkmal der verfassungsmäßigen Ordnung** in seiner *Elfes*-Entscheidung so interpretiert, dass es alle Gesetze umfasst, die mit der Verfassung im Einklang stehen.[277] Mit dieser Interpretation wird ein einfacher Gesetzesvorbehalt in Art. 2 Abs. 1 GG hineingelesen, neben dem die anderen beiden Schranken praktisch keine Bedeutung haben.

212 Bei der **Verhältnismäßigkeitsprüfung** ist zu berücksichtigen, dass der allgemeinen Handlungsfreiheit im Rahmen der Abwägung ein geringeres Gewicht zukommt als den speziellen Freiheitsrechten. Aus diesem Grund kommt es in der Rechtsprechungspraxis des BVerfG nur selten vor, dass das Gericht eine Verletzung des Grundrechts annimmt.

[272] *Isensee,* FS Sendler, 1991, S. 39 (58 ff.).
[273] *Starck,* MKS-GG, Art. 2 Abs. 1, Rn. 13.
[274] BVerfGE 80, 137 (165) – Reiten im Walde (Sondervotum Grimm).
[275] S. nur BVerfG 80, 137 (153 f.).
[276] *Michael/Morlok,* GrundR, Rn. 436.
[277] BVerfGE 6, 32 (37 ff.) – Elfes.

§ 4. Menschenwürde, Sklaverei- und Folterverbot

Literatur: *Dürig,* Der Grundrechtssatz von der Menschenwürde, AöR 81 (1956), 117; *Hofmann,* Die versprochene Menschenwürde, AöR 118 (1993), 353; *Enders,* Die Menschenwürde in der Verfassungsordnung, 1997; *Böckenförde,* Menschenwürde als normatives Prinzip, JZ 2003, 809; *Wittreck,* Menschenwürde und Folterverbot: Zum Dogma der ausnahmslosen Unabwägbarkeit des Art. 1 Abs. 1 GG, DÖV 2003, 873; *Poscher,* „Die Würde des Menschen ist unantastbar", JZ 2004, 756; *Nettesheim,* Die Garantie der Menschenwürde zwischen metaphysischer Überhöhung und bloßem Abwägungstopos, AöR 130 (2005), 71; *Brugger,* Menschenwürde im anthropologischen Kreuz der Entscheidung, JöR 56 (2008), 95; *v. Bernstorff,* Pflichtenkollision und Menschenwürdegarantie, Der Staat 47 (2008), 21; *Ladeur/Augsberg,* Die Funktion der Menschenwürde im Verfassungsstaat, 2008; *Tiedemann,* Menschenwürde als Rechtsbegriff, 3. Aufl. 2012; *Hufen,* Die Menschenwürde, Art. 1 I GG, JuS 2010, 1; *Goos,* Innere Freiheit: Eine Rekonstruktion des grundgesetzlichen Würdebegriffs, 2011; *Teifke,* Das Prinzip Menschenwürde, 2011; *Baldus,* Menschenwürde und Absolutheitsthese, AöR 136 (2011), 529; *v. Bernstorff,* Der Streit um die Menschenwürde im Grund- und Menschenrechtsschutz, JZ 2013, 905; *Schorkopf,* Würde des Menschen, in: Ehlers (Hg.), Europäische Grundrechte und Grundfreiheiten, 4. Aufl. 2014, § 15.

Der Schutz der Menschenwürde in Art. 1 Abs. 1 GG hat im deutschen Verfassungsrecht eine **herausragende Bedeutung.** Die Norm ist eine Reaktion auf die Verbrechen und die systematische Erniedrigung insbesondere der jüdischen Bevölkerung in der Nazizeit. Ihre Bedeutung wird zum einen durch die Stellung am Anfang der Verfassung unterstrichen. Zum anderen gehört die Menschenwürdegarantie gem. Art. 79 Abs. 3 GG zum **änderungsfesten Kern des Grundgesetzes.** Damit ist die Menschenwürdegarantie nicht nur Maßstab in der Gesetzeskontrolle, sondern kann sogar zur Kontrolle von Verfassungsänderungen herangezogen werden. 1

Auch in der **europäischen Grundrechtecharta** wird die Menschenwürde durch Art. 1 GRC geschützt. Der Wortlaut ist mit dem von Art. 1 Abs. 1 GG nahezu identisch. Stellung und Wortlaut der Norm sind sehr wahrscheinlich darauf zurückzuführen, dass der ehemalige Bundespräsident und Präsident des Bundesverfassungsgerichts Roman Herzog Vorsitzender des Europäischen Konvents zur Erarbeitung der Grundrechtecharta war. 2

Die **Europäische Menschenrechtskonvention** kennt dagegen **keine explizite Garantie der Menschenwürde.** Dennoch beruft sich der EGMR in seinen Urteilen teilweise auf das Konzept der Menschenwürde. Allerdings hat letzteres keine eigenständige normative Bedeutung, so dass aus ihm unmittelbar keine Rechte hergeleitet werden können. Vielmehr beruft sich der Gerichtshof in erster Linie auf die Menschenwürde, um die Schwere der Verletzung einer im Übrigen eigenständigen Konventionsgarantie zum Ausdruck zu bringen.[1] Daneben enthält die EMRK – ebenso wie die Grundrechtecharta – noch zwei eigenständige Garantien, die im deutschen Verfassungsrecht regelmäßig der Menschenwürdegarantie zugerechnet werden: das **Sklavereiverbot** in Art. 4 EMRK und das **Folterverbot** in Art. 3 EMRK. 3

In der Rechtsprechungspraxis hat die Menschenwürdegarantie im deutschen Verfassungsrecht und im EU-Recht eine sehr unterschiedliche Bedeutung. Im **EU-Recht** wird Art. 1 GRC zumeist als **Auslegungshilfe** für Richtlinien oder andere Garantien der Grundrechtecharta herangezogen. So begründet der Gerichtshof etwa den absoluten Charakter des Folterverbots in Art. 4 GRC mit seiner engen Verbindung zur Men- 4

[1] *Petersen,* Human Dignity, in: MPEPIL IV, 2012, S. 1013, Rn. 16.

schenwürdegarantie in Art. 1 GRC.[2] Allerdings ist diese in der bisherigen Rechtsprechung kein eigenständiger Maßstab für eine Grundrechtsverletzung. Vielmehr bezieht sich der Gerichtshof auf die konkreteren Normen der Art. 4 und 5 GRC.

5 Demgegenüber spielt die Menschenwürdegarantie in der Rechtsprechung des BVerfG eine nicht unerhebliche Rolle. Erstens gibt es im Grundgesetz **kein spezifisches Sklaverei- oder Folterverbot,** so dass das BVerfG in diesen Fällen – anders als der EuGH und der EGMR – auf die allgemeine Menschenwürdegarantie zurückgreifen muss. Zweitens hat die Menschenwürdegarantie als Schutznorm für den **Kernbereich des allgemeinen Persönlichkeitsrechts** (Art. 2 Abs. 1 i. V. m. Art. 1 Abs. 1 GG) eine signifikante Bedeutung erlangt (→ 3 J I). Auch hier müssen weder der EGMR noch der EuGH auf die Menschenwürdegarantie zurückgreifen, da sowohl das EU-Recht als auch die EMRK speziellere Normen zum Schutz des Privatlebens kennen. Drittens haben die Karlsruher Richter schließlich darüber hinausgehende Gehalte aus der Menschenwürdegarantie abgeleitet. Wie weit die Menschenwürdegarantie genau reicht, ist allerdings nicht immer klar.

6 Im Folgenden soll zunächst auf die – in der deutschen verfassungsrechtlichen Literatur diskutierte – Frage eingegangen werden, ob die Menschenwürdegarantie überhaupt ein Grundrecht ist. Zweitens werden wir uns den Garantiegehalt der Menschenwürde näher ansehen. Drittens wird schließlich auf die Diskussion eingegangen, ob Eingriffe in die Menschenwürdegarantie gerechtfertigt werden können.

A. Die Menschenwürdegarantie als Grundrecht?

7 In der Literatur wird teilweise bestritten, dass es sich bei der **Menschenwürde um ein Grundrecht** handelt.[3] Es geht dabei in erster Linie um die Frage, ob die Menschenwürdegarantie **subjektiv-rechtlichen Charakter** hat, der Einzelne sich also im Rahmen einer Verfassungsbeschwerde auf eine Verletzung seiner Menschenwürde berufen kann.[4] Auch wenn das BVerfG die Menschenwürde nie explizit als Grundrecht bezeichnet hat, hat es aus dieser dennoch – unter Zustimmung der wohl hL[5] – ein subjektives Recht hergeleitet, so dass Art. 1 Abs. 1 GG Grundlage einer Verfassungsbeschwerde sein kann.[6]

8 Der oft angeführte **systematische Befund** bringt keine Klarheit: Art. 1 Abs. 3 GG, der auf die „nachfolgenden Grundrechte" Bezug nimmt, spricht gegen den Grundrechtscharakter, der Einbezug in den Abschnitt „Die Grundrechte" hingegen dafür. Hinter der Debatte steht wohl die Befürchtung, dass der normative Gehalt der **Menschenwürde als Grundrecht entwertet** wird, wenn relativ triviale Belange in den Schutzbereich der Menschenwürde einbezogen werden. Diese Befürchtung ist ernst zu nehmen. In der verwaltungs- und verfassungsgerichtlichen Rechtsprechung gibt es eine

[2] EuGH 16.2.2017 – C-578/16 PPU, EU:C:2017:127, Rn. 59 – C.K.

[3] *Dürig,* MD-GG, 1958, Art. 1, Rn. 4; *Enders,* Menschenwürde, 1997, S. 92ff., 377ff.

[4] Gegen den subjektiv-rechtlichen Charakter der Menschenwürdegarantie etwa *Dreier,* DR-GG, Art. 1 Abs. 1, Rn. 121ff.; *Dürig,* MD-GG, 1958, Art. 1, Rn. 4ff.; *Enders,* Menschenwürde, 1997, S. 92ff., 377ff..

[5] S. etwa *Herdegen,* MD-GG, 55. Lfg. 2009, Art. 1 Abs. 1, Rn. 29; *Jarass*/Pieroth, Art. 1, Rn. 3; *Krawietz,* GS Friedrich Klein, 1977, 248, 278ff.

[6] BVerfGE 1, 332 (343); 12, 113 (123); 15, 283 (286); 109, 133 (149f.).

Tendenz, den Gehalt der Menschenwürdegarantie in einer Weise auszudehnen, der mit ihrer Stellung als absoluter Verfassungsnorm nicht zu vereinbaren ist. Allerdings kann diesem Problem besser durch eine **enge Auslegung des Gehalts der Menschenwürdegarantie** Rechnung getragen werden als durch eine Aberkennung ihres subjektiv-rechtlichen Charakters.

Klausurhinweis: In der Klausur ist auf diese Diskussion nur dann einzugehen, wenn im Sachverhalt Hinweise zu finden sind, dass der subjektiv-rechtliche Charakter der Menschenwürde bestritten wird.

B. Der Garantiegehalt der Menschenwürde

Nicht nur der Grundrechtscharakter der Menschenwürdegarantie, sondern auch ihr **konkreter Garantiegehalt** ist im Einzelnen **umstritten.** 9

I. Ansätze zur Konkretisierung der Menschenwürde

In Literatur und Rechtsprechung werden verschiedene Ansätze zur Konkretisierung 10
der Menschenwürde vertreten. Es gibt im Wesentlichen drei Ansätze, die eine positive Begriffsbestimmung der Menschenwürde versuchen: Im Anschluss an die christliche Naturrechtslehre und die antike Philosophie wird die Menschenwürde teilweise als **Eigenwert des Menschen** beschrieben, durch den dieser sich von allen anderen Lebewesen unterscheide.[7] Ein auf *Niklas Luhmann* zurückgehender Ansatz stellt darauf ab, dass die Würde des Menschen auf seinem **selbstbestimmten Verhalten** beruhe.[8] Würde ist also nicht naturgegeben, sondern muss erarbeitet werden. Ein oft als **Kommunikationstheorie** bezeichneter Ansatz stellt schließlich darauf ab, dass Würde sich durch soziale Anerkennung konstituiere.[9]

Keiner dieser Ansätze hat sich bisher in der Diskussion als abschließende Definition 11
der Menschenwürde durchsetzen können. Allerdings muss man diese Ansätze nicht zwingend als abschließend und gegensätzlich begreifen. Analysiert man die Rechtsprechung des BVerfG, so beschreiben insbesondere die Ansätze, die auf den Eigenwert des Menschen und die soziale Anerkennung abstellen, **verschiedene Dimensionen des Würdebegriffs.**

Das BVerfG greift in seiner Rechtsprechung oft auf einen negativen Ansatz zur Bestim- 12
mung der Menschenwürde zurück – die sog. **Objektformel.**[10] Diese wurde von Günter Dürig in Anlehnung an Immanuel Kants Würdebegriff[11] entwickelt.[12] Danach muss der Mensch immer als Wert an sich begriffen und darf nicht zum bloßen Objekt staatlichen Handelns herabgewürdigt werden. So plausibel diese Formel auch klingen mag, hilft sie doch in der Praxis bei der Konkretisierung und Subsumption wenig weiter.[13]

---

7 S. *Starck,* JZ 1981, 457, 459f.; *Reiter,* APuZ B 23–24/2004, 6.
8 *Luhmann,* Grundrechte als Institution, 1965, S. 68ff.
9 *Hofmann,* AöR 118 (1993), 353, 364.
10 BVerfG 27, 1 (6); 45, 187 (228).
11 S. *Kant,* Grundlegung zur Metaphysik der Sitten, S. 59ff. (hg. von W. Weischedel, Werkausgabe, Band VII, 1974).
12 *Dürig,* AöR 81 (1956), 117, 127.
13 S. etwa die instruktive Kritik von *Kumm/Walen,* in: Huscroft u. a. (Hg.), Proportionality and the Rule of Law, 2014, 67ff. an der Entscheidung des BVerfG zum Luftsicherheitsgesetz.

Klausurhinweis: In der Klausur ist es nicht notwendig, auf alle einzelnen Ansätze zur Konkretisierung der Menschenwürde einzugehen. Vielmehr sollten Sie selektiv vorgehen und einzelne Ansätze zur Begründung der im Folgenden dargestellten Fallgruppen heranziehen.

II. Bestimmung des normativen Gehalts über Fallgruppen

13 In der Praxis wird die Bestimmung des normativen Gehalts der Menschenwürde oft über **Fallgruppen** vorgenommen. Dabei werden Konstellationen identifiziert, bei denen anerkannt ist, dass sie die Menschenwürdegarantie betreffen. Dieser Ansatz ist nicht unproblematisch. Er kann sich nur auf die vergangene Rechtsprechung beziehen. Insofern ergeben sich aus ihm keine Leitlinien für eine Weiterentwicklung des normativen Gehalts. Angesichts der Schwierigkeiten, den Gehalt der Menschenwürdegarantie abstrakt zu bestimmen, ist diese Lösung aber pragmatisch und bietet sich vor allem in der Klausurlösung an.

14 Zunächst sind **zwei Konstellationen** zu unterscheiden, in denen sich das BVerfG auf die Menschenwürdegarantie beruft. Zum einen zitiert das Gericht die Menschenwürde oft in **Kombination mit anderen Grundrechten** oder Verfassungsprinzipien, wie etwa beim allgemeinen Persönlichkeitsrecht (Art. 2 Abs. 1 i. V. m. Art. 1 Abs. 1 GG) und bei der Gewährleistung des Existenzminimums (Art. 1 Abs. 1 GG i. V. m. dem Sozialstaatsprinzip). Zum anderen greift das Gericht in einigen Fällen direkt auf Art. 1 Abs. 1 GG zurück. In der Praxis kommt die erste Konstellation allerdings deutlich häufiger vor.

15 Man kann die folgenden **drei Fallgruppen** unterscheiden:

16 1) Zunächst ist allgemein anerkannt, dass **systematische Demütigungen, Erniedrigungen und Diskriminierungen** die Menschenwürdegarantie verletzen. Wichtigster Unterfall dieser Fallgruppe ist das in Art. 3 EMRK und Art. 4 GRC explizit normierte **Verbot der Folter** sowie der unmenschlichen und erniedrigenden Behandlung. Das Folterverbot ist vor allem in der Rechtsprechung des EGMR näher konkretisiert worden. Der Gerichtshof stellt dabei insbesondere auf die Dauer, den Kontext sowie die physischen und psychologischen Folgen einer Maßnahme ab, um zu bestimmen, ob es sich um Folter oder unmenschliche Behandlung handelt.

17 In der Praxis haben sich **mehrere Konstellationen** herauskristallisiert, in denen der Gerichtshof eine Verletzung des Folterverbots angenommen hat:[14] Polizeigewalt, die über das notwendige Maß hinausgeht[15] oder zu Verletzungen führt, die plausibel nicht erklärt werden können;[16] unmenschliche Haftbedingungen wie die Unterbringung in sehr kleinen Zellen oder unzureichende Hygiene und medizinische Versorgung;[17] mangelnder Schutz gegen Missbrauch durch Privatpersonen;[18] und die Abschiebung in Staaten, in denen den Betroffenen Folter oder die Todesstrafe oder eine sonstige ernsthafte Gefahr für ihr Leben droht.[19]

[14] S. dazu ausführlich *Grabenwarter/Pabel,* EMRK, § 20, Rn. 34 ff.; *Peters/Altwicker,* EMRK, § 6, Rn. 15 ff.

[15] S. bspw. EGMR 10.3.2009, 39806/05 – Paladi; 28.9.2015, 23380/09 – Bouyid.

[16] EGMR 12.5.2009, 9258/04, Rn. 26 – Mrozowski.

[17] S. EGMR 26.10.2000 [GK], 30210/96, Rn. 92 ff. – Kudla.

[18] S. EGMR 10.10.2002, 38719/97 – D.P. u. J.C.

[19] EGMR 7.7.1989, 14038/88 – Soering; 23.8.2016 [GC], 59166/12 – J.K. ./. Schweden.

Schließlich hat der EGMR im Fall ***M.S.S.*** entschieden, dass auch die Abschiebung von Flüchtlingen in Staaten, in denen aufgrund von systematischen Verfahrensmängeln kein faires Asylverfahren gewährleistet werden kann, als **unmenschliche und erniedrigende Behandlung** zu qualifizieren sei.[20] Im konkreten Fall stellte es fest, dass die Auslieferung eines Schutzsuchenden von Belgien nach Griechenland gegen Art. 3 EMRK verstoße, obwohl Griechenland nach den Bestimmungen der Dublin-Verordnung für den Antrag auf internationalen Schutz zuständig war. Der **EuGH** schloss sich dieser Auffassung explizit an und entschied kurze Zeit später in ***N.S.,*** dass eine solche Auslieferung auch Art. 4 GRC verletze.[21] Dieser Rechtsprechung wird mittlerweile durch Art. 3 Abs. 2 UA 2 der Dublin III-VO Rechnung getragen, der ein Überstellungshindernis etabliert, wenn das Asylverfahren im eigentlich zuständigen Mitgliedstaat systematische Schwachstellen aufweist. 18

Das BVerfG hat zudem in der **lebenslangen Freiheitsstrafe** ohne jegliche Hoffnung auf Freilassung eine unmenschliche Behandlung und damit eine Verletzung der Menschenwürde gesehen.[22] Ob die **Todesstrafe** eine Würdeverletzung darstellt, ist bisher weder vom BVerfG noch vom EGMR explizit entschieden worden, da sowohl Art. 102 GG als auch das 6. und das 13. Zusatzprotokoll zur EMRK in dieser Hinsicht explizite Verbote enthalten. Aufgrund der schweren psychischen Folgen, die die Aussicht auf die Vollstreckung der Todesstrafe für die Betroffenen hat (sog. Todeszellenphänomen), ist jedoch davon auszugehen, dass die Todesstrafe sowohl die Menschenwürdegarantie als auch Art. 3 EMRK und Art. 4 GRC verletzen würde. 19

Weiterhin zählt das **Verbot der Sklaverei, Zwangsarbeit und des Menschenhandels,** das durch Art. 4 EMRK und Art. 5 GRC gewährleistet wird, zum Gewährleistungsgehalt der Menschenwürde. Selten geht die Sklavenhaltung dabei direkt vom Staat aus. Vielmehr verletzt letzterer zumeist eine Schutzpflicht, wenn er nicht eingreift, obwohl Anhaltspunkte für Sklaverei bestehen. In der Rechtsprechungspraxis beschäftigen den EGMR beim Sklavereiverbot vor allem Fälle der **Zwangsprostitution.**[23] 20

Zwangsarbeit ist jede Verpflichtung zu einer **höchstpersönlichen Dienstleistung,** die nicht freiwillig übernommen wird. Ob Freiwilligkeit vorliegt ist dabei im Einzelfall zu beurteilen. Dabei kommt es insbesondere auf die durch die Verpflichtung empfundene Belastung und die dadurch erlangten Vorteile an. So hat der EGMR etwa entschieden, dass unbezahlte Pflichtmandate als Voraussetzung für die Anwaltszulassung in Belgien nicht als Zwangsarbeit zu werten seien.[24] Zudem enthält Art. 4 Abs. 3 EMRK verschiedene Negativtatbestände, die nicht als Zwangsarbeit gelten. 21

2) Nach der Rechtsprechung des BVerfG zählt auch das Verbot von Eingriffen in den **Kernbereich der Privatsphäre** zum Normgehalt der Menschenwürdegarantie. Dies wird zum einen im Rahmen des **allgemeinen Persönlichkeitsrechts** (Art. 2 Abs. 1 i. V. m. Art. 1 Abs. 1 GG) zum Ausdruck gebracht. Der Menschenwürdegehalt des Persönlichkeitsrechts führt dazu, dass Eingriffe in den Kernbereich des Persönlichkeitsrechts, die sog. Intimsphäre, nicht gerechtfertigt werden können (→ § 2 J I 2). Aber teilweise greift das Gericht auch direkt auf Art. 1 Abs. 1 GG zurück: So hat es sich 22

[20] EGMR 21. 1. 2011 [GK], 30696/09 – M.S.S..
[21] EuGH, Slg. 2011, I-13905 – N.S.
[22] BVerfGE 45, 187 (245 f.) – Lebenslange Freiheitsstrafe.
[23] S. EGMR 19. 7. 2018, 60561/14 – S.M. ./. Kroatien.
[24] EGMR 23. 11. 1983, 8919/80 – Van der Mussele.

etwa im Urteil zum *Großen Lauschangriff* auf die Menschenwürdegarantie gestützt, um eine im Rahmen einer Verfassungsänderung vorgenommene Einschränkung von Art. 13 GG verfassungskonform auszulegen.[25]

23 3) Schließlich leitet das BVerfG aus Art. 1 Abs. 1 GG i. V. m. dem Sozialstaatsprinzip aus Art. 20 Abs. 1 GG eine staatliche Pflicht zur **Gewährleistung des Existenzminimums** her.[26] Das methodische Problem dieser Dimension der Menschenwürdegarantie ist die Bezifferung des Existenzminimums durch die Verfassungsrichter, da diese für eine solche Aufgabe regelmäßig weder methodisch ausgebildet sind, noch eine ausreichende demokratische Legitimität besitzen. Das Verfassungsgericht beschränkt sich daher auf die Überprüfung des Verfahrens, in dem der Gesetzgeber die Höhe von Sozialleistungen zur Sicherung des Existenzminimums festlegt (→ § 8 E I).

C. Ist eine Rechtfertigung von Eingriffen möglich?

24 Lange Zeit war allgemein anerkannt, dass die Menschenwürdegarantie absolut gilt, **Eingriffe** in die Menschenwürde also **nicht gerechtfertigt** werden können.[27] Dabei wird überwiegend auf den Wortlaut von Art. 1 Abs. 1 GG Bezug genommen, der die Menschenwürde als „unantastbar" bezeichnet. **In jüngerer Zeit** wird die Uneinschränkbarkeit der Menschenwürde aber **zunehmend bestritten.**[28] Anlass des Streits ist in erster Linie das Folterverbot. Autoren, die die Menschenwürdegarantie einer Abwägung zugänglich machen wollen, argumentieren zumeist, dass das Folterverbot in extremen Notfällen nicht absolut sein solle.

25 Konstruktiv gibt es im Wesentlichen **zwei verschiedene Ansätze,** um eine Einschränkung des Folterverbots und damit auch der Menschenwürdegarantie dogmatisch zu begründen. Zum einen wird vorgeschlagen, dass schon bei der **Bestimmung des Menschenwürdegehalts** eine **Abwägung** vorzunehmen sei.[29] Die Abwägung wird also auf Schutzbereichsebene vorgenommen, so dass die Menschenwürde technisch einer Rechtfertigungsprüfung weiterhin nicht zugänglich bleibt und der Ansatz sich somit gegen den Einwand immunisiert, den Wortlaut von Art. 1 Abs. 1 GG zu missachten. Zum anderen wird argumentiert, dass eine Rechtfertigung von Folter dann ausnahmsweise zulässig sein müsse, wenn die Anwendung von Folter notwendig sei, um die **Menschenwürde eines Dritten zu schützen.**[30] Die Befürworter einer solchen Abwägung können sich teilweise auf die **Rechtsprechung des BVerfG** berufen. Zwar argumentiert das Verfassungsgericht regelmäßig, dass die Menschenwürdegarantie

[25] BVerfGE 109, 279 – Großer Lauschangriff.

[26] S. BVerfGE 125, 175 – Hartz IV; 132, 134 – AsylbLG.

[27] So die wohl immer noch hM: *Kloepfer,* FS 50 Jahre BVerfG II, 2001, 77, 98; *Petersen,* KJ 2004, 316, 319f.; *Böckenförde,* JZ 2003, 809, 809f.; *Poscher,* JZ 2004, 756; *Papier,* FS Christian Starck, 2007, 371, 374; *Kohl,* Menschenwürde, 2007, S. 126; *Ladeur/Augsberg,* Menschenwürde, 2008, S. 27ff.; *v. Bernstorff,* Der Staat 47 (2008), 21, 29ff.; *Höfling,* in: Gröschner/Lembcke (Hg.), Unantastbarkeit, 2009, 111, 114; *Kunig,* in: Gröschner/Lembcke (Hg.), Unantastbarkeit, 2009, 121; *Broß,* in: Robertson-von Trotha (Hg.), 60 Jahre GG, 2009, 41; *Poscher,* JZ 2009, 269.

[28] S. die verschiedenen Ansätze bei *Wittreck,* DÖV 2003, 873, 879ff.; *Hain,* Der Staat 45 (2006), 189; *Brugger,* JöR 56 (2008), 95, 123; *Dederer,* JöR 57 (2009), 89, 112ff.; *Herdegen,* MD-GG, 55. Lfg. 2009, Art. 1 Abs. 1, Rn. 46ff.; *Teifke,* Menschenwürde, 2011; *Goos,* Innere Freiheit, 2011, S. 164ff.

[29] So insbesondere *Herdegen,* MD-GG, 55. Lfg. 2009, Art. 1 Abs. 1, Rn. 46ff.

[30] So v. a. *Wittreck,* DÖV 2003, 873, 879ff.

einer Abwägung nicht zugänglich sei.[31] In der Praxis nimmt das Gericht aber oft implizite Abwägungen vor.[32]

Normativ spricht jedoch viel dafür, an der **Abwägungsfestigkeit der Menschenwürdegarantie** festzuhalten. Zwar bietet der Wortlaut gegen beide Ansätze kein zwingendes Argument. Die Abwägung gegenläufiger Belange von der Rechtfertigungs- auf die Schutzbereichsebene zu ziehen, bricht mit der traditionellen Dogmatik der Freiheitsrechte und wirkt daher wie ein Umgehungsmanöver. Auch der Rückgriff auf die Figur der Würdekollision, nach der Folter zum Schutz der Menschenwürde Dritter zulässig sein müsse, überzeugt nicht hinreichend. Oft steht in den diskutierten Fallbeispielen nicht die Menschenwürde Dritter, sondern „lediglich" deren Lebensrecht auf dem Spiel. 26

Wichtiger aber ist, dass **Folter** zur Erlangung zuverlässiger Informationen ein **äußerst unzuverlässiges Mittel** ist: Wie weiß man mit Sicherheit, ob der mutmaßliche Bombenleger oder Entführer tatsächlich für die Gefahr verantwortlich ist? Wie kann sichergestellt werden, dass die Informationen, die durch Folter erlangt werden, zuverlässig sind? Untersuchungen des Geheimdienstausschusses des US Senats zum Antiterrorkampf der USA nach den Anschlägen des 11. September 2001 zeigen, dass die Folter als Aufklärungsinstrument sehr ineffektiv war.[33] Weiterführende Informationen hätten die Geheimdienste zumeist schon vor der Folter von Verdächtigen bekommen. Letztere habe dann zumeist nur noch Schutzlügen zutage gefördert. 27

Die Diskussion zur Rechtfertigungsmöglichkeit von Folter wird in ähnlicher Weise auch im Rahmen der Folterverbote von Art. 3 EMRK und Art. 4 GRC geführt. In beiden Fällen lehnen der **EGMR** und der **EuGH** eine Rechtfertigungsmöglichkeit jedoch ab und sehen das **Folterverbot als absolute Garantie** an. Der EuGH begründet dabei die **Unanwendbarkeit der Rechtfertigungsnorm von Art. 52 GRC** mit der engen Verbindung des Folterverbots zur Menschenwürdegarantie in Art. 1 GRC.[34] 28

[31] Explizit BVerfGE 109, 279 (314) – Großer Lauschangriff.

[32] S. *Petersen,* KJ 2004, 316, 324; *Lepsius,* Jura 2005, 433, 440; *Borowski,* in: Sieckmann (Hg.), Prinzipientheorie, 2007, 81, 102ff.; *Dederer,* JöR 57 (2009), 89, 114f.; *Teifke,* Menschenwürde, 2011, S. 121, 131ff.; *Möllers,* in: Jestaedt u. a. (Hg.), Das entgrenzte Gericht, 2011, 281, 394.

[33] S. *Mazzetti,* N.Y. Times v. 9. Dez. 2014, https://nyti.ms/1D3IYHa.

[34] EuGH 16.2.2017 – C-578/16 PPU, EU:C:2017:127, Rn. 59 – C.K.

§ 5. Die Gleichheitsrechte

1 Gleichheit wird oft als eines der **fundamentalen Postulate von Gerechtigkeit** angesehen. Wenn man allerdings versucht, näher zu bestimmen, was Gleichheit ist, merkt man schnell, dass die Bestimmung nicht so einfach ist, wie sie intuitiv scheint. Gesetze unterscheiden notwendigerweise. Die Aufgabe von Gleichheitsrechten ist es zu bestimmen, ob die getroffene Unterscheidung rechtmäßig war oder nicht. Diese Bestimmung ergibt sich jedoch nicht aus dem Konzept der Gleichheit selbst.[1] Vielmehr braucht man dafür zusätzliche, **externe normative Maßstäbe.**

2 Aus diesen Gründen überrascht es nicht, dass Grundrechtskataloge Gleichheitsrechte unterschiedlich ausgestalten. Es gibt grundsätzlich **zwei Arten von Gleichheitsrechten** – zum einen **allgemeine Gleichheitsrechte,** die die Gleichheit vor dem Gesetz schützen, und zum anderen spezielle Diskriminierungsverbote, die Unterscheidungen aufgrund bestimmter Kriterien verbieten.

3 Sowohl im Grundgesetz als auch im EU-Recht finden sich beide Arten von Gleichheitsrechten. Zum einen normieren Art. 3 Abs. 1 GG und Art. 20 GRC jeweils ein **allgemeines Gleichheitsrecht.** Zum anderen gibt es aber auch **Diskriminierungsverbote.** Im Grundgesetz ist ein allgemeines Diskriminierungsverbot in Art. 3 Abs. 3 GG normiert. Daneben finden sich spezielle Diskriminierungsverbote in Art. 6 Abs. 1 und 5 GG sowie bereichsspezifische Gleichheitsrechte in Art. 33 Abs. 1–3 und 38 Abs. 1 GG. Im **EU-Recht** gibt es ein allgemeines Diskriminierungsverbot in Art. 21 Abs. 1 GRC. Daneben finden sich aber auch verschiedene spezielle Diskriminierungsverbote. Die wichtigsten sind dabei Art. 18 AEUV, das Verbot der Diskriminierung aufgrund der Staatsangehörigkeit, und Art. 157 AEUV, der ein gleiches Entgelt für Männer und Frauen bei gleichwertiger Arbeit fordert.

4 Die **EMRK** kennt dagegen nur ein **allgemeines Diskriminierungsverbot,** das in Art. 14 EMRK geregelt ist. Dieses weist **zwei Besonderheiten** auf. Zum einen ist die Liste der verbotenen Diskriminierungsgründe in Art. 14 EMRK – anders als in Art. 3 Abs. 3 GG – **nicht abschließend.** Vielmehr kann der EGMR eine Verletzung der Vorschrift auch dann feststellen, wenn eine Unterscheidung weder direkt noch indirekt auf einem der aufgelisteten Kriterien beruht. Zum anderen ist Art. 14 EMRK **akzessorisch.** Das bedeutet, dass die Vorschrift nur dann Anwendung findet, wenn ein anderes Konventionsrecht betroffen ist. Diese Akzessorietät wird in Art. 1 des 12. Zusatzprotokolls zur EMRK aufgegeben. Da dieses von Deutschland bisher aber nicht ratifiziert wurde, wird hier auf diese Vorschrift nicht näher eingegangen, zumal ihr in der Rechtsprechungspraxis des EGMR bisher eine untergeordnete Bedeutung zukommt.

5 Im Folgenden wird zunächst auf das allgemeine Gleichheitsrecht und anschließend auf die allgemeinen wie speziellen Diskriminierungsverbote eingegangen. In der **Grundrechtsprüfung** würde man dagegen – wie bei den Freiheitsrechten – genau andersherum vorgehen: Zunächst werden die speziellen Gleichheitsrechte (also die Diskriminierungsverbote) und anschließend das allgemeine Gleichheitsrecht geprüft. Im **Verhältnis zu den Freiheitsrechten** prüft man immer **zuerst die Freiheits-** und an-

[1] S. *Westen,* Harv. LR 95 (1982), 537, der Gleichheit daher als „leeres Konzept" bezeichnet.

schließend die Gleichheitsrechte, weil die Freiheitsrechte in der Regel die weitergehende Rechtsfolge haben.

A. Der allgemeine Gleichheitssatz in Art. 3 Abs. 1 GG und Art. 21 GRC

Literatur: *Westen,* The Empty Idea of Equality, Harv. LR 95 (1982), 537; *Huster,* Rechte und Ziele: Zur Dogmatik des allgemeinen Gleichheitssatzes, 1993; *Hesse,* Der allgemeine Gleichheitssatz in der neueren Rechtsprechung des Bundesverfassungsgerichts zur Rechtsetzungsgleichheit, FS Peter Lerche, 1993, S. 121; *Somek,* The Deadweight of Formulae: What Might Have Been the Second Germanization of American Equal Protection Review, UPenn JCL 1 (1998), 284; *Bryde/Kleindiek,* Der allgemeine Gleichheitssatz, Jura 1999, 36; *Osterloh,* Der verfassungsrechtliche Gleichheitssatz: Entwicklungslinien in der Rechtsprechung des Bundesverfassungsgerichts, EuGRZ 2002, 309; *Damm,* Menschenwürde, Freiheit, komplexe Gleichheit: Dimensionen grundrechtlichen Gleichheitsschutzes, 2006; *Albers,* Gleichheit und Verhältnismäßigkeit, JuS 2008, 945; *Britz,* Einzelfallgerechtigkeit versus Generalisierung, 2008; *Schwarz,* Grundfälle zu Art. 3 GG, JuS 2009; *Osterloh,* Der Gleichheitssatz zwischen Willkürverbot und Grundsatz der Verhältnismäßigkeit, FS Michael Kloepfer, 2013, S. 139; *Pietzcker,* Der allgemeine Gleichheitssatz, Hdb GR V, 2013, § 125; *Britz,* Der allgemeine Gleichheitssatz in der Rechtsprechung des BVerfG, NJW 2014, 346; *Kingreen,* Gleichheitsrechte, in: Ehlers (Hg.), Europäische Grundrechte und Grundfreiheiten, 4. Aufl. 2014, § 21; *Sachs/Jasper,* Der allgemeine Gleichheitssatz, JuS 2016, 769; *Petersen,* Gleichheitssatz und Einzelfallgerechtigkeit, Der Staat 57 (2018), 327.

Sowohl Art. 3 Abs. 1 GG als auch Art. 21 GRC schützen die Gleichheit „vor dem Gesetz“. Entgegen dem Wortlaut ist allerdings bei beiden Vorschriften anerkannt, dass sie nicht lediglich gegen Maßnahmen des Rechtsanwenders schützen, sondern auch Kontrollmaßstab für den Gesetzgeber sind. Sowohl im deutschen Verfassungsrecht als auch im EU-Recht ist die Dogmatik des Gleichheitssatzes deutlich weniger gefestigt als die Dogmatik der Freiheitsrechte. Anerkannt ist jedoch, dass die **Prüfung** grundsätzlich **in zwei Schritten** erfolgt. Im ersten Schritt wird geprüft, ob eine Ungleichbehandlung vorliegt, im zweiten ob diese Ungleichbehandlung gerechtfertigt werden kann. 6

I. Ungleichbehandlung

Eine Ungleichbehandlung liegt in beiden Rechtsordnungen dann vor, wenn entweder **wesentlich Gleiches ungleich** oder **wesentlich Ungleiches gleich** behandelt wird.[2] Das Problem an dieser dogmatischen Formel ist, dass sie offen lässt, wann zwei Individuen oder Situationen „wesentlich“ gleich oder ungleich sind. Zwei Personen gleichen sich selten in allen Umständen. Die Frage ist daher, welches die wesentlichen Umstände sind, in denen sich die Personen gleichen müssen, damit eine Ungleichbehandlung angenommen werden kann. Diese Frage kann durch die Dogmatik nicht beantwortet werden. Vielmehr muss dafür auf **externe Wertungen** zurückgegriffen werden. In der Praxis legen die Gerichte das Kriterium der Wesentlichkeit großzügig aus und nehmen im Zweifel eine Ungleichbehandlung an. 7

Weiterhin ist im Rahmen der Ungleichbehandlung zu beachten, dass diese **demselben Hoheitsträger zurechenbar** sein muss. Ein Niedersachse kann sich also nicht allein deswegen auf Art. 3 GG berufen, weil bayrischen Landesbürgern durch den bayrischen Gesetzgeber ein Vorteil gewährt wird, den der niedersächsische Gesetzgeber seinen Landeskindern verwehrt. Probleme kann dies teilweise verursachen, wenn eine EU-Richtlinie 8

[2] Für das deutsche Verfassungsrecht s. BVerfGE 1, 14 (52) – Südweststaat; 4, 144 (155); 86, 81 (87).

Anpassungen vom deutschen Gesetzgeber verlangt, die zu einer Besserbehandlung von EU-Bürgern gegenüber deutschen Staatsbürgern führt. Diese Situation wird oft als **Inländerdiskriminierung** bezeichnet. Da der deutsche Gesetzgeber zur Umsetzung verpflichtet war, spricht viel dafür, die Ungleichbehandlung unterschiedlichen Hoheitsträgern zuzurechnen. Selbst wenn man dies nicht tut, wird die Umsetzungspflicht allerdings im Regelfall eine ausreichende Rechtfertigung für die Ungleichbehandlung darstellen.

II. Rechtfertigung

9 Der Schwerpunkt der Prüfung liegt auf dem zweiten Schritt, der Rechtfertigung. Anders als bei der Ungleichbehandlung unterscheiden sich hier die Ansätze von BVerfG und EuGH.

1. Rechtfertigungsprüfung bei Art. 3 Abs. 1 GG

10 Die Dogmatik der Rechtsprechung des BVerfG hat sich in den letzten Jahrzehnten erheblich entwickelt und immer stärker an die Dogmatik der Freiheitsrechte angenähert. Die Änderungen betrafen dabei im Wesentlichen den vom Verfassungsgericht angelegten Prüfungsmaßstab. Anfänglich legte das Gericht bei der Rechtfertigung die sogenannte **Willkürformel** zugrunde. Demnach war der Gleichheitssatz lediglich dann verletzt, wenn die Unterscheidung als willkürlich angesehen werden musste, es also keinen sachlichen Grund für sie gab.[3]

11 In den 1980er Jahren entwickelte das Gericht dann die sog. **neue Formel,** die – je nach Art der Unterscheidung – unterschiedliche Prüfungsmaßstäbe einführte.[4] Diese wurde im Jahr 1993 dann durch die **„neueste" Formel** ersetzt, der zufolge sich „je nach Regelungsgegenstand und Differenzierungsmerkmalen unterschiedliche Grenzen für den Gesetzgeber [ergeben], die vom bloßen Willkürverbot bis zu einer strengen Bindung an den Verhältnismäßigkeitsgrundsatz reichen."[5]

12 Auch wenn die Formel einen graduellen Übergang vom Willkürverbot zur Verhältnismäßigkeitsprüfung suggeriert, war der **Prüfungsmaßstab** in der Praxis **zweigeteilt:** Das Gericht legte entweder einen **Willkürmaßstab** oder den **Verhältnismäßigkeitsgrundsatz** zugrunde.

13 Die bisher letzte Entwicklungsstufe erfolgte im Jahr 2011 mit Einführung der sogenannten **Stufenlosformel.** In der *Mediziner-BAföG*-Entscheidung argumentierte das Gericht, dass bei der Prüfung des Gleichheitssatzes „ein stufenloser am Grundsatz der Verhältnismäßigkeit orientierter verfassungsrechtlicher Prüfungsmaßstab [gilt], dessen Inhalt und Grenzen sich nicht abstrakt, sondern nur nach den jeweils betroffenen unterschiedlichen Sach- und Regelungsbereichen bestimmen lassen."[6]

14 Einige Richter sehen die Stufenlosformel als Zäsur gegenüber der bisherigen Rechtsprechung an.[7] In der Rechtsprechungspraxis hat sich bisher aber wenig geändert.[8] Vielmehr lässt das Gericht bei der Anwendung der Formel **zwei Intensitätsstufen** erkennen: In ei-

---

[3] BVerfGE 1, 14 (52).
[4] BVerfGE 55, 72 (88).
[5] BVerfGE 88, 87 (96) – Transsexuelle II.
[6] BVerfGE 88, 87 (96).
[7] *Britz,* NJW 2014, 346, 347.
[8] *Petersen,* Der Staat 57 (2018), 329, 345.

nigen Entscheidungen greift es auf einen **„großzügigen Prüfungsmaßstab"** zurück,[9] während es in anderen einen **„strengen Prüfungsmaßstab"** anlegt.[10] Der großzügige Prüfungsmaßstab gleicht dabei der alten **Willkürformel.** In Fällen, in denen das Gericht diesen großzügigen Prüfungsmaßstab anlegt, ist es sehr selten, dass eine Maßnahme als Verstoß gegen den Gleichheitssatz angesehen wird. Demgegenüber steht beim „strengen" Prüfungsmaßstab ausdrücklich die **Verhältnismäßigkeitsprüfung** im Mittelpunkt.

Nach welchen Kriterien bestimmt sich nun, ob ein eher großzügiger oder ein eher strenger Prüfungsmaßstab angelegt wird? Das Gericht differenziert dabei nach **personen- und verhaltensbezogenen Unterscheidungen.** Bei personenbezogenen Unterscheidungen soll die Prüfungsdichte umso enger sein, je stärker sich die Unterscheidungskriterien den in Art. 3 Abs. 3 GG genannten Kriterien annähern.[11] Beispiele für Kriterien, die in Art. 3 Abs. 3 GG nicht genannt werden, aber eine strenge Grundrechtsprüfung auslösen, sind etwa die Nationalität oder die sexuelle Orientierung. Bei verhaltensbezogenen Unterscheidungen soll dann eine strengere Prüfungsdichte zugrunde gelegt werden, wenn die betroffenen Individuen durch ihr Verhalten die Verwirklichung des Unterscheidungskriteriums nicht beeinflussen können oder wenn das Verhalten in den Schutzbereich eines Freiheitsgrundrechts fällt.[12] 15

Prüfungsschema Verletzung von Art. 3 Abs. 1 GG

I. Ungleichbehandlung
   1. Ungleichbehandlung von wesentlich Gleichem oder Gleichbehandlung von wesentlich Ungleichem?
   2. Ist die Ungleichbehandlung derselben öffentlich-rechtlichen Körperschaft zuzurechnen? (*)

II. Rechtfertigung
   1. Bestimmung des Prüfungsmaßstabs
      Wenn die Unterscheidung personenbezogen ist: Wie nah ist sie an den Kriterien des Art. 3 Abs. 3 GG?
      Wenn die Unterscheidung verhaltensbezogen ist: Kann der Betroffene die Verwirklichung des Kriteriums beeinflussen? Fällt das Verhalten in den Schutzbereich eines Freiheitsrechts?
   2. Bei großzügigem Prüfungsmaßstab: Willkürprüfung
      Ist die Unterscheidung willkürlich?
   3. Bei strengem Prüfungsmaßstab: Verhältnismäßigkeit
      a. Dient die Unterscheidung einem legitimen Zweck?
      b. Ist sie zur Zweckerreichung geeignet?
      c. Gibt es ein milderes, ebenso geeignetes Mittel?
      d. Ist die Differenzierung zur Erreichung des Ziels angemessen?

Die mit (*) gekennzeichneten Prüfungspunkte müssen nur angesprochen werden, wenn der Fall dazu Anlass gibt.

[9] S. BVerfGE 129, 49 (69f.); 132, 372 (388).
[10] S. BVerfGE 133, 59 (87); 138, 136 (184f.).
[11] BVerfGE 88, 87 (96) – Transsexuelle II.
[12] BVerfGE 88, 87 (96).

2. Rechtfertigungsprüfung im EU-Recht

16 Ebenso wie das BVerfG unterscheidet auch der EuGH zwischen **unterschiedlichen Prüfungsdichten.** Allerdings ist die EuGH-Rechtsprechung noch weniger gefestigt als die des BVerfG. Sie wird in der Literatur oft als inkohärent kritisiert.[13] Unklar ist, ob der Gerichtshof unterschiedliche Prüfungsmaßstäbe anwendet, wie diese Prüfungsmaßstäbe ausgestaltet sind und auf welche Kriterien er zur Unterscheidung zwischen diesen zurückgreift.[14] Es scheint, dass die empfundene Inkohärenz darauf zurückzuführen ist, dass die Rechtsprechung des EuGH sich über die Zeit nicht unerheblich entwickelt hat. In seiner **älteren Rechtsprechung** legte das Gericht einen **großzügigen Prüfungsmaßstab** an, der der Willkürprüfung im deutschen Verfassungsrecht ähnlich ist und nach der es ausreicht, wenn es objektive Gründe für die Differenzierung gibt, diese also nicht willkürlich ist.[15]

17 In der **jüngeren Rechtsprechung** findet sich dagegen ein **strengerer Prüfungsmaßstab.** Der Gerichtshof verlangt mittlerweile für die Rechtfertigung einer Differenzierung, dass diese „im Zusammenhang mit einem rechtlich zulässigen Ziel steht, das mit der in Rede stehenden Regelung verfolgt wird," und dass sie „in angemessenem Verhältnis" zu diesem Ziel steht.[16] Das Gericht greift also auf eine **verkürzte Verhältnismäßigkeitsprüfung** zurück, bei dem lediglich der erste, zweite und vierte Schritt der Verhältnismäßigkeit geprüft wird: Verfolgt die Regelung ein rechtlich zulässiges Ziel? Ist sie geeignet, das Ziel zu verfolgen („im Zusammenhang stehen")? Ist sie angemessen?

Prüfungsschema Verletzung von Art. 20 GRC

I. Anwendbarkeit der Grundrechtecharta, Art. 51 Abs. 1 GRC
II. Ungleichbehandlung
   1. Ungleichbehandlung von wesentlich Gleichem oder Gleichbehandlung von wesentlich Ungleichem?
   2. Ist die Ungleichbehandlung derselben öffentlich-rechtlichen Körperschaft zuzurechnen? (*)
III. Rechtfertigung
   1. Dient die Unterscheidung einem rechtlich zulässigen Zweck?
   2. Ist sie zur Zweckerreichung geeignet?
   3. Ist die Differenzierung zur Erreichung des Ziels angemessen?

Die mit (*) gekennzeichneten Prüfungspunkte müssen nur angesprochen werden, wenn der Fall dazu Anlass gibt.

---

13 S. z. B. *Kischel*, EuGRZ 24 (1997), 1; *Odendahl*, in: Hdb EuGR, 2006, § 43, Rn. 26, 30 ff.
14 S. *Croon*, ELJ 19 (2013), 153.
15 EuGH, Slg. 1982, 2885, Rn. 22 – Julius Kind KG v EWG.
16 EuGH, Slg. 2008, I-9895, Rn. 47 – Arcelor Atlantique et Lorraine; 17.10.2013 – C-101/12, EU:C:2013:661, Rn. 77 – Schaible; 22.5.2014 – C-356/12, EU:C:2014:350, Rn. 43 – Glatzel; 9.3.2017 – C-406/15, EU:C:2017:198, Rn. 55 – Milkova.

III. Besondere Ausprägungen des allgemeinen Gleichheitssatzes in der Rechtsprechung des BVerfG

Leider trifft das oben dargestellte Grundmodell der Gleichheitsprüfung nicht auf alle Fälle zu, die das BVerfG unter Art. 3 Abs. 1 GG entscheidet. Vielmehr hat das Gericht neben der soeben dargestellten Differenzierung bei der Prüfungsdichte **Sonderdogmatiken** entwickelt, die neben der traditionellen Gleichheitsprüfung stehen. Die wichtigste Ausprägung ist dabei die **Folgerichtigkeitsdogmatik.**[17] Der Folgerichtigkeitsgrundsatz verlangt vom Gesetzgeber, dass dieser an einem „einmal gewählten Grundsatz folgerichtig festhalten" müsse.[18] Das BVerfG identifiziert in solchen Fällen einen übergeordneten Zweck, den ein Gesetz verfolgt. 18

So hat das BVerfG etwa in seiner Entscheidung zur **Streichung der Entfernungspauschale** im Steuerrecht das sogenannte Nettoprinzip als ein Prinzip des Steuerrechts identifiziert. Das bedeutet, dass das Einkommen erst nach Abzug aller aus beruflichen Gründen getätigten Aufwendungen besteuert wird. In der beanstandeten Gesetzesänderung hatte der Gesetzgeber die Kosten für die Fahrt zur Arbeit nicht mehr als beruflich veranlasste Aufwendung qualifiziert. Allerdings hatte er eine Ausnahme für Arbeitswege von mehr als 20 km eingefügt. Diese sollten, soweit sie 20 km überstiegen, wie berufliche Aufwendungen behandelt werden. Das BVerfG sah durch diese Ausnahme das Prinzip der Folgerichtigkeit als verletzt an.[19] Die Ausnahme zeige, dass der Gesetzgeber die Aufwendungen für die Fahrt zur Arbeit grundsätzlich noch als berufliche Aufwendung ansehe. 19

Stellt das Gericht fest, dass der Gesetzgeber nicht folgerichtig gehandelt hat, gibt es ihm die **Möglichkeit einer Rechtfertigung.** Gerade im Steuerrecht muss die Rechtfertigung allerdings über den bloßen Zweck der Einnahmeerzielung hinausgehen. In dem Beispielsfall sah das Gericht die Streichung der Entfernungspauschale nicht als gerechtfertigt an. Zwar kommen zur Rechtfertigung insbesondere ökologische Lenkungszwecke in Betracht. Allerdings hatte der Gesetzgeber sich auf diese gerade nicht berufen.[20] 20

Schließlich gibt es noch einige **bereichsspezifische Besonderheiten des Gleichheitssatzes,** vor allem im Wahl- und im Steuerrecht. Im **Wahlrecht** hat das BVerfG aus Art. 3 Abs. 1 GG den Grundsatz der Wahlrechtsgleichheit und den Grundsatz der Chancengleichheit der Parteien abgeleitet, wobei es für letzteren Art. 3 Abs. 1 GG i. V. m. Art. 21 GG zitiert. Auch hier nimmt das Gericht eine zweistufige Prüfung vor, stellt an die Rechtfertigung von Ungleichbehandlungen aber strenge Anforderungen. So fordert das Gericht für eine Differenzierung zwischen Parteien im Rahmen des **Grundsatzes der Chancengleichheit der Parteien** einen „besonderen, zwingenden Grund".[21] Allerdings muss dies nicht zwingend zu einer formalen Gleichbehandlung führen. Vielmehr ist etwa bei Fragen der staatlichen Parteienfinanzierung auch die Bedeutung der Parteien bei der Zuteilung staatlicher Mittel zu berücksichtigen: Parteien, 21

[17] S. BVerfGE 1, 208 (246) – 7,5%-Sperrklausel.

[18] BVerfGE 17, 122 (132).

[19] BVerfGE 122, 210 (236).

[20] BVerfGE 122, 210 (238). Eine berechtigte Kritik der Entscheidung findet sich bei *Lepsius,* JZ 2009, 260.

[21] BVerfGE 20, 56 (116); 24, 300 (339).

die mehr Wählerstimmen auf sich vereinigen, können auch mehr staatliche Mittel in Anspruch nehmen.

22 Der **Grundsatz der Wahlrechtsgleichheit** hat in der Praxis vor allem bei Mindeststimmquoren Bedeutung erlangt. Auch hier sind Differenzierungen nicht ausgeschlossen, bedürfen jedoch ebenfalls zwingender Gründe. Das Gericht unterscheidet zwischen der Zählwert- und der Erfolgswertgleichheit. Bei Einschränkungen der Erfolgswertgleichheit durch Mindeststimmquoren, wie etwa einer 5%-Hürde für den Einzug ins Parlament, hat das Gericht die Funktionsfähigkeit des Parlaments grundsätzlich als rechtfertigenden Grund anerkannt.[22] Allerdings muss das Quorum zur Zielerreichung auch erforderlich sein, was das BVerfG in jüngeren Entscheidungen bei Kommunalparlamenten in Schleswig-Holstein[23] oder dem Europaparlament[24] verneint hat.

23 Im Steuerrecht hat das BVerfG aus Art. 3 Abs. 1 GG den **Grundsatz der steuerlichen Belastungsgleichheit** entwickelt. Diesem zufolge muss „die Besteuerung nach der (wirtschaftlichen) Leistungsfähigkeit ausgerichtet" werden.[25] Differenzierungen bei der Belastung unterschiedlicher Steuerpflichtiger sind deswegen nicht *per se* unzulässig, sie setzen jedoch „ein[e] über den Zweck der Einnahmeerzielung hinausgehend[e] besonder[e] sachlich[e] Rechtfertigung" voraus.[26] Beispiele für einen solchen Zweck sind etwa wirtschaftspolitische Lenkungsziele.

B. Besondere Gleichheitsrechte

Literatur: *Maidowski,* Umgekehrte Diskriminierung, 1989; *Huster,* Frauenförderung zwischen individueller Gerechtigkeit und Gruppenparität, AöR 118 (1993), 109; *Sacksofsky,* Das Grundrecht auf Gleichberechtigung, 2. Aufl. 1996; *Borchardt,* Der soziale Gehalt der Unionsbürgerschaft, NJW 2000, 2057; *Kokott,* Gleichheitsschutz und Diskriminierungsverbote in der Rspr. des BVerfG, FS 50 Jahre BVerfG II, 2001, S. 127; *Arnardóttir,* Equality and Non-Discrimination under the European Convention of Human Rights, 2003; *K. Hailbronner,* Union Citizenship and Access to Social Benefits, CMLR 42 (2005), 1245; *Baker,* The Enjoyment of Rights and Freedoms, MLR 69 (2006), 714; *Spaventa,* Seeing the wood despite the trees? On the scope of Union citizenship and its constitutional effects, CMLR 45 (2008), 13; *Besson,* Never Shall the Twain Meet? Gender Discrimination under EU and ECHR Law, HRLR 8 (2008), 647; *Kadelbach,* Unionsbürgerschaft, in: v. Bogdandy/Bast (Hg.), Europäisches Verfassungsrecht, 2. Aufl. 2009, S. 611; *O'Connell,* Cinderella comes to the Ball: Art. 14 and the right to non-discrimination in the ECHR, Legal Studies 29 (2009), 211; *Altwicker,* Menschenrechtlicher Gleichheitsschutz, 2011; *Richter,* Gleichberechtigung von Mann und Frau, Hdb GR V, 2013, § 126; *Wendt,* Spezielle Gleichheitsrechte, Hdb GR V, 2013, § 127; *Raschka,* Freizügigkeit von Unionsbürgern und Zugang zu sozialen Leistungen, EuR 48 (2013), 116; *Petersen,* The Principle of Non-discrimination in the European Convention on Human Rights and in EU Fundamental Rights Law, in: Nakanishi (Hg.), Contemporary Issues in Human Rights Law, 2018, S. 129; *D. Steiger,* Freizügigkeit in der EU und Einschränkungen von Sozialleistungen für EU-Ausländer, EuR 53 (2018), 304.

24 Neben dem allgemeinen Gleichheitssatz gibt es sowohl im EU-Recht als auch im deutschen Verfassungsrecht mehrere besondere Gleichheitsrechte und Diskriminierungsverbote. Man kann dabei unterscheiden zwischen **‚allgemeinen' Diskriminierungs-**

[22] BVerfGE 1, 208 (248) – 7,5%-Sperrklausel.
[23] BVerfGE 120, 82 – Sperrklausel Kommunalwahlen.
[24] BVerfGE 135, 259 – Sperrklausel Europawahl.
[25] BVerfGE 43, 108 (120) – Kinderfreibeträge.
[26] BVerfGE 132, 334 (349) (Rn. 47).

verboten, die die Diskriminierung aufgrund verschiedener Merkmale verbieten, **besonderen Diskriminierungsverboten,** die sich lediglich auf ein bestimmtes Diskriminierungsmerkmal beziehen, und **bereichsspezifischen Gleichheitsrechten,** die Gleichheit in einem bestimmten Lebensbereich sicherstellen wollen. Schließlich gibt es noch **staatliche Förderaufträge** zur Herstellung materieller Gleichheit, die im Wesentlichen als Rechtfertigungsgründe für Ungleichbehandlungen fungieren.

I. Allgemeine Diskriminierungsverbote: Art. 3 Abs. 3 GG, Art. 21 GRC und Art. 14 EMRK

Allgemeine Diskriminierungsverbote fordern keine allgemeine Gleichbehandlung, 25
sondern verbieten vielmehr die Differenzierung aufgrund spezifischer Merkmale. Sie finden sich in fast allen Rechtsordnungen. In der deutschen Verfassung findet sich das allgemeine Diskriminierungsverbot in Art. 3 Abs. 3 GG, im EU-Recht in Art. 21 Abs. 1 GRC und in der EMRK in Art. 14 EMRK. Während Art. 3 Abs. 3 GG die **verbotenen Differenzierungsmerkmale abschließend aufzählt,** enthalten sowohl Art. 21 Abs. 1 GRC als auch Art. 14 EMRK **offene Kataloge,** die die Differenzierung nur „insbesondere" aufgrund der aufgezählten Kriterien verbieten. Allerdings ist der Unterschied weniger gravierend, als er zunächst scheinen mag, da für Differenzierungen aufgrund eines nicht in Art. 3 Abs. 3 GG aufgezählten Kriteriums immer noch der Rückgriff auf den allgemeinen Gleichheitssatz in Frage kommt.

Der Prüfungsaufbau ist bei Diskriminierungsverboten grundsätzlich derselbe wie 26
beim allgemeinen Gleichheitssatz: Es wird **zweistufig geprüft.** Im ersten Schritt gilt die Besonderheit, dass die Ungleichbehandlung auf dem verbotenen Unterscheidungsmerkmal beruhen muss. Im zweiten Schritt wird dann untersucht, ob die Ungleichbehandlung gerechtfertigt werden kann.

1. Differenzierung aufgrund eines verbotenen Merkmals

Wie beim allgemeinen Gleichheitssatz ist bei den Diskriminierungsverboten zunächst 27
zu prüfen, ob eine **Ungleichbehandlung** vorliegt. Darüber hinaus muss festgestellt werden, ob diese Ungleichbehandlung auch auf einem der verbotenen Kriterien beruht. Dies ist relativ einfach festzustellen, wenn eine betroffene Regelung **unmittelbar an ein verbotenes Unterscheidungskriterium** anknüpft. Schwieriger ist die Beurteilung, ob neben solchen direkten auch **indirekte Diskriminierungen** umfasst sind.

Direkte Diskriminierungen unterscheiden ausdrücklich aufgrund des verbotenen Kri- 28
teriums, während **indirekte Diskriminierungen** auf einem **scheinbar neutralen Unterscheidungskriterium** beruhen, aber die faktische Konsequenz haben, dass die Mitglieder einer bestimmten, durch eines der genannten Kriterien definierten Gruppe schlechter behandelt werden. Ein Beispiel für eine indirekte Diskriminierung aufgrund des Geschlechts ist etwa die Benachteiligung von Teilzeit- gegenüber Vollzeitarbeitnehmern, wenn die große Mehrzahl der Teilzeitarbeitnehmer weiblich ist, während die Mehrzahl der Vollzeitarbeitnehmer männlich ist. Auch wenn die Unterscheidung auf einem „neutralen" Kriterium beruht (Länge der Arbeitszeit), handelt es sich um eine indirekte Diskriminierung von Frauen.

Im **EU-Recht** spielt das Konzept der indirekten Diskriminierung bei den besonderen 29
Diskriminierungsverboten eine große Rolle. Es wurde vom EuGH im Zusammen-

hang mit Art. 157 AEUV entwickelt und hat auch in der Rechtsprechung zu Art. 18 AEUV eine signifikante Bedeutung erlangt. Das Konzept der indirekten Diskriminierung sorgt dafür, dass der Anwendungsbereich der besonderen Diskriminierungsverbote nicht leerläuft, indem Mitgliedstaaten auf „neutrale" Unterscheidungskriterien zurückgreifen, die allerdings **mit dem verbotenen Kriterium stark korrelieren.** Bei Art. 21 GRC hat sich der EuGH in Bezug auf indirekte Diskriminierungen bisher zurückgehalten, was wohl damit zusammenhängt, dass der Norm neben den speziellen Diskriminierungsverboten und dem allgemeinen Gleichheitssatz in Art. 20 GRC nur eine untergeordnete Bedeutung zukommt.

30 Ähnlich sieht es mit der **Rechtsprechung des BVerfG** zu Art. 3 Abs. 3 GG aus. Da bei indirekten Diskriminierungen immer zumindest das allgemeine Gleichheitsrecht in Art. 3 Abs. 1 GG einschlägig ist, muss das Gericht nicht auf das Konzept der indirekten Diskriminierung zurückgreifen. Ein Rückgriff auf dieses Konzept erscheint lediglich dann sinnvoll, wenn die Korrelation zwischen dem Unterscheidungsmerkmal und dem verbotenen Differenzierungskriterium offensichtlich ist. In der Rechtsprechung des EGMR hat das Konzept der indirekten Diskriminierung lange Zeit keine Rolle gespielt.[27] In seiner jüngeren Rechtsprechung erkennt der EGMR allerdings an, dass auch **indirekte Diskriminierungen grundsätzlich unter Art. 14 EMRK** fallen.[28]

31 Im Rahmen der **EMRK** und der **Grundrechtecharta** stellt sich zudem ein weiteres Problem, da die **Liste der verbotenen Kriterien** in diesen Rechtsordnungen **nicht abschließend** ist. Bedeutet dies, dass grundsätzlich jedes Unterscheidungskriterium zu einer Verletzung des Diskriminierungsverbots führen kann, oder sind an die Qualität der Unterscheidungsmerkmale besondere Anforderungen zu stellen? In der Rechtsprechung des EuGH ist dieses Problem bisher nicht aufgetaucht, da der Gerichtshof neben dem Diskriminierungsverbot in Art. 21 Abs. 1 GRC auch auf den allgemeinen Gleichheitssatz in Art. 20 GRC zurückgreifen kann und beide Vorschriften in der Praxis auch nebeneinander zitiert. Der EGMR argumentiert, dass die Liste in Art. 14 EMRK zwar nicht abschließend sei, die Anerkennung zusätzlicher Differenzierungskriterien aber dennoch beschränkt sei. Art. 14 EMRK umfasse nicht alle Differenzierungen, sondern lediglich solche Differenzierungen, die auf identifizierbaren, objektiven oder persönlichen Merkmalen beruhten.[29] Es muss sich also um persönliche oder gruppenbezogene Merkmale handeln, **die den genannten Kriterien ähnlich** sind. Ein Beispiel, das in der jüngeren Rechtsprechung des Gerichts erhebliche Bedeutung erlangt hat, ist etwa eine **Unterscheidung aufgrund der sexuellen Orientierung.**

2. Rechtfertigung

32 Wie beim allgemeinen Gleichheitssatz können Differenzierungen grundsätzlich auch bei Diskriminierungsverboten gerechtfertigt werden. Allerdings ist nicht vollständig geklärt, ob die Rechtfertigung **strengeren Anforderungen** unterliegen muss als im Rahmen des allgemeinen Gleichheitssatzes. Grundsätzlich ist man sich zunächst einig,

[27] *Besson,* HRLR 8 (2008), 647, 663f.

[28] EGMR 6.1.2005, 58641/00 – Hoogendijk; 20.6.2006, 17209/02, Rn. 78 und 82f. – Zarb Adami; 13.11.2007 [GK], 57325/00, Rn. 179f. und 187ff. – D.H.

[29] EGMR 13.07.2010, 7205/07, Rn. 55 – Clift.

dass die aufgeführten verbotenen Unterscheidungsmerkmale gerade **nicht der Zweck der Differenzierung** sein dürfen. Frauen dürfen also nicht anders behandelt werden als Männer, *weil* sie Frauen sind.

Ob darüber hinaus noch gesteigerte Anforderungen an die Rechtfertigung zu stellen sind, ist unklar. Die **Rechtsprechung** des Bundesverfassungsgerichts ist hier **uneinheitlich.** In der Rechtsprechungspraxis spielt vor allem das Diskriminierungsverbot aufgrund des Geschlechts in Art. 3 Abs. 3 GG eine signifikante Rolle. Hier verlangt das Gericht in seiner neueren Rechtsprechung, dass die Differenzierung zur Lösung von Problemen **„zwingend erforderlich"** sein muss, die „ihrer Natur nach nur entweder bei Männern oder bei Frauen auftreten können".[30] Auch der **EGMR lässt** eine **Rechtfertigung von Diskriminierungen** grundsätzlich **zu:** Nach der Rechtsprechung des Gerichtshofs ist eine Diskriminierung dann gerechtfertigt, wenn sie ein berechtigtes Ziel verfolgt und verhältnismäßig ist, wobei der Gerichtshof die Verhältnismäßigkeit regelmäßig nicht in allen Einzelheiten prüft. 33

3. Anwendungsbereich von Art. 14 EMRK

Das allgemeine Diskriminierungsverbot der EMRK weist gegenüber den Vorschriften der Art. 3 Abs. 3 GG und Art. 21 GRC noch eine Besonderheit auf: Die Vorschrift greift grundsätzlich nur ein, wenn die Maßnahme gleichzeitig auch noch ein anderes Konventionsrecht betrifft (sog. **Akzessorietät**). Art. 1 des 12. Zusatzprotokolls verzichtet zwar mittlerweile auf die Akzessorietät, ist aber von der Mehrzahl der Konventionsstaaten, u. a. auch von Deutschland, bisher nicht ratifiziert worden, so dass die Norm für diese nicht verbindlich ist. Der EGMR legt das Akzessorietätskriterium weit aus. Es ist nicht erforderlich, dass der Schutzbereich eines Konventionsgrundrechts eröffnet ist. Vielmehr muss die Maßnahme lediglich in den **Regelungsbereich** *(ambit)* fallen.[31] 34

Hier ist der **Gerichtshof** regelmäßig **großzügig.** So hat er beispielsweise eine Feuerwehrabgabe, die lediglich Männern auferlegt wurde, an Art. 14 EMRK gemessen, da die Zahlung die Dienstpflicht bei der freiwilligen Feuerwehr substituiert hat.[32] Zur Begründung hat er sich auf Art. 4 Abs. 3 lit. d EMRK bezogen. Zwar werden dort Dienstleistungen, die zu den üblichen Bürgerpflichten gehören, aus dem Schutzbereich des Verbots der Zwangsarbeit von Art. 4 Abs. 2 EMRK gerade ausgeschlossen. Nach Ansicht des EGMR zeige die Vorschrift aber, dass Bürgerpflichten eine hinreichende Nähe zum Verbot der Zwangsarbeit hätten, um den Regelungsbereich von Art. 14 EMRK zu eröffnen. Ähnlich hat er bei Steuern über Art. 1 des 1. Zusatzprotokolls und bei Sozialleistungen für Familien über Art. 8 EMRK den Anwendungsbereich des Diskriminierungsverbots von Art. 14 EMRK regelmäßig als eröffnet angesehen. 35

30 BVerfGE 85, 191 (207); 92, 91 (109); 114, 357 (364). Bei mittelbaren Diskriminierungen wird darauf abgestellt, ob sonstige Güter von Verfassungsrang die Differenzierung rechtfertigen können, s. BVerfGE 121, 241 (257).

31 EGMR 28.11.1984, 8777/79, Rn. 29 – Rasmussen ./. Dänemark; 28.10.1987, 8695/79, Rn. 36 – Inze; 18.07.1994, 13580/88, Rn. 22 – Karlheinz Schmidt; 21.2.1997, 20060/92, Rn. 33 – Van Raalte.

32 EGMR 18.07.1994, 13580/88, Rn. 22f. – Karlheinz Schmidt.

Prüfungsschema Diskriminierungsverbote
0. Anwendbarkeit (nur im EU-Recht und bei der EMRK) EU-Recht: Art. 51 Abs. 1 GRC EMRK: Fällt die Maßnahme in den Regelungsbereich eines anderen Konventionsrechts? 1. Ungleichbehandlung a. Ungleichbehandlung b. Beruht die Ungleichbehandlung direkt (oder indirekt) auf einem durch das Diskriminierungsverbot verbotenen Kriterium? c. Ist die Ungleichbehandlung derselben öffentlich-rechtlichen Körperschaft zuzurechnen? (*) 2. Rechtfertigung a. Dient die Unterscheidung einem legitimen Zweck? b. Ist sie zur Zweckerreichung verhältnismäßig? Die mit (*) gekennzeichneten Prüfungspunkte müssen nur angesprochen werden, wenn der Fall dazu Anlass gibt.

II. Besondere Diskriminierungsverbote

36 Neben den allgemeinen Diskriminierungsverboten in Art. 3 Abs. 3 GG und Art. 21 GRC enthalten sowohl das Grundgesetz als auch das EU-Recht **besondere Diskriminierungsverbote.** Vor allem **im EU-Recht** haben diese eine **erhebliche praktische Bedeutung** – sie sind deutlich wichtiger als das allgemeine Diskriminierungsverbot in Art. 21 GRC. Wir werden uns im Folgenden auf die besonderen Diskriminierungsverbote im Grundgesetz und zwei Diskriminierungsverbote des EU-Rechts beschränken: Das Verbot der Diskriminierung aufgrund der Staatsangehörigkeit in Art. 18 AEUV und das Verbot der Lohndiskriminierung zwischen Männern und Frauen in Art. 157 AEUV.

1. Besondere Diskriminierungsverbote im Grundgesetz: Art. 6 Abs. 1 und 5 GG

37 Das Grundgesetz enthält in Art. 6 Abs. 1 und 5 GG zwei besondere Diskriminierungsverbote. Art. 6 Abs. 1 GG enthält ein **Diskriminierungsverbot der Ehe:** Verheiratete Paare dürfen diesem zufolge nicht schlechter gestellt werden als unverheiratete Paare. Anders als andere Diskriminierungsverbote ist Art. 6 Abs. 1 GG asymmetrisch ausgestaltet: Die Ehe darf nicht benachteiligt werden, eine Bevorzugung gegenüber anderen Partnerschaften ist dagegen zulässig. Weiterhin verbietet Art. 6 Abs. 5 GG die **Diskriminierung von unehelichen gegenüber ehelichen Kindern.**

38 In beiden Fällen lässt das BVerfG eine **Rechtfertigung** zu. Im Rahmen von Art. 6 Abs. 1 GG muss die Maßnahme, die Eheleute benachteiligt, einen legitimen Zweck verfolgen und verhältnismäßig sein. Bei ehelichen und unehelichen Kindern ist eine Differenzierungen nur dann erlaubt, „wenn sie aufgrund der unterschiedlichen tatsächlichen Lebenssituation zwingend erforderlich ist, um das Ziel der Gleichstellung […] zu erreichen“.[33] Es

[33] BVerfGE 118, 45 (62).

muss also ein **zwingendes Erfordernis** vorliegen, und die Maßnahme muss zu dessen Erreichung zudem **verhältnismäßig** sein.

2. Das Diskriminierungsverbot aufgrund der Nationalität in Art. 18 AEUV

Art. 18 AEUV verbietet Diskriminierungen aufgrund der Staatsangehörigkeit. Allerdings müssen für die **Anwendbarkeit der Vorschrift** zwei zusätzliche Voraussetzungen erfüllt sein. Zum einen ist Art. 18 AEUV subsidiär. Im konkreten Fall darf also **kein spezielleres Diskriminierungsverbot** einschlägig sein. Speziellere Diskriminierungsverbote enthalten insbesondere die Grundfreiheiten, so dass Art. 18 AEUV im Anwendungsbereich der Grundfreiheiten keine Anwendung findet. Zum anderen muss die Diskriminierung **im Anwendungsbereich der Verträge** erfolgen. Die Anwendbarkeit von Art. 18 AEUV unterscheidet sich daher von der Anwendbarkeit der Grundrechte der Grundrechtecharta. Da Art. 18 AEUV nicht Teil der Grundrechtecharta ist, ist Art. 51 Abs. 1 GRC hier nicht anwendbar. 39

Stattdessen setzt die Anwendbarkeit von Art. 18 AEUV voraus, dass es sich um einen Sachverhalt handelt, der **vom Anwendungsbereich des EU-Rechts** erfasst ist. Dagegen greift Art. 18 AEUV bei rein innerstaatlichen Sachverhalten grundsätzlich nicht. Allerdings hat der EuGH das Kriterium des Anwendungsbereichs der Verträge **weit ausgelegt.** Dabei hat er sich insbesondere auf die Unionsbürgerschaft und das in **Art. 21 AEUV** enthaltene **Freizügigkeitsrecht** gestützt. Danach kann sich ein Unionsbürger grundsätzlich schon dann auf das Diskriminierungsverbot berufen, wenn er sich **rechtmäßig auf dem Gebiet eines anderen Mitgliedstaats** aufhält. Das ist unabhängig davon, ob er dort seinen Wohnsitz hat,[34] studiert[35] oder möglicherweise nur einen beruflich oder touristisch motivierten Kurzaufenthalt vornimmt.[36] 40

Art. 18 AEUV verbietet Diskriminierungen aufgrund der Staatsangehörigkeit. Allerdings umfasst das Diskriminierungsverbot nach der Rechtsprechung des EuGH nicht lediglich direkte Diskriminierungen, sondern **auch indirekte Diskriminierungen,** also Unterscheidungen, die auf einem scheinbar neutralen Kriterium beruhen, aber zur Konsequenz haben, dass EU-Ausländer faktisch schlechter behandelt werden als Inländer.[37] So hat der Gerichtshof bspw. Unterscheidungen, die an den Wohnsitz, das Land des Schulabschlusses, die Mitgliedschaft in der nationalen Sozialversicherung oder den Ort der Fahrzeugregistrierung anknüpfen, als indirekte Diskriminierung angesehen. 41

Bei indirekten Diskriminierungen lässt der EuGH eine **Rechtfertigung der Unterscheidung** zu, wenn die Unterscheidung ein legitimes Ziel verfolgt und verhältnismäßig ist.[38] Dies spielt insbesondere bei der Frage, ob EU-Ausländern **Ansprüche aus der Sozialversicherung** zustehen, eine große Rolle. So hat der EuGH ein Wohnsitzerfordernis für die Zuerkennung von Sozialversicherungsansprüchen als gerechtfer- 42

[34] EuGH, Slg. 1998, I-2708 – Martínez Sala.

[35] EuGH, Slg. 2001, I-6229 – Grzelczyk.

[36] EuGH, Slg. 1998, I-7650 – Bickel and Franz.

[37] EuGH, Slg. 1997, I-300, Rn. 16 – Pastoors; Slg. 2000, I-8126, Rn. 57 – Ferlini; Slg. 2002, I-2981, Rn. 15 – Kommission ./. Italien; 18.3.2014 – C-628/11, EU:C:2014:171, Rn. 64 – International Jet Management GmbH.

[38] EuGH, Slg. 2010, I-2735, Rn. 48 – Bressol.

tigt angesehen.[39] Weiterhin erkennt der Gerichtshof an, dass die Mitgliedstaaten ein legitimes Interesse haben, Sozialversicherungsansprüche einzuschränken, um Missbrauch einzuschränken. Das gilt insbesondere dann, wenn der antragstellende EU-Ausländer im Gastland weder aktiv arbeitet noch studiert.[40]

Prüfungsschema Art. 18 AEUV
0. Anwendbarkeit: Liegt die Maßnahme im Anwendungsbereich der Verträge? 1. Direkte oder indirekte Diskriminierung aufgrund der Staatsangehörigkeit 2. Rechtfertigung a. Dient die Unterscheidung einem legitimen Zweck? b. Ist sie zur Zweckerreichung verhältnismäßig?

3. Das Verbot der Diskriminierung zwischen Frauen und Männern in Art. 157 AEUV

43 Art. 157 AEUV soll sicherstellen, dass Männer und Frauen **das gleiche Entgelt für gleiche Arbeit** bekommen. Als die Norm eingeführt wurde, standen nicht die Geschlechtergerechtigkeit, sondern vielmehr Wettbewerbserwägungen im Vordergrund. Insbesondere Frankreich befürchtete Wettbewerbsnachteile durch billige weibliche Arbeitskräfte in anderen Mitgliedstaaten. Doch der EuGH rückte bei der Auslegung von Art. 157 AEUV in seiner *Defrenne II*-Entscheidung den Gedanken der **Geschlechtergleichheit** in den Vordergrund.[41] In derselben Entscheidung stellte der Gerichtshof zudem klar, dass sich das Diskriminierungsverbot nicht lediglich an die Mitgliedstaaten richtet, sondern **Direktwirkung für kollektive und individuelle Arbeitsverträge** entfaltet.[42]

44 Der EuGH hat den **Begriff der Bezahlung** weit ausgelegt. Darunter fallen nicht nur das Arbeitsentgelt, sondern **alle Formen der Kompensation,** wie etwa Ausgleichszahlungen bei Vertragsbeendigung, gesetzliche Lohnfortzahlungen im Krankheitsfall oder Betriebsrenten. Nicht zur Bezahlung gehören dagegen gesetzliche Sozialleistungen.[43] Die Abgrenzung zwischen der von Art. 157 AEUV umfassten betrieblichen Altersvorsorge und der nicht umfassten gesetzlichen Rente bereitet im Einzelfall Schwierigkeiten. In *Bilka-Kaufhaus* entschied der EuGH, dass Art. 157 AEUV bei **Betriebsrenten** dann anwendbar sei, wenn diese auf vertraglicher Vereinbarung zwischen Arbeitnehmer und Arbeitgeber (und nicht auf einer gesetzlichen Regelung) beruhen und vollständig durch den Arbeitgeber finanziert werden.[44] Dies gilt selbst dann, wenn die Betriebsrente an die Stelle der gesetzlichen Altersvorsorge tritt.[45] Mittlerweile ist diese Rechtsprechung des EuGH durch Richtlinie 2006/54 sekundärrechtlich kodifiziert worden.

[39] S. EuGH, Slg. 2004, I-2735, Rn. 67 ff. – Collins; Slg. 2008, I-8507, Rn. 45 ff. – Förster.
[40] S. EuGH, Slg. 2009, I-4585 – Vatsouras and Koupatantze; 11.11.2014 – C-333/13, EU:C:2014:2358 – Dano; 15.9.2015 – C-67/14, EU:C:2015:597 – Alimanovic.
[41] EuGH, Slg. 1976, 455 – Defrenne II.
[42] Ebd., Rn. 38 f.
[43] EuGH, Slg. 1971, 445 – Defrenne I.
[44] EuGH, Slg. 1986, 1607 – Bilka-Kaufhaus.
[45] EuGH, Slg. 1990, 1889 – Barber.

Prüfungsschema Art. 157 AEUV
1. Gleiches Entgelt für gleiche oder gleichwertige Arbeit? a. Handelt es sich bei der in Rede stehenden Leistung tatsächlich um Entgelt? (→ Legaldefinition in Art. 157 Abs. 2 UA 1 AEUV) b. Ist das Entgelt gleich oder gleichwertig? (→ Art. 157 Abs. 2 UA 2 AEUV) 2. Rechtfertigung, insbesondere Art. 157 Abs. 4 AEUV

III. Bereichsspezifische Gleichheitsrechte

45 Neben den besonderen Diskriminierungsverboten enthält das Grundgesetz noch einige **bereichsspezifische Gleichheitsrechte,** die allerdings in der Prüfungspraxis keine große Rolle spielen. Sie unterscheiden sich von den Diskriminierungsverboten dadurch, dass sie regelmäßig nicht die Unterscheidung aufgrund eines bestimmten Kriteriums, sondern vielmehr Ungleichbehandlungen **in einem bestimmten Lebensbereich** (öffentlicher Dienst, Wahlen) verbieten. Art. 33 GG gebietet die Gleichbehandlung in Bezug auf staatsbürgerliche Rechte und Pflichten sowie den Zugang zu öffentlichen Ämtern. Art. 38 Abs. 1 GG postuliert die Wahlrechtsgleichheit, geht dabei aber nicht über den Gewährleistungsgehalt hinaus, den das BVerfG ohnehin schon in Art. 3 Abs. 1 GG hineinliest (→ § 5 A III).

IV. Der Förderauftrag zur Hinwirkung auf die Gleichberechtigung

46 Ein Streitpunkt in der Diskussion um Gleichheit ist die Frage, inwieweit der Staat positive Maßnahmen ergreifen darf, um **benachteiligte Gruppen zu fördern.** In den USA werden solche Maßnahmen unter dem Begriff ***affirmative action*** diskutiert, wobei es dort vor allem um Maßnahmen zur Förderung von Afro-Amerikanern geht. In Europa dreht sich die Diskussion sehr viel stärker um die Frauenförderung. Sowohl das Grundgesetz als auch das EU-Recht enthalten in dieser Hinsicht explizite Bestimmungen, die positive Maßnahmen zur Förderung grundsätzlich erlauben.

47 Art. 3 Abs. 2 S. 2 GG enthält einen **Förderauftrag an den Staat,** auf die Gleichberechtigung von Frauen und Männern hinzuwirken. Im EU-Recht regeln Art. 23 UA 2 GRC und Art. 157 Abs. 4 AEUV, dass der Grundsatz der Gleichheit positiven Maßnahmen zur Förderung des unterrepräsentierten Geschlechts nicht entgegensteht. Auch wenn der Wortlaut von Art. 3 Abs. 2 S. 2 GG zunächst weitergehend erscheint, haben alle Vorschriften dieselbe Funktion: Sie sollen positive Maßnahmen zur Förderung von Frauen rechtfertigen. Das bedeutet allerdings nicht, dass jede Maßnahme der Frauenförderung automatisch gerechtfertigt ist. Vielmehr ist zu prüfen, ob die Maßnahme der **Förderung des unterrepräsentierten Geschlechts** dient und **verhältnismäßig** ist. Im Rahmen der Verhältnismäßigkeit ist ein angemessener Ausgleich zwischen den Interessen der Frauenförderung und den individuellen Interessen der dadurch negativ betroffenen Männer zu finden.

48 **Wie dieser Ausgleich im Einzelnen auszusehen hat, ist sehr umstritten.** Unproblematisch sind dabei sicherlich Maßnahmen, bei denen Frauen ein Vorteil zugestanden wird, ohne dass Männer dabei unmittelbar benachteiligt werden, wie etwa Karriere-

beratung oder Netzwerkveranstaltungen allein für Frauen. Problematischer sind Maßnahmen, die den Wettbewerb von Kandidaten um Arbeitsplätze zugunsten von Frauen einschränken, wie etwa Frauenquoten, Stellen, die allein für Frauen ausgeschrieben werden oder finanzielle Anreize, Kandidaten eines bestimmten Geschlechts einzustellen. Das BVerfG hat sich zu dieser Problematik bisher nicht geäußert.

49 Demgegenüber lassen sich der **Rechtsprechung des EuGH** einige Anhaltspunkte zu den **Grenzen der Frauenförderung** entnehmen. In *Abrahamsson* entschied der EuGH, dass die Bevorzugung einer weniger qualifizierten Kandidatin gegenüber einem besser qualifizierten Kandidaten in jedem Fall unverhältnismäßig sei.[46] Auch starre Klauseln, wonach Frauen bei gleicher Qualifikation gegenüber Männern der Vorrang einzuräumen ist, sind nach Auffassung des EuGH nicht gerechtfertigt.[47] Dagegen sollen Klauseln, die Frauen bei gleicher Qualifikation bevorzugen, wenn nicht überwiegende Gründe für den männlichen Bewerber sprechen, zulässig sein.[48]

C. Folgen einer Ungleichbehandlung

50 Während die Verletzung eines Freiheitsrechts im deutschen Verfassungsrecht grundsätzlich die Nichtigkeit der eingreifenden Maßnahme zur Folge hat, ist die Situation bei Gleichheitsrechten etwas komplexer. Der Gesetzgeber kann auf eine Verletzung des Gleichheitsrechts schließlich **auf zweierlei Weise reagieren:** Er kann entweder der bevorzugten Gruppe ihren Vorteil nehmen oder der benachteiligten Gruppe den Vorteil ebenfalls zugestehen. Daher stellt das BVerfG eine Gleichheitsverletzung grundsätzlich lediglich fest, ohne die Regelung für nichtig zu erklären.

51 Allerdings geht das BVerfG in einigen **Ausnahmefällen** weiter: Verlangt der Antragsteller eine Begünstigung und ist diese Gewährung der Begünstigung der einzige Weg, um dem Verfassungsverstoß abzuhelfen, weitet das BVerfG die Begünstigung auch auf den Antragsteller aus. Wendet sich der Antragsteller gegen eine Belastung und ist offensichtlich, dass der Gesetzgeber das Gesetz im Übrigen auch ohne die Belastung aufrechterhalten würde, erklärt das Gericht die Belastung direkt für nichtig. Schließlich gibt es einige Fälle, in denen das Gericht selbst eine **Übergangsregelung** trifft oder eine Regelung für den Fall festlegt, dass der Gesetzgeber innerhalb einer bestimmten Frist nicht selbst tätig wird.

52 Im EU-Recht und in der EMRK stellt sich die Problematik nicht in derselben Weise, weil sowohl der EGMR als auch der EuGH ohnehin lediglich eine Grundrechtsverletzung feststellen können. Ihre Urteile haben – anders als die des BVerfG gem. § 31 Abs. 2 BVerfGG – keine Gesetzeskraft.

[46] EuGH, Slg. 2000, I-5562, Rn. 55f. – Abrahamsson.
[47] EuGH, Slg. 1995, I-3069, Rn. 22 – Kalanke.
[48] EuGH, Slg. 1997, I-6383, Rn. 25ff. – Marschall.

§ 6. Justiz- und Verfahrensgrundrechte

Justizgrundrechte sind Ausdruck des Rechtsstaates. Sie geben dem Einzelnen keine materiellen Garantien, sondern gestehen ihm bestimmte Verfahrensrechte gegen staatliche Entscheidungen zu. Solche Verfahrensrechte sind notwendig, weil menschliche Entscheidungen immer mit Fehlern behaftet sind. Manchmal missbrauchen Amtswalter bewusst ihre Macht. In anderen Fällen sind Fehler auf kognitive Fehlleistungen oder eine unzureichende Informationsgrundlage zurückzuführen. Verfahrensrechte dienen dazu, die Häufigkeit solcher Fehler zu verringern: Sie geben Betroffenen die Möglichkeit, eine Entscheidung noch einmal durch ein unabhängiges Organ überprüfen zu lassen und zu der Streitfrage gehört zu werden. Sie sollen damit bessere materielle Entscheidungen garantieren. 1

A. Überblick und Prüfungsaufbau

Im Ergebnis sind sich die Verfahrensgarantien, die sich in den einzelnen Grundrechtskatalogen finden, sehr ähnlich. Die Regelungstechnik ist dagegen durchaus unterschiedlich. Im deutschen Grundgesetz sind die Justizgrundrechte jeweils Einzelgarantien, die sich an mehreren Stellen in der Verfassung finden. Wir haben zunächst die **Rechtsschutzgarantie** in Art. 19 Abs. 4 GG, das Recht auf den gesetzlichen Richter (Art. 101 Abs. 1 S. 2 GG) und den Anspruch auf rechtliches Gehör (Art. 103 Abs. 1 GG), die grundsätzlich in allen Sachmaterien Anwendung finden. Spezifisch für das Strafrecht finden sich in Art. 103 GG zudem noch das Vebot einer Strafe ohne Gesetz (*nulla poena sine lege,* Abs. 2) und das Verbot der Doppelbestrafung (*ne bis in idem,* Abs. 3). Schließlich leitet das BVerfG einige Verfahrensgarantien aus Art. 2 Abs. 1 GG i. V. m. dem Rechtsstaatsprinzip in Art. 20 Abs. 3 GG her. 2

In der EMRK ist das **Recht auf ein faires Verfahren** in Art. 6 die zentrale Norm, der auch in der Praxis eine enorme Bedeutung zukommt. Daneben gibt es noch eine spezifische Rechtsschutzgarantie bei der Verletzung von Konventionsrechten (Art. 13 EMRK) sowie die strafrechtlichen Garantien der *nulla poena sine lege* (Art. 7 EMRK) und des *ne bis in idem* (Art. 4 ZP VII). In der EU-Grundrechtecharta sind die Justizgrundrechte in einem Titel über justizielle Rechte zusammengefasst. Für alle Sachbereiche gilt dabei das Recht auf einen wirksamen Rechtsbehelf und ein faires Verfahren (Art. 47 GRC). Daneben gibt es noch einige strafrechtliche Garantien wie die Unschuldsvermutung (Art. 48 GRC), das Gebot der Gesetzlichkeit der Strafe (Art. 49 GRC) sowie das Doppelbestrafungsverbot (Art. 50 GRC). 3

Beim **Prüfungsaufbau** weisen die Justizgrundrechte gegenüber den Freiheitsrechten eine Besonderheit auf: Sie sind lediglich ein- bzw. zweistufig zu prüfen, d. h. es findet **keine Rechtfertigungsprüfung** statt. Der Grund ist, dass die Schutzgehalte der Verfahrensgarantien deutlich konkreter sind als die der Freiheitsrechte. Es handelt sich um Regeln im Sinne Alexys, nicht um Prinzipien (→ § 1 D). Das hat zur Folge, dass der Schwerpunkt der Prüfung nicht auf der Verhältnismäßigkeitsprüfung, sondern auf der Definition des Schutzbereichs liegt. Auch bei Verfahrensgrundrechten muss jedoch teilweise ein Ausgleich zwischen widerstreitenden Interessen getroffen werden. 4

Dieser erfolgt dann aber im Schutzbereich. Wir werden uns das bei der Diskussion der einzelnen Garantien noch näher ansehen.

B. Rechtsschutzgarantie

Literatur: *Voßkuhle,* Rechtsschutz gegen den Richter, 1993; *Frowein,* Art. 13 as a growing pillar of Convention law, in: GS Rolv Ryssdal, 2000, S. 545; *Schmidt-Aßmann,* Neue Entwicklungen zu Art. 6 EMRK und ihr Einfluß auf die Rechtsschutzgarantie des Art. 19 Abs. 4 GG, FS Walter Schmitt Glaeser 2003, S. 317; *Bickenbach,* Grundfälle zu Art. 19 IV GG, JuS 2007, 813, 910; *Schlacke,* Überindividueller Rechtsschutz, 2008; *Papier,* Rechtsschutzgarantie gegen die öffentliche Gewalt, Hdb StR VIII, 3. Aufl. 2010, § 177; *Uhle,* Rechtsstaatliche Prozeßgrundrechte und -grundsätze, Hdb GR V, 2013, § 129; *Remmert,* Die Rechtsschutzgarantie des Art. 19 IV 1 GG, Jura 2014, 906.

5 Die Rechtsschutzgarantie findet sich in allen drei Grundrechtskatalogen, auch wenn Ausgestaltung und Reichweite zum Teil variieren. Im Grundgesetz gewährleistet Art. 19 Abs. 4 GG, dass der Rechtsweg offensteht, wenn jemand durch die öffentliche Gewalt in seinen Rechten verletzt wird. Art. 47 GRC garantiert einen wirksamen Rechtsbehelf, wenn jemand in seinen durch das Unionsrecht garantierten Rechten verletzt wird. Schließlich beinhaltet Art. 13 EMRK das Recht auf eine wirksame Beschwerde, wenn jemand in seinen Konventionsrechten verletzt wird. Darüber hinaus gewährleistet Art. 6 Abs. 1 EMRK ein faires Verfahren vor einem unabhängigen und unparteiischen Gericht (→ § 6 C II). Letzteres Recht ist nicht nur auf die Konventionsrechte beschränkt, bezieht sich allerdings lediglich auf zivilrechtliche Ansprüche und strafrechtliche Anklagen. Das öffentliche Recht, das – neben dem Strafrecht – wesentlicher Gegenstand von Art. 19 Abs. 4 GG ist, ist aus dem Schutzbereich von Art. 6 Abs. 1 EMRK jedoch weitgehend ausgeschlossen.

I. Gegenstand der Rechtsschutzgarantie

6 Art. 19 Abs. 4 GG gewährleistet Rechtsschutz gegen **Verletzungen subjektiver Rechte.** Dabei muss es sich allerdings nicht zwingend um verfassungsrechtlich garantierte Rechte handeln. Vielmehr eröffnet bereits die Verletzung einfachgesetzlicher subjektiver Rechte den Schutzbereich von Art. 19 Abs. 4 GG. Zudem reicht die **Möglichkeit einer Rechtsverletzung** aus. Der Rechtsweg soll ja gerade dazu dienen zu bestimmen, ob tatsächlich ein Recht verletzt wurde.

7 Sowohl Art. 47 GRC als auch Art. 13 EMRK sind in dieser Hinsicht restriktiver. Art. 47 GRC garantiert Rechtsschutz lediglich bei der **Verletzung eines Unionsrechts.** Die Bestimmung zeichnet dabei Art. 51 Abs. 1 GRC nach, demzufolge die Grundrechtecharta ohnehin nur im Bereich des Unionsrechts Anwendung findet (→ § 10 C). Wie auch in der deutschen Rechtsordnung macht es keinen Unterschied, ob das verletzte Recht dem Primär- oder dem Sekundärrecht angehört – Art. 47 GRC ist in beiden Fällen anwendbar. Dagegen beschränkt sich Art. 13 EMRK auf die **Verletzung von Grundrechten,** die durch die Menschenrechtskonvention gewährleistet werden und ist damit deutlich enger als Art. 19 Abs. 4 GG und Art. 47 GRC. Für das Strafrecht findet sich eine weitergehende Garantie in Art. 6 Abs. 1 EMRK (→ § 6 C).

8 Art. 19 Abs. 4 GG setzt weiterhin voraus, dass die Rechtsverletzung durch **die öffentliche Gewalt** begangen wurde. Zunächst bezieht sich der Begriff der öffentlichen Ge-

walt lediglich auf die **deutsche öffentliche Gewalt.** Gegen Akte der Europäischen Union gewährt Art. 19 Abs. 4 GG also grundsätzlich keinen Rechtsschutz, was aber nicht zu einer Rechtsschutzlücke führt, da sich in Art. 47 GRC ja eine entsprechende Garantie befindet. Im Übrigen fallen zumindest **Akte der Exekutive** unter den Begriff der öffentlichen Gewalt. Dagegen soll sich Art. 19 Abs. 4 GG nicht auf Akte der **Judikative** beziehen.[1] Ansonsten käme es zu einer Endlosschleife, da gegen jede richterliche Entscheidung erneut der Rechtsweg gegeben wäre. Art. 19 Abs. 4 GG garantiert also nur eine Instanz gerichtlicher Kontrolle, gewährt aber keine Berufungs- oder Revisionsmöglichkeit.

Umstritten ist die Frage, ob Art. 19 Abs. 4 GG sich auch auf Rechtsverletzungen durch 9
die **Legislative** bezieht. Das BVerfG und die hM schließen auch die gesetzgebende Gewalt aus dem Schutzbereich von Art. 19 Abs. 4 GG aus.[2] Das wird in der Regel auf systematische Argumente gestützt, da die Normenkontrolle durch das Grundgesetz abschließend geregelt sei.[3] Zudem solle die Freiheit des demokratischen Gesetzgebers geschützt werden. Letztere reicht aber gerade nicht so weit, dass sie die Verletzung von Grundrechten mit einschließt. Zudem lassen der Wortlaut von Art. 19 Abs. 4 GG und die Tatsache, dass Art. 1 Abs. 3 GG auch die Gesetzgebung einschließt, an einer solchen restriktiven Auslegung Zweifel aufkommen.[4] Selbst einige Vertreter einer engen Auslegung des Begriffs der Öffentlichen Gewalt beziehen jedoch zumindest die Überprüfung untergesetzlicher Normen in den Schutzbereich von Art. 19 Abs. 4 GG ein.[5]

Solche Einschränkungen finden sich in Art. 47 GRC und Art. 13 EMRK nicht. Beide 10
Normen gewähren eine **Rechtsweggarantie bei jeglichen Verletzungen eines Rechts,** das Teil des Unionsrechts bzw. der EMRK ist. Selbstverständlich ist auch hier zu berücksichtigen, dass die Anwendung dieser Garantien auf die Judikative nicht zu einer Endlosschleife führen darf.

II. Gewährleistungsgehalt

Beim Gewährleistungsgehalt bestehen zwischen den einzelnen Garantien Unter- 11
schiede. Art. 19 Abs. 4 GG verlangt **Rechtsschutz durch ein Gericht.** Der Gesetzgeber ist also verpflichtet, eine entsprechende Gerichtsorganisation zu schaffen und einfachgesetzlich Zugang zum Gericht zu gewähren. Darüber hinaus muss der Rechtsweg auch **angemessen ausgestaltet** sein. Was eine angemessene Ausgestaltung ist, hängt dabei vom Einzelfall ab. Allerdings ist dem Gesetzgeber beispielsweise verwehrt, den Zugang zu Gericht durch unangemessen kurze Klagefristen oder exorbitant hohe Gerichtskosten zu erschweren. Nach hM ergibt sich aus Art. 19 Abs. 4 GG zudem ein Anspruch auf Prozesskostenhilfe für finanziell schwächere Kläger.[6] In der EU-Grundrechtecharta ist der Anspruch auf Prozesskostenhilfe in Art. 47 UA 3 sogar ausdrücklich normiert.

[1] BVerfGE 15, 275 (280); 76, 93 (98).
[2] BVerfGE 24, 33 (49ff.); 24, 367 (401); 25, 352 (365); 45, 297 (334); 75, 108 (165).
[3] *Enders,* BeckOK-GG, Art. 19, Rn. 59.
[4] *Schulze-Fielitz,* DR-GG, 3. Aufl., Art. 19 IV, Rn. 50.
[5] *Enders,* BeckOK-GG, Art. 19, Rn. 59.
[6] *Schulze-Fielitz,* DR-GG, Art. 19 IV, Rn. 104.

12 Auch Art. 47 UA 1 GRC gewährleistet einen **gerichtlichen Rechtsbehelf.** Gerichte sind unabhängige Institutionen, die nach rechtlichen Maßstäben entscheiden und deren Entscheidung für die Parteien Bindungswirkung hat. Der Rechtsbehelf muss zudem wirksam sein, was ebenfalls unangemessene Verfahrenshindernisse ausschließt. Dagegen ist Art. 13 EMRK lediglich auf eine **wirksame Beschwerde** gerichtet. Diese Beschwerde muss nicht zwingend Zugang zu einem Gericht eröffnen. Vielmehr reicht die Beschwerde zu einer Behörde aus.[7] Allerdings setzt ihre Wirksamkeit voraus, dass die Behörde über ausreichende Unabhängigkeit von der Entscheidungsinstanz verfügt und ihre Entscheidung rechtsverbindliche und nicht lediglich empfehlende Wirkung hat.

C. Recht auf ein faires Verfahren

Literatur: *Dörr,* Faires Verfahren: Gewährleistung im Grundgesetz der Bundesrepublik Deutschland, 1984; *Leigh,* The Right to a Fair Trial and the European Convention on Human Rights, in: Weissbrodt/Wolfrum (Hg.), The right to a fair trial, 1997, S. 645; *Trechsel,* Human Rights in Criminal Proceedings, 2005; *Otto,* Grundfälle zu den Justizgrundrechten: Art. 103 I GG, JuS 2012, 412; *Leanza/Pridal,* The right to a fair trial: Article 6 of the European Convention on Human Rights, 2014.

13 Sowohl Art. 6 Abs. 1 EMRK als auch Art. 47 UA 2 GRC gewährleisten das Recht auf ein faires Verfahren. Im Grundgesetz gibt es kein ausdrückliches Äquivalent. Dennoch ergeben sich im Schutzniveau wohl kaum Unterschiede, da das BVerfG viele der Garantien, die generell als Teil des Rechts auf ein faires Verfahren angesehen werden, in das **Rechtsstaatsprinzip** des Art. 20 Abs. 3 GG hineinliest.

I. Schutzbereich

14 In der EMRK ist der Schutzbereich des Rechts auf ein faires Verfahren nur im Zusammenhang mit zivilrechtlichen Ansprüchen und Verpflichtungen sowie strafrechtlichen Anklagen eröffnet. Ausgeschlossen sind damit gerade öffentlich-rechtliche Ansprüche. Die **Abgrenzung zwischen Zivil- und Öffentlichem Recht** folgt dabei nicht den Abgrenzungsmaßstäben, die in den einzelnen Mitgliedstaaten zugrunde gelegt werden. Vielmehr nimmt der EGMR eine autonome, spezifisch auf die EMRK bezogene Abgrenzung vor. In vielen Fällen ist die Abgrenzung einfach: Ansprüche, die dem Kernbereich des Zivilrechts unterfallen, wie das Sachen-, Vertrags- oder Deliktsrecht, fallen unter den Schutzbereich von Art. 6 EMRK. Sachverhalte, die im Kern die Hoheitsausübung des Staates betreffen, wie etwa die Ausübung staatlicher Zwangsgewalt, sind dagegen nicht von Art. 6 EMRK umfasst.

15 Probleme bereitet die Abgrenzung bei **sozialversicherungsrechtlichen Ansprüchen** und **beamtenrechtlichen Streitigkeiten.** Als Faustformel für die Abgrenzung kann man sich merken, dass Vertragsverhältnisse, die grundsätzlich auch zivilrechtlich ausgestaltet sein könnten, selbst dann in den Schutzbereich von Art. 6 EMRK fallen, wenn sie im konkreten Fall öffentlich-rechtlich ausgestaltet sind. So fallen **sozialversicherungsrechtliche Ansprüche** zumindest dann in den Schutzbereich von Art. 6 Abs. 1 EMRK, wenn sie zumindest teilweise auf eigenen Beiträgen der Versicherten

[7] *Frowein*/Peukert, EMRK, Art. 13, Rn. 5.

beruhen.[8] Dies ist beispielsweise bei Kranken- oder Rentenversicherungsansprüchen regelmäßig der Fall. Versicherungsverhältnisse können auch zivilrechtlich ausgestaltet sein, und die bloße Formwahl sollte für die Anwendbarkeit von Art. 6 EMRK keine Rolle spielen.

Bei **beamtenrechtlichen Streitigkeiten** war die Rechtsprechung des EGMR lange Zeit inkonsistent. Seit dem Urteil *Vilho Eskelinen* aus dem Jahr 2007 ist allerdings anerkannt, dass beamtenrechtliche Streitigkeiten zumindest dann vom Schutzbereich des Art. 6 Abs. 1 EMRK umfasst sind, wenn Beamten nach innerstaatlichem Recht Zugang zu Gericht gewährt wird.[9] 16

Auch beim Strafrecht verlässt sich der EGMR nicht auf die Definitionen der Mitgliedstaaten, sondern **definiert** den Begriff der **strafrechtlichen Normen autonom.** Dabei sind vor allem **drei Kriterien** ausschlaggebend:[10] Wenn eine Sanktion auch im innerstaatlichen Recht als Strafrecht qualifiziert wird, ist dies ein starkes Indiz dafür, dass es sich um eine strafrechtliche Norm i. S. v. Art. 6 Abs. 1 EMRK handelt. Weiterhin stellt der EGMR auf die Natur und die Schwere der Sanktion ab, um zu bestimmen, ob disziplinarrechtliche oder Verwaltungssanktionen als Strafrecht zu qualifizieren sind. So sind Gefängnisstrafen in der Regel als strafrechtliche Sanktionen zu werten, während präventive Maßnahmen eher nicht unter den Strafbegriff fallen. 17

In der **EU-Grundrechtecharta** stellen sich diese Abgrenzungsfragen nicht mehr. Nach Art. 47 UA 2 GRC steht der Anspruch auf ein faires Verfahren jeder Person zu, unabhängig davon, welcher Rechtsmaterie die Streitigkeit zuzuordnen ist. Soweit das BVerfG Elemente des Rechts auf ein faires Verfahren als Teil des Rechtsstaatsprinzips ansieht, unterliegen auch diese nicht den Beschränkungen der EMRK, sondern wären grundsätzlich ebenfalls auf alle Gerichtsverfahren unabhängig von der Rechtsmaterie anzuwenden. 18

II. Die Prozessgarantien des Rechts auf ein faires Verfahren

Sowohl in Art. 6 Abs. 1 EMRK als auch in Art. 47 UA 2 GRC sind **mehrere Prozessgarantien** enthalten. Einige dieser Prozessgarantien sind explizit erwähnt, andere hat die Rechtsprechung aus dem Begriff des fairen Verfahrens hergeleitet. Zunächst muss den Parteien der Streitigkeit **Zugang zu einem Gericht** offenstehen. Dieses Gericht muss durch Gesetz errichtet worden, unabhängig und unparteiisch sein. Gerichte sind Institutionen, die nach rechtlichen Maßstäben entscheiden und deren Entscheidungen für die Parteien des Rechtsstreits verbindlich sind. 19

Die **gesetzliche Grundlage,** durch die das Gericht errichtet wird, muss die Zusammensetzung des Gerichts, seine Organisation sowie seine Zuständigkeit regeln. Die Unabhängigkeit muss in erster Linie gegenüber der Exekutive gewährleistet sein. Ob **Richter unabhängig** sind, bestimmt sich dabei nach drei Kriterien: Ihre Amtsdauer muss eine gewisse Stabilität gewährleisten, sie müssen frei von Weisungen sein und dürfen grundsätzlich nicht abgesetzt werden können. Das Kriterium der **Unpartei-** 20

[8] EGMR 29.5.1986, 8562/79, EuGRZ 1988, 14 – Feldbrugge; 29.5.1986, 9384/8, EuGRZ 1988, 20 – Deumeland.
[9] EGMR 19.4.2007 [GK], 63235/00 – Vilho Eskelinen.
[10] EGMR 8.6.1976, 5100/71 – Engel.

lichkeit bezieht sich schließlich auf die Unabhängigkeit der Richter gegenüber den Parteien. So dürfen weder Anhaltspunkte bestehen, dass die Richter im konkreten Fall voreingenommen sind (sog. subjektive Unparteilichkeit), noch darf die interne Gerichtsorganisation Zweifel an der Unparteilichkeit der Richter begründen (sog. objektive Unparteilichkeit).

21 Der Gerichtszugang darf **grundsätzlich Beschränkungen** unterliegen. So sind etwa Form- und Fristerfordernisse oder ein Anwaltszwang zulässig, soweit diese angemessen ausgestaltet sind. Auch eine Gerichtsgebühr ist mit Art. 6 Abs. 1 EMRK zu vereinbaren, soweit diese nicht unangemessen hoch ist. Schließlich sind auch Immunitäten für Diplomaten, bestimmte Funktionsträger oder Angestellte Internationaler Organisationen zulässig, da solche Immunitäten internationaler Praxis entsprechen. Während in Art. 47 UA 3 GRC ausdrücklich ein Anspruch auf Prozesskostenhilfe vorgesehen ist, lässt sich ein solcher aus Art. 6 Abs. 1 EMRK nicht herleiten.

22 Der **Grundsatz des fairen Verfahrens** ist durch den EGMR mittels verschiedener Teilgewährleistungen konkretisiert worden. Zunächst beinhaltet der Grundsatz das Recht auf **Waffengleichheit,** demzufolge in einem Gerichtsverfahren jede Partei die gleiche Chance haben muss, ihre Argumente und Beweise zu präsentieren.[11] Gleichzeitig muss die Anklage alle relevanten Beweismittel offenlegen. Beschränkungen sind lediglich bei sicherheitsrelevanten Beweismitteln zulässig. Aber auch hier muss ein angemessenes Verfahren zur Prüfung vorgesehen werden, ob die Beweismittel tatsächlich sicherheitsrelevant sind. Zweitens beinhaltet der Grundsatz des fairen Verfahrens einen **Anspruch auf rechtliches Gehör.**[12] Das bedeutet in erster Linie, dass jede Partei das Recht hat, sich vor Erlass einer Entscheidung zu dem Verfahren zu äußern. Zudem müssen die Ausführungen der Parteien vom Gericht tatsächlich gewürdigt werden. Drittens leitet die Rechtsprechung aus dem Grundsatz des fairen Verfahrens ein Recht auf **Begründung der Gerichtsentscheidung** her.[13]

23 Schließlich enthalten sowohl Art. 47 UA 2 GRC als auch Art. 6 Abs. 1 EMRK die Vorgabe, dass das Verfahren öffentlich und **in angemesser Frist** durchzuführen ist. Die Angemessenheit der Frist bestimmt sich dabei nach den Umständen des Einzelfalls. Dabei stellt die Rechtsprechung auf verschiedene Kriterien ab, um die Angemessenheit der Frist näher zu bestimmen:[14] Die Verfahrensdauer soll umso kürzer sein, je größer die Bedeutung der Sache für den Beschwerdeführer ist. Damit soll den Gerichten die Flexibilität zur Priorisierung gegeben werden: Auf wichtige Verfahren sollen sie mehr Ressourcen verwenden können als auf weniger wichtige. Ein komplexes Verfahren rechtfertigt dagegen eine längere Verfahrensdauer. Schließlich kommt es auch auf das Verhalten des Beschwerdeführers und der den Sachverhalt ermittelnden Behörden bzw. des Gerichts an. Wenn der Beschwerdeführer durch sein Verhalten zur Verzögerung des Verfahrens beigetragen hat, ist eine längere Dauer eher gerechtfertigt. Um-

[11] EGMR 27.10.1993, 14448/88, Rn. 33 – Dombo Beheer; 23.10.1996, 17748/91, Rn. 38 – Ankerl; 18.3.1997, 21497/93, Rn. 33f. – Mantovanelli.

[12] EGMR 27.10.1993, 14448/88, Rn. 33 – Dombo Beheer; 12.2.2004, 47287/99, Rn. 80 – Perez; 22.9.2009, 13566/06, Rn. 33 – Kari-Pekka Pietiläinen.

[13] EGMR 9.12.1994, 18064/91, Rn. 27 – Hiro Balani; 5.5.2011, 6642/05, Rn. 39 – Ilyadi.

[14] EGMR 6.4.2000 [GK], 35382/97, Rn. 19 – Comingersoll S.A.; 27.6.2000 [GK], 30979/96, Rn. 43 – Frydlender.

gekehrt ist eine unnötige Verzögerung des Verfahrens durch die Behörden ein Indiz für eine zu lange Verfahrensdauer.

Die **Öffentlichkeit des Verfahrens** bezieht sich sowohl auf die Öffentlichkeit der Verhandlung als auch auf die Veröffentlichung des Urteils. Die Öffentlichkeit kann von einer mündlichen Verhandlung unter den Voraussetzungen des Art. 6 Abs. 1 S. 2 EMRK ausgeschlossen werden. Zudem lässt der EGMR in einigen Ausnahmefällen sogar zu, von der mündlichen Verhandlung abzusehen. Dies gilt insbesondere dann, wenn das Verfahren ausschließlich rechtliche oder in hohem Maße technische Fragen aufwirft.[15] In Rechtsmittelverfahren ist der EGMR dagegen großzügiger, was das Absehen von einer mündlichen Verhandlung betrifft. Eine solche ist insbesondere dann entbehrlich, wenn der Fall nach Aktenlage entschieden werden kann oder sich die Prüfungskompetenz des Rechtsmittelgerichts ohnehin auf bloße Rechtsfragen beschränkt.[16] 24

Auch wenn das **Grundgesetz kein ausdrückliches Recht auf ein faires Verfahren** kennt, ist das Schutzniveau im Ergebnis ähnlich. Der Zugang zum Gericht wird durch Art. 19 Abs. 4 GG gewährt, soweit sich der Anspruch gegen die öffentliche Gewalt richtet. Bei rein zivilrechtlichen Ansprüchen oder anderen Situationen, die nicht Art. 19 Abs. 4 GG unterfallen, kann man einen entsprechenden Zugang aus dem Rechtsstaatsprinzip herleiten.[17] Die Unabhängigkeit und Unparteilichkeit der Richter wird durch das Recht auf den gesetzlichen Richter nach Art. 101 Abs. 1 S. 2 GG gewährleistet (→ § 6 D). Von den Teilgewährleistungen des Grundsatzes des fairen Verfahrens ist der Anspruch auf rechtliches Gehör in Art. 103 Abs. 1 GG ausdrücklich normiert. Die übrigen Ausprägungen des Grundsatzes sind Teil des Rechtsstaatsprinzips.[18] Auch das Gebot, ein Verfahren in angemessener Zeit durchzuführen, wird vom BVerfG als Ausfluss des Rechtsstaatsprinzips angesehen.[19] Dabei ist davon auszugehen, dass die Reichweite dieser Garantien schon aufgrund des Grundsatzes der EMRK-freundlichen Auslegung (→ § 10 B II) nicht hinter Art. 6 Abs. 1 EMRK zurückbleiben kann. 25

Klausurhinweis: Aus Art. 20 Abs. 3 GG ergibt sich kein subjektives Recht, weshalb sich der Antragsteller einer Verfassungsbeschwerde nicht direkt auf das Rechtsstaatsprinzip berufen kann. Das BVerfG zitiert daher das Rechtsstaatsprinzip in Verfassungsbeschwerden regelmäßig in Verbindung mit der allgemeinen Handlungsfreiheit des Art. 2 Abs. 1 GG.

D. Recht auf den gesetzlichen Richter

Literatur: *Pechstein,* Der gesetzliche Richter, Jura 1998, 197; *Roth,* Das Grundrecht auf den gesetzlichen Richter, 2000; *Britz,* Das Grundrecht auf den gesetzlichen Richter in der Rechtsprechung des BVerfG, JA 2001, 573; *Fastenrath,* Der Europäische Gerichtshof als gesetzlicher Richter, FS Georg Ress, 2005, 461; *Papier,* Richterliche Unabhängigkeit, Hdb GR V, 2013, § 130.

---

[15] EGMR 12.11.2002, 28394/95, Rn. 37 – Döry; 18.12.2008, 69917/01, Rn. 73 – Saccoccia.

[16] EGMR 2.3.1987, 95/62/81 u. a., Rn. 58 – Monnell and Morris; 22.2.1996, 17358/90, Rn. 41 – Bulut.

[17] BVerfGE 54, 277 (291 f.); 85, 337 (345); 88, 118 (124); 101, 275 (294 f.); 107, 395 (401 f., 406 ff.).

[18] S. bspw. BVerfGE 39, 156 (163); 57, 250 (274 ff.); 103, 44 (64); 110, 339 (342); 122, 248 (271 f.); 130, 1 (25 ff.).

[19] BVerfGE 82, 126 (155); 88, 118 (124); 93, 99 (107 f.); 122, 248 (279); 130, 1 (26 f.).

26 Das Recht auf den gesetzlichen Richter in Art. 101 Abs. 1 S. 2 GG ist eine Besonderheit des Grundgesetzes, die weder in der EU-Grundrechtecharta noch der EMRK eine Entsprechung findet. Zwar normieren Art. 6 EMRK und Art. 47 GRC die Verpflichtung, dass Gerichte durch Gesetz errichtet werden müssen. Art. 101 Abs. 1 S. 2 GG geht aber weiter, weil die Vorschrift nicht nur die externe Errichtung des Gerichts, sondern auch die interne Organisation betrifft. Aus historischer Perspektive zielte das Recht in erster Linie darauf ab, Einflüsse der Exekutive auf die Gerichtsbarkeit zu verhindern. Von praktisch größerer Relevanz ist heute aber eine weitere Funktion: Dadurch, dass die Zuständigkeit von Richtern abstrakt festgelegt werden muss, wird auch der Gerichtsverwaltung die Möglichkeit genommen, Verfahren zu beeinflussen, indem sie Richtern zugewiesen werden, die einen bestimmten Verfahrensausgang erwarten lassen.

27 Das Recht auf den gesetzlichen Richter verlangt zunächst, dass die **Zuständigkeitsverteilung** von Gerichten und Richtern **abstrakt-generell** festgelegt sein muss. Die Zuständigkeitsverteilung zwischen Gerichten muss dabei aufgrund des Wesentlichkeitsvorbehalts (→ § 2 A III 1) durch Parlamentsgesetz geregelt werden, während die interne Verteilung mittels eines **Geschäftsverteilungsplans** durch die Gerichte selbst vorgenommen werden kann. Auf welchen Kriterien die Geschäftsverteilung letztlich beruht, ist dabei unerheblich. Wichtig ist lediglich, dass sie ohne Ansehung konkreter Fälle vorgenommen wird.

28 Wenn ein **unzuständiger Richter** über eine Sache entscheidet, liegt darin ein Verstoß gegen Art. 101 Abs. 1 S. 2 GG. Ebenfalls eine Verletzung des Rechts auf den gesetzlichen Richter liegt in der **Missachtung einer Vorlagepflicht** an das BVerfG nach Art. 100 Abs. 1 GG oder an den EuGH im Rahmen des Vorabentscheidungsverfahrens nach Art. 267 AEUV.[20] Im letzteren Fall ist ein Verstoß gegen Art. 101 Abs. 1 S. 2 GG allerdings nur dann gegeben, wenn das entscheidende Gericht als letztinstanzliches gem. Art. 267 Abs. 3 AEUV zu einer Vorlage verpflichtet war. Das Absehen von einer fakultativen Vorlage durch unterinstanzliche Gerichte nach Art. 267 Abs. 2 AEUV ist dagegen keine Verletzung von Art. 101 Abs. 1 S. 2 GG. Das hat natürlich nicht zur Folge, dass letztinstanzliche Gerichte jeder Anregung zu einer Vorlage an den EuGH folgen müssen. Sehen sie allerdings von einer Vorlage ab, müssen sie ihren Beurteilungsspielraum in vertretbarer Weise ausgefüllt haben und das Absehen von der Vorlage hinreichend begründen.

29 Schließlich wird aus Art. 101 Abs. 1 S. 2 GG die **Pflicht zur Unabhängigkeit und Unparteilichkeit von Richtern** hergeleitet. Die Unabhängigkeit ist grundsätzlich bereits in Art. 97 GG geregelt. Allerdings handelt es sich dabei nicht um ein grundrechtsgleiches Recht, das durch eine Verfassungsbeschwerde geltend gemacht werden könnte. Insofern macht Art. 101 Abs. 1 S. 2 GG die Garantie des Art. 97 GG erst beschwerdefähig. Die Pflicht zur Unparteilichkeit korrespondiert mit dem Recht, Richter aufgrund von Befangenheit abzulehnen. Der Gesetzgeber ist damit durch Art. 101 Abs. 1 S. 2 GG gehalten, gesetzlich die Möglichkeit der Ablehnung befangener Richter vorzusehen.[21] Zudem stellt die Mitwirkung eines befangenen Richters an einem Verfahren einen Verstoß gegen Art. 101 Abs. 1 S. 2 GG dar. In der EU-Grundrechtecharta und der EMRK ist die Garantie der Unabhängigkeit und der Unparteilichkeit von

---

[20] BVerfGE 82, 159 (195f.); 135, 155 (232f.); BVerfG 19.12.2017 – 2 BvR 424/17.

[21] BVerfGE 21, 139 (146).

Richtern Teil des Rechts auf ein faires Verfahren nach Art. 47 UA 2 GRC bzw. Art. 6 Abs. 1 EMRK (→ § 6 C II).

E. Strafverfahrensrechtliche Garantien

Literatur: *Krey,* Keine Strafe ohne Gesetz, 1983; *Dreier,* Gustav Radbruch und die Mauerschützen, JZ 1997, 421; *F.-C. Schroeder,* Die Rechtsnatur des Grundsatzes „ne bis in idem", JuS 1997, 227; *Specht,* Die zwischenstaatliche Geltung des Grundsatzes *ne bis in idem,* 1999; *Kadelbach,* Menschenrechte als übergesetzliches Recht?, Jura 2002, 329; *Böse,* Der Grundsatz „ne bis in idem" in der Europäischen Union (Art. 54 SDÜ), GA 150 (2003), 744; *Möstl,* Grundrechtliche Garantien im Strafverfahren, Hdb StR VIII, 3. Aufl. 2010, § 179; *Kleinlein,* Der EGMR und das Völkerstrafrecht im Rahmen von Art. 7 EMRK, EuGRZ 2010, 544; *Wolff,* Nullum crimen, nulla poena sine lege, Hdb GR V, 2013, § 134; *Nolte,* Ne bis in idem, Hdb GR V, 2013, § 135; *Kadelbach,* Keine Strafe ohne Gesetz, in: Dörr/Grote/Marauhn (Hg.), EMRK/GG: Konkordanzkommentar, 2. Aufl. 2013, Kap. 15; *ders.,* Verbot der Mehrfachbestrafung, in: Dörr/Grote/Marauhn (Hg.), EMRK/GG: Konkordanzkommentar, 2. Aufl. 2013, Kap. 29; *Gundel,* Justiz- und Verfahrensgrundrechte, in: Ehlers (Hg.), Europäische Grundrechte und Grundfreiheiten, 4. Aufl. 2014, § 27.

Sowohl im Grundgesetz als auch in der EU-Grundrechtecharta und der EMRK finden 30
sich einige Verfahrensgarantien, die spezifisch für das Strafverfahren gelten und oft mit lateinischen Termini bezeichnet werden. Die beiden wichtigsten Grundsätze sind dabei der Grundsatz der Gesetzlichkeit der Strafe *(nulla poena sine lege)* und das Verbot der Doppelbestrafung *(ne bis in idem).*

I. Nulla poena sine lege

Es ist einer der fundamentalen Grundsätze der Rechtsstaatlichkeit, dass eine strafrecht- 31
liche Sanktion nur verhängt werden kann, wenn sie vor Begehung der Tat gesetzlich normiert war. Dieser Grundsatz findet sich in Art. 103 Abs. 2 GG, Art. 49 Abs. 1 GRC und Art. 7 EMRK.

1. Begriff der Strafe

Der Begriff der Strafe umfasst nicht lediglich Kriminalstrafen, sondern ist weiter ge- 32
fasst. Dem **BVerfG** zufolge unterfallen auch die Sanktionen des Ordnungswidrigkeitenrechts[22] sowie disziplinar- und ehrengerichtliche Maßnahmen[23] dem Strafbegriff. Keine Strafen sind dagegen belastende Maßnahmen, die einen anderen Zweck als den der repressiven Missbilligung befolgen, etwa präventive Maßnahmen, wie die Sicherungsverwahrung oder Bewährungsauflagen, oder gerichtlich angeordnete Zwangs- und Ordnungsgelder.

Der **EGMR** verfolgt bei der Bestimmung des Strafbegriffs denselben Ansatz wie im 33
Rahmen von Art. 6 Abs. 1 EMRK (→ § 6 C I). Er stellt also in erster Linie auf die Bezeichnung in den Mitgliedstaaten sowie die Natur und Schwere der Sanktion ab. Die Sicherungsverwahrung ordnet der EGMR – anders als das BVerfG – als Strafe i. S. v. Art. 7 EMRK ein.[24] Zwar hat das BVerfG aufgrund des EGMR-Urteils seine Rechtsprechung zum Strafbegriff nicht geändert. Allerdings hat es dem EGMR insoweit Zu-

[22] BVerfGE 71, 108 (114); 81, 132 (135); 87, 399 (411).
[23] BVerfGE 26, 186 (203f.); 45, 346 (351); 116, 69 (82f.).
[24] EGMR 17.12.2009, 19359/04 – M ./. Deutschland.

geständnisse gemacht, als es eine rückwirkende Verlängerung der Sicherheitsverwahrung als Verstoß gegen das Rechtsstaatsprinzip (Art. 2 Abs. 1 i. V. m. 20 Abs. 3 GG) ansieht.[25]

2. Gewährleistungsgehalt

34 Der Grundsatz der *nulla poena sine lege* enthält verschiedene Gewährleistungsgehalte: Zunächst darf eine Strafe **nicht ohne gesetzliche Grundlage** erfolgen. Das bedeutet auch, dass Straftatbestände nicht mittels **Analogie zulasten des Angeklagten** ausgedehnt werden dürfen. Weiterhin dürfen strafrechtliche Sanktionen **nicht rückwirkend** verhängt werden. Dieses Rückwirkungsverbot ist absolut. Anders als beim allgemeinen Rückwirkungsverbot, das im deutschen Verfassungsrecht aus dem Rechtsstaatsprinzip hergeleitet wird, können Ausnahmen nicht gerechtfertigt werden. Es bezieht sich allerdings nur auf die strafrechtliche Sanktion. Verjährungsvorschriften können auch rückwirkend angepasst werden. Schließlich ergibt sich aus dem Gesetzlichkeitsgrundsatz auch ein Bestimmtheitsgebot. Danach muss eine strafrechtliche Norm **hinreichend bestimmt** sein, damit jeder Bürger sich darauf einrichten kann, wann sein Verhalten eine strafrechtliche Sanktion nach sich zieht. Das strafrechtliche Bestimmtheitsgebot ist zugleich enger gefasst als das allgemeine rechtsstaatliche Bestimmtheitsgebot.[26] Problematisch sind in diesem Zusammenhang vor allem sog. **Blankettstrafnormen,** die für die Strafbarkeit an ein Verhalten anknüpfen, das in Verordnungen oder internationalen Regelungen näher geregelt ist.[27]

35 Sehr problematisch sind Fälle **staatlichen Unrechts,** die zum Zeitpunkt der Begehung nach innerstaatlichem Recht nicht strafbar waren. Dies betrifft etwa die Bestrafung des nationalsozialistischen Unrechts nach dem zweiten Weltkrieg oder des Unrechts, das in der DDR begangen wurde, nach der Wiedervereinigung. Art. 49 Abs. 2 GRC und Art. 7 Abs. 2 EMRK lassen eine Bestrafung dann zu, wenn die Tat zum Zeitpunkt der Begehung nach internationalem Recht strafbar war. Das bedeutet, dass ein Angeklagter, der wegen Völkermordes oder Verbrechen gegen die Menschlichkeit angeklagt ist, sich nicht auf das Gesetzlichkeitsgebot der Grundrechtecharta oder der EMRK berufen kann.

36 In der Rechtsprechungspraxis wurde die Frage vor allem bei den **Mauerschützenprozessen** relevant, bei denen Grenzwächter aus der DDR angeklagt wurden, die Menschen, die unbefugt die Grenze zwischen DDR und Bundesrepublik überquerten, erschossen hatten. Das BVerfG argumentierte, dass das Vertrauen der DDR-Grenzschützer nicht geschützt gewesen sei, da sie gegen fundamentale Gebote der Gerechtigkeit und völkerrechtlich geschützte Menschenrechte verstoßen hätten.[28] Der EGMR sah die Bestrafung gem. Art. 7 Abs. 2 EMRK als gerechtfertigt an, da die Todesschüsse gegen Menschenrechte, insbesondere gegen das Lebensrecht in Art. 6 IPbpR und 2 EMRK verstoßen hätten.[29]

---

[25] BVerfGE 128, 326 – Sicherungsverwahrung.
[26] Zu letzterem s. *Towfigh,* Der Staat 48 (2009), 29.
[27] S. dazu BVerfGE 143, 38.
[28] BVerfGE 95, 96 (133, 135ff.) – Mauerschützen.
[29] EGMR 22.3.2001 [GK], 34044/96 u. a., NJW 2001, 3035 – Streletz, Kessler und Krenz.

II. *Ne bis in idem*

Das Verbot der Doppelbestrafung *(ne bis in idem)* findet sich in Art. 103 Abs. 3 GG, Art. 50 GRC und Art. 4 ZP VII. Es setzt zunächst voraus, dass sich zwei Strafverfahren auf „dieselbe Tat" beziehen. Um **dieselbe Tat** handelt es sich dann, wenn ein Lebensvorgang nach natürlicher Betrachtungsweise als einheitlich zu betrachten ist.[30] Der Begriff der **„allgemeinen Strafgesetze"** wird in Art. 103 Abs. 3 GG anders definiert als in Abs. 2. Grundsätzlich bezieht sich der Terminus lediglich auf das Kriminalstrafrecht. Daneben sollen auch Normen des Ordnungswidrigkeitenrechts unter das Verbot der Doppelbestrafung fallen. Nicht zu den allgemeinen Strafgesetzen zählen dagegen die Normen des Standesrechts oder des Disziplinarstrafrechts sowie Maßregeln der Besserung und Sicherung. Auch Nebenstrafen, wie etwa der Entzug des Führerscheins bei einer Verkehrsstraftat, fallen nicht unter das Verbot der Doppelbestrafung. 37

Nach der **Rechtsprechung des EGMR** hängt es von den Umständen des Einzelfalls ab, ob Verwaltungssanktionen, die neben einer Kriminalstrafe verhängt werden, gegen das Verbot der Doppelbestrafung verstoßen. Insbesondere soll das Doppelbestrafungsverbot nicht verhindern, dass für Vergehen **parallele Verfahren durch verschiedene Gerichte oder Behörden** angestrengt werden, solange diese komplementäre Zwecke verfolgen, in engem zeitlichen Zusammenhang zueinander stehen, die Sanktionen aufeinander abgestimmt sind und die Parallelität für den Betroffenen vorhersehbar ist.[31] 38

Das Verbot des *ne bis in idem* gilt grundsätzlich nur für **Strafverfahren desselben Staates.** Eine Verurteilung im Ausland steht damit einem erneuten Strafverfahren wegen derselben Tat grundsätzlich nicht entgegen. Eine Ausnahme sieht hier lediglich Art. 50 GRC vor, demzufolge das Doppelbestrafungsverbot unionsweit gilt. Zudem werden die Konsequenzen der beschränkten Reichweite von Art. 103 Abs. 3 GG und Art. 4 ZP VII dadurch abgemildert, dass viele Staaten über Normen zur Anrechnung einer im Ausland verbüßten Strafe verfügen (vgl. § 51 StGB). 39

Das Verbot der Doppelbestrafung verhindert nicht nur die Verhängung einer zweiten Sanktion, sondern entfaltet auch **Sperrwirkung für ein neues Strafverfahren.** So steht ein rechtskräftiger Freispruch des Angeklagten grundsätzlich einem neuen Strafverfahren entgegen. Allerdings sieht Art. 4 Abs. 2 ZP VII eine Ausnahme für den Fall vor, dass neue Tatsachenerkenntnisse vorliegen oder das ursprüngliche Verfahren schwere Mängel aufwies. Im Grundgesetz fehlt eine solche explizite Ausnahme. Aber auch hier wird überwiegend davon ausgegangen, dass die Wiederaufnahme des Verfahrens zuungunsten des Angeklagten in Ausnahmefällen zulässig sein soll, wenn andernfalls das Festhalten an der Rechtskraft des Strafurteils zu unerträglichen Ergebnissen führen würde.[32] 40

III. Sonstige Garantien

Sowohl die EU-Grundrechtecharta als auch die EMRK enthalten neben den hier aufgeführten Garantien noch zahlreiche weitere Verfahrensrechte, die sich spezifisch auf 41

[30] Jarass/*Pieroth,* GG, Art. 103, Rn. 99.
[31] EGMR 15.11.2016 [GK], 24130/11 u. a., Rn. 130ff. – A und B ./. Norwegen.
[32] *Schulze-Fielitz,* DR-GG, Art. 103 III, Rn. 32.

das Strafverfahren beziehen. Die wichtigste Garantie ist in diesem Zusammenhang die **Unschuldsvermutung,** die in Art. 6 Abs. 2 EMRK und Art. 48 Abs. 1 GRC geregelt ist. Im Grundgesetz ist sie nicht ausdrücklich garantiert, wird jedoch von der Rechtsprechung als Teil des Rechtsstaatsprinzips in Art. 20 Abs. 3 GG angesehen.[33] Weiterhin regelt Art. 49 Abs. 3 GRC, dass das **Strafmaß im Verhältnis zur Straftat nicht unverhältnismäßig** sein darf, und Art. 48 Abs. 2 GRC gewährleistet die **Verteidigungsrechte des Angeklagten.** In der EMRK sind in Art. 6 Abs. 3 zahlreiche Einzelgarantien enthalten. Dazu zählen u. a. das Recht auf Unterrichtung über die zur Last gelegte Straftat (lit. a), das Recht auf einen Strafverteidiger (lit. c) und das Recht auf einen Dolmetscher (lit. e). Schließlich gewährleisten Art. 2 ZP VII das Recht auf ein Rechtsmittel gegen erstinstanzliche Strafurteile und Art. 3 ZP VII das Recht auf Entschädigung bei Fehlurteilen in Strafsachen.

42 Der EGMR hat in seiner jüngeren Rechtsprechung die **Reichweite der Garantien in Art. 6 Abs. 3 EMRK eingeschränkt.** In *Ibrahim* entschied die Große Kammer des Gerichtshofs, dass die in Art. 6 Abs. 3 EMRK gewährleisteten Rechte nicht absolut gälten.[34] Selbst wenn die Einzelgarantien des Art. 6 Abs. 3 EMRK teilweise nicht gewährleistet würden, liege dennoch keine Verletzung der Norm vor, wenn die **Fairness des Verfahrens als Ganzes** gewährleistet sei.[35] Zur Beurteilung dieser Fairness entwickelte der Gerichtshof in *Ibrahim* verschiedene Faktoren, die in einer Gesamtabwägung zu berücksichtigen seien.[36] Allerdings vermag diese Rechtsprechung nicht zu überzeugen, da sie die Systematik von Art. 6 EMRK missachtet und die Unterscheidung zwischen dem generellen Grundsatz des fairen Verfahrens in Art. 6 Abs. 1 EMRK und den spezifischen Einzelgarantien in Art. 6 Abs. 3 EMRK einebnet.

[33] BVerfGE 82, 106 (114); 110, 1 (22f.).
[34] EGMR 13.9.2016 [GK], 50541/08 u. a. – Ibrahim.
[35] Ebd., Rn. 260ff.
[36] Ebd., Rn. 274.

§ 7. Grundfreiheiten

Die europäische Integration hatte in ihren Anfängen im Jahr 1957 hauptsächlich eine wirtschaftliche Zielsetzung. Das wurde auch durch den damaligen Namen der Organisation – Europäische Wirtschaftsgemeinschaft (EWG) – zum Ausdruck gebracht. Mittlerweile geht das Integrationsprogramm der EU deutlich über diese rein wirtschaftliche Zielsetzung hinaus. Dennoch ist die **Schaffung eines europäischen Binnenmarkts** immer noch eines der **Kernelemente der Union.** Voraussetzung für die Schaffung eines gemeinsamen Binnenmarkts ist die Abschaffung von staatlichen Handelshemmnissen für den Handel zwischen den Mitgliedstaaten. In der Praxis gibt es verschiedene Formen von Handelshemmnissen, die einem Unternehmen oder Individuum die Teilnahme am Wirtschaftsverkehr in einem anderen Mitgliedstaat erschweren. Dazu gehören Zölle, mengenmäßige Einfuhrbeschränkungen, Subventionen, die die heimische Industrie bevorzugen, oder Verwaltungsvorschriften, die ausländische Unternehmen oder Individuen benachteiligen. 1

In der Europäischen Union ist die **Errichtung von Handelshemmnissen aller Art grundsätzlich verboten.** Ein Zollverbot findet sich in Art. 30 AEUV, und die Zulässigkeit von Subventionen ist in den Art. 107 ff. AEUV geregelt. In der Geschichte der europäischen Integration und der Rechtsprechung des EuGH nehmen seit den Anfangsjahren die Grundfreiheiten eine zentrale Stellung ein. Diese werden vom EuGH so ausgelegt, dass sie durch die Mitgliedstaaten errichtete Handelshemmnisse jeglicher Art grundsätzlich verbieten und diese nur ausnahmsweise als gerechtfertigt zulassen. 2

Die Grundfreiheiten beziehen sich dabei auf **unterschiedliche wirtschaftliche Tätigkeiten:** Die Warenverkehrsfreiheit (Art. 34 AEUV) schützt den Warenhandel, die Arbeitnehmerfreizügigkeit (Art. 45 AEUV) die Freiheit von Arbeitnehmern, in jedem Mitgliedstaat einer abhängigen Beschäftigung nachzugehen, die Niederlassungsfreiheit (Art. 49 AEUV) das Recht von Individuen und Gesellschaften, in dem Mitgliedstaat ihrer Wahl eine selbständige Tätigkeit auszuüben, die Dienstleistungsfreiheit (Art. 56 AEUV) die grenzüberschreitende Erbringung und Inanspruchnahme von Dienstleistungen und die Kapitalverkehrsfreiheit (Art. 63 AEUV) den grenzüberschreitenden Kapitalverkehr. 3

A. Rechtsnatur und Prüfungsaufbau

Obwohl die Grundfreiheiten ganz überwiegend eine wirtschaftliche Zielsetzung haben, sind sie **den Grundrechten** in vielerlei Hinsicht **sehr ähnlich.** Zunächst gewähren die Grundfreiheiten Individuen nach der Rechtsprechung des EuGH individuelle, subjektive Rechte.[1] Zwar haben sie anders als die Grundrechte primär eine instrumentelle Zielsetzung, nämlich die Schaffung eines gemeinsamen Binnenmarktes. Diesem Ziel können sie aber am ehesten gerecht werden, wenn sich die einzelnen Wirtschaftsteilnehmer unmittelbar auf die Verletzung von Grundfreiheiten berufen können. 4

[1] EuGH, Slg. 1963, 3, 24 f. – van Gend en Loos.

5 Auch in ihrer Struktur sind die Grundfreiheiten den Grundrechten ähnlich und haben einen **vergleichbaren Prüfungsaufbau.** Die Prüfung einer Grundfreiheit erfolgt grundsätzlich **zweistufig.** Dabei wird zunächst – analog zu Schutzbereich und Eingriff bei den Grundrechten – geprüft, ob der **Tatbestand einer Grundfreiheit** erfüllt ist. In einem zweiten Schritt wird dann eine **Rechtfertigungsprüfung** vorgenommen, in der geprüft wird, ob die Einschränkung einer Grundfreiheit gerechtfertigt werden kann. Die Bestimmungen des AEUV enthalten dabei zum einen geschriebene Rechtfertigungsgründe. Zum anderen hat der EuGH aber für alle Grundfreiheiten auch ungeschriebene Rechtfertigungsgründe entwickelt, die wir uns im Rahmen der einzelnen Grundfreiheiten näher ansehen werden.

Klausurhinweis: Im Folgenden ist jedem Abschnitt ein eigenständiges Prüfungsschema für die entsprechende Grundfreiheit angefügt. Diese überschneiden sich aber in vielen Punkten, so dass man grundsätzlich von einem einheitlichen Prüfungsschema mit spezifischen Variationen ausgehen kann.

6 Wenn ein bestimmter Sachverhalt durch eine **spezielle sekundärrechtliche Norm** geregelt ist, ist diese grundsätzlich vorrangig vor der einschlägigen Grundfreiheit zu prüfen. Dies gilt insbesondere für Normen, die eine abschließende Harmonisierung eines bestimmten Wirtschaftsbereichs vorsehen.[2] Allerdings werden die Grundfreiheiten durch Sekundärrecht nicht vollständig verdrängt. Vielmehr bleiben die Grundfreiheiten in zwei Konstellationen von Bedeutung. Zum einen muss die Richtlinie ihrerseits **mit Primärrecht** und damit den Grundfreiheiten **in Einklang** stehen.[3] Zum anderen bleiben die Grundfreiheiten anwendbar, wenn die Harmonisierung nicht abschließend war. Dabei nimmt der EuGH im Zweifel an, dass einer Harmonisierungsmaßnahme **keine abschließende Wirkung** zukommt. So hat er etwa in den Rechtssachen *Hocsman* und *Dreessen* entschieden, dass die Anerkennung ausländischer Diplome die Vorgaben der Arbeitnehmerfreizügigkeit berücksichtigen müsse, selbst wenn es eine Richtlinie zur gegenseitigen Anerkennung von Diplomen gebe und das in Frage stehende Diplom in dieser Richtlinie gerade nicht zu einer automatischen Anerkennung führe.[4]

Klausurhinweis: Wenn der in einer Klausur fragliche Sachverhalt durch eine Richtlinie geregelt ist (worauf im Sachverhalt regelmäßig hingewiesen werden muss), ist im Tatbestand der entsprechenden Grundfreiheit zunächst zu diskutieren, ob die Richtlinie eine abschließende Harmonisierung des entsprechenden Sachverhalts darstellt und daher die Anwendbarkeit der Grundfreiheiten ausgeschlossen ist.

B. Warenverkehrsfreiheit

Literatur: *Becker,* Von „Dassonville“ über „Cassis“ zu „Keck“ – Der Begriff der Maßnahmen gleicher Wirkung in Artikel 30 EG-Vertrag, EuR 29 (1994), 162; *Jarass,* Elemente einer Dogmatik der Grundfreiheiten, EuR 30 (1995), 202 und EuR 35 (2000), 765; *Kingreen,* Die Struktur der Grundfreiheiten des Europäischen Gemeinschaftsrechts, 1999; *F.C. Mayer,* Die Warenverkehrsfreiheit im Europarecht: eine Rekonstruktion, EuR 38 (2003), 793; *Kenntner,* Grundfälle zur Warenverkehrsfreiheit, JuS 2004, 22; *Röhl,* Die Warenverkehrsfreiheit, Jura 2006, 321; *Fremut,* „Cassis de Dijon“: Zu der dogmatischen Einordnung zwingender Erfordernisse, EuR 41 (2006), 866; *Ruffert,* Die Grundfreiheiten im Recht der Europäischen Union, JuS 2009, 97; *Brigola,* Die Metamorphose der Keck-Formel in der Rechtsprechung des

[2] EuGH, Slg. 1993, I-4975, Rn. 9 – Vanacker und Lesage; Slg. 2001, I-9918, Rn. 32 – DaimlerChrysler; Slg. 2003, I-14887, Rn. 64 – Deutscher Apothekerverband; Slg. 2008, I-9947, Gysbrechts, Rn. 33.
[3] EuGH, Slg. 1998, I-1931, Rn. 25 – Kohll.
[4] EuGH, Slg. 2000, I-6623, Rn. 31 ff. – Hocsman; Slg. 2002, 677, Rn. 23 ff. – Dreessen.

EuGH, EuZW 2012, 248; *Ehlers,* Allgemeine Lehren der Grundfreiheiten, in: ders. (Hg.), Europäische Grundrechte und Grundfreiheiten, 4. Aufl. 2014, § 7; *Epiney,* Freiheit des Warenverkehrs, in: Ehlers (Hg.), Europäische Grundrechte und Grundfreiheiten, 4. Aufl. 2014, § 8.

Die Warenverkehrsfreiheit ist die zentrale Grundfreiheit der EU-Verträge. Viele der im 7 Rahmen der Warenverkehrsfreiheit entwickelten dogmatischen Figuren sind später auf andere Grundfreiheiten übertragen worden, so dass die Dogmatik der Warenverkehrsfreiheit Modellcharakter hat. Art. 34 AEUV verbietet sowohl mengenmäßige Einfuhrbeschränkungen als auch Maßnahmen gleicher Wirkung. Die Rechtsprechung des EuGH hat sich vor allem auf die Interpretation des Merkmals der Maßnahmen gleicher Wirkung bezogen. Dabei bewegt die Rechtsprechung sich in einem Spannungsfeld: Zum einen sollen zur Schaffung eines gemeinsamen Binnenmarkts alle Handelshemmnisse, die den innergemeinschaftlichen Warenverkehr beschränken, so weit wie möglich reduziert werden. Zum anderen haben die Mitgliedstaaten aber auch legitime Regulierungsinteressen. Da die Regulierung in den Mitgliedstaaten oft unterschiedlich ausgestaltet ist, führt sie fast zwangsläufig zur Errichtung von Handelshemmnissen. Die Aufgabe des Gerichtshofs bei der Interpretation der Warenverkehrsfreiheit ist daher, einen Ausgleich zwischen dem Abbau von Handelshemmnissen und dem Schutz legitimer staatlicher Regulierungsinteressen zu schaffen.

I. Tatbestand

Auch wenn es in Art. 34 AEUV nicht explizit erwähnt ist, bezieht sich die Vorschrift 8 auf den Warenverkehr, so dass ihre Anwendung die **Existenz einer Ware** voraussetzt. Waren sind grundsätzlich alle Erzeugnisse, die einen Geldwert haben und Gegenstand von Handelsgeschäften sein können. Nicht unter den Warenbegriff fallen Gegenstände, die nicht legal handelbar sind, wie etwa Drogen, oder die nicht kommerzialisiert werden sollen, wie beispielsweise embryonale Stammzellen. Auch nichtkörperliche Gegenstände können Waren sein. Ein Beispiel ist elektrischer Strom. Im Einzelfall können sich **Abgrenzungsprobleme zur Dienstleistungsfreiheit** ergeben, wenn eine Tätigkeit sowohl Dienstleistungscharakter als auch Bezug zum Warenhandel hat. In einem solchen Fall ist auf den **Schwerpunkt der Tätigkeit** abzustellen.

Art. 34 AEUV verbietet sowohl mengenmäßige Einfuhrbeschränkungen als auch 9 Maßnahmen gleicher Wirkung. Mengenmäßige Beschränkungen umfassen dabei sowohl das vollständige Verbot der Einfuhr einer Ware als auch die Einführung eines Einfuhrkontingents. In der Praxis spielen Einfuhrbeschränkungen nur noch eine marginale Rolle. Erheblich größere Bedeutung hat das Merkmal der **Maßnahme gleicher Wirkung.** Der EuGH hat dieses Merkmal zunächst weit ausgelegt: In seiner ***Dassonville*-Entscheidung** aus dem Jahr 1974 definierte der Gerichtshof eine Maßnahme gleicher Wirkung als „jede Handelsregelung der Mitgliedstaaten, die geeignet ist, den innergemeinschaftlichen Handel unmittelbar oder mittelbar, tatsächlich oder potenziell zu behindern."[5]

Mit dieser **weiten Auslegung** führt jedoch jede staatliche Maßnahme, die dem Um- 10 welt- oder Verbraucherschutz oder anderen legitimen Regulierungszielen dient, zu einer Einschränkung der Warenverkehrsfreiheit. Wenn Deutschland strengere Emissionsstandards für Pkws hat als Frankreich, dann liegt darin gleichzeitig eine Behinde-

[5] EuGH, Slg. 1974, 837, 847 – Dassonville.

rung des innergemeinschaftlichen Handels, obwohl der Maßnahme keine protektionistische Intention zugrunde liegt. Der EuGH stellte schnell fest, dass die geschriebenen Rechtfertigungsgründe des Art. 36 AEUV als Ausgleich für die weite Auslegung des Tatbestands nicht ausreichten, um legitime staatliche Regulierungsinteressen zu schützen. Daher entwickelte er in seiner Rechtsprechung **verschiedene Einschränkungen der *Dassonville*-Formel.**

11 Zunächst etablierte er in seiner ***Cassis de Dijon*-Entscheidung** eine **immanente Schranke der Warenverkehrsfreiheit.**[6] Dieser kommt die Funktion von ungeschriebenen Rechtfertigungsgründen zu, weshalb wir im Rahmen der Rechtfertigung näher auf die *Cassis*-Rechtsprechung eingehen werden (→ § 7 B II 1). In einer weiteren Entscheidung entwickelte der Gerichtshof die sog. ***Keck*-Ausnahme.**[7] In dem Fall, der dem Urteil zugrunde liegt, ging es um eine französische Wettbewerbsvorschrift, die den Weiterverkauf von Waren zum Verlustpreis unter Strafe stellte. Gleichzeitig war es dem Hersteller einer Ware jedoch nicht verboten, eine Ware zu einem Preis unterhalb der Herstellungskosten zu veräußern. Die Angeklagten des Ausgangsfalls hatten Waren aus dem Ausland eingekauft und in Frankreich zu Preisen unterhalb des Einkaufspreises verkauft. Als in Frankreich gegen sie deswegen ein Strafverfahren eingeleitet wurde, sahen sie darin eine Maßnahme gleicher Wirkung i. S. v. Art. 34 AEUV.

12 In seiner Entscheidung stellte der EuGH eine Unterscheidung zwischen **produktbezogenen Merkmalen** und **„bestimmten Verkaufsmodalitäten"** auf. Regelungen, die lediglich Verkaufsmodalitäten beschränken oder verbieten, sollen nicht der Warenverkehrsfreiheit unterfallen, wenn sie gleichermaßen für alle Wirtschaftsteilnehmer gelten sowie in- und ausländische Erzeugnisse in gleicher Weise betreffen, also **keine diskriminierende Wirkung** entfalten. Die französische Wettbewerbsvorschrift sah das Gericht als bloße Verkaufsmodalität an, da sie nicht die Charakteristika des Produkts, sondern lediglich die Setzung des Preises betreffe.[8]

13 Die Ratio hinter der Unterscheidung ist, dass Verkaufsmodalitäten einheimische und importierte Produkte in derselben Weise treffen, Importeuren also keine zusätzlichen Kosten auferlegen. Allerdings ist die *Keck*-Formal oft kritisiert worden:[9] Zum einen ist die **Abgrenzung zwischen Produktcharakteristika und Verkaufsmodalitäten** nicht immer trennscharf möglich. Zum anderen kann es Verkaufsmodalitäten geben, die ausländische Produkte indirekt benachteiligen. In der Sache geht es dem EuGH wohl darum, lediglich solche Maßnahmen aus dem Tatbestand der Warenverkehrsfreiheit auszuschließen, durch die der Marktzugang für ausländische Produkte gegenüber inländischen Produkten nicht erschwert wird.[10]

14 In der jüngeren Rechtsprechung scheint der EuGH von der *Keck*-Formel abzurücken.[11] Seit der Rechtssache *Kommission ./. Italien* konkretisiert der Gerichtshof die Dassonville-Formel weitgehend mit Hilfe eines **Drei-Stufen-Tests** und ersetzt damit

[6] EuGH, Slg. 1979, 649 – Rewe-Zentral AG.
[7] EuGH, Slg. 1993, I-6097, Rn. 16 – Keck und Mithouard.
[8] Ebd., Rn. 18.
[9] S. etwa *Craig/de Búrca,* EU Law, S. 683; *Müller-Graff,* GSH-EU, Art. 34, Rn. 247 ff.
[10] S. EuGH, Slg. 1993, I-6097, Rn. 17 – Keck und Mithouard.
[11] S. insbesondere EuGH, Slg. 2010, I-12213, Rn. 48 ff. – Ker-Optika bt, der ausdrücklich von einer „Verkaufsmodalität" spricht, ohne jedoch die Keck-Formal anzuwenden.

die frühere *Keck*-Ausnahme.[12] Danach liegt eine Maßnahme gleicher Wirkung vor, wenn sie eine der drei folgenden Bedingungen erfüllt:[13] (1) Die Maßnahme bezweckt oder bewirkt, dass Waren aus anderen Mitgliedstaaten weniger günstig behandelt werden; (2) Sie unterwirft Waren aus anderen Mitgliedstaaten, die dort rechtmäßig hergestellt und in den Verkehr gebracht worden sind, zusätzlichen Voraussetzungen für den Marktzutritt; (3) Es handelt sich um eine sonstige Maßnahme, die den Zugang zum Markt eines Mitgliedstaates für Erzeugnisse aus anderen Mitgliedstaaten behindert.

Das erste Kriterium wiederholt das allen Grundfreiheiten innewohnende **Diskriminierungsverbot.** Das zweite Kriterium ist gewissermaßen eine **Neuformulierung der *Keck*-Formel.** Dadurch, dass der EuGH auf Anforderungen, die an Waren gestellt werden, abstellt, werden Verkaufsmodalitäten grundsätzlich nicht als Maßnahmen gleicher Wirkung angesehen. Der dritte Schritt des Tests zielt auf **Verkaufsmodalitäten und sonstige nicht produktbezogene Maßnahmen** ab. Diese sollen eine Maßnahme gleicher Wirkung darstellen, wenn sie den Marktzugang für Erzeugnisse aus anderen Mitgliedstaaten behindern. Auch wenn diese Dreiteilung umständlich ist, scheint sie doch die ursprüngliche Zielrichtung der *Keck*-Formel besser zu treffen als die ursprüngliche Unterscheidung zwischen Verkaufsmodalitäten und Produktcharakteristika. 15

Klausurhinweis: Auch wenn die *Keck*-Formel damit aus der Rechtsprechung des EuGH weitgehend verabschiedet ist, sollte man sie in einer Klausur zur Warenverkehrsfreiheit zumindest andiskutieren und explizit ausführen, dass sie mittlerweile durch die hier dargestellte Drei-Stufen-Formel des EuGH ersetzt wurde. Zum einen ist sich die Literatur uneinig darüber, ob die Keck-Formel noch fortbesteht oder nicht. Zum anderen vollzieht die Prüfungspraxis Änderungen in der Dogmatik (gerade im Unionsrecht) oft erst mit Verzögerung nach.

Weiterhin ist der Tatbestand der Warenverkehrsfreiheit nur bei Maßnahmen mit **grenzüberschreitendem Bezug** erfüllt. Rein innerstaatliche Maßnahmen ohne Bezug zum innergemeinschaftlichen Handel unterfallen somit nicht der Warenverkehrsfreiheit. 16

Schließlich unterfällt eine Maßnahme nur dann dem Tatbestand der Warenverkehrsfreiheit, wenn sie einem Mitgliedstaat **zugerechnet** werden kann. Das ist zumindest dann der Fall, wenn Organe des Mitgliedstaates gehandelt haben. Geht die Beschränkung auf ein Gesetz oder Verwaltungshandeln zurück, ist die Zurechnung regelmäßig unproblematisch. Der EuGH hat eine Zurechnung jedoch auch dann anerkannt, wenn nominell privates Handeln **durch den Staat begünstigt** wurde. So hat er im *Buy Irish*-Fall entschieden, dass eine private Kampagne für den Kauf irischer Produkte, die mit staatlichen Geldern unterstützt wird, ebenfalls dem Staat zugerechnet werden kann.[14] Zudem hat er den Mitgliedstaaten unter bestimmten Umständen Schutz- 17

[12] S. EuGH, Slg. 2009, I-519, Rn. 33ff. – Kommission ./. Italien; Slg. 2009, I-4273, Rn. 24 – Mickelsson und Roos; Slg. 2010, I-12213, Rn. 48ff. – Ker-Optika bt; 26.4.2012 – C-456/10, EU:C:2012:241, Rn. 33ff. – ANETT; 18.10.2012 – C-385/10, EU:C:2012:634 – Elenca; 16.1.2014 – C-481/12, EU:C:2014:11 – Juvelta; 6.10.2015 – C-354/14, EU:C:2015:658, Rn. 40 – SC Capoda Import-Export SRL.

[13] Am deutlichsten findet sich diese Struktur in EuGH 26.4.2012 – C-456/10, EU:C:2012:241, Rn. 33ff. – ANETT. In anderen Urteilen findet sich oft eine verkürzte Version.

[14] EuGH, Slg. 1982, 4005 – Kommission ./. Irland.

pflichten auferlegt, Maßnahmen gegen die Beeinträchtigung der Warenverkehrsfreiheit durch Private zu ergreifen (→ § 8 C I).

II. Rechtfertigung

18 Grundsätzlich enthält Art. 36 AEUV Rechtfertigungsgründe für die Einschränkung der Warenverkehrsfreiheit. Allerdings hat der EuGH diese eng ausgelegt und daneben ungeschriebene Rechtfertigungsgründe in seiner *Cassis*-Rechtsprechung entwickelt.

1. Ungeschriebene Rechtfertigungsgründe nach der *Cassis*-Formel

19 Die ungeschriebenen Rechtfertigungsgründe wurden in der ***Cassis de Dijon*-Entscheidung** etabliert.[15] Der Kläger des Ausgangsfalls wollte Cassis de Dijon als „Likör" aus Frankreich importieren. Dies wurde ihm von der Bundesmonopolverwaltung für Branntwein untersagt, da der Cassis keinen ausreichenden Alkoholgehalt habe. Der Alkoholgehalt des Cassis betrug 15–20%, während Liköre in Deutschland mindestens einen Alkoholgehalt von 25% haben müssten. Deutschland verteidigte sich in dem Verfahren mit zwei Argumenten. Der Mindestalkoholgehalt diene zum einen dem Gesundheits- und zum anderen dem Verbraucherschutz.

20 Gerade der Verbraucherschutz wird von Art. 36 AEUV als Rechtfertigungsgrund nicht erwähnt. Dennoch erkannte der EuGH darin ein legitimes Bedürfnis und sah sich angesichts des weiten Tatbestands der Warenverkehrsfreiheit gezwungen, eine immanente, ungeschriebene Schranke zu entwickeln. Der Gerichtshof argumentierte, dass bestimmte Einschränkungen der Warenverkehrsfreiheit hinzunehmen seien, „soweit diese Bestimmungen notwendig sind, **um zwingenden Erfordernissen gerecht zu werden.**"[16]

21 In seinem ***Cassis*-Urteil** sah der EuGH sowohl den Schutz der öffentlichen Gesundheit als auch den Verbraucherschutz als einen im Allgemeininteresse liegenden Zweck an. Allerdings bewertete er den Mindestalkoholgehalt in beiden Fällen als unverhältnismäßig. Im Fall des **Gesundheitsschutzes** hatte Deutschland argumentiert, dass ein Likör mit geringem Alkoholgehalt möglicherweise zu einem Gewöhnungseffekt führen und die Umstellung auf härtere Alkoholika erleichtern könne. Der Gerichtshof sah die Maßnahme jedoch als ungeeignet an, da der Getränkemarkt bereits eine erhebliche Bandbreite an Getränken mit niedrigerem Alkoholgehalt bereithalte, etwa Wein oder Bier.[17] Beim **Verbraucherschutz** argumentierte die Bundesrepublik, dass Verbraucher getäuscht werden könnten, da sie, wenn sie zu einem Likör griffen, ein Getränk mit höherem Alkoholgehalt erwarteten. Der Gerichtshof hielt dem entgegen, dass ein Verbot des Inverkehrbringens nicht erforderlich sei, da dem Verbraucherschutz durch eine entsprechende Kennzeichnungspflicht genüge getan sei.[18]

22 Eine Rechtfertigung nach der *Cassis*-Formel setzt also zunächst voraus, dass eine Einschränkung der Warenverkehrsfreiheit „zwingenden Erfordernissen" dient. Darunter versteht der Gerichtshof einen **im Allgemeininteresse liegenden Zweck.**[19] Der im

[15] EuGH, Slg. 1979, 649 – Rewe-Zentral AG.
[16] Ebd., Rn. 8.
[17] Ebd., Rn. 11.
[18] Ebd., Rn. 13.
[19] S. EuGH, Slg. 1999, I-731, Rn. 19 – Van der Laan.

Allgemeininteresse liegende Zweck wird dabei grundsätzlich weit verstanden. Grundsätzlich werden alle Maßnahmen, die nicht rein privatnützige Zwecke verfolgen, dem Kriterium des zwingenden Erfordernisses gerecht. Keine zwingenden Erfordernisse sind jedoch solche wirtschaftspolitischen Ziele, die zur Schaffung eines gemeinsamen Binnenmarktes im Widerspruch stehen.

In seiner folgenden Rechtsprechung hat der EuGH die *Cassis*-Entscheidung konkretisiert und eine zusätzliche Voraussetzung geschaffen. Danach gelten die ungeschriebenen Rechtfertigungsgründe nur für **unterschiedslos anwendbare Maßnahmen,** finden also dann keine Anwendung, wenn sie zwischen in- und ausländischen Produkten unterscheiden.[20] Diese Bedingung wendet der Gerichtshof jedoch selbst nicht immer konsistent an: Vielmehr greift er teilweise auch bei nicht unterschiedslos anwendbaren Maßnahmen auf die *Cassis*-Ausnahme zurück,[21] ohne dass klar würde, unter welchen Bedingungen auf das Kriterium der Nichtdiskriminierung verzichtet werden kann.[22] In der Klausur empfiehlt es sich, weiterhin am Kriterium der Unterschiedslosigkeit festzuhalten. 23

Schließlich muss eine Maßnahme **verhältnismäßig** – insbesondere geeignet und erforderlich – sein, um gerechtfertigt werden zu können. Der Gerichtshof verzichtet dabei jedoch regelmäßig auf die Angemessenheitsprüfung. Gleichzeitig legt er jedoch ein anderes Konzept der Erforderlichkeit zugrunde als das BVerfG im Bereich der Grundrechte: Der Gerichtshof zieht alternative Maßnahmen auch dann als Vergleichsmaßnahmen heran, wenn zweifelhaft ist, ob sie tatsächlich ebenso effektiv sind wie die angegriffene Maßnahme. Dies zeigt sich etwa im *Cassis*-Urteil. Ein Kennzeichnungserfordernis ist wohl geringfügig weniger effektiv als ein Verbot, da sich erfahrungsgemäß nicht alle Verbraucher die Kennzeichnungen auf Produkten näher ansehen. Der Gerichtshof sah den Unterschied allerdings als so geringfügig an, dass es das Verbot trotzdem als nicht erforderlich einstufte. 24

2. Rechtfertigung nach Art. 36 AEUV

Neben den ungeschriebenen Rechtfertigungsgründen der Cassis-Formel enthält Art. 36 AEUV **ausdrückliche Rechtfertigungsgründe.** Durch die Entwicklung der Cassis-Formel hat sich die praktische Bedeutung von Art. 36 AEUV erheblich verringert, da der Katalog der zulässigen Rechtfertigungsgründe unter der *Cassis*-Ausnahme erheblich weiter ist. Art. 36 AEUV kommt vor allem dort noch eigenständige Bedeutung zu, wo eine mitgliedstaatliche Maßnahme gerade nicht unterschiedslos anwendbar ist, sondern zwischen in- und ausländischen Produkten differenziert. Dies ist insbesondere auch bei Einfuhrbeschränkungen der Fall, da diese sich ja gerade allein gegen ausländische Produkte richten. 25

Eine Maßnahme, die nach Art. 36 AEUV gerechtfertigt werden soll, muss zunächst einem der in der Vorschrift genannten Ziele dienen und verhältnismäßig sein. Schließlich darf sie keine willkürliche Diskriminierung oder verschleierte Beschränkung darstellen. Der EuGH hat die in Art. 36 AEUV enthaltenen Merkmale **eng ausgelegt.** So hat er etwa abgelehnt, den Verbraucherschutz unter den Begriff der öffentlichen Ordnung oder den Umweltschutz generell unter das Merkmal des Gesundheitsschutzes zu 26

[20] EuGH, Slg. 1981, 1625, Rn. 10 – Kommission ./. Irland.
[21] S. EuGH, Slg. 1992, I-4431, Rn. 34 – Kommission ./. Belgien.
[22] *Müller-Graff*, GSH-EU, Art. 34, Rn. 196 f.

subsumieren. Bei der Verhältnismäßigkeitsprüfung ergeben sich gegenüber der *Cassis*-Formel keine Besonderheiten.

27 Das Verbot der **verschleierten Beschränkung** oder **willkürlichen Diskriminierung** zielt darauf ab, protektionistische Intentionen der Mitgliedstaaten auszuschließen. Das setzt insbesondere voraus, dass ein Ziel auch konsistent umgesetzt wird. So müssen einem Einfuhrverbot entsprechende Produktions- und Verkaufsverbote auf innerstaatlicher Ebene gegenüberstehen, um gerechtfertigt zu sein. Ein Mitgliedstaat kann nicht etwa die Einfuhr pornographischen Materials aus Gründen der öffentlichen Sittlichkeit untersagen, ohne gleichzeitig auch die Produktion und den Verkauf entsprechenden Materials im Inland einzuschränken.

Prüfungsschema Warenverkehrsfreiheit

I. Tatbestand der Warenverkehrsfreiheit
   1. Abschließende Harmonisierung durch Sekundärrecht? (*)
   2. Vorliegen einer Ware
   3. Zwischenstaatlicher Bezug
   4. Einfuhrbeschränkung oder Maßnahme gleicher Wirkung: Ist die Maßnahme geeignet, den innergemeinschaftlichen Handel unmittelbar oder mittelbar, tatsächlich oder potentiell zu behindern (*Dassonville*-Formel)?
      a. Wird eine Diskriminierung ausländischer Waren bewirkt oder bezweckt?
      b. Unterwirft die Maßnahme Waren aus anderen Mitgliedstaaten, die dort rechtmäßig hergestellt und in den Verkehr gebracht worden sind, zusätzlichen Voraussetzungen für den Marktzutritt?
      c. Handelt es sich um eine sonstige Maßnahme, die den Zugang zum Markt eines Mitgliedstaates für Erzeugnisse aus anderen Mitgliedstaaten behindert?
   5. Kann die Beschränkung dem Staat zugerechnet werden? (*)

II. Rechtfertigung von Einschränkungen
   1. Rechtfertigung nach Art. 36 AEUV
      a. Verfolgt die Maßnahme eines der benannten Ziele?
      b. Verhältnismäßigkeit
      c. Keine willkürliche Diskriminierung oder verschleierte Beschränkung?
   2. *Cassis*-Formel: Ist die Maßnahme notwendig, um einem zwingenden Erfordernis gerecht zu werden?
      a. Im Allgemeininteresse liegender Zweck
      b. Unterschiedslose Anwendbarkeit der Maßnahme
      c. Verhältnismäßigkeit

Die mit (*) gekennzeichneten Prüfungspunkte müssen nur angesprochen werden, wenn der Fall dazu Anlass gibt.

C. Arbeitnehmerfreizügigkeit

Literatur: *Pickup,* Reverse Discrimination and Freedom of Movement for Workers, CMLR 23 (1986), 135; *Daniele,* Non-Discriminatory Restrictions to the Free Movement of Persons, ELR 22 (1997), 191; *Westenberg,* Zur Bedeutung der „Keck"-Rechtsprechung für die Arbeitnehmerfreizügigkeit, 2009; *Becker,* Arbeitnehmerfreizügigkeit, in: Ehlers (Hg.), Europäische Grundrechte und Grundfreiheiten, 4. Aufl. 2014, § 9.

Die Arbeitnehmerfreizügigkeit ist **politisch** die **umstrittenste Grundfreiheit der EU-Verträge.** Auf der einen Seite sprechen dieselben ökonomischen Gründe, die der Warenverkehrs- und der Dienstleistungsfreiheit zugrunde liegen, auch für eine Freizügigkeit von Arbeitnehmern. Wenn diese sich ohne Hindernisse zwischen den Mitgliedstaaten bewegen, können sie dort eine Stelle annehmen, wo sie den größten wirtschaftlichen Mehrwert schaffen und das beste Gehalt verdienen. Allerdings gibt es bei Arbeitnehmern zwei Komplikationen, die bei Waren oder Dienstleistungen nicht in demselben Maße auftreten. Zum einen sind Arbeitnehmer nicht nur Wirtschaftsfaktoren, sondern auch Menschen, die sich in die Kultur des Gaststaates eingliedern müssen, was zu Reibungen führen kann. Zum anderen besteht die Gefahr, dass Migration nicht in erster Linie zur Aufnahme von Arbeit, sondern aufgrund der in einem anderen Mitgliedstaat bestehenden sozialen Sicherungssysteme erfolgt. Dieses Spannungsverhältnis hat zum Teil auch die Rechtsprechung des EuGH zur Arbeitnehmerfreizügigkeit geprägt. 28

I. Tatbestand

Art. 45 AEUV gewährleistet die Freizügigkeit der Arbeitnehmer innerhalb der Union. Zentraler Rechtsbegriff der Vorschrift ist das Konzept des Arbeitnehmers. Dieser setzt sich aus zwei Elementen zusammen. Zum einen muss es sich bei einer Tätigkeit als Arbeitnehmer um eine ***wirtschaftliche*** **Tätigkeit** handeln. Zum anderen setzt die Arbeitnehmereigenschaft – in Abgrenzung zur Niederlassungsfreiheit – eine **abhängige Tätigkeit** voraus. 29

Die Rechtsprechung des EuGH hat sich dabei vor allem mit dem Merkmal der **Wirtschaftlichkeit einer Tätigkeit** beschäftigt. Dabei stellt der Gerichtshof an diese grundsätzlich keine hohen Anforderungen. So sind vom Schutz der Arbeitnehmerfreizügigkeit auch **Teilzeittätigkeiten** sowie solche Tätigkeiten umfasst, deren Einkommen zur **Sicherung des Existenzminimums** nicht ausreicht.[23] Das hat zur praktischen Konsequenz, dass Mitgliedstaaten möglicherweise verpflichtet sein können, ein zu geringes Einkommen von EU-Ausländern mit Sozialbeiträgen zu unterstützen. Würde man jedoch die Arbeitnehmerfreizügigkeit von einem gewissen Mindestgehalt abhängig machen, schlösse man gerade diejenigen Arbeitnehmer von ihrem Schutz aus, die aufgrund ihrer prekären sozialen Situation am stärksten schutzbedürftig sind. 30

Auch setzt die Wirtschaftlichkeit der Arbeitnehmertätigkeit nicht zwingend voraus, dass eine Entlohnung in Geld erfolgt. Vielmehr hat der Gerichtshof im Fall *Steymann* anerkannt, dass die Arbeitnehmereigenschaft auch bei Entlohnung durch **Naturalleistungen** gegeben sein kann.[24] Im konkreten Fall war der Betroffene der *Bhagwan* Ge- 31

[23] EuGH, Slg. 1982, 1035, Rn. 15 – Levin.
[24] EuGH, Slg. 1988, 6159 – Steymann.

meinschaft beigetreten. Diese versorgte ihre Mitglieder mit Nahrung und Unterkunft, verlangte von diesen aber im Gegenzug die Ausführung von Gemeinschaftsarbeiten.

32 Allerdings hat der Gerichtshof festgestellt, dass die wirtschaftliche Tätigkeit **genuin und effektiv** sein muss. So ist etwa eine Person, die an einem Drogenentzugsprogramm teilnimmt, das der Wiedereingliederung in die Gesellschaft dient und vom staatlichen Sozialsystem bezahlt wird, kein Arbeitnehmer i. S. v. Art. 45 AEUV, da es an einer wirtschaftlich verwertbaren Gegenleistung fehlt.[25] Die Bezahlung soll dem Betroffenen ermöglichen, später eine Arbeit aufzunehmen, steht aber nicht im Verhältnis zum wirtschaftlichen Wert seiner Arbeitsleistung.

33 Weiterhin setzt der Tatbestand der Arbeitnehmerfreizügigkeit voraus, dass ausländische Arbeitnehmer direkt oder indirekt diskriminiert werden oder die Freizügigkeit von Arbeitnehmern **beschränkt** wird. Zur Frage, welche Beschränkungen dem Tatbestand unterfallen, ist das *Bosman*-Urteil des EuGH instruktiv.[26] Die Entscheidung beschäftigte sich mit einem belgischen Fußballspieler, der nach Ende seines Vertrages bei einem belgischen Erstligaclub in die zweite französische Liga wechseln wollte. Allerdings war der französische Verein nicht bereit, die erforderliche Ablösesumme zu zahlen. Diese Regelung betraf nicht lediglich grenzüberschreitende Wechsel. Vielmehr wurde nach dem damaligen System bei allen Vereinswechseln eine Ablösesumme fällig, egal, ob der Wechsel innerhalb desselben Landes oder über Landesgrenzen hinweg erfolgte. Dennoch sah der Gerichtshof in der Regel eine Beschränkung der Arbeitnehmerfreizügigkeit, da sie den Zugang zum Arbeitsmarkt in anderen Mitgliedstaaten unmittelbar beeinflusste.[27] Insofern stellt bereits **jede Erschwerung des Zugangs zum Arbeitsmarkt** eine Beschränkung der Arbeitnehmerfreizügigkeit dar.

34 Auch im Rahmen der Arbeitnehmerfreizügigkeit ist grundsätzlich erforderlich, dass die Beschränkung dem Staat **zugerechnet** werden kann. Dies ist zumindest dann der Fall, wenn staatliche Organe gehandelt haben. Darüber hinaus hat der EuGH in einigen Fällen eine beschränkte direkte **Drittwirkung** der Arbeitnehmerfreizügigkeit gegenüber privaten Verbänden mit Regelungsmacht und teilweise sogar einzelnen Arbeitgebern anerkannt (→ § 8 C II).

35 Schließlich findet sich in Art. 45 Abs. 4 AEUV eine **Bereichsausnahme für die Beschäftigung in der öffentlichen Verwaltung.** Damit soll der Auffassung Rechnung getragen werden, dass bestimmte Tätigkeiten innerhalb der Staatsverwaltung eine besondere Verbundenheit mit dem Staat voraussetzen. Was als Tätigkeit in der öffentlichen Verwaltung anzusehen ist, bestimmt sich dabei nicht nach dem Recht der Mitgliedstaaten. Vielmehr nimmt der EuGH hier eine autonome Auslegung vor und geht von einem funktionalen Verständnis aus.[28] Eine Tätigkeit ist unter zwei Voraussetzungen als Tätigkeit der öffentlichen Verwaltung anzusehen: Zum einen muss sie mittelbar oder unmittelbar an der Ausübung hoheitlicher Befugnisse teilnehmen und zum anderen auf die Wahrung der allgemeinen Interessen des Staates gerichtet sein.[29] Tätigkeiten als Nachtwächter, Krankenschwester, Eisenbahner oder Hochschullehrer

[25] EuGH, Slg. 1989, 1621, Rn. 17 – Bettray.
[26] EuGH, Slg. 1995, I-4921 – Bosman.
[27] Ebd., Rn. 103.
[28] EuGH, Slg. 1974, 153, Rn. 4 – Sotgiu.
[29] EuGH, Slg. 1980, 3881, Rn. 10 – Kommission ./. Belgien.

sind daher keine Tätigkeiten in der öffentlichen Verwaltung, selbst wenn die Stellen institutionell in einer öffentlichen Körperschaft angesiedelt sind.

II. Rechtfertigung

Auch im Rahmen der Arbeitnehmerfreizügigkeit gibt es sowohl explizit normierte 36
Rechtfertigungsgründe als auch ungeschriebene Rechtfertigungsgründe, die der EuGH als immanente Schranken von Art. 45 AEUV entwickelt hat. Die **geschriebenen Rechtfertigungsgründe** finden sich in Art. 45 Abs. 3 AEUV. Danach sind Beschränkungen „aus Gründen der öffentlichen Ordnung, Sicherheit und Gesundheit" grundsätzlich zulässig. Wie im Rahmen der Warenverkehrsfreiheit sind auch diese Begriffe eng zu verstehen.[30] Weiterhin ist es nicht ausreichend, dass eine Beschränkung der Arbeitnehmerfreizügigkeit einem der genannten Ziele dient. Vielmehr muss eine „tatsächliche und hinreichend schwere Gefährdung vorlieg[en], die ein Grundinteresse der Gesellschaft berührt."[31] Letztlich läuft diese Formel auf eine Verhältnismäßigkeitsprüfung hinaus.

Gleichzeitig hat der Gerichtshof analog zu seiner *Cassis*-Rechtsprechung im Bereich 37
der Warenverkehrsfreiheit für indirekte Diskriminierungen und bloße Beschränkungen eine Rechtfertigung auch dann zugelassen, wenn keiner der in Art. 45 Abs. 3 genannten Gründe einschlägig war, die Beschränkung jedoch **„objektiv gerechtfertigt"** werden konnte.[32] Die Beschränkung muss dabei einem legitimen Zweck dienen und verhältnismäßig sein.[33] So hat der Gerichtshof etwa in vielen Fällen Zulassungsbeschränkungen bei internationalen Sportwettkämpfen aufgrund von Nationalitätsquoten für zulässig erachtet.[34] Auch im Bereich des Steuerrechts hat er die Verhinderung von Steuerflucht oder die Kohärenz des Steuersystems in einigen Fällen als Rechtfertigungsgründe anerkannt, so dass Arbeitnehmer steuerliche Nachteile durch eine Tätigkeit im Ausland teilweise hinzunehmen haben.[35] Demgegenüber ist der Schutz der finanziellen Leistungsfähigkeit der sozialen Sicherungssysteme allein kein legitimer Grund zur Einschränkung der Arbeitnehmerfreizügigkeit.[36]

Prüfungsschema Arbeitnehmerfreizügigkeit

I. Tatbestand der Arbeitnehmerfreizügigkeit
   1. Abschließende Harmonisierung durch Sekundärrecht? (*)
   2. Arbeitnehmerbegriff
   3. Diskriminierung oder Beschränkung der Arbeitnehmerfreizügigkeit
   4. Zurechnung
      a. Kann die Beschränkung dem Staat zugerechnet werden? (*)
      b. Wenn nein: Ausnahmsweise Direktwirkung gegenüber Privaten? (*)
   5. Bereichsausnahme für den öffentlichen Dienst, Art. 45 Abs. 4 AEUV (*)

[30] EuGH, Slg. 1974, 1337, Rn. 4 – Van Duyn.
[31] EuGH, Slg. 1977, 1999, Rn. 33/35 – Bouchereau.
[32] EuGH, Slg. 2000, I-2681, Rn. 51 – Lehtonen.
[33] Ebd., Rn. 56.
[34] EuGH, Slg. 2000, I-2595 – Deliège.
[35] EuGH, Slg. 1992, I-305 – Kommission ./. Belgien; Slg. 1992, I-249 – Bachmann.
[36] EuGH, Slg. 2006, I-1441 – Rockler.

II. Rechtfertigung
   1. Rechtfertigung nach Art. 45 Abs. 3 AEUV
      a. Einschlägigkeit eines in Art. 45 Abs. 3 AEUV genannten Merkmals
      b. Verhältnismäßigkeit
   2. Ungeschriebene, „objektive" Rechtfertigung
      a. Legitimer Rechtfertigungsgrund
      b. Keine Diskriminierung
      c. Verhältnismäßigkeit

Die mit (*) gekennzeichneten Prüfungspunkte müssen nur angesprochen werden, wenn der Fall dazu Anlass gibt.

D. Niederlassungsfreiheit

Literatur: *Hatje,* Die Niederlassungsfreiheit im europäischen Binnenmarkt, JA 2003, 160; *Forsthoff,* Niederlassungsfreiheit für Gesellschaften, 2006; *Schill,* Staatsangehörigkeitsvorbehalt für Notare und europäische Niederlassungsfreiheit, NJW 2007, 2014; *Barthel,* Die Niederlassungsfreiheit der Gesellschaften nach EuGH „Cartesio", EWS 2010, 316; *Gerner-Beuerle/Schillig,* The mysteries of freedom of establishment of Cartesio, ICLQ 59 (2010), 303; *Tietje,* Niederlassungsfreiheit, in: Ehlers (Hg.), Europäische Grundrechte und Grundfreiheiten, 4. Aufl. 2014, § 10; *Franz,* Grenzüberschreitende Sitzverlegung und Niederlassungsfreiheit, EuZW 2016, 930.

38 Die Niederlassungsfreiheit **schützt sowohl Individuen als auch Gesellschaften.** Soweit sie Individuen schützt, ist das Spannungsverhältnis ähnlich wie bei der Arbeitnehmerfreizügigkeit, wobei sich die Niederlassungsfreiheit auf selbständige im Gegensatz zu abhängiger Tätigkeit bezieht. Zum einen stellt die Niederlassungsfreiheit sicher, dass Unionsbürger dort selbständig tätig werden, wo sie den wirtschaftlich größten Mehrwert schaffen. Zum anderen müssen sie sich ebenfalls in die Gesellschaft des Aufnahmestaates integrieren. Soweit die Niederlassungsfreiheit Gesellschaften zukommt, erlaubt sie diesen, in anderen Staaten eine Niederlassung zu gründen und somit die wirtschaftliche Tätigkeit in diesem Mitgliedstaat zu intensivieren oder überhaupt erst aufzunehmen.

I. Tatbestand

39 Art. 49 AEUV schützt die Freiheit der Niederlassung. Niederlassung ist dabei jede **auf gewisse Dauer angelegte selbständige Erwerbstätigkeit** auf dem Gebiet eines anderen Mitgliedstaates. Das Merkmal der gewissen Dauer grenzt die Niederlassungs- von der Dienstleistungsfreiheit ab, die ihrer Natur nach auf vorübergehend angelegte Tätigkeiten ausgerichtet ist. Die Selbständigkeit steht in Abgrenzung zur Arbeitnehmerfreizügigkeit, die die abhängige Erwerbstätigkeit schützt. Das Merkmal der *Erwerbs*tätigkeit weist schließlich auf die Notwendigkeit einer wirtschaftlichen Tätigkeit hin, da die Grundfreiheiten in erster Linie Wirtschaftsfreiheiten sind.

40 Ausweislich ihres Wortlauts wendet sich die Niederlassungsfreiheit nicht nur gegen Diskriminierungen, sondern auch gegen **Beschränkungen.** Dabei kann nach Auffassung des EuGH eine Beschränkung der Niederlassungsfreiheit sogar **gegen den eige-**

nen Heimatstaat geltend gemacht werden.[37] In der Rechtssache *Asscher* war der Antragsteller, ein Niederländer, Vorsitzender von Unternehmen sowohl in Belgien als auch in den Niederlanden. Er lebte jedoch in Belgien und musste deswegen in den Niederlanden höhere Steuern zahlen, als wenn er dort seinen Wohnsitz gehabt hätte. Der EuGH sah darin eine Beschränkung der Niederlassungsfreiheit.[38]

41 Gem. Art. 54 AEUV gilt die Niederlassungsfreiheit nicht nur für Individuen, sondern auch für **Gesellschaften,** wobei der Begriff der Gesellschaft in Art. 54 Abs. 2 AEUV weit gefasst ist und sich nicht lediglich auf juristische Personen beschränkt, sondern **auch teilrechtsfähige Gesellschaften** erfasst.

42 Ebenso wie bei der Arbeitnehmerfreizügigkeit gibt es auch im Rahmen der Niederlassungsfreiheit eine **Bereichsausnahme für die Ausübung öffentlicher Gewalt.** Gem. Art. 51 Abs. 1 AEUV sind Tätigkeiten, die mit der Ausübung öffentlicher Gewalt verbunden sind, vom Tatbestand der Niederlassungsfreiheit auszunehmen. Der Begriff der öffentlichen Gewalt ist dabei autonom auszulegen. Es kommt nicht darauf an, ob eine Gesellschaft öffentlich-rechtlich oder privatrechtlich organisiert ist. Vielmehr ist funktionell darauf abzustellen, ob die betreffende Gesellschaft oder das betreffende Individuum Hoheitsgewalt ausübt. In einem Vertragsverletzungsverfahren gegen die Bundesrepublik Deutschland entschied der EuGH beispielsweise, dass die Notariatstätigkeit keinen ausreichenden Bezug zur öffentlichen Gewalt habe und daher nicht unter die Bereichsausnahme nach Art. 51 AEUV falle.[39]

II. Rechtfertigung

43 Für die Rechtfertigung von Beschränkungen der Niederlassungsfreiheit bestehen zum einen in Art. 52 Abs. 1 AEUV **explizite Rechtfertigungsgründe.** Diese sind ebenso wie bei den anderen Grundfreiheiten grundsätzlich eng auszulegen. Zudem müssen Maßnahmen, die der Verfolgung der in Art. 52 AEUV genannten Gründe dienen, verhältnismäßig sein. Daneben hat der Gerichtshof jedoch auch für die Niederlassungsfreiheit **ungeschriebene Rechtfertigungsgründe** entwickelt. Die Voraussetzungen sind dabei ähnlich wie bei den anderen Grundfreiheiten: Eine Maßnahme muss **„zwingenden Gründen des Allgemeininteresses"** dienen, in nichtdiskriminierender Weise angewandt werden und verhältnismäßig sein.[40]

44 Eine Frage, die die Rechtsprechung zur Niederlassungsfreiheit intensiv beschäftigt hat, ist die Frage, inwieweit Mitgliedstaaten die **Rechtsfähigkeit ausländischer Gesellschaften** anerkennen müssen. Erschwert wird die Frage dadurch, dass sich die Nationalität einer Gesellschaft in den verschiedenen Mitgliedstaaten nach unterschiedlichen Ansätzen bestimmt. Einige Mitgliedstaaten stellen auf die **Gründung der Gesellschaft,** andere auf den **Sitz der Gesellschaft** ab. Daher kann es zu Konflikten kommen, wenn eine Gesellschaft aus einem Mitgliedstaat, in dem sich die Nationalität nach der Gründung bestimmt, ihren Sitz in einen Staat verlegt, der die Nationalität nach dem Sitz festlegt. Muss letzterer Mitgliedstaat, die ausländische Gesellschaft auch dann anerkennen, wenn sie die für die Gründung einer Gesellschaft im Sitzstaat notwendigen Voraussetzungen nicht erfüllt?

[37] EuGH, Slg. 1996, I-3089 – Asscher.
[38] Ebd.
[39] EuGH, Slg. 2011, I-4355, Rn. 84 ff. – Kommission ./. Deutschland.
[40] EuGH, Slg. 1995, I-4165, Rn. 37 – Gebhard.

45 Die Rechtsprechung des EuGH ist dabei uneinheitlich. Wenn eine Gesellschaft ihren Sitz in einen anderen Mitgliedstaat verlegen möchte, hat der EuGH eine **Beschränkung der Niederlassungsfreiheit durch den Ausgangsstaat** als gerechtfertigt angesehen, wenn dieser für die Verlegung Bedingungen stellt, etwa die Begleichung von Steuerschulden oder die Auflösung der Gesellschaft im Ausgangsstaat.[41] Dagegen ist es **nicht gerechtfertigt,** wenn ein Mitgliedstaat, der die Nationalität der Gesellschaft nach ihrem Sitz beurteilt, darauf besteht, dass diese auch **nach den nationalen Rechtsvorschriften gegründet wird, um rechtsfähig zu sein.**[42]

46 In seinem ***Centros*-Urteil** hat der EuGH eine Rechtfertigung der mangelnden Anerkennung auch für den Fall verweigert, dass eine Gesellschaft lediglich formal nach ausländischem Recht gegründet war, ihre Tätigkeit aber allein im Inland hatte.[43] Der Fall betraf eine im Vereinigten Königreich gegründete Gesellschaft, die von Dänen gegründet worden war und ausschließlich in Dänemark geschäftlich tätig werden sollte. Die dänischen Behörden verweigerten daraufhin die Eintragung einer Zweigniederlassung, da es sich eigentlich um eine verkappte Hauptniederlassung handele, so dass die Gesellschaft die Voraussetzungen des dänischen Gesellschaftsrechts, insbesondere die Mindestkapitalvorgaben, erfüllen müsse. Der EuGH entschied, dass die Mitgliedstaaten zwar grundsätzlich das Recht hätten, Missbrauch durch Auslandsgründungen entgegenzuwirken, dass **allein die Gründung in einem anderen Mitgliedstaat** jedoch **noch keine Umgehung** der nationalen Gründungsvorschriften darstelle.[44]

Prüfungsschema Niederlassungsfreiheit

I. Tatbestand der Niederlassungsfreiheit
   1. Abschließende Harmonisierung durch Sekundärrecht? (*)
   2. Niederlassung
   3. Vorliegen einer Beschränkung
   4. Kann die Beschränkung dem Staat zugerechnet werden? Wenn nein: Ist ausnahmsweise Zurechnung gegenüber Privaten möglich? (*)
   5. Bereichsausnahme für die Ausübung öffentlicher Gewalt, Art. 51 AEUV (*)

II. Rechtfertigung
   1. Rechtfertigung nach Art. 52 Abs. 1 AEUV
      a. Einschlägigkeit eines in Art. 52 Abs. 1 AEUV genannten Merkmals
      b. Verhältnismäßigkeit
   2. Ungeschriebene Rechtfertigungsgründe
      a. Zwingende Gründe des Allgemeininteresses
      b. Keine Diskriminierung
      c. Verhältnismäßigkeit

Die mit (*) gekennzeichneten Prüfungspunkte müssen nur angesprochen werden, wenn der Fall dazu Anlass gibt.

[41] EuGH, Slg. 1988, 5483 – Daily Mail; Slg. 2008, I-9641 – Cartesio.
[42] EuGH, Slg. 2002, I-9919 – Überseering.
[43] EuGH, Slg. 1999, I-1459 – Centros.
[44] Ebd., Rn. 24ff.

E. Dienstleistungsfreiheit

Literatur: *Becker,* Voraussetzungen und Grenzen der Dienstleistungsfreiheit, NJW 1996, 179; *Calliess,* Europäischer Binnenmarkt und europäische Demokratie: von der Dienstleistungsfreiheit zur Dienstleistungsrichtlinie – und wieder retour?, DVBl. 2007, 336; *Pache,* Dienstleistungsfreiheit, in: Ehlers (Hg.), Europäische Grundrechte und Grundfreiheiten, 4. Aufl. 2014, § 11.

I. Tatbestand

Art. 56 AEUV schützt die Dienstleistungsfreiheit. Der Begriff der Dienstleistung ist in 47
Art. 57 AEUV unvollständig legaldefiniert. Danach setzt eine Dienstleistung zunächst die **Erbringung einer Leistung gegen Entgelt** voraus. Darüber hinaus muss die Leistung auch **selbständig** erbracht werden, um die Dienstleistung von der Arbeitnehmertätigkeit abzugrenzen. Schließlich handelt es schließlich um eine Leistung, die regelmäßig **nur vorübergehend auf dem Gebiet eines anderen Mitgliedstaates** erbracht wird (vgl. Art. 57 UA 3 AEUV). Darin unterscheidet sie sich von der Niederlassung, bei der der Betroffene „in stabiler und kontinuierlicher Weise am Wirtschaftsleben eines anderen Mitgliedstaats" teilnehmen möchte.[45] Zur Abgrenzung kommt es nicht auf die tatsächliche Dauer einer Leistung an. Vielmehr ist die Intention der dauerhaften bzw. nur vorübergehenden Erbringung einer Leistung ausschlaggebend.

Die Dienstleistungsfreiheit ist jedoch nicht nur dann einschlägig, wenn sich der Er- 48
bringer der Dienstleistung über die Grenze begibt. Vielmehr ist die Dienstleistungsfreiheit auch bei sog. **Korrespondenz- oder Distanzdienstleistungen** einschlägig, bei denen eine Dienstleistung vereinbart wird, ohne dass die in verschiedenen Mitgliedstaaten ansässigen Parteien sich physisch über die Grenze begeben. Beispiele sind Internetdienstleistungen (z. B. das Erstellen einer Webseite), Finanzdienstleistungen, der Empfang von Fernsehprogrammen oder Gutachten- oder Forschungsaufträge.

Schließlich ist die Dienstleistungsfreiheit auch dann einschlägig, wenn sich der **Emp-** 49
fänger über die Grenze begibt.[46] Wenn also Unionsbürger in einen anderen Mitgliedstaat reisen, um dort Gesundheitsdienstleistungen in Anspruch zu nehmen, können sie sich als Dienstleistungsempfänger ebenfalls auf die Dienstleistungsfreiheit berufen. In diesem Zusammenhang stellte sich in der Rechtsprechung des EuGH in mehreren Fällen die Frage, ob die Dienstleistungsfreiheit auch dann einschlägig ist, wenn die Leistung nicht durch den Empfänger, sondern **durch Dritte bezahlt** wird. Beispiele sind etwa der Bildungsbereich, in dem staatliche Einrichtungen oft durch Steuergelder finanziert werden, oder das Gesundheitswesen, in dem die Abrechnung von Leistungen in der Regel über Versicherungen erfolgt. Das Problem in diesen Fällen ist, dass eine Anwendung der Dienstleistungsfreiheit Unionsbürgern Zugang zu steuerfinanzierten Dienstleistungen in anderen Mitgliedstaaten ermöglichen würde, ohne dass die Dienstleistungsnehmer als Steuerzahler an den Kosten der Dienstleistung partizipieren.

Der EuGH entschied in *Humbel,* dass Unionsbürger aus der Dienstleistungsfreiheit 50
kein Recht ableiten könnten, **steuerfinanzierte Bildungseinrichtungen** in einem an-

[45] EuGH, Slg. 1995, I-4165, Rn. 25 – Gebhard.
[46] EuGH, Slg. 1984, 377 – Luisi und Carbone.

deren Mitgliedstaat in Anspruch zu nehmen.[47] In diesen Fällen fehlt es gerade an einem durch den Dienstleistungsnehmer erbrachten Entgelt. Anders sieht es im Fall von **Krankenversicherungen** aus.[48] Zwar wird das unmittelbare Entgelt für die Gesundheitsdienstleistung in diesem Fall ebenfalls durch die Versicherung erbracht. Allerdings beruht der Versicherungsschutz gerade auf Beiträgen der Dienstleistungsnehmer. Krankenversicherungen sind somit grundsätzlich zum Ersatz von im Ausland in Anspruch genommenen Gesundheitsdienstleistungen verpflichtet. Allerdings können die Krankenversicherer ihre Leistungspflichten auf das Niveau beschränken, das sie auch im Inland bezahlen würden. Mittlerweile ist diese Rechtsprechung des EuGH **in RL 2011/24/EU** zur Harmonisierung der Inanspruchnahme grenzüberschreitender Gesundheitsdienstleistungen **kodifiziert.**[49]

51 Teilweise wird in der Literatur diskutiert, ob die ***Keck*-Formel** über die Warenverkehrsfreiheit hinaus auch **analog auf andere Grundfreiheiten** übertragen werden soll.[50] Allerdings haben wir gesehen, dass die *Keck*-Formel selbst im Rahmen der Warenverkehrsfreiheit überholt ist. Eine analoge Anwendung müsste zudem klären, was das korrespondierende Merkmal zu Verkaufsmodalitäten im Rahmen der Personenfreizügigkeit sein soll. So überrascht es nicht, dass der EuGH bisher keine analoge Anwendung der Keck-Formel außerhalb der Warenverkehrsfreiheit vorgenommen hat. Allerdings nimmt der Gerichtshof teilweise **Einschränkungen des Tatbestands** vor, wenn eine Maßnahme **erkennbar keine Auswirkung auf den zwischenstaatlichen Wettbewerb** hat. So hat er für die Dienstleistungsfreiheit bekräftigt, dass Maßnahmen dann keine Einschränkung von Art. 56 AEUV darstellen, wenn ihre einzige Wirkung ist, „zusätzliche Kosten für die betreffende Leistung zu verursachen, und [s]ie die Erbringung von Dienstleistungen zwischen Mitgliedstaaten in gleicher Weise wie deren Erbringung innerhalb eines einzigen Mitgliedstaats berühren.“[51]

52 Gem. Art. 57 UA 1 AEUV ist die Dienstleistungsfreiheit **gegenüber den anderen Grundfreiheiten subsidiär.** Allerdings bedeutet dies nicht, dass bei Abgrenzungsschwierigkeiten im Zweifel andere Grundfreiheiten in Anspruch zu nehmen sind. Vielmehr ist zunächst eine Abgrenzung vorzunehmen, wobei auf den Schwerpunkt der Maßnahme oder Leistung abzustellen ist. In der Rechtsprechungspraxis ist die Bedeutung von Art. 57 UA 1 AEUV daher auch gering – die Einordnung erfolgt vielmehr zumeist bereits auf Definitionsebene.

53 Die Dienstleistungsfreiheit ist inzwischen teilweise durch die **Europäische Dienstleistungsrichtlinie RL 2006/123/EG** konkretisiert worden. Ziel der Richtlinie ist die Harmonisierung des Dienstleistungsverkehrs. Dort, wo die Richtlinie für bestimmte Dienstleistungssektoren spezifische Regelungen trifft, ist primär auf die Regelungen der Richtlinie und nur subsidiär auf die Dienstleistungsfreiheit zurückzugreifen.

> **Klausurhinweis:** Wenn von Ihnen Ausführungen zur Dienstleistungsrichtlinie erwartet werden, müssten die entsprechenden Passagen im Aufgabentext abgedruckt werden. Solange Sie in der Aufgabenstellung nicht anderweitige Hinweise bekommen, sollten Sie direkt die Dienstleistungsfreiheit prüfen, soweit diese einschlägig ist.

[47] EuGH, Slg. 1988, 5383, Rn. 17ff. – Humbel.
[48] EuGH, Slg. 1998, I-1931 – Kohll.
[49] Abl. 2011, L88/45.
[50] S. etwa *Streinz*, EuR, Rn. 841.
[51] EuGH, Slg. 2005, I-7723, Rn. 31 – Mobistar und Belgacom Mobile.

II. Rechtfertigung

Die Struktur der Rechtfertigungsprüfung bei der Dienstleistungsfreiheit gleicht der der anderen Grundfreiheiten. Zunächst gibt es **explizite Rechtfertigungsgründe:** Art. 62 AEUV verweist dabei auf die Vorschriften zur Niederlassungsfreiheit, also konkret auf Art. 52 Abs. 1 AEUV. Eine Rechtfertigung auf Basis dieser Vorschrift ist also aus Gründen der öffentlichen Ordnung, Sicherheit oder Gesundheit zulässig. Diese Rechtsbegriffe sind eng auszulegen, und zudem sind die Anforderungen der Verhältnismäßigkeit zu beachten. Daneben hat der EuGH auch für die Dienstleistungsfreiheit **ungeschriebene Rechtfertigungsgründe** entwickelt. Nach der Entscheidung des EuGH in *Van Binsbergen* sind Einschränkungen dann gerechtfertigt, wenn sie **im Allgemeininteresse** liegen, nicht diskriminieren und verhältnismäßig sind.[52] 54

Prüfungsschema Dienstleistungsfreiheit

I. Tatbestand der Niederlassungsfreiheit
   1. Abschließende Harmonisierung durch Sekundärrecht? (*)
   2. Dienstleistung
   3. Keine Subsidiarität, Art. 57 UA 1 AEUV (*)
   4. Vorliegen einer Beschränkung
   5. Kann die Beschränkung dem Staat zugerechnet werden? Wenn nein: Ist ausnahmsweise Zurechnung gegenüber Privaten möglich? (*)
   6. Bereichsausnahme für die Ausübung öffentlicher Gewalt, Art. 62 i.V. m. 51 AEUV (*)

II. Rechtfertigung
   1. Rechtfertigung nach Art. 62 i.V. m. 52 Abs. 1 AEUV
      a. Einschlägigkeit eines in Art. 52 Abs. 1 AEUV genannten Merkmals
      b. Verhältnismäßigkeit
   2. Ungeschriebene Rechtfertigungsgründe
      a. Zwingende Gründe des Allgemeininteresses
      b. Keine Diskriminierung
      c. Verhältnismäßigkeit

Die mit (*) gekennzeichneten Prüfungspunkte müssen nur angesprochen werden, wenn der Fall dazu Anlass gibt.

F. Kapitalverkehrsfreiheit

Literatur: *Germelmann,* Konkurrenz von Grundfreiheiten und Missbrauch von Gemeinschaftsrecht, EuZW 2008, 596; *Kemmerer,* Kapitalverkehrsfreiheit und Drittstaaten, 2010; *v. Wilmowsky,* Freiheit des Kapital- und Zahlungsverkehrs, in: Ehlers (Hg.), Europäische Grundrechte und Grundfreiheiten, 4. Aufl. 2014, § 12; *Stefánsson,* Die Kapitalverkehrsfreiheit in der Europäischen Union und im Europäischen Wirtschaftsraum, EuR 51 (2016), 706.

Die Grundfreiheiten werden schließlich durch die Kapitalverkehrsfreiheit komplettiert, die durch Art. 63 AEUV gewährleistet wird. In der Prüfungspraxis spielt diese 55

[52] EuGH, Slg. 1974, 1300, Rn. 14/16 – Van Binsbergen.

nur eine sehr geringe Rolle. Gegenüber den anderen Grundfreiheiten hat die Kapitalverkehrsfreiheit die Besonderheit, dass sie nicht nur innerhalb der EU, sondern auch **zwischen EU-Mitgliedstaaten und Drittländern** gilt. Der Kapitalverkehr umfasst grundsätzlich **alle einseitigen Wertübertragungen,** wie Direktinvestitionen, die Übertragung von Wertpapieren oder die Gewährung von Darlehen.[53] Der EuGH greift zur Konkretisierung des Begriffs des Kapitalverkehrs auf Art. 1 der RL 88/361/EWG zurück, der nach Auffassung des Gerichts Hinweischarakter hat.[54] Trotz der Subsidiaritätsnorm des Art. 57 AEUV **wendet der Gerichtshof die Dienstleistungs- und die Kapitalverkehrsfreiheit oft parallel** an. So sieht er etwa die Kreditvergabe sowohl als Finanzdienstleistung i. S. v. Art. 56 AEUV als auch als Teil des Kapitalverkehrs i. S. v. Art. 63 AEUV an.[55]

[53] *Wojcik,* GSH-EU, Art. 63 AEUV, Rn. 4.

[54] EuGH, Slg. 2006, I-9562, Rn. 41 – Fidium Finanz.

[55] S. ebd., Rn. 43.

§ 8. Leistungsrechte, Schutzpflichten und Drittwirkung

Traditionell werden die Grundrechte als Abwehrrechte gegen den Staat verstanden. 1
Das BVerfG hat den Schutzgehalt der Grundrechte allerdings relativ früh über diese abwehrrechtliche Dimension hinaus ausgedehnt. In der *Lüth*-Entscheidung sah das Gericht in den Grundrechten „eine **objektive Wertordnung,** die als verfassungsrechtliche Grundentscheidung für alle Bereiche des Rechts gilt."[1] Die Argumentationsfigur der objektiven Wertordnung nutzte das Gericht, um grundrechtliche Leistungspflichten zu begründen.

Heute ist allgemein anerkannt, dass die Grundrechte neben der abwehrrechtlichen Di- 2
mension auch eine **Leistungsdimension** enthalten. Während der abwehrrechtliche Gehalt von Grundrechten den Bürger berechtigt, Eingriffe des Staates in spezifische Freiheitsbereiche abzuwehren, gibt die Leistungsdimension ihm einen Anspruch auf aktives staatliches Tätigwerden. Dieses Tätigwerden kann unterschiedlich aussehen. Teilweise ist der Staat zum Schutz des Einzelnen vor Grundrechtseingriffen Dritter verpflichtet. Weiterhin kann die Leistungsdimension auf die Einrichtung bestimmter Verfahren oder Organisationsstrukturen hinauslaufen. Schließlich können sich aus ihr auch Ansprüche auf soziale Leistungen ergeben.

Eine solche Leistungsdimension ist nicht nur für die deutschen Grundrechte an- 3
erkannt. Vielmehr hat auch der EGMR eine umfangreiche Rechtsprechung zu **staatlichen Leistungspflichten** entwickelt, die sich aus der EMRK ergeben. In der EU-Grundrechtecharta sind mit den **sozialen Grundrechten** sogar explizite Leistungsrechte enthalten.

Möchte man die Leistungsdimension der Grundrechte näher betrachten, sind **unter-** 4
schiedliche Fragenkreise auseinanderzuhalten. Zunächst werden wir uns den grundrechtlichen Schutzpflichten zuwenden. Anschließend beschäftigen wir uns mit der Lehre der mittelbaren Drittwirkung, die vom BVerfG im *Lüth*-Fall entwickelt wurde. Im dritten Abschnitt wenden wir uns dem EU-Recht zu, wo der EuGH für die Grundfreiheiten ebenfalls eine Drittwirkung anerkannt hat. Der vierte Abschnitt beschäftigt sich mit Grundrechtsschutz durch Organisation und Verfahren. Fünftens gehen wir dann auf die sozialen Grundrechte ein, bevor im sechsten Schritt erläutert werden soll, wie man Schutzpflichten am besten in der Falllösung behandelt.

A. Grundrechtliche Schutzpflichten

Literatur: *Dietlein,* Die Lehre von den grundrechtlichen Schutzpflichten, 1992 (2. Aufl. 2005); *Bleckmann,* Die Entwicklung staatlicher Schutzpflichten aus den Freiheiten der Europäischen Menschenrechtskonvention, FS Rudolf Bernhardt, 1995, S. 309; *Unruh,* Zur Dogmatik der grundrechtlichen Schutzpflichten, 1996; *Erichsen,* Grundrechtliche Schutzpflichten in der Rechtsprechung des Bundesverfassungsgerichts, Jura 1997, 85; *Dolderer,* Objektive Grundrechtsgehalte, 2000; *Jaeckel,* Schutzpflichten im deutschen und europäischen Recht, 2001; *Szczekalla,* Die sogenannten grundrechtlichen Schutzpflichten im deutschen und europäischen Recht, 2002; *Suerbaum,* Die Schutzpflichtdimension der Gemeinschaftsgrundrechte, EuR 38 (2003), 390; *Calliess,* Schutzpflichten, Hdb GR II, 2006, § 44; *ders.,* Die grundrechtliche Schutzpflicht im mehrpoligen Verfassungsrechtsverhältnis, JZ 2006, 321; *Stern,* Die

[1] BVerfGE 7, 198 (Leitsatz 1) – Lüth.

Schutzpflichtenfunktion der Grundrechte, DÖV 2010, 241; *Papp,* Extraterritoriale Schutzpflichten, 2013; *Neubert,* Grundrechtliche Schutzpflichten des Staates gegen grundrechtsbeeinträchtigende Maßnahmen fremder Staaten am Beispiel der Überwachung durch ausländische Geheimdienste, AöR 140 (2015), 267.

5 Die grundrechtlichen Schutzpflichten hat das BVerfG in seinem ersten Urteil zum Schwangerschaftsabbruch entwickelt.[2] Danach gebietet eine grundrechtliche Schutzpflicht dem Staat, Maßnahmen zu ergreifen, um Grundrechtsträger **vor Grundrechtseingriffen durch Dritte zu schützen.**[3] Die Schutzpflichten hat das Gericht aus dem Konzept der Grundrechte als „objektiver Wertordnung" hergeleitet.[4] Grundsätzlich können sich Schutzpflichten aus allen staatlichen Grundrechten ergeben. In der Rechtsprechungspraxis sind sie jedoch in erster Linie beim Recht auf Leben und körperliche Unversehrtheit in Art. 2 Abs. 2 S. 1 GG relevant geworden.[5]

6 Adressaten der Schutzpflicht sind grundsätzlich **alle drei Gewalten,** also Legislative, Exekutive und Judikative. Gerade der Gesetzgeber hat allerdings bei der Erfüllung der ihm obliegenden Schutzpflicht einen weiten **Einschätzungsspielraum.** Es obliegt in erster Linie dem Gesetzgeber, einen Ausgleich zwischen unterschiedlichen Grundrechtspositionen bzw. dem Schutz von Grundrechten und anderen staatlichen Zielen zu finden. Die Grenze dieses Einschätzungsspielraums wird im Bereich der Schutzpflichten oft mit dem Begriff des **Untermaßverbots** bezeichnet.[6] Das Untermaßverbot beschreibt, wann ein Untätigbleiben des Staates nicht mehr von dessen Einschätzungsspielraum gedeckt ist.

7 Auch der **EGMR** hat eine umfangreiche Rechtsprechung zu staatlichen Schutzpflichten entwickelt. Das in der Praxis wichtigste Grundrecht ist auch hier das Lebensrecht in Art. 2 EMRK. So sind die Mitgliedstaaten etwa verpflichtet, menschliches Leben durch strafrechtliche Sanktionen zu schützen, wobei die Schutzpflicht allerdings nicht so weit geht, dass auch die fahrlässige Tötung ungeborenen Lebens unter Strafe gestellt werden muss (→ § 3 A I). Weiterhin sind Personen dann vor Gefahren für ihr Leben zu schützen, wenn **konkrete Anhaltspunkte für eine Gefährdung** durch Dritte bestehen.[7] Schließlich treffen den Staat **Informationspflichten,** wenn er Anhaltspunkte für Gefahren für Leib oder Leben hat. Dies hat der EGMR etwa im Fall *Budayeva* angenommen, als die Behörden die Bevölkerung eines Ortes nicht vor Schlammlawinen gewarnt hatten,[8] oder im Fall *Guerra,* in dem die Behörden Anwohner nicht vor Gasen und Chemikalien einer Fabrik gewarnt hatten, obwohl sie diese als hochriskant einstuften.[9]

[2] BVerfGE 39, 1.
[3] BVerfGE 39, 1 (42).
[4] BVerfGE 39, 1 (41).
[5] S. BVerfGE 46, 160; 49, 89; 53, 30; 56, 54; 88, 203.
[6] S. BVerfGE 88, 203 (254) – Schwangerschaftsabbruch II.
[7] EGMR 8. 11. 2005, 34056/02 – Gongadze; 13. 4. 2017, 26562/07 u. a. – Tagayava.
[8] EGMR 20. 3. 2008, 15339/02 – Budayeva.
[9] EGMR 19. 2. 1998 [GK], 14967/89 – Guerra.

B. Drittwirkung von Grundrechten

Literatur: *Schwabe,* Die sogenannte Drittwirkung der Grundrechte, 1971; *Hesse,* Verfassungsrecht und Privatrecht, 1988; *Pietzcker,* Drittwirkung – Schutzpflicht – Eingriff, FS Dürig, 1990, S. 345; *Classen,* Die Drittwirkung der Grundrechte in der Rechtsprechung des Bundesverfassungsgerichts, AöR 122 (1997), 65; *Canaris,* Grundrechte und Privatrecht, 1999; *Guckelberger,* Die Drittwirkung der Grundrechte, JuS 2003, 1151; *Papier,* Drittwirkung der Grundrechte, Hdb GR II, 2006, § 55; *Schulze-Fielitz,* Das Lüth-Urteil – nach 50 Jahren, Jura 2008, 52; *Müller-Graff,* Drittwirkung der Grundfreiheiten und Grundrechte im Recht der Europäischen Union, 2012; *Frantziou,* The horizontal effect of the Charter of Fundamental Rights of the EU, ELJ 21 (2015), 657; *Villotti,* The horizontal effect of EU fundamental rights, ZÖR 71 (2016), 241; *Gardbaum,* Positive and Horizontal Rights: Proportionality's Next Frontier or a Step Too Far?, in: Jackson/Tushnet (Hg.), Proportionality: New Frontiers, New Challenges, 2017, S. 221; *Michel,* Die Bedeutung der Grundrechte im Privatrecht, Jura 2017, 1062; *Mathews,* Extending Rights' Reach, 2018.

Grundrechte binden grundsätzlich nur den Staat und verpflichten somit nicht unmittelbar auch Private. Dies wird durch Art. 1 Abs. 3 GG klargestellt, demzufolge sich die Grundrechte nur an die drei staatlichen Gewalten richten. Ein Vermieter einer Wohnung oder ein Arbeitgeber ist daher bspw. nicht von Verfassungs wegen unmittelbar an das Diskriminierungsverbot in Art. 3 GG gebunden – was natürlich nicht ausschließt, dass sich ein Diskriminierungsverbot möglicherweise aus einfachem Recht ergibt. 8

In seinem ***Lüth*-Urteil** entwickelte das BVerfG unter Berufung auf die Grundrechte als objektive Wertordnung jedoch eine dogmatische Konstruktion, die den Grundrechten eine mittelbare Drittwirkung gab.[10] Beschwerdeführer war der Hamburger Senatsdirektor Erich Lüth, der im Rahmen einer Ansprache vor Filmverleihern und Filmproduzenten zum Boykott der Filme des Regisseurs Veit Harlan aufrief. Harlan hatte im Dritten Reich den antisemitischen Spielfilm „Jud Süß" gedreht, der von der nationalsozialistischen Regierung in Auftrag gegeben und als Propagandafilm konzipiert worden war. 9

Daraufhin erwirkte die Filmproduzentin Harlans beim Landgericht Hamburg zunächst eine einstweilige Verfügung und anschließend eine Unterlassungsverfügung gegen Lüth, in der dieser aufgefordert wurde, seinen Boykottaufruf zu unterlassen. Nachdem die Berufung beim OLG Hamburg erfolglos blieb, legte Lüth Verfassungsbeschwerde ein. Das BVerfG entschied, dass das Landgericht mit seinem Urteil die Meinungsfreiheit Lüths verletzt habe. Da die Grundrechte eine objektive Wertordnung bildeten, entfalteten sie ihre **Wirkung auch im Privatrecht.**[11] Sie wirkten vor allem über die **Generalklauseln,** wie den Schutz der guten Sitten (§§ 138, 826 BGB) oder von Treu und Glauben (§ 242 BGB), in das Privatrecht ein.[12] Die Richter des Zivilgerichts sind daher von Verfassungs wegen gehalten, die Normen des Privatrechts, soweit möglich, im Lichte der Grundrechte auszulegen. Im konkreten Fall sah das BVerfG in der Unterlassungsverfügung des Landgerichts eine Verletzung der Meinungsfreiheit Lüths. 10

Im Ergebnis ist mittlerweile anerkannt, dass das Privatrecht im Lichte der Grundrechte auszulegen ist. Dies entspricht auch der ständigen Rechtsprechung des 11

[10] BVerfGE 7, 198 – Lüth.
[11] BVerfGE 7, 198 (205 ff.).
[12] BVerfGE 7, 198 (206).

BVerfG.[13] Allerdings ist umstritten, wie diese mittelbare Drittwirkung im Einzelnen begründet werden kann. Vorzugswürdig scheint dabei zu sein, die grundrechtskonforme Auslegung des Privatrechts als **Ausfluss der Schutzpflichtenlehre** zu sehen. Die Schutzpflichten verpflichten nicht nur den Gesetzgeber, sondern die gesamte Staatsgewalt, also auch den Zivilrichter. Wenn der Gesetzgeber also keine ausreichenden Vorschriften zum Schutz eines Grundrechtsträgers erlassen hat, obliegt es dem Richter, einen Schutz durch eine entsprechende grundrechtskonforme Auslegung privatrechtlicher Vorschriften zu erreichen.

Klausurhinweis: Auf den Streit, wie die grundrechtskonforme Auslegung privatrechtlicher Vorschriften zu begründen ist, ist in der Klausur regelmäßig nicht näher einzugehen, da sie im Ergebnis anerkannt ist.

12 Die Drittwirkung von Grundrechten steht insbesondere bei Fällen der Meinungs-, Presse- und Kunstfreiheit im Vordergrund. Dabei ist der entsprechende zivilrechtliche Unterlassungsanspruch im Lichte der Grundfreiheiten auszulegen. Allerdings darf diese Auslegung nicht einseitig zugunsten einer bestimmten Grundrechtsposition erfolgen. Vielmehr ist im Rahmen der Abwägung ein **Ausgleich zwischen den widerstreitenden Grundrechtspositionen** zu treffen, der in der Regel mit dem Begriff der **praktischen Konkordanz** bezeichnet wird.[14] Klassischerweise kommt es dabei zu einem Konflikt mit dem allgemeinen Persönlichkeitsrecht des Individuums, das den Unterlassungsanspruch geltend macht. Auch wenn dies die in der Praxis häufigste Konstellation ist, in der die Privatrechtswirkung von Grundrechten eine Rolle spielt, können im Einzelfall auch andere Grundrechte, wie etwa das Eigentumsrecht, die Berufsfreiheit oder gar die Menschenwürde, betroffen sein.

C. Schutzpflichten und Drittwirkung bei den Grundfreiheiten im EU-Recht

Literatur: *Roth,* Drittwirkung der Grundfreiheiten?, FS Everling II, 1995, S. 1231; *Jaensch,* Die unmittelbare Drittwirkung der Grundfreiheiten, 1997; *Streinz/Leible,* Die unmittelbare Drittwirkung der Grundfreiheiten, EuZW 2000, 459; *Kainer,* Grundfreiheiten und staatliche Schutzpflichten, JuS 2000, 431; *Ganten,* Die Drittwirkung der Grundfreiheiten, 2000; *D. Schindler,* Die Kollision von Grundfreiheiten und Gemeinschaftsgrundrechten, 2001; *Jaeckel,* Schutzpflichten im deutschen und europäischen Recht, 2001; *Szczekalla,* Die sogenannten grundrechtlichen Schutzpflichten im deutschen und europäischen Recht, 2002; *Kadelbach/Petersen,* Die gemeinschaftsrechtliche Haftung für Verletzung von Grundfreiheiten aus Anlass privaten Handelns, EuGRZ 2002, 213; *Wernicke,* Die Privatwirkung im Europäischen Gemeinschaftsrecht, 2002; *Remmert,* Grundfreiheiten und Privatrechtsordnung, Jura 2003, 13; *Kadelbach/Petersen,* Europäische Grundrechte als Schranken der Grundfreiheiten, EuGRZ 2003, 693; *Schorkopf,* Nationale Grundrechte in der Dogmatik der Grundfreiheiten, ZaöRV 64 (2004), 125; *Lengauer,* Drittwirkung von Grundfreiheiten, 2011; *Müller-Graff,* Drittwirkung der Grundfreiheiten und Grundrechte im Recht der Europäischen Union, 2012; *Krenn,* A missing piece in the horizontal effect „jigsaw“, CMLR 49 (2012), 177; *Harten/Nauta,* Towards horizontal direct effect for the free movement of goods?, ELR 38 (2013), 677; *Ludwigs/Weidermann,* Drittwirkung der Europäischen Grundfreiheiten, Jura 2014, 152.

13 Der EuGH hat für die Grundfreiheiten sowohl staatliche Schutzpflichten entwickelt als auch teilweise eine unmittelbare Drittwirkung von Grundfreiheiten anerkannt.

[13] S. BVerfGE 25, 256; 85, 1 (16).

[14] Grundlegend *Hesse,* Grundzüge des VerfR, Rn. 72.

I. Schutzpflichten

Die Schutzpflichten gehen auf ein Urteil aus dem Jahr 1997 zurück, das aus einem **Vertragsverletzungsverfahren der Kommission gegen Frankreich** resultierte.[15] Der Fall drehte sich um gewaltsame Übergriffe französischer Landwirte aus Protest gegen landwirtschaftliche Erzeugnisse aus anderen Mitgliedstaaten. Es kam zu Angriffen auf Lastwagenfahrer, der Vernichtung von Warenladungen, Drohungen gegen französische Supermärkte, die ausländische Erzeugnisse verkauften, sowie zur Beschädigung von in Geschäften ausliegenden Waren. 14

In seinem Urteil führte der Gerichtshof aus, dass die Grundfreiheiten die Mitgliedstaaten nicht nur negativ verpflichteten, selbst keine Beschränkungen vorzunehmen, sondern ihnen auch eine **positive Pflicht** auferlegten, Maßnahmen zu ergreifen, um **Beschränkungen der Grundfreiheiten durch Private zu verhindern.**[16] Bei der Ausfüllung dieser Pflicht stehe den Mitgliedstaaten ein Einschätzungsspielraum zu.[17] Im konkreten Fall traten die Störungen jedoch schon seit mehr als 10 Jahren auf, wobei die französischen Behörden trotz mehrfacher Ermahnung durch die Kommission oft nur tatenlos zugesehen hätten.[18] 15

Die Frage der Schutzpflichten beschäftigte den Gerichtshof erneut im Urteil ***Schmidberger.***[19] Der Kläger des Ausgangsverfahrens war ein Spediteur der Schadensersatz von der Republik Österreich forderte, weil diese eine Demonstration einer Umweltorganisation zugelassen hatte, für die die Brennerautobahn für insgesamt 30 Stunden gesperrt werden musste. Der Gerichtshof befand, dass in der Nichtuntersagung der Demonstration eine Beeinträchtigung der Warenverkehrsfreiheit liege.[20] Allerdings sei die Beeinträchtigung im vorliegenden Fall gerechtfertigt gewesen.[21] Die Unterlassung habe dem Schutz der Versammlungsfreiheit gedient und es sei vertretbar gewesen, dass die Behörden letzterer im konkreten Fall den Vorrang eingeräumt hätten. 16

Fasst man diese Rechtsprechung zusammen, sieht man, dass die Grundfreiheiten den Mitgliedstaaten nicht nur Unterlassungs-, sondern teilweise auch **aktive Handlungspflichten** auferlegen. Bei der Wahrnehmung dieser Handlungspflichten kommt ihnen allerdings ein Einschätzungsspielraum zu. Zudem kann die Unterlassung von Maßnahmen zum Schutz der Grundfreiheiten gerechtfertigt werden. Dies ist insbesondere dann der Fall, wenn sie dem **Schutz von Grundrechten** dienen, wobei zwischen der Grundfreiheit und dem betroffenen Grundrecht ein **angemessener Ausgleich** zu treffen ist. 17

II. Drittwirkung

Der EuGH hat unter bestimmten Umständen sogar eine unmittelbare Drittwirkung der Grundfreiheiten angenommen. Diese betrifft in erster Linie **private Verbände** 18

---

[15] EuGH, Slg. 1997, I-6959 – Kommission ./. Frankreich.
[16] Ebd., Rn. 30ff.
[17] Ebd., Rn. 33.
[18] Ebd., Rn. 40ff.
[19] EuGH, Slg. 2003, I-5694 – Schmidberger.
[20] Ebd., Rn. 64.
[21] Ebd., Rn. 65ff.

mit kollektiver Regelungsmacht. Die ersten Urteile betrafen dabei vor allem Regelungen von Sportverbänden für ihre eigenen Mitglieder. Im Urteil *Walrave* entschied der Gerichtshof, dass die Regelung eines Sportverbandes, nach der ein Schrittmacher in Radrennen dieselbe Nationalität haben müsse wie der Radrennfahrer, der ihn engagiert, die Dienstleistungsfreiheit verletze.[22] Im *Bosman*-Urteil (→ § 7 C I) entschied der Gerichtshof, dass solche privaten Verbände auch dann an die Grundfreiheiten gebunden seien, wenn die von ihnen erlassenen Regelungen keine diskriminierende, sondern nur beschränkende Wirkung hätten.[23]

19 In den Urteilen *Viking* und *Laval* sah der EuGH die Grundfreiheiten durch **Streik- bzw. Boykottmaßnahmen von Gewerkschaften** verletzt, soweit diese sich dagegen wehrten, dass Arbeitnehmer aus anderen Mitgliedstaaten schlechteren Tarifbedingungen unterworfen wurden.[24] In *Laval* ging es um eine lettische Firma, die mit lettischen Angestellten auf einer schwedischen Baustelle tätig war, wobei die Arbeitsverhältnisse lettischen Tarifbedingungen unterlagen. Die schwedische Baugewerkschaft organisierte daraufhin eine Blockade der Baustelle, um zu erreichen, dass die lettischen Arbeiter nach schwedischen Tarifbedingungen bezahlt wurden. Im Fall *Viking* drohte die finnische Seefahrergewerkschaft einen Streik an, nachdem eine finnische Schifffahrtsgesellschaft die Umflaggung eines Schiffes als estnisches Schiff in Aussicht gestellt hatte, um Lohnkosten zu senken. In beiden Fällen entschied der EuGH, dass die gewerkschaftlichen Maßnahmen grundsätzlich den Tatbestand der Grundfreiheiten erfüllten.

20 Schließlich hat der EuGH im Bereich der Arbeitnehmerfreizügigkeit auch eine direkte **Drittwirkung gegenüber privaten Arbeitgebern** angenommen. Im Fall *Angonese* hatte die privatrechtlich organisierte Sparkasse von Bozen als Nachweis für deutsche und italienische Sprachkenntnisse ein spezielles Zweisprachigkeitszeugnis gefordert, das nur in der Provinz Bozen erworben werden konnte.[25] In seiner Entscheidung stellte der Gerichtshof fest, dass die Arbeitnehmerfreizügigkeit zumindest in Bezug auf das Diskriminierungsverbot auch private Arbeitgeber binde.[26] Im konkreten Fall sah der Gerichtshof in dem Zeugniserfordernis eine indirekte Diskriminierung aufgrund der Staatsangehörigkeit.

21 Bei der **Warenverkehrsfreiheit** war der Gerichtshof mit der Annahme einer unmittelbaren Drittwirkung zunächst zurückhaltend. Für Vereinbarungen zwischen privaten Unternehmen gälten allenfalls die Wettbewerbsregelungen der Art. 101 ff. AEUV.[27] Zudem obliegen den Staaten hier die soeben besprochenen Schutzpflichten, Beeinträchtigungen der Warenverkehrsfreiheit durch Private zu vermeiden (→ § 8 C I). In der Entscheidung *Fra.Bo SpA* hat der EuGH allerdings jüngst eine Ausnahme anerkannt. Danach sind **private Vereine**, die **normsetzend tätig** sind, unmittelbar an die Warenverkehrsfreiheit gebunden, soweit an die normsetzende Tätigkeit des privaten Vereins konkrete staatliche Rechtsfolgen geknüpft werden oder diese signifikanten Einfluss auf den Marktzugang haben.[28] Diese Konstellation betrifft in erster Linie

[22] EuGH, Slg. 1974, 1405, Rn. 16 ff. – Walrave.
[23] EuGH, Slg. 1995, I-4921 – Bosman.
[24] EuGH, Slg. 2007, I-10806 – Viking; Slg. 2007, I-11845 – Laval.
[25] EuGH, Slg. 2000, I-4161 – Angonese.
[26] Ebd., Rn. 36.
[27] EuGH, Slg. 1988, 5281, Rn. 11 – Süllhofer.
[28] EuGH 12.7.2012 – C-171/11, EU:C:2012:453, Rn. 25 ff. – Fra.Bo SpA.

die Zertifizierungstätigkeit von Privaten, lässt sich darüber hinaus aber nicht ohne weiteres verallgemeinern.

D. Grundrechtsschutz durch Organisation und Verfahren

Literatur: *Denninger,* Staatliche Hilfe zur Grundrechtsausübung durch Verfahren, Organisation und Finanzierung, Hdb StR IX, 3. Aufl. 2011, § 193; *Mowbray,* Duties of Investigation under the European Convention of Human Rights, ICLQ 2002, 437; *Sudre,* Les „obligations positives" dans la jurisprudence européenne des droits de l'homme, RTDH 1995, 363; *Petersen,* Verhältnismäßigkeit als Rationalitätskontrolle, 2015, Kap. 7.

Als weitere Leistungsdimension ist in der Rechtsprechung der **Grundrechtsschutz durch Organisation und Verfahren** entwickelt worden. Den Staaten obliegen dabei im Zusammenhang mit Grundrechtseingriffen gewisse Verfahrenspflichten. Diese sollen in erster Linie dazu beitragen, die Wahrscheinlichkeit fehlerhafter Entscheidungen zu reduzieren.[29] Teilweise sind sie jedoch insbesondere in der Rechtsprechung des EGMR auch entwickelt worden, um strukturelle Beweisprobleme zu überwinden. 22

Diese Verfahrenspflichten sind zum Teil explizit in den Grundrechtskatalogen erwähnt. Ein Beispiel sind die in Art. 13 Abs. 2–5 und 104 Abs. 2 GG sowie Art. 5 Abs. 3 und 4 EMRK erwähnten Richtervorbehalte. Die meisten Verfahrenspflichten sind jedoch **durch die Rechtsprechung entwickelt** worden. So hat das BVerfG bei staatlichen Überwachungsmaßnahmen einen **Richtervorbehalt** oft selbst dann angenommen, wenn dieser nicht ausdrücklich im Grundgesetz vorgesehen war.[30] Zudem hat es bei Überwachungsmaßnahmen in vielen Fällen **Protokollierungs- und Informationspflichten** vorgesehen.[31] Damit soll dem Betroffenen der nachträgliche Rechtsschutz gegen entsprechende Überwachungsmaßnahmen erleichtert werden. 23

In anderen Fällen stellt das BVerfG Verfahrensanforderungen auf, die der **Vermeidung von Interessenkonflikten** dienen sollen.[32] So sah es in einer Verteilungsregelung für finanzielle Zuschüsse für jüdische Religionsgemeinschaften eine Verletzung der Religionsfreiheit, wenn der verteilende Verband ein starkes Eigeninteresse an der Zuteilung der Gelder habe.[33] Verfahrenspflichten finden sich schließlich in den beiden Urteilen zum Schwangerschaftsabbruch, in denen es im Kern um die Ausgestaltung des Abtreibungsverfahrens und der **Beratungspflichten** gegenüber der Schwangeren geht.[34] 24

Schließlich hat das BVerfG in einigen Bereichen ganze Grundrechte in erster Linie prozedural ausgestaltet. Dazu zählen insbesondere die Rundfunk- und die Wissenschaftsfreiheit, die das Gericht primär durch **prozedurale Strukturprinzipien** zur Ausgestaltung des Rundfunks (→ § 3 C I) und zu den inneruniversitären Entscheidungsmechanismen (→ § 3 F I) konkretisiert hat. 25

---

[29] *Petersen,* Verhältnismäßigkeit, 2015, S. 196.

[30] S. BVerfGE 113, 273 (309 ff.); 128, 282 (320 f.); 129, 269 (283).

[31] S. BVerfGE 100, 313 (395 ff.); 109, 279 (366 ff., 374 ff.); 110, 33 (75); 120, 274 (331 ff.); 120, 378 (431 f.); 125, 260 (353 f., 357 f.).

[32] BVerfGE 39, 1 (61 ff.) – Schwangerschaftsabbruch I; 65, 1 (60) – Volkszählung; 101, 106 (126); 109, 279 (370 f.) – Großer Lauschangriff; 123, 148 (183 f.).

[33] BVerfGE 123, 148 (183 f.).

[34] S. BVerfGE 39, 1 (61 ff.); 88, 203 (302 ff., 308 ff.) – Schwangerschaftsabbruch II.

26 In der EGMR-Rechtsprechung spielen vor allem die vom Gerichtshof entwickelten **Untersuchungs- und Aufklärungspflichten** eine wichtige Rolle.[35] Auch wenn diese Untersuchungspflichten bei allen Grundrechten ins Spiel kommen, ist die Rechtsprechung zu Art. 2 EMRK am weitesten entwickelt. Danach müssen Mitgliedstaaten bei Tötungen eine effektive Untersuchung zu den Umständen des Todes durchführen.[36] Auch unter Art. 3 EMRK sind Staaten zur Ermittlung verpflichtet, wenn die Umstände den Verdacht nahelegen, dass eine Person gefoltert worden ist. Verletzt ein Staat diese Untersuchungspflichten, liegt bereits darin eine Verletzung des entsprechenden Konventionsrechts. Diese Untersuchungspflichten sollen letztlich strukturelle Beweisprobleme überwinden. Der EGMR kann nicht selbst ermitteln, sondern ist auf die Ermittlungen der staatlichen Behörden angewiesen. Durch die Etablierung von Untersuchungspflichten soll daher verhindert werden, dass Mitgliedstaaten Tötungen oder Foltermaßnahmen entweder selbst veranlassen oder zumindest billigen, ohne dafür zur Rechenschaft gezogen werden zu können.

E. Soziale Grundrechte

Literatur: *Seiler,* Das Grundrecht auf ein menschenwürdiges Existenzminimum, JZ 2010, 500; *Frohwerk,* Soziale Not in der Rechtsprechung des EGMR, 2012; *Kingreen,* Soziale Grundrechte, in: Ehlers (Hg.), Europäische Grundrechte und Grundfreiheiten, 4. Aufl. 2014, § 22; *Wallrabenstein,* Wie Florin zwischen die Stühle rutschte: Die Unionsbürgerschaft und das menschenwürdige Existenzminimum, JZ 2016, 109; *Poulou,* Soziale Grundrechte und europäische Finanzhilfe, 2017.

27 Die Leistungsdimension der Grundrechte umfasst schließlich soziale Grundrechte. Viele Verfassungen enthalten heutzutage explizite soziale Grundrechte. Prominente Beispiele sind etwa die indische oder die südafrikanische Verfassung. Im deutschen Grundgesetz sucht man ausdrückliche soziale Grundrechte vergeblich. Allerdings hat das BVerfG aus Art. 1 Abs. 1 GG i. V. m. dem Sozialstaatsprinzip in Art. 20 Abs. 1 GG ein **Recht auf ein menschenwürdiges Existenzminimum** abgeleitet. Zudem finden sich in der **EU-Grundrechtecharta** unter Titel IV explizite soziale Grundrechte.

I. Das Recht auf ein menschenwürdiges Existenzminimum

28 Das BVerfG hat das Recht auf ein menschenwürdiges Existenzminimum erstmals in seiner Entscheidung zur lebenslangen Freiheitsstrafe aus Art. 1 Abs. 1 GG i. V. m. dem Sozialstaatsprinzip hergeleitet.[37] Das Hauptproblem dieses Grundrechts ist die **Konkretisierung** dessen, **was das menschenwürdige Existenzminimum ausmacht.** Grundsätzlich ist die Entscheidung über die Höhe sozialer Leistungen eine politische Entscheidung. Soziale Leistungen haben erhebliche Budgetrelevanz, und die **Verteilung des Budgets** wird oft als **Kernkompetenz des Parlaments** angesehen. Verfassungsgerichte sehen sich insofern in einem Spannungsfeld: Auf der einen Seite müssen sie vermeiden, zu stark in die Budgetkompetenz des Parlaments einzugreifen; auf der anderen Seite darf das Grundrecht auf ein menschenwürdiges Existenzminimum aber auch nicht zu einem zahnlosen Papiertiger verkommen.

---

[35] Für einen Überblick s. *Mowbray,* ICLQ 2002, 437.

[36] EGMR 28.7.1998, 23818/94, Rn. 82 – Ergi.

[37] BVerfGE 45, 187 (228) – Lebenslange Freiheitsstrafe. S. auch BVerfGE 82, 60 (85); 113, 88 (108 f.); 125, 175 (222); 132, 134 (159).

29 Das BVerfG versucht, dieses Spannungsverhältnis mit Hilfe eines **prozeduralen Ansatzes** zu lösen,[38] den es in seinen Urteilen zu Hartz IV und zum Asylbewerberleistungsgesetz etabliert hat.[39] Bei diesem prozeduralen Modell wird in erster Linie das Gesetzgebungsverfahren kontrolliert, in dem das Gesetz erlassen worden ist. Das BVerfG erlegt dabei dem Gesetzgeber die Pflicht auf, Sozialhilfeansprüche **„in einem transparenten und sachgerechten Verfahren"** zu bemessen.[40] Insbesondere muss der Gesetzgeber begründen, wie er zu bestimmten Regelsätzen kommt. Das Gericht entscheidet also nicht über die konkrete Höhe der Regelsätze, sondern erklärt diese lediglich dann für verfassungswidrig, wenn der Gesetzgeber diese **nicht ausreichend nachvollziehbar begründet** hat.

II. Soziale Grundrechte in der EU-Grundrechtecharta

30 In der EU-Grundrechtecharta finden sich unter Titel IV (Solidarität) einige **ausdrückliche soziale Grundrechte.** Dazu zählen das Recht auf soziale Sicherheit und soziale Unterstützung (Art. 34 GRC), das Recht auf Zugang zur Gesundheitsvorsorge und ärztliche Versorgung (Art. 35 GRC) sowie das Recht auf Umwelt- (Art. 37 GRC) und Verbraucherschutz (Art. 38 GRC). Teilweise kodifizieren diese Rechte die vorherige Rechtsprechung des EuGH. So gibt Art. 34 Abs. 2 GRC allen Unionsbürgern, die in einem anderen Mitgliedstaat rechtmäßig ihren Wohnsitz haben, das Recht, soziale Leistungen unter den dort geltenden Voraussetzungen in Anspruch zu nehmen. Das entspricht im Wesentlichen der Rechtsprechung, die der EuGH anhand des Diskriminierungsverbots von Art. 18 AEUV entwickelt hat (→ § 5 B II 2). Die praktische Bedeutung der sozialen Grundrechte in der Rechtsprechung des EuGH ist bisher gering. Sie werden allenfalls als Auslegungshilfen herangezogen, etwa um die Wichtigkeit eines Ziels zur Beschränkung einer Grundfreiheit zu unterstreichen.[41] Allerdings erlangten sie bisher keine eigenständige Bedeutung.

F. Schutzpflichten und Drittwirkung in der Falllösung

Literatur: *Scherzberg/Meyer,* Die Prüfung staatlicher Schutzpflichten in der Verfassungsbeschwerde, JA 2004, 51; *Augsberg/Viellechner,* Die Drittwirkung der Grundrechte als Aufbauproblem, JuS 2008, 406; *Graf von Kielmansegg,* Grundfälle zu den allgemeinen Grundrechtslehren (Teil 3), JuS 2009, 216ff.

31 Bei der Leistungsdimension von Grundrechten und Drittwirkungsfällen ergeben sich ein paar **Modifikationen in der Falllösung.** Kaum Anpassungen erfordern in der Regel die **Drittwirkungsfälle.** Soweit Grundrechte in das Privatrecht einwirken, ist zunächst auf der Ebene des Eingriffs auszuführen, warum der Zivilrichter bei der Auslegung privatrechtlicher Normen an die Grundrechte gebunden ist (→ § 8 B). Im Rahmen der Rechtfertigungsprüfung ist dann ein Ausgleich zwischen den widerstreitenden Grundrechtspositionen zu finden. Dabei folgt die Rechtfertigungsprüfung zunächst gewohnten Bahnen: Es ist zu prüfen, unter welchen Bedingungen das betroffene Grundrecht einschränkbar ist und ob die Einschränkung auf Grundlage eines

[38] S. dazu näher *Petersen,* Verhältnismäßigkeit, 2015, S. 217.
[39] S. BVerfGE 125, 175 – Hartz IV; 132, 134 (170ff.) – AsylbLG.
[40] BVerfGE 125, 175 (225).
[41] S. etwa EuGH, Slg. 2011, I-13525 – Kommission ./. Österreich.

Gesetzes erfolgte. Eine Modifikation erfolgt dann allerdings in der **Verhältnismäßigkeitsprüfung.** Hier verzichtet das BVerfG regelmäßig auf die Prüfung der Geeignetheit und der Erforderlichkeit und führt **allein eine Abwägung** zwischen den widerstreitenden Grundrechtspositionen durch.

32 Noch signifikanter sind die Modifikationen in der **Schutzpflichtenkonstellation** und bei den **sozialen Leistungsrechten.** Dabei ist zunächst festzustellen, dass Klausuren, in denen ein Betroffener in einer Verfassungsbeschwerde die Verletzung einer Schutzpflicht oder eines sozialen Leistungsrechts geltend macht, selten vorkommen. In vielen Fällen macht der Staat die Erfüllung einer Schutzpflicht als Rechtfertigung für Grundrechtseingriffe geltend. In dieser Konstellation ergeben sich keine Besonderheiten. Vielmehr ist lediglich darauf zu achten, dass der Schutz konkurrierenden Verfassungsrechts die Notwendigkeit einer gesetzlichen Grundlage nicht entbehrlich macht (→ § 2 A III 1).

33 Macht der Beschwerdeführer mit seiner Verfassungsbeschwerde allerdings die Verletzung einer staatlichen Schutzpflicht oder eines sozialen Leistungsrechts geltend, ist der Aufbau der Grundrechtsprüfung zu modifizieren.[42] Die **Prüfung erfolgt** dabei regelmäßig **zweistufig.** Auf der ersten Stufe ist – wie gewohnt – die Eröffnung des sachlichen und persönlichen Schutzbereichs zu prüfen. Auf der zweiten Stufe ist dann die Reichweite der Schutzpflicht zu prüfen, wobei der Schwerpunkt auf der Frage liegt, ob Gesetzgeber, Regierung oder Verwaltung das Untermaßverbot verletzt haben (→ § 8 A). Eine Rechtfertigungsprüfung entfällt, da alle Elemente, die in der Regel in der Rechtfertigung berücksichtigt werden – wie etwa gegenläufige staatliche Ziele – bereits auf der Ebene der Reichweite der Schutzpflicht diskutiert werden.

34 Im **EU-Recht** sind die Modifikationen bei der Fallbearbeitung geringer als auf verfassungsrechtlicher Ebene. Bei den **Drittwirkungsfällen** ergeben sich keine Besonderheiten. Vielmehr ist die Bindung von Privaten an Grundfreiheiten auf Ebene der Zurechnung zu diskutieren. Auch bei den **Schutzpflichten** im Rahmen der Grundfreiheiten baut der EuGH die Prüfung so ähnlich auf wie bei einer Einschränkung durch aktives staatliches Handeln. Man würde also zunächst auf der Ebene des Tatbestands feststellen, dass die Einschränkung einer Grundfreiheit grundsätzlich auch durch staatliches Unterlassen erfolgen kann. Die „Reichweite" der Schutzpflicht wäre dann auf Rechtfertigungsebene zu prüfen, wobei der Prüfungsaufbau nicht abweichen würde. Lediglich bei der Prüfungsdichte ist zu beachten, dass der staatliche Einschätzungsspielraum beim Unterlassen regelmäßig größer ist als bei einer aktiven Einschränkung.

---

[42] *Graf von Kielmansegg,* JuS 2009, 216, 217; *Epping,* GrundR, 7. Aufl. 2017, Rn. 141f. S. aber auch *Scherzberg/Meyer,* JA 2004, 51; *Kingreen/Poscher,* GrundR, 34. Aufl. 2018, Rn. 11, die jeweils eine dreistufige Prüfung vorschlagen. Es handelt sich jedoch lediglich um eine Frage der Zweckmäßigkeit des Aufbaus, hinter der sich keine inhaltlichen Differenzen verbergen, die also in der Klausur auch nicht zu diskutieren ist.

§ 9. Die gerichtliche Geltendmachung von Verletzungen der Grundrechte und Grundfreiheiten

Ein effektiver Schutz der Grundrechte und Grundfreiheiten setzt voraus, dass Verletzungen gerichtlich geltend gemacht werden können. Die gerichtliche Geltendmachung von Grundrechtsverletzungen wird in Grundrechtskatalogen regelmäßig garantiert. Im Grundgesetz ergibt sich dies aus Art. 19 Abs. 4 GG, im EU-Recht aus Art. 47 GRC. In **grundrechtlichen Mehrebenensystemen** haben Betroffene zumeist sogar die Möglichkeit, staatliche Maßnahmen vor verschiedenen Gerichten anzufechten. So kann eine Maßnahme beispielsweise gleichzeitig Grundrechte der Landesverfassung, des Grundgesetzes, der EMRK und des EU-Rechts verletzen. Dabei sind jeweils **verschiedene Gerichte** letztinstanzlich für die Auslegung dieser Grundrechte zuständig – die Landesverfassungsgerichte für die Landesverfassung, das BVerfG für das Grundgesetz, der EGMR für die EMRK und der EuGH für die EU-Grundrechte. 1

Allerdings können diese Gerichte nicht voraussetzungslos angerufen werden. Vielmehr gibt es bestimmte **prozessuale Voraussetzungen,** die erfüllt sein müssen, damit eine Klage zulässig ist. Diese betreffen beispielsweise Form- und Fristerfordernisse oder die Frage, wer eine Klage erheben kann, und enthalten Regelungen, die eine gleichzeitige Mehrfachzuständigkeit von Gerichten vermeiden sollen. Gutachten zu gerichtlichen Entscheidungen in Grundrechtsfragen bestehen daher in der Regel aus zwei Teilen. Im ersten Teil wird die **Zulässigkeit** geprüft. Diese umfasst die soeben genannten prozessualen Voraussetzungen. Im zweiten Teil wird dann die **Begründetheit** geprüft, bei der es um die materielle Frage geht, ob eine Grundrechtsverletzung vorliegt. 2

Im Folgenden sollen die **prozessualen Anforderungen näher dargestellt** werden. Dabei werde ich mich auf das BVerfG, den EGMR und den EuGH beschränken, da Landesverfassungsgerichte weder in der Praxis noch in der Prüfungspraxis von signifikanter Bedeutung sind. Auch die Zulässigkeitsvoraussetzungen des EGMR werden in den meisten Prüfungsordnungen nicht zum Examensstoff gehören. Da dem EGMR jedoch eine erhebliche praktische Bedeutung zukommt, sollen sie hier kurz dargestellt werden. 3

A. Die Verfassungsbeschwerde vor dem BVerfG

Literatur: *Posser,* Die Subsidiarität der Verfassungsbeschwerde, 1993; *Warmke,* Die Subsidiarität der Verfassungsbeschwerde, 1993; *Dörr,* Die Verfassungsbeschwerde in der Prozeßpraxis, 2. Aufl. 1997; *Scherzberg/Mayer,* Die Zulässigkeit der Verfassungsbeschwerde, Jura 2004, 373, 513; *Schorkopf,* Die prozessuale Steuerung des Verfassungsrechtsschutzes, AöR 130 (2005), 465; *Görisch/Hartmann,* Grundrechtsrüge und Prüfungsumfang bei der Verfassungsbeschwerde, NVwZ 2007, 1007; *O. Klein/Sennekamp,* Aktuelle Zulässigkeitsprobleme der Verfassungsbeschwerde, NJW 2007, 945; *Hillgruber/Goos,* Verfassungsprozessrecht, 3. Aufl. 2011; *Benda/E. Klein/O. Klein,* Verfassungsprozessrecht, 3. Aufl. 2012; *Gersdorf,* Verfassungsprozessrecht und Verfassungsmäßigkeitsprüfung, 4. Aufl. 2014; *Sachs,* Verfassungsprozessrecht, 4. Aufl. 2016.

Nicht alle Grundrechtsfälle gelangen über die Verfassungsbeschwerde zum BVerfG. 4
Vielmehr kann das Gericht auch im Rahmen einer konkreten oder abstrakten Normenkontrolle angehalten sein, die Vereinbarkeit von Gesetzen mit Grundrechten zu

prüfen. Allerdings werden diese beiden Verfahrensarten in der Regel in der Vorlesung zum Organisationsrecht besprochen,[1] so dass sich die folgenden Ausführungen auf die **Verfassungsbeschwerde** beschränken.

5 Die Verfassungsbeschwerde ist in Art. 93 Abs. 1 Nr. 4a GG und den §§ 90ff. BVerfGG näher geregelt. Sie ist mit Abstand die bedeutendste Verfahrensart vor dem BVerfG. Sie macht über **96% aller Verfahren** vor dem Gericht aus. Davon sind allerdings lediglich knapp über 2% letztlich erfolgreich.

I. Zulässigkeit

6 Das Gericht beginnt zunächst mit der Prüfung der Zulässigkeit. Im Folgenden werden die einzelnen Voraussetzungen näher dargestellt. In der Klausur müssen nicht alle der genannten Punkte konkret angesprochen werden. Insbesondere die Prozessfähigkeit sowie Form und Frist sollten nur dann angesprochen werden, wenn die Klausur dazu Anlass gibt.

1. Zuständigkeit des BVerfG

7 Für Verfassungsbeschwerden ist das BVerfG gem. Art. 93 Abs. 1 Nr. 4a GG und § 13 Nr. 8a BVerfGG ausschließlich zuständig.

2. Beschwerdefähigkeit

8 Gem. § 90 BVerfGG kann grundsätzlich **„Jedermann"** Verfassungsbeschwerde erheben. Die Beschwerdefähigkeit setzt jedoch voraus, dass der Beschwerdeführer überhaupt grundrechtsberechtigt sein kann. Ausländer und juristische Personen können sich nicht auf alle Grundrechte berufen (→ § 2 A I 1). Da diese Beschränkungen jedoch grundrechtsspezifisch sind und nichts an der generellen Fähigkeit zur Erhebung einer Verfassungsbeschwerde ändern, werden solche Einschränkungen regelmäßig erst im Rahmen der Beschwerdebefugnis geprüft. Die Beschwerdefähigkeit fehlt lediglich dann, wenn sich der Beschwerdeführer überhaupt **nicht auf Grundrechte berufen** kann, etwa wenn es sich um einen souveränen Staat, ein Staatsorgan oder – nach hM – um eine juristische Person des öffentlichen Rechts handelt, soweit letztere sich nicht auf eine der anerkannten Ausnahmen berufen kann (→ § 2 A I 1b).

3. Prozessfähigkeit

9 Die Prozessfähigkeit ist die Fähigkeit, im Rahmen der Verfassungsbeschwerde **Prozesshandlungen vorzunehmen.** Die Prozessfähigkeit ist im BVerfGG nicht eigens geregelt. Grundsätzlich ist jeder, der voll geschäftsfähig ist, auch als prozessfähig anzusehen. Allerdings wird insbesondere bei Minderjährigen diskutiert, ob die Prozessfähigkeit auch schon vor Eintritt der vollen Geschäftsfähigkeit bestehen kann. So wird in der Literatur oft vertreten, dass ein Minderjähriger bereits dann prozessfähig ist, wenn er die entsprechende **Grundrechtsmündigkeit** erreicht hat.[2] Wann Minderjährige grundrechtsmündig sind, soll von der Art des jeweiligen Grundrechts abhängen. Explizit vorgesehen ist eine spezifische Grundrechtsmündigkeit vor allem für die Religionsfreiheit. Für diese bestimmt **§ 5 RelKErzG,** dass die Religionsmündigkeit mit Vollendung des 14. Lebensjahres eintritt.

---

[1] S. *Sydow/Wittreck,* VerfR I, Kap. 17, Rn. 18ff.

[2] *Kingreen/Poscher,* GrundR, Rn. 1292f.

Allerdings erscheint es vorzugswürdig, die Fragen der **Grundrechtsmündigkeit und der Prozessfähigkeit voneinander zu trennen.**[3] Die Grundrechtsmündigkeit regelt die Frage, ob ein Minderjähriger ein Grundrecht dem Staat gegenüber geltend machen kann oder ob er für diese Geltendmachung die Zustimmung seiner Eltern braucht. Prozessual braucht ein Minderjähriger jedoch selbst dann einen gesetzlichen Vertreter, wenn er bereits grundrechtsmündig ist. Hier steht der ordnungsgemäße Ablauf des verfassungsgerichtlichen Verfahrens im Vordergrund. Bestehen Konflikte zwischen den Interessen des Minderjährigen und denen der Eltern, kann die Vertretung durch einen Ergänzungs- oder Verfahrenspfleger erfolgen. 10

Von der Prozessfähigkeit ist die **Postulationsfähigkeit** zu unterscheiden. Gem. § 22 Abs. 1 S. 1 Hs. 2 BVerfGG ist eine Prozessvertretung durch einen Anwalt oder Hochschullehrer nur für eine etwaige mündliche Verhandlung erforderlich. Im Rahmen der Klausur ist die Postulationsfähigkeit regelmäßig nicht anzusprechen. 11

4. Beschwerdegegenstand

Beschwerdegegenstand kann gem. § 90 Abs. 1 BVerfGG **jeder Akt der (deutschen) öffentlichen Gewalt** sein. Das sind grundsätzlich alle Akte der Gesetzgebung, Exekutive und Rechtsprechung. Beschwerdegegenstand kann nicht nur ein aktives Tun, sondern auch ein Unterlassen sein. Auch das Handeln von Privaten kann in Einzelfällen Gegenstand einer Verfassungsbeschwerde sein, wenn deren Verhalten entweder dem Staat zurechenbar ist oder diese – etwa beim Verwaltungshandeln in Privatrechtsform – unmittelbar der Grundrechtsbindung unterliegen (→ § 2 A II 2). 12

In einigen Fällen kann die Grundrechtsverletzung in **mehreren Akten der öffentlichen Gewalt** bestehen, etwa wenn das Handeln der Verwaltung durch eine letztinstanzliche verwaltungsgerichtliche Entscheidung bestätigt wird. In diesem Fall lässt das BVerfG dem Beschwerdeführer die Wahl, ob er alle Akte der öffentlichen Gewalt oder nur die letztinstanzliche Gerichtsentscheidung anfechten möchte. 13

5. Beschwerdebefugnis

Die Beschwerdebefugnis setzt voraus, dass der Beschwerdeführer eine **Grundrechtsverletzung** oder eine **Verletzung grundrechtsgleicher Rechte** geltend macht. In der Regel wird die Beschwerdebefugnis in vier Schritten geprüft. Zunächst muss die Möglichkeit einer Grundrechtsverletzung bestehen. Darüber hinaus muss der Beschwerdeführer selbst, unmittelbar und gegenwärtig betroffen sein. 14

a) Möglichkeit einer Grundrechtsverletzung

Zunächst muss die **Möglichkeit einer Grundrechtsverletzung** bestehen. Dabei ist im Rahmen der Zulässigkeitsprüfung nicht bereits die materielle Grundrechtsprüfung, die regelmäßig in der Begründetheit erfolgt, vorwegzunehmen. Vielmehr werden im Rahmen der Zulässigkeit möglicherweise verletzte Grundrechte aufgezählt. Die Möglichkeit einer Grundrechtsverletzung sollte für bestimmte Grundrechte lediglich dann abgelehnt werden, wenn eine Verletzung offensichtlich ausgeschlossen ist, etwa wenn ein Nicht-EU-Ausländer sich auf ein Deutschengrundrecht beruft. Aber selbst in diesen Fällen kommt in der Regel noch eine Berufung auf die allgemeine Handlungsfreiheit in Betracht. 15

[3] *Hillgruber/Goos,* VerfProzessR, Rn. 131 ff.

b) Eigene Beschwer

16 Das vom BVerfG entwickelte **Erfordernis der eigenen Beschwer** dient in erster Linie dazu, Popularklagen auszuschließen. Der Beschwerdeführer muss also in seinen eigenen Rechten verletzt sein. Er kann nicht die Rechte Dritter oder die Verletzung von Kollektivgütern geltend machen. Dies ist regelmäßig unproblematisch, wenn der Beschwerdeführer Adressat staatlichen Handelns ist. Jedoch kann eine eigene Beschwer teilweise auch dann Vorliegen, wenn ein Akt öffentlicher Gewalt unmittelbar **an einen Dritten adressiert** ist, etwa wenn durch die Begünstigung des Dritten für den Beschwerdeführer eine Belastung bewirkt wird. Allerdings muss zwischen dem Akt und der Belastung eine **hinreichend enge Beziehung** bestehen. Lediglich mittelbare Belastungen reichen nicht aus.

c) Unmittelbare Beschwer

17 Die unmittelbare Beschwer setzt voraus, dass die Grundrechtsverletzung direkt durch den angegriffenen Akt erfolgt und **keinen weiteren Vollzugsakt** erfordert. Bei Maßnahmen der Verwaltung gegen den Beschwerdeführer ist die Unmittelbarkeit regelmäßig unproblematisch. Praktische Bedeutung erlangt das Kriterium dagegen bei Verfassungsbeschwerden, die sich unmittelbar **gegen Gesetze** richten. Hier ist zu prüfen, ob die Grundrechtsverletzung sich direkt aus dem Gesetz ergibt oder ob sie noch einen Vollzug durch die Verwaltung voraussetzt. Ist letzteres der Fall, muss der Beschwerdeführer grundsätzlich das Verwaltungshandeln abwarten, bevor er gerichtlich gegen die Maßnahme vorgehen kann. Wenn jedoch ein gesetzliches Verbot mit einer Sanktion des Straf- oder Ordnungswidrigkeitenrechts belegt ist, liegt die Beschwer bereits in der Verbotsnorm. Dem Beschwerdeführer ist nicht zuzumuten, zunächst die Verhängung der Sanktion abzuwarten, bevor er Rechtsschutz sucht.

d) Gegenwärtige Beschwer

18 Schließlich muss der Beschwerdeführer auch **gegenwärtig beschwert** sein. Eine Verfassungsbeschwerde gegen zukünftige Regelungen oder Maßnahmen ist daher regelmäßig nicht zulässig. Eine Ausnahme lässt das BVerfG lediglich dann zu, wenn der Beschwerdeführer aufgrund zukünftig zu erwartender Pflichten bereits jetzt **zu nicht mehr korrigierbaren Entscheidungen gezwungen** wird.[4] Ebenfalls ausgeschlossen ist eine Verfassungsbeschwerde gegen vergangene Beeinträchtigungen, die keine Rechtswirkung mehr entfalten. Allerdings ist die Gegenwärtigkeit dann gegeben, wenn eine vergangene Maßnahme immer noch faktisch belastende Wirkung entfaltet[5] oder wenn eine Wiederholung der Maßnahme zu befürchten ist.[6] Das BVerfG ist beim Kriterium der Gegenwärtigkeit in der Regel großzügig und lässt teilweise sogar die Verfassungsbeschwerden von bereits verstorbenen Personen zu, um Klarheit über die Rechtslage schaffen zu können.[7]

[4] BVerfGE 65, 1 (37) – Volkszählung; 75, 78 (95).
[5] BVerfGE 99, 129 (138).
[6] BVerfGE 103, 44 (58f.); 116, 69 (79).
[7] BVerfGE 124, 300 (318f.) – Rudolf-Heß-Gedenkfeier.

6. Rechtswegerschöpfung und Subsidiarität

a) Rechtswegerschöpfung

Gem. § 90 Abs. 2 BVerfGG setzt die Zulässigkeit einer Verfassungsbeschwerde voraus, dass der Beschwerdeführer zunächst den **Rechtsweg erschöpft.** Dieses Erfordernis soll eine Entlastung des BVerfG bewirken: Ein Eingreifen des Gerichts ist nicht erforderlich, wenn die potentielle Grundrechtsverletzung bereits auf dem ordentlichen Rechtsweg korrigiert werden kann. Der Beschwerdeführer muss also zunächst alle Instanzen erschöpft haben, bevor er **gegen die letztinstanzliche Entscheidung** Verfassungsbeschwerde einlegen kann. Welche die letzte Instanz ist, ist dabei vom konkreten Verfahren abhängig, nicht vom abstrakten Instanzenzug. Es ist also nicht zwingend notwendig, dass der Fall zunächst zu einem Bundesgericht gelangt, bevor die Verfassungsbeschwerde zulässig ist. Das letztinstanzliche Gericht im konkreten Fall ist jeweils das Gericht, gegen dessen Entscheidung kein ordentliches Rechtsmittel mehr zulässig ist. Hat der Beschwerdeführer dagegen versäumt, ein zulässiges Rechtsmittel fristgerecht einzulegen, führt dies nicht zu einer Erschöpfung des Rechtswegs. 19

b) Ausnahme vom Erfordernis der Rechtswegerschöpfung

Vom Erfordernis der Rechtswegerschöpfung gibt es eine Ausnahme, die in § 90 Abs. 2 S. 2 BVerfGG normiert wird. Danach kann das BVerfG einen Fall vor Erschöpfung des Rechtswegs zur Entscheidung zulassen, wenn die **Verfassungsbeschwerde von allgemeiner Bedeutung** ist oder dem Beschwerdeführer durch das Beschreiten des Instanzenzugs ein **schwerer, unabwendbarer Nachteil** entstünde. Daneben hat das BVerfG eine Ausnahme vom Erfordernis der Rechtswegerschöpfung auch dann anerkannt, wenn dem Beschwerdeführer das **Beschreiten des Rechtswegs unzumutbar** ist. 20

Alle drei Ausnahmen sind allerdings **eng auszulegen.** Von allgemeiner Bedeutung ist eine Verfassungsbeschwerde regelmäßig dann, wenn das Ergebnis eine große Anzahl von Personen betrifft. So hat das Gericht etwa bei der Frage der Fortgeltung der Mietpreisbindung in den neuen Bundesländern eine Rechtsfrage von allgemeiner Bedeutung angenommen.[8] Bei der Frage, ob ein schwerer unabwendbarer Nachteil zu befürchten ist, ist zu berücksichtigen, dass dem Beschwerdeführer regelmäßig der **Eilrechtsweg** offen steht und gegen die letztinstanzliche Entscheidung auf diesem ebenfalls die Verfassungsbeschwerde möglich ist. Eine Verfassungsbeschwerde vor Beschreiten des Eilrechtswegs ist also nur dann zulässig, wenn selbst eine Entscheidung im Eilverfahren zu spät käme.[9] Als unzumutbar ist ein Rechtsmittel dann anzusehen, wenn die Erfolgsaussichten aufgrund einer entgegenstehenden, gefestigten höchstrichterlichen Rechtsprechung gering sind[10] oder der potentielle Rechtsbehelf ganz überwiegend als unzulässig angesehen wird.[11] 21

c) Subsidiarität

Neben dem Erfordernis der Rechtswegerschöpfung hat das BVerfG in seiner Rechtsprechung zudem den **Grundsatz der Subsidiarität** entwickelt. Danach sind auch 22

[8] BVerfGE 91, 294 (306).
[9] S. BVerfGE 86, 382 (388 f.).
[10] BVerfGE 84, 59 (72).
[11] BVerfGE 85, 80 (86).

mittelbare Wege des gerichtlichen Rechtsschutzes oder Möglichkeiten der außergerichtlichen Abhilfe zunächst auszuschöpfen, bevor Verfassungsbeschwerde erhoben werden kann. Bedeutung hat dieser Grundsatz insbesondere dann, wenn, wie bei **Grundrechtsverletzungen unmittelbar durch Gesetz,** kein Rechtsmittel verfügbar ist, so dass gem. § 90 Abs. 1 S. 1 BVerfGG grundsätzlich direkt Verfassungsbeschwerde erhoben werden kann.

23 Dabei wird in der Literatur teilweise vertreten, dass der Beschwerdeführer vor der Verfassungsbeschwerde im Regelfall zunächst eine **Feststellungsklage nach § 43 VwGO** auf das Nichtbestehen eines Rechtsverhältnisses erheben müsse, bevor er im Rahmen einer Verfassungsbeschwerde gegen ein Gesetz vorgehen könne.[12] Allerdings wird das Erfordernis einer vorherigen Feststellungsklage der Filterfunktion der Subsidiarität kaum gerecht, wenn einziger Gegenstand des Verfahrens die Verfassungsmäßigkeit des Gesetzes ist und die Frage daher ohnehin im Wege der konkreten Normenkontrolle vorgelegt werden muss. Vielmehr führt es zu einer unnötigen Belastung der Justiz und Komplizierung des Verfahrens. So entspricht die Forderung auch nicht der Praxis des Bundesverfassungsgerichts. Vielmehr nimmt dieses bei Rechtssatzverfassungsbeschwerden die Zulässigkeit oft an, ohne die Frage der Subsidiarität auch nur zu problematisieren.[13]

24 Demgegenüber verweist das BVerfG **bei untergesetzlichen Normen** die Beschwerdeführer zunächst auf den Verwaltungsrechtsweg.[14] Dies gilt selbst dann, wenn gegen die Norm selbst kein Rechtsweg offen steht. Vielmehr muss der Beschwerdeführer in diesem Fall eine Feststellungsklage nach § 43 VwGO erheben.

7. Form und Frist

25 Schließlich setzt die Zulässigkeit der Verfassungsbeschwerde voraus, dass der Beschwerdeführer die Form- und Fristvorgaben eingehalten hat. Die Frist ist in § 93 BVerfGG geregelt. Danach ist die Verfassungsbeschwerde grundsätzlich **innerhalb eines Monats** nach Zustellung, Verkündung oder Bekanntgabe der letzten belastenden hoheitlichen Entscheidung zu erheben. Zumeist handelt es sich dabei um das letztinstanzliche Urteil. Bei Gesetzen oder anderen hoheitlichen Maßnahmen, gegen die kein Rechtsweg offen steht, beträgt die Frist gem. § 93 Abs. 3 BVerfGG **ein Jahr nach Inkrafttreten des Gesetzes** oder Erlass des Hoheitsaktes.

26 Die Verfassungsbeschwerde ist gem. § 23 Abs. 1 BVerfGG **schriftlich zu erheben** und zu begründen. Nach Auffassung des BVerfG genügt dem Schriftformerfordernis auch ein Telegramm oder ein Telefax.[15] Umstritten ist, ob auch eine **E-Mail** ausreicht, der die **Verfassungsbeschwerde mit eingescannter Unterschrift beigefügt** ist. Einige Kammerentscheidungen des BVerfG lassen eine Übermittlung der Verfassungsbeschwerde oder von Teilen dieser per E-Mail nicht ausreichen.[16] Allerdings scheint diese Rechtsprechung angesichts der technologischen Entwicklung in einer Zeit, in der das Faxgerät immer stärker durch E-Mails abgelöst wird, nicht mehr zeitgemäß.

---

12 S. *Michael/Morlok,* GrundR, Rn. 934; *Hillgruber/Goos,* VerfProzessR, Rn. 220.
13 S. bspw. BVerfGE 121, 317 (344).
14 BVerfGE 115, 81 (91ff.).
15 BVerfGE 32, 365 (368); NJW 2007, 2838.
16 BVerfG 19. Mai 2010 – 1 BvR 1070/10, BeckRS 2010, 51299; BVerfG NJW 2016, 788.

II. Begründetheit

27 Eine Verfassungsbeschwerde ist begründet, wenn die angegriffene Maßnahme den Beschwerdeführer **in einem Grundrecht oder einem grundrechtsgleichen Recht verletzt** hat. Im Gutachten ist daher die Verletzung aller möglicherweise in Betracht kommenden Grundrechte zu prüfen, wobei zunächst die Freiheits- und dann die Gleichheitsrechte zu prüfen sind. Innerhalb dieser beiden Kategorien sind zuerst die speziellen Grundrechte und anschließend ggf. das allgemeine Freiheits- oder Gleichheitsrecht zu prüfen.

28 Allerdings kann sich eine Grundrechtsverletzung auch aus der Verletzung sonstiger Verfassungsnormen, etwa einer Kompetenznorm oder einer Verfahrensvorschrift ergeben. Das BVerfG hat in seiner Rechtsprechung zu Art. 2 Abs. 1 GG klargestellt, dass Normen, die einen Grundrechtseingriff rechtfertigen sollen, nur dann als **Grundlage eines Eingriffs** herangezogen werden können, wenn sie **allgemein mit der Verfassung in Einklang** stehen. Daher ist bei der Prüfung der Eingriffsgrundlage immer auch die formelle Verfassungsmäßigkeit des Gesetzes zu prüfen.

29 Insbesondere bei Urteilsverfassungsbeschwerden sind zudem Ausführungen zum **Prüfungsmaßstab** erforderlich. Das BVerfG hat lediglich die Aufgabe, verfassungsspezifische Rechtsverletzungen zu prüfen. Dagegen ist es grundsätzlich keine Superrevisionsinstanz, die den Fachgerichten Vorgaben über die Auslegung des einfachen Rechts macht. Das BVerfG prüft daher lediglich die **Verletzung *spezifischen Verfassungsrechts.*** Allerdings ist die Grenze zwischen der Auslegung einfachen Rechts und der Interpretation von Verfassungsrecht in der Praxis deutlich unklarer, als es auf den ersten Blick erscheint. Dies gilt insbesondere für die verfassungskonforme Auslegung einfachen Rechts.

30 In Literatur und Rechtsprechung sind mehrere Formeln entwickelt worden, um das **Prinzip des spezifischen Verfassungsrechts näher zu konkretisieren.**[17] Allerdings geben diese für die konkrete Subsumption nur wenig Hilfestellung. In der Rechtsprechungspraxis der BVerfG finden sich so auch immer wieder Urteile, in denen die Interpretation und die verfassungskonforme Auslegung einfachen Gesetzesrechts in bedenklicher Weise miteinander vermengt werden.[18]

> **Klausurhinweis:** Der Prüfungsmaßstab ist in der Klausur immer dort anzusprechen, wo er relevant wird, also regelmäßig bei der Überprüfung der Verfassungsmäßigkeit des Einzelakts bzw. des letztinstanzlichen Urteils. Dabei sollte pragmatisch vorgegangen werden. Das Konzept des spezifischen Verfassungsrechts sollte genannt werden. In den meisten Fällen wird die Abgrenzung unproblematisch sein. Dort, wo Probleme auftauchen, ist es regelmäßig ausreichend, wenn das Problem erkannt und argumentativ gelöst wird, ohne dass auf die wenig hilfreichen Formeln zur Konkretisierung des Konzepts des spezifischen Verfassungsrechts Bezug genommen werden muss.

---

17 S. den Überblick bei *Kingreen/Poscher,* GrundR, Rn. 1346ff.

18 S. nur BVerfGE 112, 332 (360f.), wo das Gericht § 2333 BGB nach Wortlaut und Entstehungsgeschichte auslegt und dabei die Interpretation der Zivilgerichte korrigiert.

B. Die Individualbeschwerde zum EGMR

Literatur: *Wittinger,* Die Einlegung einer Individualbeschwerde vor dem EGMR, NJW 2001, 1238; *Kadelbach,* Rechtsschutz durch den Europäischen Gerichtshof für Menschenrechte, in: Ehlers/Schoch (Hg.), Rechtsschutz im öffentlichen Recht, 2009, § 5; *E. Klein,* Der Schutz der Grund- und Menschenrechte durch den Europäischen Gerichtshof für Menschenrechte, in: Hdb GR VI/1, 2010, § 150; *Peters/Altwicker,* Europäische Menschenrechtskonvention, 2. Aufl. 2012, § 35; *Grabenwarter/Pabel,* Europäische Menschenrechtskonvention, 6. Aufl. 2016, § 9.

31 Die Individualbeschwerde zum EGMR ist innerhalb der Europäischen Menschenrechtskonvention das funktionale Äquivalent zur Verfassungsbeschwerde. Auch die Prüfung der Individualbeschwerde wird in zwei Teile, die Zulässigkeit und die Begründetheit, aufgeteilt.

I. Zulässigkeit

32 Die Zulässigkeitsvoraussetzungen für die Individualbeschwerde finden sich im Wesentlichen in den **Art. 34f. EMRK.** Weitere Zulässigkeitsvoraussetzungen sind in der **Verfahrensordnung des EGMR** (VerfO) normiert. Auch wenn sich die Terminologie teilweise unterscheidet, sind sie den Zulässigkeitsvoraussetzungen der Verfassungsbeschwerde in vielen Punkten ähnlich.

1. Beschwerdegegenstand

33 Beschwerdegegenstand einer Individualbeschwerde ist gem. Art. 34 EMRK **jede Handlung eines Vertragsstaats,** die den Beschwerdeführer potentiell in seinen oder ihren Konventionsrechten verletzt hat.

2. Form und Frist

34 Die Individualbeschwerde muss gem. Art. 45 Abs. 1 VerfO **schriftlich** erhoben werden und die geltend gemachte Konventionsverletzung der Sache nach benennen. Sie kann in **jeder offiziellen Sprache der Konventionsstaaten** oder in Englisch oder Französisch, den beiden amtlichen Sprachen des Gerichtshofs, eingereicht werden, Art. 34 VerfO. Die Beschwerde muss gem. Art. 35 Abs. 1 EMRK innerhalb von sechs Monaten nach der endgültigen innerstaatlichen Entscheidung erhoben werden.

3. Prozessvertretung

35 Die Beschwerde kann **ohne anwaltliche Vertretung** erhoben werden. Für das Verfahren selbst ist dann allerdings ein Anwalt beizuziehen, Art. 36 VerfO. Die Anwaltspflicht gilt dabei ab der Zustellung der Beschwerde an den Beschwerdegegner. Vertreter kann jeder in einer der Vertragsparteien zugelassene Rechtsbeistand sein, soweit er seinen Wohnsitz im Hoheitsgebiet einer Vertragspartei hat, oder jede andere Person, die der Kammerpräsident zulässt.

4. Partei- und Prozessfähigkeit

36 Parteifähig ist gem. Art. 34 EMRK grundsätzlich **jede natürliche Person** sowie jede **nichtstaatliche Organisation oder Personengruppe.** Natürliche Personen sind immer parteifähig. Soweit sie minderjährig oder nicht geschäftsfähig sind, haben sie sich im Verfahren durch eine sorge- oder vertretungsberechtigte Person vertreten zu lassen. Nichtstaatliche Organisationen sind grundsätzlich auch dann parteifähig, wenn sie in-

nerstaatlich nicht rechtsfähig sind, da einem Konventionsstaat ansonsten durch den Entzug der Rechtsfähigkeit die Möglichkeit gegeben wäre, Individualbeschwerden zu verhindern. Allerdings muss das als verletzt gerügte Konventionsrecht **dem Wesen nach auf nichtstaatliche Organisationen anwendbar** sein.

Dagegen sind **juristische Personen des öffentlichen Rechts** regelmäßig nicht parteifähig, da Art. 34 EMRK ausdrücklich von „nichtstaatlichen" Organisationen spricht. Eine Ausnahme macht der EGMR aber – ähnlich wie das BVerfG – bei Organisationen, die ohne weiteres ebenfalls privatrechtlich organisiert sein könnten, wie etwa Rundfunkanstalten, Kirchen und Religionsgemeinschaften oder Universitäten. **Politische Parteien** sind parteifähig, soweit sie eigene Rechte geltend machen. Diese Parteifähigkeit setzt sich selbst dann fort, wenn die Partei innerstaatlich aufgelöst wurde, um wirksamen Rechtsschutz gewährleisten zu können. 37

5. Opfereigenschaft des Beschwerdeführers

Ähnlich wie vor dem BVerfG sind auch vor dem EGMR Popularklagen nicht zulässig. 38
Daher muss der Beschwerdeführer **selbst betroffen und beschwert** sein. Beschwert ist in der Regel, wer Adressat einer belastenden hoheitlichen Maßnahme ist. Dabei ist ausreichend, dass die Maßnahme dem Beschwerdeführer rechtlich eine Belastung auferlegt. Ein Vollzug der Maßnahme oder die Verhängung einer Sanktion ist dagegen nicht erforderlich. Weiterhin ist nicht erforderlich, dass die Belastung noch andauert. Vielmehr kann der Gerichtshof **auch vergangene Rechtsverletzungen** feststellen. Allerdings ist die Beschwer dann ausgeschlossen, wenn der Konventionsstaat sich bereits selbst um eine Wiedergutmachung bemüht hat. Der EGMR hat schließlich eine mittelbare Betroffenheit für eine Beschwer ausreichen lassen, wenn die unmittelbar betroffene Person zur Einlegung der Beschwer nicht mehr in der Lage ist. In der Praxis kommt dies häufig dann vor, wenn Angehörige eines Verstorbenen die Verletzung von dessen Recht auf Leben oder körperliche Unversehrtheit geltend machen.

6. Erschöpfung des innerstaatlichen Rechtswegs

Schließlich muss der Beschwerdeführer den **innerstaatlichen Rechtsweg erschöpft** 39
haben. Welche Rechtsmittel dabei ausgeschöpft werden müssen, hängt von den Umständen des Einzelfalls ab. So ist eine Verfassungsbeschwerde vor dem BVerfG regelmäßig Teil des innerstaatlichen Rechtswegs in Deutschland.[19] Rechtsbehelfe, die **nicht effektiv** sind, müssen vom Beschwerdeführer dagegen nicht ausgeschöpft werden. Die Effektivität eines Rechtswegs setzt zunächst voraus, dass dieser für den Beschwerdeführer zugänglich ist. Daran fehlt es etwa, wenn der Beschwerdeführer keine ausreichenden finanziellen Möglichkeiten zum Erheben einer Klage hat. Weiterhin muss der Rechtsweg auch ausreichend sein, um Abhilfe zu schaffen. Schließlich muss der Rechtsweg geeignet sein, Abhilfe zu schaffen. Daran fehlt es etwa, wenn die Rechtsprechung der Gerichte systematisch die Konvention verletzt.

7. Materielle Zulässigkeitsvoraussetzungen

Neben den genannten Zulässigkeitsvoraussetzungen gibt es einige weitere, sog. mate- 40
rielle Zulässigkeitsvoraussetzungen, die teilweise eine **kursorische Prüfung der Begründetheit** vorwegnehmen. Dies hat in erster Linie **prozessuale Gründe.** Dadurch

[19] EGMR 29.06.1999, 47547/99 – Yazdi.

können offensichtlich unbegründete Entscheidungen bereits durch einen Einzelrichter zurückgewiesen werden und müssen keine Kammer beschäftigen, obwohl der Einzelrichter grundsätzlich nur über die Zulässigkeit von Individualbeschwerden befinden darf.

a) Unvereinbarkeit der Beschwerde mit der Konvention

41 Gem. Art. 35 Abs. 3 lit. a Var. 1 EMRK ist eine Individualbeschwerde unzulässig, wenn sie mit der Konvention unvereinbar ist. Es gibt drei Arten von Unvereinbarkeiten: Der Beschwerde fehlt es an der Vereinbarkeit ***ratione personae,*** wenn der Beschwerdegegner nicht Vertragspartei der EMRK ist oder ihm die behauptete Konventionsverletzung nicht zugerechnet werden kann. An der Vereinbarkeit ***ratione temporis*** mangelt es, wenn die gerügte hoheitliche Handlung vor Inkrafttreten der Konvention für den betreffenden Mitgliedstaat erfolgte. Schließlich kann es einer Beschwerde an der Vereinbarkeit ***ratione materiae*** fehlen, wenn entweder ein geltend gemachtes Recht von der EMRK nicht gewährleistet wird, der vorgetragene Sachverhalt offensichtlich nicht in den Schutzbereich eines Konventionsrechts fällt oder das gerügte Konventionsrecht für den Beschwerdegegner, etwa aufgrund eines Vorbehalts oder der fehlenden Ratifizierung eines Zusatzprotokolls, nicht verbindlich ist.

b) Offensichtliche Unbegründetheit der Beschwerde

42 Weiterhin ist die Individualbeschwerde gem. Art. 35 Abs. 3 lit. a Var. 2 EMRK dann unzulässig, wenn sie **offensichtlich unbegründet** ist. Das ist etwa dann der Fall, wenn der Beschwerdeführer seinen Vortrag nicht hinreichend substantiiert hat, sein Tatsachenvortrag offensichtlich nicht zutrifft, er ausschließlich eine Verletzung innerstaatlichen Rechts rügt oder die Konvention offensichtlich nicht verletzt ist, weil entweder bereits kein Eingriff vorliegt oder dieser offensichtlich gerechtfertigt ist.

c) Geringfügigkeit des Nachteils

43 Das Kriterium der Geringfügigkeit des Nachteils in Art. 35 Abs. 3 lit. b EMRK dient dazu, **Bagatellfälle** herauszufiltern. Danach ist eine Beschwerde dann unzulässig, wenn der geltend gemachte Nachteil nicht erheblich ist, der Fall keine grundsätzliche Bedeutung aufweist und durch ein innerstaatliches Gericht bereits gebührend geprüft worden ist.

d) Anonymität der Beschwerde

44 Gem. Art. 35 Abs. 2 lit. a EMRK ist eine Beschwerde auch dann unzulässig, wenn sie anonym erhoben wurde, also wenn die **Identität des Beschwerdeführers** nicht feststellbar ist.

e) *Res judicata* und Litispendenz

45 Weiterhin fehlt es an der Zulässigkeit der Beschwerde dann, wenn der Gerichtshof im Wesentlichen bereits in einem früheren Verfahren über sie entschieden hat, Art. 35 Abs. 2 lit. b Var. 1 EMRK ***(res judicata).*** Allerdings eröffnet Art. 80 VerfO die Möglichkeit der **Wiederaufnahme des Verfahrens,** wenn neue maßgebliche Tatsachen bekannt werden. Das Kriterium der Litispendenz in Art. 35 Abs. 2 lit. b Var. 2 EMRK schließt eine Beschwerde aus, die bereits bei einer anderen internationalen Untersuchungsinstanz einmal anhängig war. In der Praxis sind die wichtigsten Anwendungsfälle der **Litispendenz Parallelverfahren** vor dem **UN-Menschenrechtsausschuss**

oder einem Kontrollorgan der Internationalen Arbeitsorganisation (ILO). Damit sollen eine Mehrfachbelastung der internationalen Gerichte und Kontrollorgane sowie Widersprüche in der Rechtsprechung vermieden werden, zumal solche Widersprüche institutionell – mangels eines internationalen Obergerichts für Menschenrechte – nicht aufgelöst werden können.

f) Missbrauch des Beschwerderechts

Schließlich sind missbräuchlich eingelegte Beschwerden gem. Art. 35 Abs. 3 lit. a 46
Var. 3 EMRK unzulässig. In der Praxis werden solche regelmäßig bereits durch andere Zulässigkeitskriterien, wie etwa die offensichtliche Unbegründetheit oder die Geringfügigkeit des Nachteils, herausgefiltert. Der EGMR greift auf das Kriterium dennoch teilweise zurück, um seine **besondere Missbilligung der Beschwerde** zum Ausdruck zu bringen.

II. Begründetheit

In der Begründetheit prüft der EGMR, ob durch die gerügte Maßnahme ein Konven- 47
tionsrecht verletzt wurde. Die Urteile des EGMR haben allerdings **nur feststellende und keine unmittelbar gestaltende Wirkung.** Vielmehr verpflichtet der EGMR die Mitgliedstaaten zur Beendigung der Konventionsverletzung und zur Wiedergutmachung, wobei die Wahl der Mittel dabei grundsätzlich beim Mitgliedstaat liegt, Art. 46 EMRK. Der deutsche Gesetzgeber hat daher sowohl in § 359 Nr. 6 StPO als auch in § 580 Nr. 8 ZPO entsprechende Wiederaufnahmegründe eingefügt. Demnach kann ein Beschwerdeführer, wenn der EGMR eine Verletzung der Konvention durch die deutsche Gerichtsbarkeit festgestellt hat, die Wiederaufnahme des Verfahrens verlangen bzw. eine Restitutionsklage vornehmen, selbst wenn das innerstaatliche Urteil bereits rechtskräftig ist.

C. Die Geltendmachung von Verletzungen der Grundrechte und Grundfreiheiten vor dem EuGH

Im Unterschied zum BVerfG und dem EGMR gibt es beim EuGH nicht die Möglich- 48
keit einer **direkten Grundrechtsbeschwerde.** Es gibt also keine Verfahrensart, bei der spezifisch die Verletzung von Grundrechten geprüft wird. Allerdings kann die Verletzung von Grundrechten oder Grundfreiheiten **in anderen Verfahren** geltend gemacht werden. Zwei Verfahrensarten sind dabei von besonderer Relevanz – zum einen das Vorabentscheidungsverfahren nach Art. 267 AEUV und zum anderen die Nichtigkeitsklage nach Art. 263 AEUV.[20]

Im Rahmen des **Vorabentscheidungsverfahrens** können nationale Gerichte dem 49
EuGH Fragen zur Auslegung des europäischen Primär- und Sekundärrechts vorlegen. Der Gerichtshof erstellt dabei ein abstraktes Gutachten zur Beurteilung der Rechtsfrage. Dieses Gutachten kann sich auf die Vereinbarkeit von europäischem Sekundärrecht oder von Akten der Mitgliedstaaten mit den Grundrechten oder Grundfreiheiten beziehen. Wenn ein Individuum also eine Verletzung europäischer Grundrechte

[20] S. dazu ausführlich *Sydow/Wittreck*, VerfR I, Kap. 17, Rn. 54 ff.

oder Grundfreiheiten geltend machen möchte, muss es sich zunächst an das zuständige nationale Gericht wenden. Wenn dieses der Auffassung ist, dass der Fall eine EU-rechtliche Dimension aufweist, deren Klärung für die Entscheidung des Falles erforderlich ist, kann es den Fall dem EuGH im Wege der Vorabentscheidung vorlegen. Handelt es sich bei dem mitgliedstaatlichen Gericht um ein letztinstanzliches Gericht, ist es sogar zur Vorlage verpflichtet, Art. 267 UA 3 AEUV.

50 Gegen Rechtsakte der Europäischen Union können natürliche oder juristische Personen unter den Voraussetzungen des Art. 263 AEUV auch vor dem EuGH **Nichtigkeitsklage** erheben. Von besonderer Bedeutung sind dabei die Voraussetzungen des Art. 263 UA 4 AEUV. Danach muss der Kläger entweder Adressat der angegriffenen Maßnahme oder von dieser unmittelbar und individuell betroffen sein. Bei Rechtsakten mit Verordnungscharakter ist erforderlich, dass sie den Kläger unmittelbar betreffen und keine Durchführungsmaßnahmen erfordern. Der EuGH hat das Merkmal der unmittelbaren und individuellen Betroffenheit bisher restriktiv ausgelegt: Er stützt sich insbesondere auf die sog. ***Plaumann*-Formel,** nach der ein Einzelner bei nicht direkt an diesen adressierten Maßnahmen nur dann klageberechtigt ist, wenn die angegriffene Maßnahme ihn wegen besonderer, ihn aus dem Kreis aller übrigen Adressaten heraushebender Umstände berührt und ihn daher in ähnlicher Weise individualisiert wie den Adressaten.[21]

[21] EuGH, Slg. 1963, 213, 238 – Plaumann; bestätigt in Slg. 2002, I-6677, Rn. 36 – Unión de Pequeños Agricultores.

§ 10. Das Zusammenspiel der verschiedenen Grundrechtsordnungen

1 Eine Frage, die wir in diesem Lehrbuch bisher weitgehend ausgeklammert haben, ist die Frage nach dem **Zusammenspiel der verschiedenen Grundrechtsordnungen:** Wie sieht das Verhältnis der deutschen Grundrechte zu den EU-Grundrechten und den Grundrechten der EMRK aus? Diese Frage ist äußerst komplex und wird in der rechtswissenschaftlichen Literatur kontrovers diskutiert. Dabei sind grundsätzlich zwei Perspektiven auseinanderzuhalten. Dies ist zum einen die **normative Perspektive,** die zu bestimmen versucht, *wie* das Verhältnis *sein sollte.* Dabei gibt es Stimmen, die der internationalen Ordnung grundsätzlich Vorrang vor den nationalen Normen einräumen möchten, während andere die Eigenständigkeit der deutschen Grundrechtsordnung betonen. Zum anderen kann man auch eine **beschreibende Perspektive** einnehmen, die in erster Linie die Rechtsprechung *beobachtet.* Diese Perspektive vollzieht nach, wie das Verhältnis der unterschiedlichen Grundrechtsordnungen durch die Gerichte ausgestaltet wird. Dabei müssen die unterschiedlichen Normebenen getrennt behandelt werden. Im Folgenden werde ich zunächst einige allgemeine Erwägungen zum Verhältnis der unterschiedlichen Grundrechtsordnungen zueinander anstellen. Zweitens soll das Verhältnis der deutschen Grundrechte zum EU-Recht und zur EMRK diskutiert werden. In einem dritten Schritt wird dann der Anwendungsbereich der EU-Grundrechte näher bestimmt. Der vierte Teil behandelt schließlich das Verhältnis zwischen der EMRK und den Grundrechten der EU.

A. Der Dialog der Grundrechtsgerichte im „Mehrebenensystem"

Literatur: *Pernice,* Europäisches und nationales Verfassungsrecht, VVDStRL 60 (2001), 148; *Sauer,* Jurisdiktionskonflikte in Mehrebenensystemen, 2008; *Krisch,* The Open Architecture of European Human Rights Law, Modern Law Review 71 (2008), 183; *ders.,* Beyond Constitutionalism: The Pluralist Structure of Postnational Law, 2010; *Voßkuhle,* Der europäische Verfassungsgerichtsverbund, NVwZ 2010, 1; *Petersen,* Determining the Domestic Effect of International Law through the Prism of Legitimacy, ZaöRV 72 (2012), 223; *Klatt,* Die praktische Konkordanz von Kompetenzen, 2014; *Croon,* Abseits der verfassungsgerichtlichen Arenen: Informale Kommunikation, in: Elser u. a. (Hg.), Das letzte Wort, 2014, S. 39; *Hertig Randall,* Der grundrechtliche Dialog der Gerichte in Europa, EuGRZ 2014, 5; *Krämer/Märten,* Der Dialog der Gerichte, EuR 50 (2015), 169; *Petersen,* The Concept of Legal and Constitutional Pluralism, in: Englisch (Hg.), International Tax Law: New Challenges to and from Constitutional and Legal Pluralism, 2016, S. 1; *Dawson,* The governance of EU fundamental rights, 2017; *Kadelbach,* Konstitutionalisierung und Rechtspluralismus – über die Konkurrenz zweier Ordnungsentwürfe, in: Bung/Engländer (Hg.), Souveränität, Transstaatlichkeit und Weltverfassung, 2017, S. 97.

2 In der Literatur wird das Zusammenspiel der unterschiedlichen Rechtsordnungen auf europäischer Ebene und internationaler Ebene oft als **„Mehrebenensystem"** bezeichnet.[1] Der Begriff des Mehrebenensystems soll auf die föderale Struktur des Verhältnisses zwischen EU-Recht und nationalem Recht hinweisen. Er ist zum Teil jedoch irreführend, da er eine klare Hierarchie zwischen internationalem Recht, EU-Recht und nationalem Recht suggeriert. In der Rechtsprechungspraxis beobachten wir jedoch keine Hierarchie, sondern vielmehr ein **pluralistisches Verhältnis zwischen verschie-**

[1] Grundlegend *Pernice,* VVDStRL 60 (2001), 148.

denen Gerichten.[2] Das bedeutet, dass sich zwischen den Gerichten ein Gleichgewicht entwickelt, in dem kein Gericht einen absoluten Vorrang gegenüber den anderen Gerichten beanspruchen kann, in der Praxis jedoch Konflikte weitgehend vermieden werden.

3 Das mag zunächst ein wenig abstrakt klingen. Treten wir also einen Schritt zurück, um die Konflikte zu betrachten, um die es konkret geht. Im Verhältnis zwischen dem deutschen Recht und dem EU-Recht geht es um die Frage, inwieweit **Maßnahmen der EU an deutschen Grundrechten** gemessen werden können. Auf der einen Seite besteht ein Interesse an einer möglichst einheitlichen Umsetzung des EU-Rechts. Wenn jeder Mitgliedstaat die Umsetzung des EU-Rechts unter Vorbehalte des nationalen Rechts stellen könnte, würde dies die Effektivität der europäischen Integration ernsthaft gefährden. Der EuGH hat dies schnell erkannt und daher bereits früh die Grundsätze des Vorrangs und der direkten Anwendbarkeit des EU-Rechts in den nationalen Rechtsordnungen postuliert.[3] Dieser Vorrang soll grundsätzlich gegenüber allen Ebenen des nationalen Rechts gelten.[4] Grundsätzlich hat EU-Recht daher auch Vorrang gegenüber den nationalen Verfassungen und damit den nationalen Grundrechten.

4 Diese Rechtsprechung ist allerdings nicht unproblematisch. Die EWG-Verträge enthielten ursprünglich nämlich keine expliziten Grundrechtsgarantien. Es bestand also die Gefahr, dass durch die europäische Integration ein **grundrechtsfreier Raum** geschaffen wurde. Dem versuchten die nationalen Verfassungsgerichte entgegenzuwirken, indem sie sich zum einen eine Grundrechtskontrolle anhand der nationalen Grundrechte vorbehielten und gleichzeitig auf die **Entwicklung eines europäischen Grundrechtsschutzes** drängten.[5] Diesem Drängen kam der Europäische Gerichtshof letztlich nach, indem er einen Grundrechtsschutz aus der gemeinsamen Verfassungsüberlieferung der Mitgliedstaaten herleitete.[6]

5 Das Verhältnis der unterschiedlichen Rechtsordnungen ist also – je nach Gerichtsperspektive – unterschiedlich. Aus **Sicht des EuGH** hat das EU-Recht absoluten Vorrang vor dem Recht der Mitgliedstaaten. Gleichzeitig ist der Gerichtshof aber darauf angewiesen, dass die mitgliedstaatlichen Gerichte das EU-Recht auch in ihren nationalen Rechtsordnungen umsetzen. Deswegen reagiert der Gerichtshof bisweilen auf deren Rechtsprechung. So erfolgte beispielsweise die Entwicklung des europäischen Grundrechtsschutzes ganz überwiegend **auf den Druck nationaler Verfassungsgerichte.**[7]

6 Die meisten **nationalen Verfassungsgerichte** akzeptieren zwar grundsätzlich den Vorrang des EU-Rechts, gestehen diesem aber keine absolute Stellung zu. Vielmehr behalten sie sich vor, in bestimmten Konstellationen, in denen Grundwerte der nationalen Verfassung betroffen sind, einzugreifen. Allerdings haben diese Vorbehalte des eigenen Letztentscheidungsrechts in der Regel die praktische Bedeutung, Druck auf den EuGH auszuüben und von diesem Konzessionen in der Rechtsprechung zu verlangen.

2 S. z. B. *Krisch,* MLR 71 (2008), 183.
3 EuGH, Slg. 1963, 3 – van Gend & Loos; Slg. 1964, 1253 – Costa ./. E.N.E.L.
4 EuGH, Slg. 1970, 1125, Rn. 3 – Internationale Handelsgesellschaft.
5 BVerfGE 37, 271 – Solange I; Corte costituzionale, Urt. v. 27.12.1973, CMLR 14 (1974), 372.
6 EuGH, Slg. 1970, 1125, Rn. 4 – Internationale Handelsgesellschaft.
7 *Haltern,* EuR II, Rn. 1403.

In der Praxis lässt es zumindest das BVerfG **nicht auf einen offenen Konflikt mit dem EuGH** ankommen.

Auch im Verhältnis zwischen dem BVerfG und dem **Europäischen Gerichtshof für Menschenrechte** lassen sich ähnliche Entscheidungsmuster beobachten. Auf der einen Seite beansprucht der EGMR, dass sich die Mitgliedstaaten ausnahmslos an die Vorgaben der EMRK halten. In der Praxis macht er jedoch Kompromisse, passt teilweise seine Rechtsprechung an und gesteht den mitgliedstaatlichen Gerichten einen Einschätzungsspielraum zu. Umgekehrt behält sich das BVerfG im Verhältnis zum EGMR das Letztentscheidungsrecht und damit auch das Recht zur Abweichung von der EGMR-Rechtsprechung vor. In der Praxis versucht das Gericht jedoch auch hier, **offene Konflikte mit dem EGMR zu vermeiden.** Schließlich hat sich ein solches Gleichgewicht auch zwischen dem EuGH und dem EGMR herausgebildet. Beide Gerichte beanspruchen letztlich für sich das Letztentscheidungsrecht, vermeiden in der Praxis aber einander widersprechende Entscheidungen. 7

Wenn man versucht, diese Rechtsprechung allein dogmatisch zu erklären, stößt man schnell an Grenzen.[8] Die unterschiedlichen Gerichte haben ja gerade unterschiedliche dogmatische Ansätze, die eigentlich miteinander in Konflikt stehen, in der Praxis aber dennoch miteinander vereinbart werden. Verstehen kann man dies allein, wenn man berücksichtigt, dass Richter keine reinen Subsumptionsautomaten sind, sondern auch **strategische Akteure,** die versuchen, die institutionelle Stellung ihrer Gerichte zu verteidigen und zu bewahren.[9] Die Gerichte lassen sich dabei in dem beschriebenen Spannungsfeld von zwei Erwägungen leiten: Zum einen möchten sie ihre eigene Autorität unterstreichen, indem sie sich jeweils das Letztentscheidungsrecht vorbehalten. Zum anderen sind sie aber auch **gegenseitig voneinander abhängig.** EGMR und EuGH sind auf die Kooperation der nationalen Verfassungsgerichte angewiesen, damit ihre Entscheidungen auch in den Mitgliedstaaten umgesetzt werden. Das Bundesverfassungsgericht würde auf der anderen Seite angesichts des in Deutschland starken politischen Bekenntnisses zur europäischen Integration und zum internationalen Menschenrechtsschutz seine eigene Autorität untergraben, wenn es zu offen mit EGMR und EuGH in Konflikt treten würde. 8

Selbstverständlich haben solche strategischen Erwägungen in der Falllösung einer Klausur keinen Platz. Dort zählt **allein das dogmatische Argument.** Insofern sollen sich die nachfolgenden Ausführungen auch ganz überwiegend auf das dogmatische Verhältnis zwischen nationalen und inter- bzw. supranationalen Grundrechten beschränken. Wenn man die **Dogmatik verstehen** möchte, sollte man jedoch die strategischen Perspektiven der einzelnen Gerichte im Hinterkopf behalten. Auch in der Klausur sind diese als Kontrollüberlegung für das eigene Ergebnis immer hilfreich, selbst wenn sie letztlich keinen Niederschlag in der verschriftlichten Klausurlösung finden. 9

[8] Ein lohnenswerter, auf Basis der Prinzipientheorie entwickelter dogmatischer Erklärungsversuch findet sich bei *Klatt,* Praktische Konkordanz.

[9] S. *Stone Sweet,* Governing with Judges, 2000; *Vanberg,* Politics of Constitutional Review, 2005.

B. Deutsche Grundrechte im Verhältnis zum EU-Recht und zur EMRK

10 Zunächst soll auf das Verhältnis der deutschen Grundrechte zum EU-Recht und zur EMRK eingegangen werden. Die Problemlage zwischen beiden Konstellationen unterscheidet sich dabei in gewisser Hinsicht. Wenn das **Verhältnis zwischen den deutschen Grundrechten und dem EU-Recht** diskutiert wird, geht es in erster Linie um die Frage, ob Rechtsakte der Europäischen Union an deutschen Grundrechten gemessen werden können. Dabei spielt das Zusammenspiel zwischen deutschen und EU-Grundrechten ebenfalls eine Rolle. Dieses steht aber nicht im Vordergrund. Beim Verhältnis **zwischen deutschen Grundrechten und der EMRK** geht es dagegen um die Konstellation, dass eine Maßnahme der deutschen Staatsgewalt als Verletzung der EMRK angesehen wird, und die Frage, inwieweit dies auch in der deutschen Rechtsordnung zur Rechtswidrigkeit dieser Maßnahme führt.

I. Deutsche Grundrechte und Rechtsakte der EU

Literatur: *Halberstam/Möllers,* The German Constitutional Court says „Ja zu Deutschland", GLJ 8 (2009), 1241; *Calliess,* Europäische Gesetzgebung und nationale Grundrechte, JZ 2009, 113; *Mangold,* Gemeinschaftsrecht und deutsches Recht, 2011; *Michels,* Die dreidimensionale Reservekompetenz des BVerfG im Europarecht – Von der Solange-Rechtsprechung zum Honeywell-Beschluss, JA 2012, 515; *Polzin,* Das Rangverhältnis von Verfassungs- und Unionsrecht nach der ersten Rechtsprechung des BVerfG, JuS 2012, 1; *Dederer,* Die Grenzen des Vorrangs des Unionsrechts, JZ 2014, 313; *Klatt,* Die praktische Konkordanz von Kompetenzen, 2014; *A. Schwerdtfeger,* Europäisches Unionsrecht in der Rechtsprechung des Bundesverfassungsgerichts, EuR 50 (2015), 290; *Burchardt,* Die Rangfrage im europäischen Normenverbund, 2015; *Ingold,* Die verfassungsrechtliche Identität der Bundesrepublik Deutschland: Karriere – Konzept – Kritik, AöR 140 (2015), 1; *Simon,* Grenzen des Bundesverfassungsgerichts im europäischen Integrationsprozess, 2016; *Eifert/Gerberding,* Verfassungsbeschwerde und Unionsgewalt, Jura 2016, 628; *Burchardt,* Die Ausübung der Identitätskontrolle durch das Bundesverfassungsgericht, ZaöRV 76 (2016), 527; *Sauer,* Der novellierte Kontrollzugriff des Bundesverfassungsgerichts auf das Unionsrecht, EuR 52 (2017), 186; *Sauer,* Staatsrecht III, 5. Aufl. 2018, §§ 8–9.

11 Im Verhältnis zwischen deutschen Grundrechten und EU-Recht steht vor allem die Frage im Vordergrund, ob **Rechtsakte der EU an den deutschen Grundrechten** gemessen werden können. Kann sich ein Beschwerdeführer mit der Behauptung an das BVerfG wenden, dass eine Richtlinie oder Verordnung der EU, eine Entscheidung der Kommission oder ein Urteil des EuGH gegen Grundrechte des Grundgesetzes verstoßen? Der **EuGH** hat hier frühzeitig eine klare Position bezogen: Das **EU-Recht hat absoluten Vorrang** vor dem nationalen Recht; dieser Vorrang erstreckt sich auf alle Ebenen und gilt auch gegenüber dem nationalen Verfassungsrecht.[10]

12 Das BVerfG hat diesen Vorrang des EU-Rechts zwar grundsätzlich anerkannt, im Laufe der Zeit jedoch **drei Ausnahmen** entwickelt, in denen sich Karlsruhe eine Kontrolle von Rechtsakten der EU am Maßstab des Grundgesetzes vorbehält – den **Solange-Vorbehalt,** die ***ultra vires*-Kontrolle** und den **Schutz der deutschen Verfassungsidentität.** Die *ultra vires*-Kontrolle hat keinen spezifischen Grundrechtsbezug und wird daher im Folgenden nicht näher behandelt.[11] Dagegen werde ich näher auf den Solange-Vorbehalt und den Schutz der Verfassungsidentität eingehen, da diese dogmatischen Figuren entweder ausschließlich die Grundrechte in den Blick nehmen

[10] EuGH, Slg. 1970, 1125, Rn. 3 – Internationale Handelsgesellschaft.

[11] S. dazu *Sydow/Wittreck,* VerfR I, Kap. 4, Rn. 90f.; *Sauer,* StaatsR III, 5. Aufl. 2018, § 9, Rn. 29ff.

(Solange-Vorbehalt) oder sich zumindest auch auf grundrechtliche Gehalte des Grundgesetzes beziehen (Schutz der Verfassungsidentität).

1. Solange-Vorbehalt

Das BVerfG hat den Solange-Vorbehalt in mehreren Stufen entwickelt. Den Anfang bildete die sogenannte **Solange I-Entscheidung,** ein Beschluss des zweiten Senats aus dem Jahr 1974.[12] Gegenstand des Verfahrens war die Frage, ob der durch eine EWG-Verordnung angeordnete Verfall einer Kaution wegen Nichtausnutzung einer erteilten Ausfuhrlizenz gegen deutsche Grundrechte verstoße. Das BVerfG machte dabei Bedenken geltend, dass **auf europäischer Ebene kein ausreichender Grundrechtsschutz** bestehe und behielt sich die Kontrolle europäischer Rechtsakte am Maßstab der deutschen Grundrechte vor: Solange es im Rahmen der europäischen Integration keinen adäquaten Grundrechtskatalog gebe, der dem des Grundgesetzes vergleichbar sei, kontrolliere das Gericht Vorschriften des Gemeinschaftsrechts auf ihre Vereinbarkeit mit den deutschen Grundrechten.[13] Im konkreten Fall nahm es dann auch eine materielle Prüfung am Maßstab der deutschen Grundrechte vor, kam aber zu dem Ergebnis, dass diese durch die in Frage stehende Verordnung nicht verletzt seien. 13

Aufgrund des Drucks mitgliedstaatlicher Gerichte entwickelte der **EuGH** daraufhin eine **Grundrechtsrechtsprechung,** in der er Rechtsakte der Union am **Maßstab europäischer Grundrechte** überprüfte, die er aus der gemeinsamen Verfassungstradition der Mitgliedstaaten heraus entwickelte.[14] Aus diesem Grund änderte das BVerfG seinen Kurs in seiner **Solange II-Entscheidung** aus dem Jahr 1986.[15] Das Gericht stellte fest, dass der Grundrechtsschutz auf europäischer Ebene aufgrund der Rechtsprechung des EuGH mittlerweile mit dem deutschen Grundrechtsschutz vergleichbar sei.[16] Allerdings erteilte das Gericht dem Europarecht keinen Freibrief. Vielmehr behielt es sich vor, zu überprüfen, ob der Grundrechtsschutz auf europäischer Ebene eine ausreichende Effektivität behalte.[17] 14

Das hat folgende Konsequenzen: **Verfassungsbeschwerden** oder konkrete Normkontrollvorlagen, in denen die Verletzung deutscher Grundrechte durch Rechtsakte der EU geltend gemacht wird, sind **grundsätzlich unzulässig.** Ihnen fehlt ein tauglicher Beschwerdegegenstand. Sie sind lediglich dann ausnahmsweise zulässig, wenn es dem Beschwerdeführer oder dem vorlegenden Gericht zu zeigen gelingt, dass der europäische Grundrechtsschutz kein adäquates Schutzniveau mehr gewährleistet.[18] Dafür ist es nicht ausreichend, dass im konkreten Fall der Schutz eines bestimmten deutschen Grundrechts weiter reicht als der des äquivalenten EU-Grundrechts. Vielmehr ist auf den EU-Grundrechtsschutz in seiner Gesamtheit einzugehen. 15

Mittlerweile ist auch in der deutschen Literatur weitgehend anerkannt, dass der EU-Grundrechtsschutz vom Schutzniveau her mit dem deutschen Grundrechtsschutz vergleichbar ist. Befürchtungen gehen derzeit eher in die entgegengesetzte Richtung, dass 16

[12] BVerfGE 37, 271 – Solange I.
[13] BVerfGE 37, 271 (285).
[14] EuGH, Slg. 1970, 1125, Rn. 4 – Internationale Handelsgesellschaft.
[15] BVerfGE 73, 339 – Solange II.
[16] BVerfGE 73, 339 (378).
[17] BVerfGE 73, 339 (387).
[18] BVerfGE 102, 147 – Bananenmarkt.

der Grundrechtsschutz des EuGH zu ausgreifend ist.[19] In der Praxis ist es daher sehr unwahrscheinlich, dass das BVerfG von seinem Solange-Vorbehalt Gebrauch machen wird.

Klausurhinweis: In der Klausur sollte der Solange-Vorbehalt nur angesprochen werden, soweit sich aus den Äußerungen der Parteien im Sachverhalt entsprechende Hinweise ergeben. Im Zweifel sollte man jedoch die Zulässigkeit der Verfassungsbeschwerde aufgrund des Solange-Vorbehalts ablehnen: Der Nachweis, dass der europäische Grundrechtsschutz nicht ausreichend effektiv ist, kann in einer Klausur nicht erbracht werden.

2. Schutz der Verfassungsidentität

17 Eine größere Bedeutung hat in der Praxis mittlerweile eine zweite dogmatische Figur – die **Identitätskontrolle.** Diese wurde vom BVerfG zunächst im Maastricht-Urteil aus dem Jahr 1993 entwickelt[20] und anschließend im Lissabon-Urteil von 2009 konkretisiert.[21] Danach gibt es einen **Kerngehalt des deutschen Verfassungsrechts,** der durch das EU-Recht nicht verletzt werden darf. Dies wird in zwei Konstellationen relevant. Zum einen überprüft das BVerfG Änderungen der EU-Verträge auf ihre Vereinbarkeit mit der Verfassungsidentität.[22] Soweit die Verträge die Verfassungsidentität verletzen, dürfen sie durch die Bundesrepublik Deutschland nicht ratifiziert werden. Zum anderen behält sich das Gericht jedoch auch vor, **Sekundärrechtsakte** auf ihre **Vereinbarkeit mit der Verfassungsidentität** zu überprüfen und ggf. für unanwendbar zu erklären, soweit die Verfassungsidentität verletzt wird.[23]

18 Was **Teil der deutschen Verfassungsidentität** ist, ist noch nicht abschließend geklärt. Das Konzept überschneidet sich mit dem änderungsfesten, durch **Art. 79 Abs. 3 GG** geschützten Gehalt, ist mit diesem aber nicht deckungsgleich. Das BVerfG hat in seinem Lissabon-Urteil versucht, das Konzept näher zu bestimmen und verschiedene Bereiche aufgezählt, die es zur Verfassungsidentität rechnet.[24] Allerdings blieb die Begründung, warum die dort aufgezählten Bereiche zur Verfassungsidentität zählen sollen, oft dünn.[25] Darüber hinaus ist nicht klar, in welchem Umfang die aufgezählten Konzepte als Teil der Verfassungsidentität geschützt sind.

19 Für den Bereich der Grundrechte steht fest, dass jedenfalls die **Menschenwürde** in Art. 1 Abs. 1 GG Teil der Verfassungsidentität ist.[26] Daher sind nach Auffassung des BVerfG Sekundärrechtsakte, die gegen die Menschenwürde verstoßen, unanwendbar. Allerdings sind offene Konflikte mit dem EuGH in diesem Bereich unwahrscheinlich. Denn die Menschenwürde ist auch **Teil der europäischen Grundrechtsordnung.** Zwar sind Konflikte theoretisch denkbar, wenn die Garantie durch das BVerfG weitergehend ausgelegt wird als durch den EuGH. Allerdings hat der EuGH hier in der Vergangenheit Sensibilität gezeigt und die europäische Menschenwürdegarantie im Einklang mit nationalen Vorstellungen ausgelegt.[27]

[19] S. *Cremer,* F. A. Z. 6.3.2013, S. 19; *Grimm,* JZ 2013, 585 (591).
[20] BVerfGE 89, 155 – Maastricht.
[21] BVerfGE 123, 267 – Lissabon.
[22] BVerfGE 89, 155 (172); 123, 267.
[23] BVerfGE 123, 267 (354ff.); 140, 317 – Europäischer Haftbefehl II.
[24] BVerfGE 123, 267, (359ff.).
[25] Berechtigte Kritik bei *Halberstam/Möllers,* GLJ 10 (2009), 1241, 1249ff.
[26] BVerfGE 140, 317 (341).
[27] S. EuGH, Slg. 2004, I-9609 – Omega; 5.4.2016 – C-404/15, EU:C:2016:198 – Aranyosi.

Klausurhinweis: In der Klausur wäre die Frage, ob ein europäischer Rechtsakt die Verfassungsidentität verletzt, zunächst in der Zulässigkeit beim Beschwerdegegenstand anzusprechen. In der Begründetheit müsste der materielle Prüfrahmen dann auf die Normen, die Teil der Verfassungsidentität sind, also konkret Art. 1 Abs. 1 GG beschränkt werden.

3. Grundrechtsschutz im Rahmen der Umsetzungsspielräume

Wie gesehen lehnt das BVerfG die Überprüfung europäischer Rechtsakte am Maßstab 20 der deutschen Grundrechte – von den diskutierten Ausnahmen abgesehen – grundsätzlich ab. Dies gilt nicht nur für europäische Richtlinien und Verordnungen, sondern auch für Maßnahmen nationaler Institutionen, soweit diese **durch europäisches Recht determiniert** werden. Wenn also ein deutsches Gesetz auf einer europäischen Richtlinie beruht oder die deutsche Verwaltung eine europäische Verordnung vollzieht, dann ist eine Verfassungsbeschwerde gegen diese Akte grundsätzlich unzulässig, soweit diese vollständig auf europäisches Recht zurückgehen.

Allerdings gilt dies nur, soweit das Handeln der deutschen Staatsgewalt vollständig 21 durch europäische Normen determiniert ist. Dagegen sind Gesetzgeber und Verwaltung dann an die deutschen Grundrechte gebunden, wenn ihnen bei der Umsetzung des Unionsrechts ein **Umsetzungs- oder Ermessensspielraum** zusteht. Dies hat das BVerfG in seiner ersten Entscheidung zum Europäischen Haftbefehl klargestellt.[28] Bei einem Umsetzungsspielraum gilt der Vorrang des Europarechts gerade nicht, da die Handlung der deutschen Staatsgewalt nicht durch das Europarecht vorgeschrieben wird. Insofern sind sowohl der deutsche Gesetzgeber als auch die deutsche Verwaltung an deutsche Grundrechte gebunden, soweit ihnen das Unionsrecht einen Ermessens- oder Umsetzungsspielraum zugesteht.

II. Deutsche Grundrechte und die EMRK

Literatur: *Rohleder,* Grundrechtsschutz im europäischen Mehrebenen-System, 2009; *Schilling,* Deutscher Grundrechtsschutz zwischen staatlicher Souveränität und menschenrechtlicher Europäisierung, 2010; *O. Klein,* Straßburger Wolken am Karlsruher Himmel, NVwZ 2010, 221; *Mellech,* Die Rezeption der EMRK sowie Urteile des EGMR in der französischen und deutschen Rechtsprechung, 2012; *Ludwigs,* Kooperativer Grundrechtsschutz zwischen EuGH, BVerfG und EGMR, EuGRZ 2014, 273; *Klatt,* Die praktische Konkordanz von Kompetenzen, Tübingen 2014; *Pianka,* Konkurrenzen und Konflikte beim Rechtsschutz im europäischen Mehrebenensystem, 2016; *Sauer,* Staatsrecht III, 5. Aufl. 2018, § 7.

Die Problemlage im Verhältnis zwischen den deutschen Grundrechten und der 22 EMRK ist etwas anders als diejenige im Verhältnis zum EU-Recht. Im Europarat gibt es keine Sekundärrechtsakte, die am Maßstab der deutschen Grundrechte überprüft werden müssten. Vielmehr lautet die Frage, inwieweit die **Menschenrechte der EMRK** auch **innerstaatlich Bindungswirkung** haben: Kann sich ein Bürger vor deutschen Gerichten darauf berufen, dass eine Maßnahme der deutschen Staatsgewalt die EMRK verletzt? In vielen Fällen wird diese Konstellation praktisch wenig Bedeutung haben, soweit die in der EMRK enthaltenen Rechte denen des Grundgesetzes gleichen. Aber was passiert, wenn ein Menschenrecht der EMRK entweder keine Entsprechung im Grundgesetz hat oder vom EGMR weiter ausgelegt wird als sein grundgesetzliches Äquivalent?

[28] BVerfGE 113, 273 – Europäischer Haftbefehl I.

23 Die Stellung der EMRK in der deutschen Rechtsordnung richtet sich grundsätzlich nach den **allgemeinen Regeln zur Wirkung von Völkervertragsrecht** im nationalen Recht. Die entscheidende Norm ist dabei Art. 59 Abs. 2 GG. Aus dieser Norm wird hergeleitet, dass völkerrechtliche Verträge durch den Ratifikationsakt Teil des deutschen Rechts werden. Der Vertrag hat dabei dieselbe Stellung in der deutschen Rechtsordnung wie der entsprechende Ratifikationsakt. Da die EMRK durch ein Parlamentsgesetz ratifiziert worden ist, hat sie in der deutschen Rechtsordnung grundsätzlich die **Stellung eines einfachen Gesetzes** und ist daher unmittelbar rechtsverbindlich.[29]

24 Das bedeutet aber auch, dass bei Konflikten zwischen der EMRK und anderen Bundesgesetzen grundsätzlich die **allgemeinen Konfliktlösungsregeln** gelten. Das spätere Gesetz geht damit dem früheren Gesetz vor *(lex posterior)* und das speziellere dem allgemeineren *(lex specialis)*. Allerdings hat das BVerfG die Konfliktlösung zwischen Bundesgesetzen und internationalen Verträgen schon früh modifiziert und den **Grundsatz der völkerrechtsfreundlichen Auslegung** entwickelt.[30] Danach sind Gesetze, die im Konflikt mit völkerrechtlichen Verträgen stehen, zunächst völkerrechtsfreundlich auszulegen. Soweit das Gesetz mehrere Auslegungsvarianten zulässt, ist diejenige Variante zu wählen, die mit dem völkerrechtlichen Vertrag am besten zu vereinbaren ist. Selbstverständlich kennt die völkerrechtsfreundliche Auslegung Grenzen und kann sich beispielsweise nicht über den klaren Wortlaut einer Norm oder den expliziten Willen des Gesetzgebers zum Vertragsbruch hinwegsetzen.

25 In Bezug auf die EMRK hat das BVerfG allerdings klargestellt, dass sich die EMRK-konforme Auslegung nicht nur auf das einfache Gesetzesrecht, sondern **auch auf die Normen des Grundgesetzes** selbst bezieht.[31] Verstößt eine Gesetzesnorm also gegen die EMRK, ist diese nicht nur, soweit möglich, EMRK-konform auszulegen, sondern auch an den Normen des Grundgesetzes zu messen, die ihrerseits wiederum im Lichte der EMRK auszulegen sind.

26 In einer Vielzahl von Entscheidungen hat sich das BVerfG zudem mit der Frage auseinandergesetzt, inwieweit **Entscheidungen des EGMR** über die Interpretation von Normen der EMRK **Bindungswirkung für deutsche Gerichte** haben. Diese Frage kam zuerst in der ***Görgülü*-Entscheidung** des BVerfG auf.[32] Der Antragsteller versuchte, gerichtlich ein elterliches Sorge- und Umgangsrecht mit seinem leiblichen Kind zu erstreiten, nachdem die Mutter des Kindes dieses ohne Wissen des Antragstellers zur Adoption freigegeben hatte. Das OLG Naumburg verweigerte dem Antragsteller dieses Anliegen. Daraufhin entschied der EGMR, dass in der Entscheidung des OLG Naumburg eine Verletzung von Art. 8 EMRK liege.[33]

27 Das OLG Naumburg ignorierte diese Entscheidung zunächst und argumentierte, dass Entscheidungen des EGMR in der deutschen Rechtsordnung keine verbindliche Wirkung entfalteten. Gegen diese Entscheidung erhob der Antragsteller Verfassungsbeschwerde vor dem BVerfG. Karlsruhe entschied, dass deutsche Gerichte **keine absolute Befolgungspflicht** gegenüber Urteilen internationaler Gerichte und ins-

[29] BVerfGE 74, 358 (370) – Unschuldsvermutung.
[30] BVerfGE 58, 1.
[31] BVerfGE 128, 326 (370) – Sicherungsverwahrung.
[32] BVerfGE 111, 307 – Görgülü.
[33] EGMR 26.2.2004, 74969/01, NJW 2004, 3397 – Görgülü.

besondere des EGMR hätten. Allerdings treffe sie eine **Berücksichtigungspflicht.**[34] Das bedeute, dass die zuständigen Gerichte sich mit der Entscheidung „erkennbar auseinander setzen und gegebenenfalls **nachvollziehbar begründen**" müssten, warum sie der Rechtsauffassung des völkerrechtlichen Gerichts gleichwohl nicht folgten.[35] Ein legitimer Grund für das Abweichen von Entscheidungen des EGMR kann lediglich im Schutz verfassungsrechtlicher Positionen liegen, die im Verfahren vor dem EGMR nicht berücksichtigt werden konnten.[36]

In der Praxis ist dies eine hohe Hürde. Das BVerfG stellt **hohe Anforderungen an die Begründung einer Abweichung.** Auch Karlsruhe selbst hält sich regelmäßig an die Entscheidungen des EGMR und **ändert sogar seine eigene Rechtsprechung,** um Divergenzen mit der Rechtsprechung aus Straßburg zu vermeiden.[37] Auch wenn die Dogmatik anders formuliert ist als im Verhältnis zum EuGH, ist die Praxis ähnlich: Das BVerfG erkennt die Rechtsprechung des EGMR grundsätzlich an, besteht formal jedoch auf seinem Letztentscheidungsrecht und behält sich in Ausnahmefällen eine Abweichung von der EGMR-Rechtsprechung vor. 28

Klausurhinweis: In der Klausur sollten Sie im Ergebnis nur in Ausnahmefällen von einem im Sachverhalt erwähnten Urteil des EGMR abweichen. Ein Mittel, um Kongruenz zwischen der EGMR-Rechtsprechung und der Rechtsprechung des BVerfG herzustellen, ist die EMRK-konforme Auslegung von Verfassungsvorschriften. Weiterhin kann die Existenz von EGMR-Urteilen ein Aspekt in der Abwägung im Rahmen der Verhältnismäßigkeit sein, der einer Seite zusätzliches Gewicht verleiht.

C. Die Anwendbarkeit der EU-Grundrechte

Literatur: *Huber,* Unitarisierung durch Gemeinschaftsgrundrechte, EuR 43 (2008), 190; *Nusser,* Die Bindung der Mitgliedstaaten an die Unionsgrundrechte, 2011; *Jarass,* Die Bindung der Mitgliedstaaten an die EU-Grundrechte, NVwZ 2012, 457; *Kadelbach,* Die Bindung an die Grundrechte der Europäischen Union bei der Anwendung staatlichen Strafrechts, KritV 96 (2013), 276; *Frenzel,* Der Staat 53 (2014), 1; *Frenz,* Vorrang, Grenzen und Verstärkungseffekte der EU-Grundrechte, DVBl. 2015, 741; *Pirker,* Grundrechtsschutz im Unionsrecht zwischen Subsidiarität und Integration, 2018; *Edenharter,* Grundrechtsschutz in föderalen Mehrebenensystemen, 2018.

Während die Grundrechte des Grundgesetzes oder die EMRK die deutsche Staatsgewalt grundsätzlich bei jeglichem Handeln binden, ist der **Anwendungsbereich der EU-Grundrechte beschränkt.** Wie ausgeführt wurden die EU-Grundrechte vom EuGH entwickelt, um eine Lücke im Grundrechtsschutz zu schließen. Diese entstand, weil das EU-Recht Vorrang vor dem nationalen Verfassungsrecht hat und sich damit einer Überprüfung am Maßstab der nationalen Grundrechte entzieht. Um diese Schutzlücke zu schließen, hat der EuGH anfangs die EU-Grundrechte im Wege richterlicher Rechtsfortbildung entwickelt. Allerdings konnte dieser gerichtlich entwickelte Grundrechtsschutz nicht weiter reichen, als zur Schließung der Schutzlücke notwendig war. Eine weitere Ausdehnung des Anwendungsbereichs der Grundrechte hätte wohl zu erheblichem Widerstand in den Mitgliedstaaten geführt.[38] Deshalb hat der EuGH in seiner Rechtsprechung die Geltung der Grundrechte zunächst auf das 29

[34] BVerfGE 111, 307 (324) – Görgülü.
[35] BVerfGE 111, 307 (324).
[36] S. BVerfG NJW 2011, 207 (208).
[37] S. BVerfGE 120, 180 – Caroline v. Monaco III; 128, 326 – Sicherungverwahrung.
[38] *Haltern,* EuR II, Rn. 1417, 1556ff.

Handeln der Institutionen der Union beschränkt. Nach und nach hat er es dann auch auf das Handeln der Mitgliedstaaten ausgedehnt, deren Grundrechtsbindung aber auf Situationen beschränkt, in denen sie sich im **Anwendungsbereich des Gemeinschaftsrechts** befinden.[39]

30 Diese Konzeption ist bei der **Kodifizierung der EU-Grundrechte** in der **EU-Grundrechtecharta** im Wesentlichen übernommen worden. Die entscheidende Norm ist Art. 51 Abs. 1 S. 1 GRC. Danach gilt die Grundrechtecharta zum einen für die Organe und Institutionen der Union. Zum anderen gilt sie jedoch auch für die Mitgliedstaaten, allerdings „ausschließlich bei der **Durchführung des Rechts der Union.**" Bei der Prüfung der EU-Grundrechte ist daher vor dem üblichen Dreischritt aus Schutzbereich, Eingriff und Rechtfertigung zunächst zu prüfen, ob die EU-Grundrechte überhaupt anwendbar sind. Dies ist unproblematisch, soweit eine Institution der Union gehandelt hat.

31 In Bezug auf die Mitgliedstaaten ist jedoch umstritten, was unter „Durchführung des Rechts der Union" zu verstehen ist. Dabei lassen sich **drei Problemkreise** unterscheiden. Zunächst wird diskutiert, ob die Mitgliedstaaten auch dann an Grundrechte gebunden sind, wenn ihnen bei der Umsetzung von Richtlinien oder beim Verwaltungsvollzug von Verordnungen **Spielräume** zustehen und sie diese Spielräume ausgestalten. Zweitens ist fraglich, ob sich Maßnahmen, die die **europäischen Grundfreiheiten einschränken,** nicht nur an diesen, sondern auch am Maßstab der europäischen Grundrechte messen lassen müssen. Schließlich ist unklar, wie mitgliedstaatliches Handeln zu beurteilen ist, das sowohl dem Mitgliedstaat als auch der Union **zugerechnet** werden kann.

I. Mitgliedstaatliche Spielräume

32 Der EuGH hat schon relativ früh entschieden, dass die Mitgliedstaaten bei der Umsetzung europäischer Rechtsakte selbst dann an EU-Grundrechte gebunden seien, wenn ihnen Umsetzungsspielräume zustünden. In der ***Wachauf*-Entscheidung** entschied der Gerichtshof, dass die Mitgliedstaaten beim Verwaltungsvollzug ihre **Ermessensspielräume grundrechtskonform auszufüllen** hätten.[40] Diese Rechtsprechung ist vom Gerichtshof in der Folge mehrfach bestätigt worden.[41] Allerdings hat sie vor allem in der **deutschen rechtswissenschaftlichen Literatur einige Kritik** erfahren.[42] Insbesondere wird geltend gemacht, dass keine Schutzlücken bestünden, da in diesem Bereich ja die nationalen Grundrechte Anwendung fänden.[43] Vielmehr könne die parallele Anwendung von deutschen und EU-Grundrechten Probleme bereiten.[44]

33 Allerdings **überzeugen diese Einwände** im Ergebnis **nicht.** Eine Schutzlücke mag im Verhältnis zum deutschen Verfassungsrecht nicht bestehen. Allerdings gilt Art. 51 GRC gleichermaßen für alle EU-Mitgliedstaaten, und nicht alle haben einen ähnlich

[39] EuGH, Slg. 1987, 3747, Rn. 28 – Demirel; Slg. 1991, I-2925, Rn. 42 – ERT.
[40] EuGH, Slg. 1989, 2633, Rn. 17ff. – Wachauf.
[41] S. etwa EuGH, Slg. 2007, I-8390, Rn. 78f. – Möllendorf; Slg. 2011, I-13905, Rn. 60ff. – N.S.
[42] *Papier,* DVBl. 2009, 473, 480; *Calliess,* JZ 2009, 113, 120.
[43] *Kingreen,* CR-EU, Art. 51 GRC, Rn. 14.
[44] *Kingreen,* CR-EU, Art. 51 GRC, Rn. 14; *Papier,* DVBl. 2009, 473, 480; *Nusser,* Bindung der Mitgliedstaaten, 2011, S. 95ff.

effektiven Grundrechtsschutz wie die deutsche Rechtsordnung. Zudem ist zwar zuzugestehen, dass eine parallele Anwendung von deutschen und EU-Grundrechten teilweise zu Rechtsprechungskonflikten führen kann. Dies gilt aber auch im Verhältnis von Grundgesetz und EMRK, und hier schaffen es BVerfG und EGMR, sich zu koordinieren.

Für eine Ausdehnung der Grundrechtsbindung auf mitgliedstaatliches Ermessen sprechen auch die **Erläuterungen zur Grundrechtecharta,** die vom Präsidium des Konvents, der die Grundrechtecharta ausgearbeitet hat, formuliert wurden.[45] Diese Erläuterungen sind gem. Art. 6 Abs. 1 UA 3 des EU-Vertrags und Art. 52 Abs. 7 GRC bei der Auslegung der Charta gebührend zu berücksichtigen. Die Erläuterungen nehmen auf das *Wachauf*-Urteil ausdrücklich Bezug und bestätigen damit, dass die Grundrechtsbindung auch in Fällen gelten soll, in denen die Mitgliedstaaten Umsetzungsermessen haben.[46] 34

Eine Einbeziehung der Fälle mitgliedstaatlichen Ermessens in den Anwendungsbereich der europäischen Grundrechte wird schließlich durch **systematische Gesichtspunkte** nahegelegt. Da der EU-Gesetzgeber beim Erlass von Richtlinien oder Verordnungen an die europäischen Grundrechte gebunden ist, darf er den Mitgliedstaaten keine Spielräume zur Verletzung von Grundrechten eröffnen.[47] Insofern sind die durch eine Verordnung oder Richtlinie gewährten Spielräume immer grundrechtskonform am Maßstab der EU-Grundrechte auszulegen. 35

II. Einschränkung von Grundfreiheiten

Seit dem ***ERT*-Urteil** aus dem Jahre 1991 misst der EuGH mitgliedstaatliches Handeln auch regelmäßig dann an den europäischen Grundrechten, wenn dieses den **Tatbestand einer Grundfreiheit** erfüllt.[48] In ERT ging es um den staatlichen griechischen Rundfunksender, dem der griechische Staat eine Exklusivlizenz für Rundfunk und Fernsehen zugestanden hatte. Der EuGH urteilte, dass dieses Rundfunkmonopol als Einschränkung der Dienstleistungsfreiheit nur dann gerechtfertigt werden könne, wenn es gleichzeitig auch mit der Meinungsäußerungsfreiheit in Art. 10 EMRK in Einklang stehe.[49] Die *ERT*-Rechtsprechung ist **in der Literatur** intensiv **kritisiert** worden.[50] Dabei stützt sich die Kritik insbesondere auf den Wortlaut von Art. 51 GRC: Wenn Mitgliedstaaten Grundfreiheiten einschränkten, führten sie gerade kein Unionsrecht durch.[51] 36

Aber auch diese Kritik überzeugt im Ergebnis nicht. Zum einen ist bei der Auslegung der Charta **nicht allein der deutsche Wortlaut** zu berücksichtigen. Die Sprachfassungen anderer Mitgliedstaaten legen eine extensivere Auslegung im Sinne von „Anwen- 37

45 Erläuterungen zur Charta der Grundrechte, Abl. der EU, 14.12.2007, C 303/17.

46 S. *Rengeling/Szczekalla,* GrundR in der EU, 2004, Rn. 295; *Matz-Lück,* in: dies./Hong (Hg.), GrundR und Grundfreiheiten im Mehrebenensystem, 2012, 161, 181.

47 *v. Bogdandy u. a.,* ZaöRV 72 (2012), 45, 55.

48 EuGH, Slg. 1991, I-2951 – ERT.

49 Ebd., Rn. 41 ff.

50 *Cremer,* NVwZ 2003, 1452, 1453 f.; *Huber,* EuR 43 (2008), 190; *Nusser,* Bindung der Mitgliedstaaten, 2011, S. 56; *Sauer,* in: Matz-Lück/Hong (Hg.), GrundR und Grundfreiheiten im Mehrebenensystem, 2012, S. 1, 28 f.

51 *Cremer,* NVwZ 2003, 1452, 1455; *Huber,* EuR 43 (2008), 190, 197.

dung des Unionsrechts" nahe.[52] Zum anderen wird auch die *ERT*-Entscheidung in den – gem. Art. 6 Abs. 1 UA 3 EUV bei der Auslegung zu berücksichtigenden – **Erläuterungen zu Art. 51 GRC** ausdrücklich erwähnt. Das spricht dafür, dass nach Ansicht des Konventspräsidiums der Wortlaut von Art. 51 Abs. 1 GRC auch solche Fälle erfassen sollte, in denen mitgliedstaatliches Handeln den Tatbestand einer Grundfreiheit erfüllt.[53]

III. Doppelte Zurechnung mitgliedstaatlichen Handelns

38 Die problematischste Fallgruppe ist die letzte, in der eine Norm sowohl der Europäischen Union als auch den Mitgliedstaaten zugerechnet werden kann. Dies ist insbesondere dann der Fall, wenn die Staaten europarechtlich zur Schaffung einer entsprechenden Norm verpflichtet sind, diese Norm aber auch ohne die europarechtliche Verpflichtung erlassen hätten bzw. diese bereits vor der europarechtlichen Vorgabe erlassen hatten. In diese Kategorie fällt das umstrittene Urteil in der Rechtssache ***Åkerberg Fransson.***[54] Das Urteil geht auf den Vorlagebeschluss eines schwedischen Gerichts zurück. Ein schwedischer Fischer war wegen Steuerbetrugs angeklagt. Die Steuerschuld bestand zum Teil in nicht abgeführter Umsatzsteuer. Das zuständige Finanzamt hatte von dem Fischer wegen der Steuerhinterziehung bereits signifikante Steuerzuschläge verlangt. Das vorlegende Gericht wollte nun vom EuGH wissen, ob darüber hinausgehende strafrechtliche Sanktionen gegen das **Verbot der Doppelbestrafung** in Art. 50 GRC verstießen.

39 Obwohl es sich bei den fraglichen Vorschriften um Normen des nationalen Steuerrechts handelte, sah der Gerichtshof den **Anwendungsbereich der europäischen Grundrechte als eröffnet** an.[55] Er stützte sich dabei insbesondere auf die Richtlinie 2006/112/EG über das gemeinsame Mehrwertsteuersystem.[56] Gem. Art. 250 dieser Richtlinie hatte jeder Steuerpflichtige eine Mehrwertsteuererklärung abzugeben. Art. 273 Abs. 1 der Richtlinie ermächtigte die Mitgliedstaaten zudem, weitere Pflichten vorzusehen, um die Erhebung der Steuer sicherzustellen und Steuerhinterziehung zu vermeiden.

40 Weiterhin stellte der EuGH auf Art. 325 AEUV ab, der die Mitgliedstaaten verpflichtet, abschreckende und wirksame Maßnahmen zur Bekämpfung von rechtswidrigen Handlungen zu ergreifen, die sich gegen die finanziellen Interessen der Union richten.[57] Da sich die Höhe der Eigenmittel der Union nach dem Mehrwertsteueraufkommen richte, wirke sich das Versäumnis, Mehrwertsteuer zu erheben, unmittelbar auf die finanziellen Interessen der Union aus.[58] Aus diesem Grund würden steuerstrafrechtliche Sanktionen diesen unionsrechtlichen Verpflichtungen aus der Richt-

[52] *Jarass,* NVwZ 2012, 457, 459; *Kadelbach,* KritV 96 (2013), 276, 282; *Ward,* in: Peers u. a. (Hg.), EU Charter of Fundamental Rights, 2014, Rn. 51.49. So heißt es etwa in der spanischen Sprachfassung, dass die Unionsgrundrechte „im Anwendungsbereich des Unionsrechts" gelten.

[53] *Frenzel,* Der Staat 53 (2014), 1, 9; *Haltern,* EuR II, Rn. 1585.

[54] EuGH 7.5.2013 – Rs. C-617/10, EU:C:2013:280 – Åkerberg Fransson. S. auch EuGH 6.10.2015 – C-650/13, EU:C:2015:648, Rn. 24ff. – Delvigne.

[55] EuGH 7.5.2013 – Rs. C-617/10, EU:C:2013:280, Rn. 24ff.

[56] Ebd., Rn. 25.

[57] Ebd., Rn. 26.

[58] Ebd. unter Bezugnahme auf EuGH, Slg. 2011, I-11235, Rn. 72 – Kommission ./. Deutschland.

linie 2006/112/EG und aus Art. 325 AEUV nachkommen und seien daher als **Durchführung des Unionsrechts** zu qualifizieren.

Die **Kritik** an dem Urteil stellt vor allem darauf ab, dass der EuGH eine Materie dem Unionsrecht zugerechnet habe, die der betreffende Mitgliedstaat **unabhängig von den unionsrechtlichen Vorgaben** erlassen hätte.[59] Das Strafrecht sei unzweifelhaft kein Unionsrecht, weil es nicht „unionsrechtlich determiniert, nicht einmal unionsrechtlich veranlasst" sei.[60] Vielmehr habe der EuGH hier den „Mantel des [...] Unionsrechts nachträglich über [eine] mitgliedstaatlich verantwortete Rechtsmaterie gelegt."[61] 41

Geht man jedoch davon aus, dass eine **doppelte Zurechnung** bestimmter Rechtsmaterien möglich ist, kommt es auf die Veranlassung gerade nicht an.[62] Gäbe es in Schweden kein Steuerstrafrecht, wäre der schwedische Gesetzgeber nach der Interpretation des EuGH auf Grundlage von Art. 325 Abs. 1 AEUV unionsrechtlich verpflichtet, ein effektives Sanktionsregime zu erlassen. Für die Bewertung nationaler Vorschriften kann es jedoch nicht darauf ankommen, ob diese schon vor Erlass der unionsrechtlichen Vorgaben bestanden, so dass der Mitgliedstaat sein Recht nicht ändern musste, oder ob sie durch das Unionsrecht erst veranlasst wurden.[63] 42

Um *Åkerberg* einzuordnen, muss man sich die **Spezifika des Grundrechtsschutzes** in der Europäischen Union vergegenwärtigen. Nicht jede mitgliedstaatliche Rechtsordnung hat ein dem Bundesverfassungsgericht vergleichbares Verfassungs- oder Obergericht, das über die Einhaltung der Grundrechte durch Legislative und Exekutive wacht.[64] Dem EuGH kann in dieser Hinsicht also eine Ermächtigungsfunktion für nationale Gerichte zukommen. So interpretiert der EuGH in *Åkerberg* den Anwendungsbereich der Unionsgrundrechte zwar extensiv, **übt sich aber gleichzeitig in Zurückhaltung.** Die Frage, ob die Verwaltungssanktion im Ausgangsverfahren strafrechtlichen Charakter hatte und damit das Doppelbestrafungsverbot auslöse, überließ er dem vorlegenden Gericht.[65] Er eröffnete somit dem schwedischen Vorlagegericht einen Spielraum zur grundrechtlichen Kontrolle, ohne sich selbst ein substantielles Urteil über die Wertentscheidungen des schwedischen Gesetzgebers anzumaßen. 43

Allerdings ist zuzugestehen, dass die dargestellte Rechtsprechung des EuGH dann zu einer ausufernden Grundrechtsrechtsprechung führen kann, wenn die Unionsvorschrift, die den Anwendungsbereich eröffnet, gleichzeitig sehr vage ist. Wo dabei die Grenze zu ziehen ist, ist im Einzelfall zu bestimmen. Einige **jüngere Entscheidungen des EuGH** sind jedenfalls **zurückhaltender** als das recht weitgehende Urteil in *Åkerberg Fransson.*[66] 44

---

59 S. *Grimm,* JZ 2013, 585, 591; *Frenzel,* Der Staat 53 (2014), 1, 19.

60 *Grimm,* JZ 2013, 585, 591.

61 *Frenzel,* Der Staat 53 (2014), 1, 19.

62 *Kadelbach,* KritV 96 (2013), 276, 284.

63 *Kadelbach,* KritV 96 (2013), 276, 284.

64 *Kadelbach,* KritV 96 (2013), 276, 285.

65 EuGH 7.5.2013 – C-617/10, EU:C:2013:280, Rn. 36f. – Åkerberg Fransson.

66 S. insbesondere EuGH 10.7.2014 – C-198/13, EU:C:2014:2055, Rn. 32ff. – Julian Hernández. Für eine ausführliche Analyse der nachfolgenden Rechtsprechung s. *Edenharter,* Grundrechtsschutz, S. 703ff.

D. Das Verhältnis zwischen EU-Grundrechten und EMRK

Literatur: *Scheeck,* The Relationship between the European Courts and Integration through Human Rights, ZaöRV 65 (2005), 837; *Douglas-Scott,* A Tale of Two Courts: Luxemburg, Strasbourg and the Growing European Human Rights *Acquis,* CMLR 43 (2006), 629; *Haratsch,* Die Solange-Rechtsprechung des Europäischen Gerichtshofs für Menschenrechte, ZaöRV 66 (2006), 927; *Eckes,* Does the European Court of Human Rights provide protection from the European Community?, EPL 13 (2007), 47; *E. Klein,* Das Verhältnis des Europäischen Gerichtshofs zum Europäischen Gerichtshof für Menschenrechte, Hdb GR VI/1, 2010, § 167; *Senden,* Interpretation of fundamental rights in a multilevel legal system, 2011; *Baumann,* Auf dem Weg zu einem doppelten EMRK-Schutzstandard?, EuGRZ 2011, 1; *Peters/Altwicker,* Europäische Menschenrechtskonvention, 2. Aufl. 2012, § 4; *Michl,* Die Überprüfung des Unionsrechts am Maßstab der EMRK, 2014; *Gragl,* An olive branch from Strasbourg?, ECLR 13 (2017), 551.

45 Zwar sind alle Mitgliedstaaten der EU gleichzeitig Vertragsstaaten der EMRK. Die Europäische Union selbst ist hingegen nicht Mitglied der Konvention. Es gab bisher **zwei Versuche der EU, der EMRK beizutreten.** Beide wurden vom EuGH blockiert. Mitte der 1990er Jahre entschied der Gerichtshof, dass ein Beitritt der EU zur EMRK unzulässig sei, da ihr die entsprechenden Kompetenzen fehlten.[67] Daraufhin wurde im Vertrag von Lissabon in Art. 6 Abs. 2 EUV eine ausdrückliche Kompetenz der EU zum Beitritt in die EMRK aufgenommen. Auf Grundlage dieser Kompetenz handelte die EU einen Vertrag über den Beitritt zur EMRK aus, der wieder dem EuGH zur Begutachtung vorgelegt wurde. Der Gerichtshof entschied erneut, dass der konkrete Beitrittsvertrag gegen EU-Recht verstoße, da die Autonomie des EU-Rechts und das Letztentscheidungsrecht des EuGH über dessen Interpretation nicht ausreichend gesichert seien.[68] Nach dieser zweiten Entscheidung des EuGH ist nicht zu erwarten, dass die EU in absehbarer Zukunft der EMRK beitreten wird.

46 Obwohl die EU nicht Mitglied der EMRK ist, gibt es **vielfältige Querverbindungen** zwischen den EU-Grundrechten und der EMRK. Daher ist die Frage nach dem Verhältnis der beiden Grundrechtsordnungen von unverminderter Bedeutung. Dabei sind **zwei Fragenkreise** auseinanderzuhalten. Zum einen stellt sich die Frage, inwieweit die Garantien der EMRK Teil der EU-Rechtsordnung sind und der EuGH sich bei der Auslegung der europäischen Grundrechte an der Rechtsprechung des EGMR zu orientieren hat. Zum anderen ist zu diskutieren, ob der EGMR die Kompetenz hat, Rechtsakte der EU am Maßstab der EMRK zu überprüfen.

47 Die Grundrechte der **EMRK** haben bei der **Entwicklung der EU-Grundrechte** eine zentrale Rolle gespielt. Wie dargestellt hat der EuGH die Grundrechte zunächst aus der gemeinsamen Verfassungstradition der Mitgliedstaaten hergeleitet. In der Praxis hat er sich dabei oft auf die EMRK bezogen, da diese der sichtbarste **Kristallisationspunkt** für eine Konvergenz der mitgliedstaatlichen Grundrechtsordnungen ist.

48 Dies wird mittlerweile auch ausdrücklich **im Primärrecht der Union** anerkannt. Gem. Art. 6 Abs. 3 EUV sind die Grundrechte der EMRK als allgemeine Rechtsgrundsätze unmittelbar Teil des Unionsrechts. Zudem sind die Grundrechte der EU-Grundrechtecharta gem. Art. 52 Abs. 3 GRC im Lichte vergleichbarer Garantien der

[67] EuGH, Slg. 1996, I-1759 – Beitritt zur EMRK I.
[68] EuGH 18.12.2014 – 2/13, EU:C:2014:2454 – Beitritt zur EMRK II.

EMRK auszulegen. Ihnen muss dabei zumindest dasselbe Schutzniveau eingeräumt werden wie den entsprechenden Garantien der EMRK.

Nicht ausdrücklich geregelt ist dabei die Frage, ob der EuGH bei der Auslegung von Grundrechten die Rechtsprechung des EGMR berücksichtigen muss. In der Praxis verfolgt der EuGH eine doppelte Strategie: Zum einen **orientiert er sich regelmäßig an der Rechtsprechung des EGMR.**[69] Teilweise ändert er sogar seine eigene Rechtsprechung, um sie an die zwischenzeitlich ergangene Rechtsprechung des EGMR anzupassen.[70] Zum anderen vermeidet er jedoch jede Aussage, dass er sich unmittelbar an die Rechtsprechung des EGMR gebunden fühlt. Vielmehr zeigt das Gutachten 2/13 zum EMRK-Beitritt, dass der Gerichtshof **auf seinem Letztentscheidungsrecht auch in Grundrechtsfragen besteht** und sich somit in der Theorie zumindest immer die Abweichung von der Rechtsprechung des EGMR vorbehält. 49

Wie sieht das Verhältnis jedoch aus der Perspektive des EGMR aus? Grundsätzlich ist die EU mangels Beitritts nicht unmittelbar an die Grundrechte der EMRK gebunden, so dass dem EGMR auch keine direkte Prüfungskompetenz für Rechtsakte der EU zusteht. Dennoch hat der Straßburger Gerichtshof eine **eingeschränkte Prüfungskompetenz für sich beansprucht.** Der zentrale Fall ist die ***Bosphorus*-Entscheidung** des EGMR.[71] Antragstellerin war eine türkische Fluglinie, die im Jahr 1992 zwei Flugzeuge der damaligen staatlichen jugoslawischen Fluglinie JAT geleast hatte. Wegen des Bürgerkrieges im damaligen Jugoslawien hatte die EU Wirtschaftssanktionen gegen das Land verhängt. Als eines der geleasten Flugzeuge in Dublin landete, wurde es von den irischen Behörden aufgrund der Wirtschaftssanktionen beschlagnahmt. 50

Die Antragstellerin sah darin eine Verletzung ihrer Grundrechte. Im Rahmen des Vorabentscheidungsverfahrens entschied zunächst der EuGH, dass die Beschlagnahmung rechtmäßig war und keine EU-Grundrechte verletzte.[72] Daraufhin erhob die Antragstellerin eine Individualbeschwerde vor dem EGMR. Der Straßburger Gerichtshof argumentierte zunächst, dass er die Kompetenz habe, **mitgliedstaatlichen Verwaltungsvollzug** selbst dann **am Maßstab der EMRK zu messen,** wenn er durch EU-Recht determiniert ist.[73] Den Mitgliedstaaten solle nämlich nicht die Möglichkeit offenstehen, sich den Vorgaben der EMRK zu entziehen, indem sie Hoheitsgewalt auf eine supranationale Organisation wie die EU übertragen.[74] 51

Allerdings lieh sich der Gerichtshof dann eine Seite aus dem Drehbuch des BVerfG und etablierte einen ***Solange*-Vorbehalt:** Wenn Mitgliedstaaten Maßnahmen im Rahmen einer internationalen Organisation ausführten, dann sei grundsätzlich deren Grundrechtskonformität zu vermuten, solange diese internationale Organisation einen ausreichenden Grundrechtsschutz gewährleiste.[75] Wie das BVerfG prüft der EGMR also nicht die Grundrechtskonformität im Einzelfall. Vielmehr überwacht er 52

[69] S. *Alston/Weiler,* EJIL 9 (1998), 658, 686; *Douglas-Scott,* CMLR 43 (2006), 629, 644ff. mit Nachweisen aus der Rechtsprechung. Differenzierend *Haltern,* EuR II, Rn. 1649.

[70] S. *Petersen,* ZaöRV 72 (2012), 223, 241 m.w.N.

[71] EGMR 30.6.2005 [GK], 45036/98 – Bosphorus. Zuletzt bestätigt durch EGMR 23.5.2016 [GK], 17502/07 – Avotins.

[72] EuGH, Slg. 1996, I-3978 – Bosphorus.

[73] EGMR, 30.6.2005 [GK], 45036/98, Rn. 154 – Bosphorus.

[74] Ebd.

[75] Ebd., Rn. 155f.

lediglich das **generelle Grundrechtsniveau in der EU.** Solange die Grundrechte dort ausreichend geschützt sind, wird die Grundrechtskonformität von Maßnahmen, die im Rahmen des Verwaltungsvollzugs innerhalb der EU vorgenommen werden, vermutet.

53 Strategisch ist diese Position des Straßburger Gerichtshofs geschickt: Zum einen **vermeidet das Gericht einen offenen Konflikt mit dem EuGH.** Zum anderen behält es sich jedoch das letzte Wort in Grundrechtsfragen und damit eine konkrete Grundrechtskontrolle vor. Damit gibt es den Luxemburger Richtern gleichzeitig Anreize, dass diese wiederum ihre Grundrechtsrechtsprechung an der Rechtsprechungslinie des EGMR ausrichten, möchten sie auch weiterhin in den Genuss des *Bosphorus*-Privilegs kommen.

54 Allerdings gilt das **Bosphorus-Privileg** bei mitgliedstaatlichem Vollzug von Europarecht nur, soweit die **Mitgliedstaaten keinen eigenen Einschätzungsspielraum** haben. Wenn die Mitgliedstaaten dagegen bei der Umsetzung von Europarecht einen eigenen Umsetzungsspielraum haben, dann sind sie innerhalb dieses Umsetzungsspielraums voll an die EMRK gebunden.[76]

[76] EGMR 7.6.2018, 44460/16, Rn. 110 ff. – O'Sullivan McCarthy Mussel Development.

Stichwortverzeichnis

Die fett gesetzten Zahlen verweisen auf Paragraphen, die mageren auf Randnummern.